최고의 적중률로 합격을 보장하는

자격검정 시험대비 **ISMS 인증심사원**

Information Security Management System

| 임호진 지음 |

www.cyber.co.kr

■ 도서 A/S 안내

성안당에서 발행하는 모든 도서는 저자와 출판사, 그리고 독자가 함께 만들어 나갑니다.

좋은 책을 펴내기 위해 많은 노력을 기울이고 있습니다. 혹시라도 내용상의 오류나 오탈자 등이 발견되면 "좋은 책은 나라의 보배"로서 우리 모두가 함께 만들어 간다는 마음으로 연락주시기 바랍니다. 수정 보완하여 더 나은 책이 되도록 최선을 다하겠습니다.

성안당은 늘 독자 여러분들의 소중한 의견을 기다리고 있습니다. 좋은 의견을 보내주시는 분께는 성안당 쇼핑몰의 포인트(3,000포인트)를 적립해 드립니다.

잘못 만들어진 책이나 부록 등이 파손된 경우에는 교환해 드립니다.

본서 기획자 e-mail : limhojin123@naver.com(임호진)

홈페이지 : http://www.cyber.co.kr

전화 : 031) 950-6300

머리말

정보보호 관리체계(ISMS: Information Security Management System)는 기업의 정보보호의 기밀성, 무결성, 가용성, 법적 준거성(IT Compliance) 측면에서 정보 자산을 식별하고 위험을 평가하여 정보 보안 관리체계를 수립하여 기업의 신뢰성과 대외 공신력을 높일 수 있다. 본 책은 저자 본인이 정보보호 관리체계 심사원 교육, 정보 보안 관리체계 심사, 개인정보 관리체계 심사 및 보안 컨설팅을 수행 한 경험을 제시하여 기업의 정보보호 관리체계 구축 시에 가이드와 같은 역할을 할 것이다. 또한, 본 책은 정보보호 관리체계 인증심사원이 되기를 희망하는 분들을 위해서 인증심사원의 과목별 학습자료와 모의고사 문제를 제공하고 있으며, 정보보호 관리체계 인증심사원 기출문제의 의도와 맞게 본인이 만든 별도의 기출문제도 제공한다. 따라서, 본 책은 정보 보안 학습을 위해서 가장 중요한 서적이 될 것이며 기술적, 관리적, 물리적 보호대책을 모두 포함하고 있으므로 한 줄기 지침서의 역할을 수행할 수 있을 것이다.

정보 보안 관련 자격증은 정보보안기사 및 정보보안산업기사, CISSP, CISA, CPPG가 있고 심사원증은 ISMS, PIMS, PIPL이 있다. 또 개인정보 영향평가를 수행하는 PIA가 있다. 이러한 정보 보안 관련 자격증 및 심사원증 중에서 정보보호 관리체계는 가장 가치있는 것이다. 즉, 정보보안기사의 이론 및 실기 지식과 CISA의 감사방법, CPPG의 개인정보 등의 지식을 모두 포괄하고 있다.

따라서 본 책을 반복적으로 학습한다면 정보 보안 최고 책임자, 정보 보안 실무자 입장에서 많은 도움이 될 것이다.

Information Security Managemant System

ISMS 인증심사원 시험

ISMS 인증심사원 교육을 위한 필기시험은 매년 1회 실시된다. 필기시험은 서류 통과자에 한해서 응시할 수가 있다. 본 시험은 80개 문제의 객관식 시험으로 각 문제는 5지선다이다.

필기시험은 교육 대상자를 선별하는 시험이며 중요하게 생각해야 할 것은 60점 이상을 받은 사람 중에서 상대평가로 선출된다는 것이다. 그러므로 최대한 고득점을 해야 할 것이다.

실제 1회 및 2회 시험에서는 60점을 넘으면 교육대상자로 선정되었다.

■ 필기시험 범위

과목	특징	출제 비용
ISMS 제도	- 정보통신서비스 제공자를 대상으로 하는 의무인증 - ISMS 인증의 법적 규제	10%
ISMS 인증 기준	- 관리적 요구사항 및 보호대책 요구사항 - 심사 프로세스, 인증심사원 자격 및 비밀보호에 관한 사항 - 자산, 위협, 취약점, 위험분석 및 보호대책 명세서	50%
정보 보호 이론 및 기술	- ISMS 통제 항목을 점검하기 위해서 필요한 정보기술 및 정보 보안 기술	30%
정보 보호 관련 법규	- 정보통신망법, 개인정보보호법 등 - 개인정보 기술적·관리적 보호 조치, 개인정보 안전성 확보조치	10%

위의 4과목에서 ISMS 인증 기준 부분에서 50%가 출제되고, 정보보호 이론 및 기술에서 30%가 출제된다. ISMS 제도와 법규는 각각 10%가 출제된다. 또한 필기시험은 800명 정도가 응시하며 800명 중 200명의 합격자를 선별한다.

실기시험은 교육을 수료하고 실시되며, 실제 ISMS 통제 항목을 기준으로 모의 심사를 수행하고 결함보고서를 작성하는 과정이다. 결함보고서는 정보통신망법, 기업의 지침과 절차 등을 참고하여 이를 위배한 내역을 현장심사를 통해서 확인하는 과정이며, 결함보고서는 교육만 충실히 참석하면 누구나 작성할 수 있다. 하지만, 채점 시에 어느 정도 주관적 평가를 배제할 수가 없다.

따라서 결함보고서 작성 시에는 사실에 입각하여 사실을 정확하게 쓰는 것이 중요하다.

정보 보안관련 심사원 종류

■ 인터넷진흥원 주관 심사원 종류

과목	구조	특징
ISMS 인증심사원	(위촉장 이미지)	- 심사원증의 유효기간은 3년이며, 3년 내에 20일 이상의 심사경험이 있어야 한다. - 혹은 3년 내에 1일의 보수교육을 받아야 유지할 수 있다. - 위촉장은 인터넷진흥원이 발급하지만 매번 갱신해주지 않는다.
PIMS 인증심사원	(인증심사원 자격 증명서 이미지)	- 심사원증의 유효기간은 3년이며, 3년 내에 20일 이상의 심사경험이 있어야 한다. - 혹은 3년 내에 1일의 보수교육을 받아야 유지할 수 있다. - 위촉장은 인터넷진흥원이 발급하지만 매번 갱신해주지 않는다.

이 책의 특징

핵심 이론
출제 기준에 맞춘 적중률 높은 내용으로 구성하였으며, 각 챕터별(상·중·하) 중요도와 내용별 중요도(별 표시 1개~3개)를 표시하였습니다.

실력 점검 문제
각 파트별로 출제 비중이 높은 중요 문제로 구성하였으며, 중요도(별 표시 1개~3개)를 표시하였습니다.

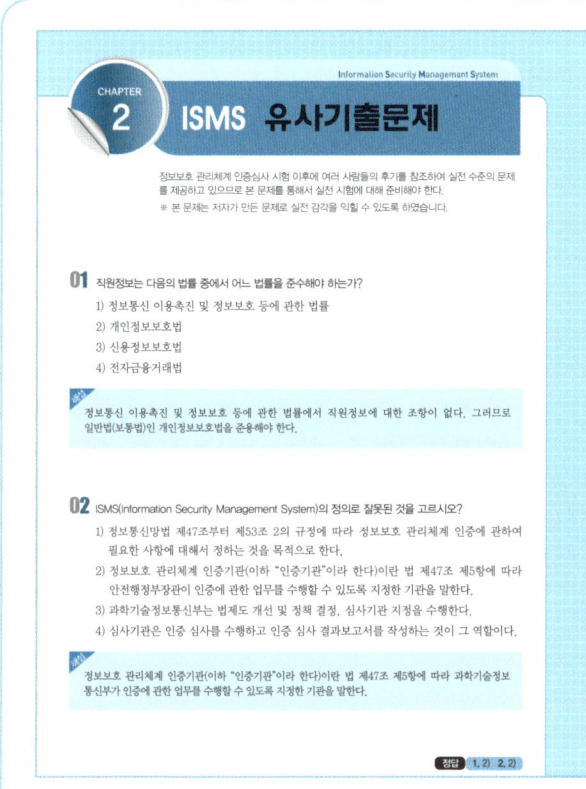

유사기출문제

실제 기출문제와 유사한 문제를 수록하여 실전 감각을 익힐 수 있습니다.

독자를 위한 특별 서비스

1. 무료 및 유료 동영상 강의 제공

① 책의 중요 부분에 무료 동영상 강의를 제공합니다(1파트).
- www.isms-p.com 사이트에서 무료 동영상강의를 학습할 수 있습니다.

② 임베스트 ISMS 인증심사원 유료 동영상 강의 제공
- www.isms-p.com 사이트에서 유료 동영상강의를 학습하실 수 있습니다.

2. 저자 직강 오프라인 특강

임베스트 ISMS사이트(www.isms-p.com)에서 공지글을 확인하세요.

Information Security Managemant System

이 책의 차례

PART 01 ISMS 제도(무료 동영상 강의 제공)

Chapter 01 ISMS 인증 ·· 14
1. 법적근거 ·· 14
2. ISMS 인증체계 ··· 18
3. 인증 심사 방법 및 종류 ······································· 19
4. 인증 심사 구성요소 ··· 21
5. 보안관련 법률 ·· 23
6. IT Compliance ·· 25
7. ISMS 인증 취득 시 혜택 ····································· 25
- 실력 점검 문제 ·· 27

PART 02 ISMS 인증 기준

Chapter 01 ISMS 심사 ·· 36
1. ISMS 심사 ··· 36
2. 인증 기준 ·· 43

Chapter 02 통제 항목별 심사방법 ··· 63
1. 정보보호 정책 ·· 63
2. 정보보호 조직 ·· 68
3. 외부자 보안 ··· 70
4. 정보 자산 분류 ·· 72
5. 정보보호 교육 ·· 74
6. 인적보안 ·· 78
7. 물리적 보안 ··· 82

8. 개발 보안 ·· 91
9. 암호 통제 ·· 99
10. 접근 통제 ·· 103
11. 운영 보안 ·· 122
12. 침해사고 관리 ·· 142
13. IT 재해복구 ·· 145
▪ 실력 점검 문제 ·· 149

PART 03 정보보호 이론 및 기술

Chapter 01 물리적 보안 ·· 166
1. IDC센터 물리적 보안 시설 ··· 166

Chapter 02 정보보안 개론 ·· 169
1. 정보보호 ·· 169
2. 암호화 ·· 170

Chapter 03 접근 통제 ·· 186
1. 접근 통제 ·· 186
2. 접근 통제 매트릭스 ·· 188
3. 접근 통제 기술 ·· 189
4. SSO(Single Sign On) ·· 192
5. OTP(One Time Password) ··· 193

Chapter 04 전송구간 보안 ·· 197
1. 전송구간 보안 ·· 197

Chapter 05 정보보안 시스템 ·· 203
1. 정보보안 시스템 ·· 203
2. 무선 보안(Wireless Security) ·· 217

이 책의 차례

Chapter 06 개발 보안 ··· 220
    1. 개발 보안 ··· 220

Chapter 07 BCP와 DRS ··· 231
    1. BCP 및 DRS ·· 231
    ■ 실력 점검 문제 ·· 237

PART 04 정보보호 관련 법규

Chapter 01 정보보호 관련 법규 ·· 256
    1. 정보통신망법 ·· 256
    2. 개인정보보호법 ·· 262
    3. 정보통신기반 보호법(시행령) ······································ 279
    ■ 실력 점검 문제 ·· 281

PART 05 ISMS 구축

Chapter 01 ISMS 구축 ··· 296
    1. 정보보안 지침 구조 ·· 296
    2. 개인정보보호 지침 ··· 299

Chapter 02 취약점 점검 가이드 ·· 305
    1. PC 점검 가이드 ··· 305
    2. Unix(Linux) 점검 가이드 ··· 322

Chapter 03 취약점 산정 ·· 338
    1. 취약점 점검 방법 ·· 338

PART 06   ISMS 유사기출문제

Chapter 01 ISMS 기출문제 분석 ··· 354
    1. 실제 ISMS 시험 현황 ··· 354
    2. 실제 출제된 ISMS 문제 분석 ··· 355

Chapter 02 ISMS 유사기출문제 ··· 357

Chapter 03 ISMS 시험 응시자 후기 ··· 380
    1. 응시자 후기 ··· 380

PART 07   부록

Chapter 01 정보보호 관리체계 통제항목 ··· 386
    1. 고객센터 점검 방법 ··· 386
    2. 외주직원 보안점검 리스트 ··· 387
    3. 정보시스템 관리 대장 ··· 388
    4. 보안 서약서 ··· 389
    5. 정보시스템 계정 관리 대장 ··· 390
    6. 사용자 네트워크 허용 리스트 ··· 391

Chapter 02 개인정보 통제 항목 ··· 392

PART 1　ISMS 제도

Chapter 01　ISMS 인증

Information Security Managemant System

인증심사원
ISMS

정보보호 관리체계(ISMS: Information Security Management System) 제도는 정보통신망법에 정의한 정보통신제공자의 의무인증 및 인증의 종류, 관련 IT Compliance를 학습하게 된다. 특히 정보보호 관리체계의 구조인 관리적 요구사항 및 보호대책 요구사항의 구조를 이해한다.

ISMS 인증

정보보호 관리체계(ISMS: Information Security Management System)의 기본구조로 의무인증 대상, 인증절차, 관리적 요구사항, 보호대책 요구사항의 구조를 이해한다.

1 법적근거

정보보호 관리체계(ISMS: Information Security Management System)는 한국인터넷 진흥원에서 인증을 부여하는 것으로 정보통신서비스를 제공하는 정보통신제공자에 대한 인증이다. 정보보호 관리체계 인증은 정보통신망법(정보통신망 이용촉진 및 정보보호 등에 관한 법률)을 근거로 하고 정보통신제공자에 대한 인증이다.

그럼, 정보통신제공자의 법률적 의미를 알아보자. 정보통신제공자의 용어는 전기통신사업법, 정보통신망법에 정의되어 있다. 즉, 정보통신망법 제2조(정의)에서 "정보통신서비스 제공자"란 「전기통신사업법」 제2조 제8호에 따른 전기통신사업자와 영리를 목적으로 전기통신사업자의 전기통신역무를 이용하여 정보를 제공하거나 정보의 제공을 매개하는 자를 말한다.

■ 전기통신사업법(제2조 정의)

> 이 법에서 사용하는 용어의 뜻은 다음과 같다.
> 6. "전기통신역무"란 전기통신설비를 이용하여 타인의 통신을 매개하거나 전기통신설비를 타인의 통신용으로 제공하는 것을 말한다.
> 8. "전기통신사업자"란 이 법에 따른 허가를 받거나 등록 또는 신고(신고가 면제된 경우를 포함한다)를 하고 전기통신역무를 제공하는 자를 말한다.

■ 정보통신망법 제47조(정보보호 관리체계의 인증)

> (1) 과학기술정보통신부장관은 정보통신망의 안정성·신뢰성 확보를 위하여 관리적·기술적·물리적 보호 조치를 포함한 종합적 관리체계(이하 "정보보호 관리체계"라 한다)를 수립·운영하고 있는 자에 대하여 제3항에 따른 기준에 적합한지에 관하여 인증을 할 수 있다.

정보보호 관리체계 인증은 의무인증과 자율인증으로 분리되고 자율인증은 자발적으로 정보보호 관리체계를 구축·운영하는 기업이며, 자율신청 기업이 인증 취득을 희망할 경우 인증심사를 신청하여 인증을 받을 수 있다. 정보보호 관리체계가 아닌 개인정보인증(PIMS)은 현재 의무인증이 아닌 자율인증 형태이다.

또한, 정보보호 관리체계 의무인증은 정보통신서비스제공자 중에서 ①정보통신망서비스를 제공하는 자(ISP), ②집적정보통신시설 사업자(IDC), ③연간 매출액 또는 이용자 수 등이 대통령령으로 정하는 기준에 해당하는 자이다. 또한 2016년 6월 이후부터 기존 의미인증 대상자를 포함하고 연간 매출액 기준으로 1500억 이상인 기업 중에서 의료법상의 상급종합병원과 재학생 수가 1만 명 이상인 고등교육법상의 학교가 의무인증 대상에 포함되었다.

■ **정보보호 관리체계 인증**

구분	특징
자율신청	기업이 정보보호 관리체계를 구축·운영하고 인증 취득을 희망하는 경우, 자율적인 신청을 통한 인증 심사 가능
의무인증	기업 스스로 의무대상 여부를 판단하여 ISMS를 구축하고 인증을 취득하는 것이 원칙

■ **ISMS 의무인증 대상자** ★★★

대상자 기준	정보통신서비스 제공자	비고
(ISP) 전기통신사업법의 전기 통신 사업자로 전국적으로 정보통신망 서비스를 제공하는 사업자	인터넷 접속 서비스, 인터넷 전화 서비스 등	서울 및 모든 광역시에서 정보 통신망 제공
(IDC) 타인의 정보통신서비스 제공을 위하여 집적된 정보통신시설을 운영, 관리하는 사업자	서버 호스팅, 코로케이션 서비스 등	정보통신서비스 부문 전년도 매출액 100억 이하 영세 VIDC (Virtual Internet Data Center) 제외
(정보통신서비스제공자) 정보통신 서비스 매출액 100억 또는 이용자 수 100만 명 이상인 사업자	인터넷 쇼핑몰, 포털, 게임, 예약, CABLE-SO등	정보통신서비스 부문 전년도 매출액 100억 이상 또는 전년도 말 기준 직전 3개월간 일일 평균 이용자 수 100만 명 이상 사업자
연간 매출액 및 세입 등이 1,500억 이상인 기업 중 상급종합병원, 1만 명 이상 재학생이 있는 학교	- 정보통신제공자가 아니여도 매출액이 1,500억 이상인 상급종합병원 - 매출액이 1,500억 이상이면서 재학생이 1만 명 이상인 학교	2016년 6월부터 의무인증 대상으로 포함

의무인증 대상자 중에서 서버 호스팅(Server Hosting)은 서버 임대 및 유지보수 사업을 통해서 비즈니스를 수행하는 기업을 의미하며, 코로케이션(Co-Location) 서비스는 랙(Rack)만을 대여해주는 서비스 사업자를 의미한다.

■ **정보통신망법 제47조(ISMS 의무인증대상자)**

제47조(정보보호 관리체계의 인증) ① 과학기술정보통신부장관은 정보통신망의 안정성·신뢰성 확보를 위하여 관리적·기술적·물리적 보호조치를 포함한 종합적 관리체계(이하 "정보보호 관리체계"라 한다)를 수립·운영하고 있는 자에 대하여 제4항에 따른 기준에 적합한지에 관하여 인증을 할 수 있다.

② 「전기통신사업법」 제2조제8호에 따른 전기통신사업자와 전기통신사업자의 전기통신역무를 이용하여 정보를 제공하거나 정보의 제공을 매개하는 자로서 다음 각 호의 어느 하나에 해당하는 자는 제1항에 따른 인증을 받아야 한다.

1. 「전기통신사업법」 제6조제1항에 따른 허가를 받은 자로서 대통령령으로 정하는 바에 따라 정보통신망서비스를 제공하는 자
2. 집적정보통신시설 사업자
3. 연간 매출액 또는 세입 등이 1,500억 원 이상이거나 정보통신서비스 부문 전년도 매출액이 100억 원 이상 또는 3개월간의 일일 평균 이용자수 100만 명 이상으로서, 대통령령으로 정하는 기준에 해당하는 자

③ 과학기술정보통신부장관은 제2항에 따라 인증을 받아야 하는 자가 과학기술정보통신부령으로 정하는 바에 따라 국제표준 정보보호 인증을 받거나 정보보호 조치를 취한 경우에는 제1항에 따른 인증 심사의 일부를 생략할 수 있다. 이 경우 인증 심사의 세부 생략 범위에 대해서는 과학기술정보통신부장관이 정하여 고시한다.

④ 과학기술정보통신부장관은 제1항에 따른 정보보호 관리체계 인증을 위하여 관리적·기술적·물리적 보호대책을 포함한 인증기준 등 그 밖에 필요한 사항을 정하여 고시할 수 있다.

⑤ 제1항에 따른 정보보호 관리체계 인증의 유효기간은 3년으로 한다. 다만, 제47조의5제1항에 따라 정보보호 관리등급을 받은 경우 그 유효기간 동안 제1항의 인증을 받은 것으로 본다.

⑥ 과학기술정보통신부장관은 한국인터넷진흥원 또는 과학기술정보통신부장관이 지정한 기관(이하 "정보보호 관리체계 인증기관"이라 한다)으로 하여금 제1항 및 제2항에 따른 인증에 관한 업무로서 다음 각 호의 업무를 수행하게 할 수 있다.

1. 인증 신청인이 수립한 정보보호 관리체계가 제4항에 따른 인증기준에 적합한지 여부를 확인하기 위한 심사(이하 "인증심사"라 한다)
2. 인증심사 결과의 심의
3. 인증서 발급·관리
4. 인증의 사후관리

> 5. 정보보호 관리체계 인증심사원의 양성 및 자격관리
> 6. 그 밖에 정보보호 관리체계 인증에 관한 업무
> ⑦ 과학기술정보통신부장관은 인증에 관한 업무를 효율적으로 수행하기 위하여 필요한 경우 인증심사 업무를 수행하는 기관(이하 "정보보호 관리체계 심사기관"이라 한다)을 지정할 수 있다.
> ⑧ 한국인터넷진흥원, 정보보호 관리체계 인증기관 및 정보보호 관리체계 심사기관은 정보보호 관리체계의 실효성 제고를 위하여 연 1회 이상 사후관리를 실시하고 그 결과를 과학기술정보통신부장관에게 통보하여야 한다.
> ⑨ 제1항 및 제2항에 따라 정보보호 관리체계의 인증을 받은 자는 대통령령으로 정하는 바에 따라 인증의 내용을 표시하거나 홍보할 수 있다.
> ⑩ 과학기술정보통신부장관은 다음 각 호의 어느 하나에 해당하는 사유를 발견한 경우에는 인증을 취소할 수 있다. 다만, 제1호에 해당하는 경우에는 인증을 취소하여야 한다.
> 1. 거짓이나 그 밖의 부정한 방법으로 정보보호 관리체계 인증을 받은 경우
> 2. 제4항에 따른 인증기준에 미달하게 된 경우
> 3. 제8항에 따른 사후관리를 거부 또는 방해한 경우
> ⑪ 제1항 및 제2항에 따른 인증의 방법·절차·범위·수수료, 제8항에 따른 사후관리의 방법·절차, 제10항에 따른 인증취소의 방법·절차, 그 밖에 필요한 사항은 대통령령으로 정한다.
> ⑫ 정보보호 관리체계 인증기관 및 정보보호 관리체계 심사기관 지정의 기준·절차·유효기간 등에 필요한 사항은 대통령령으로 정한다.

정보보호 관리체계 의무인증 대상 기업이 인증받지 않은 경우 3천만원 이하의 과태료를 부과한다. 하지만 기업 입장에서 보면 정보보호 관리체계 인증을 받기 위한 인증 비용, 컨설팅 비용 등을 감안하면 차라리 과태료를 내는 것이 더 비용절감의 효과가 있을 수도 있다. 하지만, 단순한 과태료가 문제가 아니고 의무인증 대상자가 인증을 받지 않고 보안사고가 발생하면 그 책임의 파급이 크기 때문에 단순히 비용으로만 생각하면 안 된다.

■ ★ 미인증 시에 3,000만원 이하 과태료

> ③ 다음 각 호의 어느 하나에 해당하는 자에게는 3천만원 이하의 과태료를 부과한다.
> 6. 제47조 제2항을 위반하여 정보보호 관리체계 인증을 받지 아니한 자
> 7. 제47조 제7항 및 제47조의3 제3항을 위반하여 인증받은 내용을 거짓으로 홍보한 자

2 ISMS 인증체계

정보보호 관리체계 인증은 과학기술정보통신부 주관으로 이루어지며, 과학기술정보통신부는 정보보호 관리체계 관련 정책 및 법제도 결정, 심사기관 지정의 역할을 수행한다. 그리고 정보보호 관리체계 인증은 한국인터넷진흥원이 주관한다. 한국인터넷진흥원은 인증위원회를 개최하여 최종 인증을 부여하고 심사원 양성을 추진하는 것이다. 또 심사기관은 한국정보통신진흥협회, 한국정보통신기술협회가 심사를 수행한다. 물론 한국인터넷진흥원도 심사를 수행한다.

▼ ISMS 인증체계

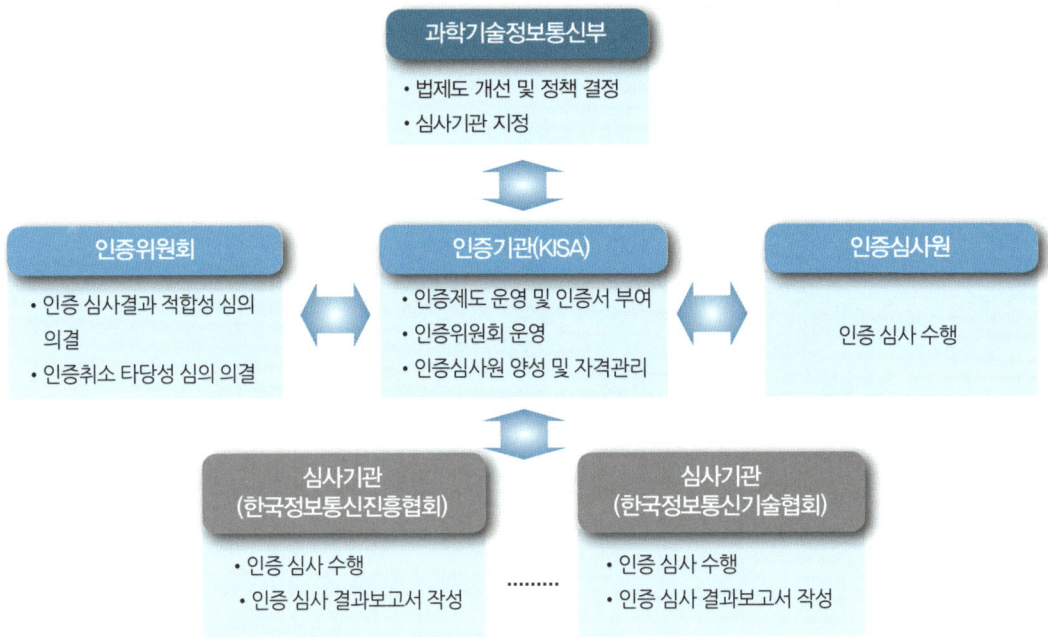

심사기관은 인증기관을 대행하여 정보보호 관리체계를 심사하는 기관으로 과학기술정보통신부 장관이 지정한 기업이다.

■ 인증기관과 심사기관

구분	특징
인증기관	정보통신망법 47조 ⑤에 명시된 한국인터넷진흥원으로 정보보호 관리체계(ISMS) 인증 심사, 인증위원회 운영, 인증심사원 양성 및 관리를 하는 기관
심사기관	• 정보통신망법 47조 ⑤에 근거하여 과학기술정보통신부 장관이 지정한 기관으로 정보보호 관리체계(ISMS) 인증 심사를 수행하는 기관 • 한국정보통신진흥협회(KAIT)와 한국정보통신기술협회(TTA)

정보보호 관리체계 인증을 희망하는 기업은 인증기관인 한국인터넷진흥원에 정보보호 관리체계 인증을 의뢰하는 것이고, 한국인터넷진흥원이 인증을 의뢰받으면 인증 심사기관(심사기관)에서 서면심사, 현장심사를 수행하는 것이다.

인증 심사기관에서 정보보호 관리체계 인증을 수행하면, 그 결과를 인증기관인 한국인터넷진흥원에 보고하고 한국인터넷진흥원은 인증위원회를 개최하여 최종 인증부여 여부를 결정하는 것이다.

■ 인증과 인증 심사

구분	특징
인증	신청기관이 수립하여 운영하고 정보보호 관리체계가 정보보호 관리체계 인증 기준에 적합함을 한국인터넷진흥원 또는 인증기관이 증명하는 것
인증심사	신청기관이 수립하여 운영하는 정보보호 관리체계가 인증 기준에 적합한지의 여부를 인터넷진흥원 또는 인증기관이 서면심사 및 현장심사의 방법으로 확인하는 것

3 인증심사 방법 및 종류

정보보호 관리체계 인증은 인증준비, 정보보호 관리체계 구축·운영, 인증신청 및 심사, 보완 조치, 사후관리 단계로 이루어진다. 인증준비는 정보보호 관리체계 인증을 위한 경영자 지원과 정보보호 관리체계 이해 등을 수행하고 구축은 정보보호 관리체계의 통제항목을 기준으로 정보보호 관리체계를 구축한다. 정보보호 관리체계 구축 이후 단계인 운영은 2개월 이상 정보보호 관리체계를 운영해야 한다. 그 다음은 인증신청을 한국인터넷진흥원에 신청하게 된다. 그러면 인증비용 및 일정 등을 조정하여 심사를 수행하게 된다. 정보보호 관리체계 인증심사원이 인증심사를 수행하면 결함보고서를 작성하고 발견된 결함에 대해서 신청기관은 보완 조치를 수행해야 한다. 그리고 모든 보완 조치가 완료되면 인증위원회가 개최되어서 최종 인증 여부를 결정하는 것이다.

정보보호 관리체계는 인증 이후에 정보보호 관리체계의 지속적 운영을 중요시 하고 있으므로 1년에 한 번씩 사후심사를 수행하여 신청기관의 정보보호 관리체계 운영을 확인하게 된다. 만약 신청기관이 사후심사를 방해하거나 거짓으로 인증을 부여 받으면 정보보호 관리체계 인증은 즉시 취소된다.

■ 정보보호 관리체계 인증 프로세스

프로세스	특징
인증준비 단계	관리체계 및 인증 이해, 전략적 목적의 명확화, 인증취득 계획 구축, 경영자의 지원 설득
구축단계	관리적, 기술적, 물리적 관리체계 구축
운영단계	정보보호활동에 따른 증적자료 산출
인증신청 및 심사단계	인증신청 및 인증심사원 심사 수행
심사결과 보완조치 단계	심사결과에 따른 결함사항 보완
사후관리 단계	지속적인 운영을 위한 관리체계 점검

정보보호 관리체계 심사는 서면심사 및 현장심사로 이루어지고 심사 이후 보완 조치 확인단계를 통해서 심사가 완료되는 것이다. 서면심사는 정보보호 정책, 지침, 절차, 증적 등의 문서를 확인하는 것이고, 현장심사는 IDC 센터 및 고객센터, 전산실 방문을 수행하여 실제 이루어지고 있는지 확인하는 것이다. 서면심사와 현장심사를 수행하고 심사원은 결함보고서를 작성하고 신청기관과 결함보고서의 내용을 확인한다. 그 다음 신청기관은 30일 이내(최대 60일 연장 가능) 결함에 대한 보완 조치를 수행해야 한다.

■ ★심사방법

심사방법	특징
서면심사	정보보호 정책, 지침, 절차 및 이행의 증적자료 검토, 정보보호 대책 적용여부 확인 등의 방법으로 관리적 요소를 심사
현장심사	서면심사의 결과 및 기술적, 물리적 보호대책 이행여부를 확인하기 위하여 담당자 면담, 관련 시스템 확인 및 취약점 점검 등의 방법으로 기술적 요소를 심사
보완조치	인증심사에서 발견된 결함사항에 대한 조치 내역을 확인

정보보호 관리체계 인증을 위해서 심사팀이 구성되는데, 심사팀은 한국인터넷진흥원 및 심사기관 직원 1명이 심사팀장이 되고 나머지 인력은 참여심사원이 된다. 심사팀장과 참여심사원은 상호 협력하여 심사를 수행하고 결함보고서를 작성한다. 여기까지 작업을 수행하면 참여심사원의 역할은 종료하고 심사팀장은 추후 보완 조치에 대한 확인까지 수행한다. 즉, 보완 조치 확인은 심사팀장만 수행하고 참여심사원은 참여하지 않는다.

▼ 인증심사 종류

정보보호 관리체계 인증을 처음 받고자 하는 기업은 최초심사를 수행하고 인증 이후 매년 1회 사후심사를 시행한다. 인증 이후 3년의 기간이 경과하면 갱신심사를 수행한다. 즉, 정보보호 관리체계 인증의 유효기간은 3년이며, 인증을 연장하고 싶은 기업은 3년 이후에 갱신심사를 통해서 인증을 연장해야 한다.

인증 심사 종류

종류	특징
최초심사	• 정보보호 관리체계 인증 취득을 위한 심사 • 범위 변경 등 중요한 변경사항 발생 시에도 최초심사
사후심사	정보보호 관리체계를 지속적으로 유지하고 있는지에 대한 심사 (연 1회 이상)
갱신심사	유효기간(3년) 만료일 이전에 유효기간 연장을 목적으로 하는 심사

최초심사에서 가장 중요한 것은 정보보호 관리체계에 대한 인증범위이며, 인증범위에 있는 모든 자산은 식별되고 통제되어야 한다. 또한 정보보호 관리체계 통제항목을 기준으로 정보보호 정책, 지침, 절차 등이 수립되었는지 확인해야 한다.

사후심사는 인증을 받은 기업이 정보보호 관리체계를 지속적으로 유지하고 있는지 확인하는 것으로 1년에 1회 이상 수행할 수 있다. 갱신심사는 정보보호 관리체계 인증 이후에 변경된 법률 및 정보보호 관리체계 등을 고려하여 심사를 수행해야 한다.

4 인증 심사 구성요소

정보보호 관리체계 인증심사 기준은 실질적으로 정보보호 관리체계를 구축하는 방법과 심사하는 방법 모두를 포함하고 있다. 이것을 간단히 말하여 정보보호 관리체계 인증을 위해서 수행해야 하는 체크리스트(Check List)인 것이다.

정보보호 관리체계 인증 심사기준은 정보보호 관리과정(혹은 관리적 요구사항)과 정보보호 보호대책(혹은 보호대책 요구사항)으로 분류된다. 정보보호 관리과정은 5개의 영역으로 분류되어 있으며, PDCA(Plan Do Check Act/Audit) 사이클로 이루어진다. 여기서 PDCA 사이클이란, 지속적이고 반복적인 활동이라는 것이며, 이것은 정보보호 관리체계가 1회성 작업이 아니라 지속적으로 수행해야 하는 것을 중요하게 말하고 있다는 것이다. 정보보호 관리과정의 5개 영역은 정보보호 관리체계 인증을 받으려면 모든 기업이 수행해야 하는 것이며, 각 단계에서 가장 중요하게 검토해야 할 것은 위험관리이다. 즉, 인증범위 내에 있는 모든 자산을 식별하고 위협, 취약점을 점검한 후에 위험을 평가한다. 또 위험평가 결과를 기준으로 정보보호 보호대책을 수립하는 과정이고 이 부분은 뒤에서 자세히 다룰 것이다.

그리고 정보보호 대책은 선택항목으로 13개의 영역으로 분류되며, 통제 항목을 가지고 있다. 정보보호 대책의 13개 영역과 통제 항목은 수시로 변경되므로 이것은 한국인터넷진흥원 홈페이지에서 확인하는 것이 좋다. 또 본 영역은 선택 항목으로 해당 기업과 관련이 없으면 제외 이유를 분명히 한 후에 수행하지 않아도 되는 것이다.

결론적으로 정보보호 관리과정은 인증을 받을 모든 기업이 수행해야 하는 필수이고, 정보보호 대책 부분은 해당되는 기업만 수행하면 되는 선택이라는 것이다. 하지만, 실제로 정보보호 관리체계를 구축하고 인증을 받다보면, 정보보호 대책 부분을 거의 모두 수행해야 한다.

▼ 인증 심사 구성

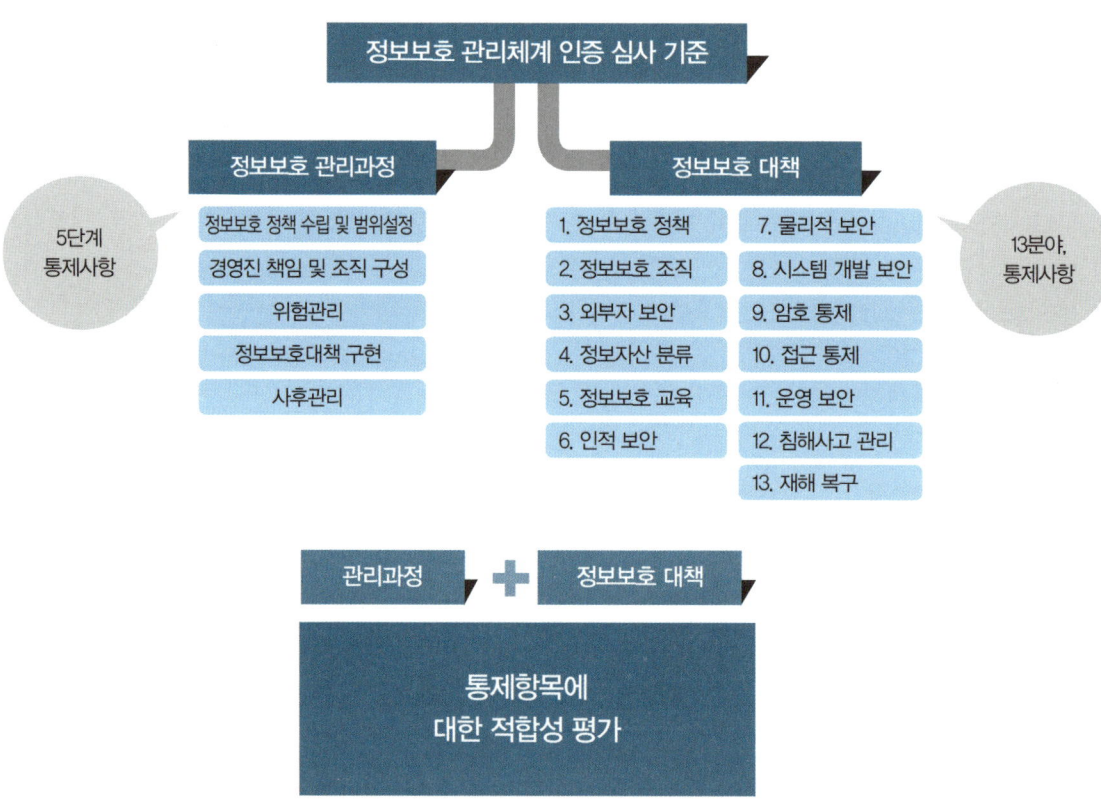

정보보호 관리체계 인증심사 기준을 자세히 보면 정보보호 관리과정과 정보보호 대책에 대해서 각각의 세부 항목인 통제 항목을 정의하고 있고 통제 항목별로 수행해야 하는 내용과 심사 수행 시에 주요 관점을 정의하고 있다.

■ 통제 항목

구분	통제 항목	내용	심사 관점
[관리과정] 1. 정보보호 정책 수립	1.1 정보보호 정책의 수립	신청기관의 경영목표를 지원할 수 있도록 정보보호의 법적, 규제적 요건과 전략적이고 조직적인 위험관리를 기술한 정보보호 정책을 수립하여야 한다.	관련 법, 규제의 검토 및 포함 여부
14.1 법적 요구사항 준수 검토	14.1.1 요구사항 명시	정보시스템에 대해 관련된 모든 법, 규제, 계약, 정책, 기술상의 요구사항을 정의하고 문서화하여야 하며, 이들 요구사항을 만족시키기 위해 필요한 특정 통제나 개별책임 등도 정의하고 문서화하여야 한다.	관련 법, 규제 및 세부적인 통제, 책임을 정의하고 문서화하였는지 확인, 이의 준수 여부를 확인했는지 검토
	14.1.2 준수 검토	정보통신망이용촉진 및 정보보호 등에 관한 법률, 신용정보 등의 보호에 관한 법률 등의 개인정보보호관련법 및 저작권법, 컴퓨터프로그램보호법 등 지적재산권법 등의 관련 법규의 준수여부를 검토해야 한다.	

본 내용은 인증심사 장에서 자세히 다룰 것이다.

5 보안관련 법률

정보보호 관리체계라는 것은 정보통신망 이용촉진 및 정보보호 등에 관한 법률(일명 정보통신망법)을 근간으로 하고 있다. 법률은 기본적인 헌법, 법률, 시행령 등의 구조로 이루어져 있다. 또한 법률은 특정 대상을 지정하는 특별법과 일반인을 대상으로 하는 보통법(혹은 일반법)으로 구분된다.

예를 들어 정보통신망법은 특별법인데, 그것은 정보통신제공자에 국한된 법률이기 때문이다. 반대로 개인정보보호법은 보통법(혹은 일반법)인데, 그것은 개인정보를 다루는 개인과 사업자 모두에 대한 법률이다. 특별법과 일반법은 법률의 각 조항이 중복될 수 있다. 이렇게 중복이 발생하는 경우 특별법을 우선적으로 적용해야 하는 것이다. 즉, 개인정보보호법은 주민등록번호 수집을 금지하고 있지만, 특별법에 예외적으로 수집하는 경우를 정의하고 있다면 특별법을 준수한다는 것이다. 그러므로 정보보호 관리체계 및 개인정보보호 인증 심사원은 개인정보보호법만을 기준으로 심사를 수행하면 안 되며, 해당 기업이 적용받는 법률이 무엇인지를 먼저 확인해야 한다.

■ 보안관련 주요 법률 현황

구분	법률명	주요 고려사항
산업보안	부정경쟁방지 및 영업비밀 보호에 관한 법률	영업비밀을 취급하는 모든 기업을 대상으로 행위주체(인적)에 대한 비밀유지 의무와 기업의 역할(비밀설정 및 보호조치) 고려
	산업기술의 유출방지 및 보호에 관한 법률	국가로부터 지정받은 산업기술 및 국가 핵심기술을 보유한 국가기관/기업/연구기관 및 대학 등(이하 '기관')을 대상으로 행위주체(인적)에 대한 비밀유지의무와 대상 기관의 보호조치 고려
지적 재산	저작권법(컴퓨터프로그램 보호법은 폐지, 통합)	논문, 강연 등의 어문저작물과 컴퓨터프로그램 등을 저작한 저작자의 이익을 보호하기 위한 역할 고려
기반 시설	정보통신기반보호법	국가안전보장, 행정, 국방, 치안, 금융, 통신, 운송, 에너지 등의 업무와 관련된 정보통신망을 운영하는 기업 및 국가 공공기관을 대상으로 정보통신망 운용의 기반이 되는 시설을 보호하기 위한 역할과 보호조치 고려
정보통신보안	정보통신망이용촉진 및 정보보호 등에 관한 법률 (이하 '정보통신망법')	법 제45조 제2항에 따른 안전진단 의무대상자는 매년 정보보호 전문업체로부터 안전진단을 받고 그 결과를 년말까지 제출 * 법 개정(2012년2월17일)에 따라 안전진단 제도 폐지, ISMS의무화
개인정보보호	정보통신망법	개인정보를 취급하는 정보통신서비스 제공자는 개인정보의 취급단계별 관리적, 기술적 보호조치 의무사항 고려
	신용정보의 이용 및 보호에 관한 법률	개인의 신용정보를 취급하는 금융회사(보험, 캐피탈, 카드사 등)를 대상으로 신용정보의 취급 단계별 보호조치 의무사항 고려
	개인정보보호법	일반법으로서 개인정보를 처리하는 모든 개인, 사업자, 공공기관 등에 대한 개인정보의 취급단계별 보호조치 및 정보주체의 권리 보장사항 고려

IT Compliance는 IT 서비스를 구축 및 운영, 제공하는데 있어서 반드시 지켜야 할 법률, 규정, 권고를 의미하며 Security Compliance는 법, 제도적 규제, 권고에 대응하기 위한 정보보호 관리 프레임워크(혹은 방법)를 구축, 운영하는 것이다.

IT Compliance 요소는 법률 재정 및 변경 등에 따라서 매년 변경되므로 1년에 한 번은 IT Compliance 변경 요소를 확인하여 정보보호 정책 및 정보보안 지침에 반영되어야 한다.

6 IT Compliance

1) 정보보호 측면 Compliance 요소 ★

- 정보보호 사전점검 제도 시행(제45조의2)
  - 신규 망구축 또는 서비스 제공 시 계획 또는 설계 단계부터 검토(권고사항)
- 정보보호 관리등급 제도 시행(제47조의5)
  - 정보보호 관리체계 인증기업 중 정보보호 관리등급(예 우수, 최우수) 부여(방통위)
- 정보보호 최고책임자 지정 및 협의회 구성, 운영(제45조의3) 임원급 지정
- 정보보호 안전진단 폐지, 정보보호 관리체계 인증 일원화(제47조)
  - 정보보호 안전진단 대상자(11년 기준 295개)인 경우 정보보호 관리체계 인증 의무화

2) 개인정보 측면 Compliance 요소 ★

- 원칙적으로 주민번호 수집, 이용 자체가 금지(제23조의2)
  - 본인인증기관, 타 법률 규정, 방통위 고시된 자 등 일부 예외 허용
  - 타 법률 규정, 방통위 고시된 자인 경우, 주민번호 대체수단(예 I-PIN) 의무 제공
- 개인정보 유출신고, 통지제 도입(제27조의3)
  - 개인정보보호법의 개인정보 유출 신고 제도와 유사
  - 개인정보보호법은 유출 시 5일 이내에 통지(1만 명 유출 시 신고 별도), 유출 사실을 홈페이지에 7일 이상 게재하도록 규정함
- 개인정보 유효기간제 도입(제29조 제2항)
  - 휴면계정 등 일정기간 동안 이용되지 않는 개인정보의 파기 등 조치
- 개인정보 이용내역 통지제 도입(제30조의2)
  - 이용자의 개인정보 이용 내역을 주기적으로 이용자에게 통지

7 ISMS 인증 취득 시 혜택

정보보호 관리체계 인증의 가장 큰 혜택은 대외적으로 인정 받을 수 있는 신뢰성 확보이다. 개인이나 B2B(Business to Business) 기업에게 개인정보와 기업 영업기밀 정보를 안전하게 구축하고 있다는 것을 인정 받을 수가 있는 것이다. 이러한 측면에서 기술적 기밀을 보유하고 있는 기업은 파트너 기업(혹은 협력업체)에게 정보보호 관리체계 인증을 받도록 하는 경우도 있다.

■ ISMS 인증 취득 시에 혜택

구분	특징	혜택
가산점	산업통산자원부	• 소프트웨어 기술성 평가기준 (지식경제부고시 제2010-53호) ※ 적용대상: 공공부문 정보시스템 기획·구축·운영 사업자, S/W개발 사업자 등 ※ 혜택: 기술입찰서, 계약이행능력 심사, 제안서 등 평가 항목(기밀보안)에 정보보호 관리체계 인증취득 시 만점 부여 • 업무수행능력 평가기준(지식경제부 공고 제2010-478호) ※ 적용대상: 보안관제 전문업체 ※ 혜택: 보안관제 전문업체 "업무수행능력 평가기준"의 신뢰도 항목에서 정보보호 인증기업에 5점 만점 부여
	한국인터넷진흥원	정보보호 大賞·입찰·과제선정 평가 시 가점 부여
	신용평가기관	한국신용평가정보 등의 경우 기업신용평가 시 가점 부여
	한국기업지배구조원	상장기업 ESG(환경, 사회, 지배구조) 평가 시, 소비자 항목에 가산점 부여(2010년 신설 혜택)
요금 할인	보험사(11개)	정보보호 관련 보험(개인정보보호배상책임보험 등) 가입 시 보험료 할인(AIG, LIG, 그린손해보험, 동부화재, 롯데손해보험, 메리츠화재, 삼성화재, 제일화재, 한화손해보험, 현대해상, 흥국화재)
권고	교육부	원격대학에 대하여 정보보호 관리체계 인증 취득 권고 ※ 교육과학기술부 고시 제2013-12호
	국토교통부	유비쿼터스도시 기반시설에 대하여 정보보호 관리체계 인증 취득 권고(유비쿼터스도시의 건설 등에 관한 법률 제22조)

CHAPTER 1 실력 점검 문제

01 심사기관 중에서 심사기관에 해당되는 곳은 어디인가?

> 가. 한국인터넷진흥원
> 나. 한국정보통신진흥협회
> 다. 한국정보통신기술협회
> 라. 한국정보통신심사협회

1) 가
2) 가, 나
3) 가, 나, 다
4) 가, 나, 라

심사기관은 한국정보통신진흥협회와 한국정보통신기술협회이고, 한국인터넷진흥원은 인증과 심사를 모두 할 수 있다.

02 정보통신망법 제47조 2항에 해당되는 정보통신서비스 제공자에 대한 설명이다.

> (A)는 제6조 제1항에 따른 허가를 받은 자로서 대통령령으로 정하는 바에 따라 정보통신망 서비스를 제공하는 자

1) 전기통신사업법
2) 전자통신사업법
3) 정보통신사업법
4) 중소기업법

「전기통신사업법」 제6조 제1항에 따른 허가를 받은 자로서 대통령령으로 정하는 바에 따라 정보통신망서비스를 제공하는 자

정답 1. 3) 2. 1)

03 ISMS 의무인증 기관 중에서 정보통신서비스 제공자로 매출액 100억 또는 이용자 수 100만 명 이상인 사업자 조건에 해당되는 곳은?

1) 인터넷 접속 서비스
2) 인터넷 전화 서비스
3) 서버 호스팅
4) Cable-SO

> **해설**
> 정보통신서비스 제공자는 인터넷 쇼핑몰, 포털, 게임, 예약, Cable-SO 등이 있다.

 04 ISMS 인증 심사에서 서면심사에 해당되는 않은 것은 무엇인가?

1) 정보보호 정책
2) 담당자 면담 및 관련 시스템 확인
3) 정보보호 지침과 절차
4) 대책 적용여부 등의 관리적 요소

> **해설**
> 현장심사는 서면심사의 결과와 기술적, 물리적 보호대책 이행여부를 확인하기 위하여 담당자 면담, 관련 시스템 확인 및 취약점 점검 등의 방법으로 기술적 요소를 심사한다.

 05 ISMS 인증 심사에서 필수 통제 사항이 아닌 것은 무엇인가?

1) 정보보호 정책 수립
2) 정보보호 대책 구현
3) 사후관리
4) 정보자산 분류

> **해설**
> 정보보호 관리과정은 정보보호 정책 수립 및 범위설정, 경영진 책임 및 조직구성, 위험관리, 정보보호 대책 구현, 사후관리이고 필수 통제사항이며, 정보자산 분류는 정보보호 대책과정으로 선택사항이다.

 06 논문, 강연 등의 어문 저작물과 컴퓨터 프로그램 등을 저작한 저작자의 이익을 보호하는 법률은 무엇인가?

1) 산업기술 유출방지 및 보호에 관한 법률
2) 저작권법
3) 정보통신기반 보호법
4) 개인정보보호법

> **해설**
> 저작권 보호법에 대한 설명이다.

07 ISMS 인증 심사 시 결함에 대한 최대 보완 조치 기간은 얼마인가?

1) 20일
2) 30일
3) 60일
4) 90일

해설

- 정보보호 관리체계 인증 등에 관한 고시

  제20조(인증 심사 방법 및 보완 조치)
  ④ 인터넷진흥원 또는 인증기관은 인증 심사에서 발견된 결함에 대해 최대 90일 (재조치 요구 60일 포함) 이내에 보완 조치를 완료하도록 신청기관에게 요청할 수 있다.
  ⑤ 인터넷진흥원 또는 인증기관은 인증위원회 심의결과에 따라 30일 이내에 보완 조치를 요구할 수 있다.

08 ISMS 인증위원회가 반드시 인증 기준의 적합여부를 심의하는 것은 무엇인가?

1) 최초심사
2) 갱신심사
3) 최초 및 갱신심사
4) 최초심사 및 사후심사

해설

- 정보보호 관리체계 인증 등에 관한 고시

  제21조(인증위원회의 구성)
  1. 최초심사 또는 갱신심사 결과가 인증 기준에 적합한지 여부
  2. 사후심사 결과 법 제47조 제8항 각 호에 해당하는 사유를 발견한 경우에 그 결과의 적합성 여부

09 정보통신망법에서 사후심사 이후에 그 결과를 누구에게 통보해야 하는가?

1) 한국인터넷진흥원
2) 행정안전부
3) 과학기술정보통신부장관
4) 인증위원회

해설

- 정보통신망법

  제47조(정보보호 관리체계의 인증)
  ⑥ 한국인터넷진흥원 및 정보보호 관리체계 인증기관은 정보보호 관리체계의 실효성 제고를 위하여 연 1회 이상 사후관리를 실시하고 그 결과를 과학기술정보통신부장관에게 통보해야 한다.

정답 3. 4) 4. 2) 5. 4) 6. 2) 7. 4) 8. 3) 9. 3)

10 ISMS(Information Security Management System) 구축을 위한 5단계 프로세스로 올바른 것은 무엇인가?

1) 정책 수립 및 범위설정 → 경영조직 → 위험관리 → 구현 → 사후관리
2) 정책 수립 및 범위설정 → 경영조직 → 구현 → 위험관리 → 사후관리
3) 경영조직 → 정책 수립 및 범위설정 → 위험관리 → 구현 → 사후관리
4) 경영조직 → 정책 수립 및 범위설정 → 구현 → 위험관리 → 사후관리

해설

• 정보보호 관리과정 구체적 요구사항

관리과정	특징	관련 문서
정보보호 정책 수립 및 범위설정	• 조직 전반에 걸친 상위 수준의 정보보호 정책 수립 • 정보보호 관리체계 범위설정	• 정보보호 정책서 • 정보보호 관리체계 범위서 • 정보 자산 목록(정보통신 설비 목록) • 네트워크 및 시스템 구성도
경영진 책임 및 조직구성	• 정보보호를 수행하기 위한 조직 내 각 부문의 책임 설정 • 경영진이 참여 가능하도록 보고 및 의사결정체계 구축	정보보호 조직도
위험관리	• 위험관리 방법 및 계획 수립 • 위험 식별 및 위험도 평가 • 정보보호 대책 선정 • 구현 계획 수립	• 위험관리 지침서 • (00년)위험관리 계획서 • 위험 분석 · 평가 보고서
정보보호 대책 구현	• 정보보호 대책 구현 및 이행 확인 • 내부 공유 및 교육	• 정보보호 대책 명세서 • 정보보호계획서 • 정보보호 계획 이행결과 보고서
사후관리	• 법적 요구사항 준수 검토 • 정보보호 관리체계 운영 현황 관리 • 정기적인 내부감사를 통해 정책 준수 확인	• 정보보호 관리체계, 내부감사 보고서 • 정보보호 관리체계, 운영현황표

11 정보보호 정책 수립 및 범위설정에서 상위 수준 정책에 관련된 문서는 무엇인가?

1) 접근 통제 지침서
2) 정보보호 정책
3) 정보보호 절차서
4) PC 보안 지침서

상위 수준 정책은 정보보호 정책, 정보보호 규정이 있고, 시행문서는 정보보호 관련 지침, 정보보호 절차서가 존재한다.

12. 정보보호 관리체계를 구축하기 위한 순환주기 프로세스에서 아래의 지문 중 가장 마지막에 수행하는 것은 무엇인가?

1) 자산분류 및 인력확보, 위협, 취약점, 위험분석
2) 지속적, 통합적 보안체계 수립
3) 보안사고 대응능력 향상
4) 정기적 보안점검

해설

• 정보보호 관리 프로세스

관리 프로세스	설명
Access	• 자산분류, 인력확보, 정보시스템 환경분석 • 위협, 취약점, 위험분석
Protect	• 보안정책 수립, 관리적·물리적·기술적 체계 수립 • 보안감사 활동의 강화
Validate	• 전 사원의 보안교육 실시 • 정기적 보안점검으로 지속적인 보안관리 수행
Train	• 보안 전담 인력양성　　• 새로운 해킹방법에 대한 대응 • 보안사고 대응 능력 배양
Monitor	• 지속적, 통합적 보안체계 수립　　• 효과적 보안 예산 집행 • 통합 보안 관계 시스템 구축

13. 침해사고 대응을 위하여 과학기술정보통신부장관 또는 한국인터넷진흥원이 할 수 있는 일이 아닌 것은 무엇인가?

1) 과학기술정보통신부장관은 침해사고에 적절히 대응하기 위하여 필요하면 업무의 전부 또는 일부를 한국인터넷진흥원이 수행할 수 있다.
2) 침해사고 대응업무는 침해사고에 관한 정보의 수집, 전파, 침해사고의 예보, 경보, 침해사고에 대한 긴급조치 등이 있다.
3) 한국인터넷진흥원은 침해사고를 분석하여 대통령에게 보고해야 한다.
4) 과학기술정보통신부장관이나 한국인터넷진흥원은 침해사고의 대응을 위하여 필요하면 인력지원을 요청할 수 있다.

해설

한국인터넷진흥원은 침해사고를 분석하여 과학기술정보통신부장관에게 보고해야 한다.

정답　10. 1)　11. 2)　12. 2)　13. 3)

14 정보보호의 목표와 개념에 대한 설명이다. 그 내용으로 올바르지 않은 것을 고르시오?

1) 정보보호는 시스템이나 전자적인 형태의 정보를 처리, 저장, 전송하는 모든 단계에 걸쳐 고의적 혹은 실수에 의한 불법적인 노출, 변조, 파괴로부터 보호하고 정당한 사용자가 쉽고, 빠르게 원하는 정보에 접근할 수 없도록 한다.
2) 법적인 측면에서 정보보호는 정보화촉진기본법 제2조 정보보안을 정보의 수집, 가공, 저장, 검색, 송신, 수신 중에 정보의 훼손, 변조, 유출 등을 방지하기 위한 관리적, 기술적 수단을 강구하는 것이다.
3) 정보보호의 특성으로는 기밀성, 무결성, 가용성이 있다.
4) 학술적인 측면에서 정보보호는 정보 시스템 내부에 보관되거나 통신망을 통해서 전송되는 정보를 시스템 내부 및 외부의 각종 위협으로부터 안전하게 보호하여 기밀성, 무결성, 가용성을 보장하는 것이다.

- 일반적인 목적에서 정보보호 정의

> 정보보호는 시스템이나 전자적인 형태의 정보를 처리, 저장, 전송하는 모든 단계에 걸쳐 고의적 혹은 실수에 의한 불법적인 노출, 변조, 파괴로부터 보호하고 정당한 사용자가 쉽고, 빠르게 원하는 정보에 접근할 수 있도록 한다.

15 다음 중 정보보호의 주요 목적이 아닌 것은 무엇인가?

1) 기밀성   2) 무결성
3) 정합성   4) 가용성

정보보호의 주요 목적은 기밀성, 가용성, 무결성이다.

16 정보보호 관리체계(ISMS, Information Security Management System) 의무 인증 대상이 아닌 것은?

1) 정보통신서비스 제공자(ISP)로서 집적정보통신시설 사업자
2) 정보통신서비스 부문 전년도 매출액이 100억 원 이상인 자
3) 전년도 말 기준 직전 3개월 간의 일일평균 이용자 수가 100만 명 이상인 자
4) 서울시 및 모든 지자체에서 대통령령으로 정한 바에 따라 정보통신서비스를 제공하는 자

대상자 기준	정보통신서비스 제공자	비고
(ISP) 전기통신사업법의 전기 통신 사업자로 전국적으로 정보통신망 서비스를 제공하는 사업자	인터넷 접속 서비스, 인터넷 전화 서비스 등	서울 및 모든 광역시에서 정보통신망 제공
(IDC) 타인의 정보통신서비스 제공을 위하여 집적된 정보통신시설을 운영, 관리하는 사업자	서버 호스팅, 코로케이션 서비스 등	정보통신서비스 부문 전년도 매출액 100억 이하 영세 VIDC (Virtual Internet Data Center)제외
(정보통신서비스제공자) 정보통신서비스 매출액 100억 또는 이용자 수 100만 명 이상인 사업자	인터넷 쇼핑몰, 포털, 게임, 예약, CABLE-SO등	정보통신서비스 부문 전년도 매출액 100억 이상 또는 전년도 말 기준 직전 3개월간 일일 평균 이용자 수 100만 명 이상 사업자
연간 매출액 및 세입 등이 1,500억 이상인 기업 중 상급종합병원, 1만 명 이상 재학생이 있는 학교	- 정보통신제공자가 아니여도 매출액이 1,500억 이상인 상급종합병원 - 매출액이 1,500억 이상이면서 재학생이 1만 명 이상 인 학교	2016년 6월부터 의무인증 대상 으로 포함

17 정보 자산의 비밀성·무결성·가용성을 달성하기 위하여 각종 보안대책을 관리하고, 위험기반 접근방법에 기초하여 구축·구현·운영·모니터링·검토·개선 등의 주기를 거쳐 정보보호를 관리하고 운영하는 체계를 수행하는 정보보호 모델에 해당되는 것은?

1) ISMS
2) ITSEC
3) PIA
4) CC

위의 설명은 정보보호 관리체계(ISMS; Information Security Management System)에 대한 설명이다.

PART 2 ISMS 인증 기준

Chapter 01 ISMS 심사
Chapter 02 통제 항목별 심사방법

Information Security Managemant System

인증심사원
ISMS

정보보호 관리체계 인증 심사 부분은 관리적 요구사항의 세부활동과 보호대책 요구사항의 13개 통제 항목의 의미와 보호대책 활동을 학습하고, 정보보호 관리체계 인증심사원이 심사를 수행할 때, 심사기준인 보호대책 요구사항의 통제 항목을 이해하고 통제 항목에 대해서 결함이 발생할 경우 결함보고서를 작성한다. 이를 통해서 정보보호 관리체계 심사방법을 학습하는 것이다.

ISMS 심사

정보보호 관리체계 인증심사의 관리적 요구사항의 세부 내역을 이해하고 위험분석 기법을 학습한다. 또한 보호대책 요구사항의 13개 통제 항목에 대한 구조를 이해한다.

정보보호 관리체계 인증은 인증신청, 계약체계, 인증심사, 보완조치, 인증심사 결과 심의 및 의결, 사후관리를 통해서 이루어진다. 인증신청은 신청기관이 정보보호 관리체계를 구축 및 2개월 이상 운영하고 한국인터넷진흥원에 공식적으로 정보보호 관리체계 인증신청서를 제출하는 것으로, 인증신청 시에는 정보보호 관리체계 인증신청서와 관리체계 명세서를 제출해야 한다. 인증신청이 완료되면 정보보호 관리체계 인증을 위한 계약 및 비용 지불이 이루어져야 한다. 계약이 완료되면 심사팀을 중심으로 심사원을 모집하고 서면심사와 현장심사를 수행하는 단계이다. 심사완료 후 신청기관은 인증심사에서 도출된 결함에 대한 보완조치를 수행하고 심사팀장은 보완조치를 확인한다. 모든 보완조치가 이루어지고 확인이 완료되면 정보보호 관리체계 인증위원회에서 인증심사 결과 심의 및 의결을 수행해서 최종 인증서를 발급해 주는 것이다. 인증서 발급 이후에는 사후심사를 1년에 1회 이상 수행하여 지속적으로 확인한다.

단, 인증서 발급 이외에는 부정한 방법으로 정보보호 관리체계 인증을 받았거나 인증 범위 내에 있는 주요 정보자산을 누락하면 인증이 취소된다.

1 ISMS 심사

1) 준비단계

① 인증 신청

정보보호 관리체계 신청기관은 인증을 신청하기 전에 인증기준인 통제항목에 따른 정보보호 관리체계를 구축하고 최소 2개월 이상 운영해야 한다. 여기서 운영이라는 의미는, 접근통제를 수행한다면 ID발급 및 권한부여, 출입이력 등의 실적(대장)을 기록하고 관리해야 한다는 것이다. 2개월 이상 운영 후에 신청기관은 인증신청 시 운영기간에 대한 증적자료를 포함하는 인증신청 서류를 인증기관인 한국인터넷진흥원에 제출한다.

신청기관 중에서 정보보호 관리체계 의무대상 기업의 경우, 인증신청이 연말 쏠림현상을 방지하기 위해서 신청기관의 사업자 등록일이 속한 분기가 끝나기 1개월 전에 인증신청을 한 하면 인증심사를 우선적으로 처리한다. 단, 신청기관이 분기 내 신청이 되지 않을 경우 심사

우선순위에서 하위로 밀려날 수 있고, 이로 인해 정보보호 관리체계 인증을 취득하지 못할 경우 과태료 부과대상이 될 수 있다.

정보보호 관리체계 신청기관은 인증신청서 등의 제출서류와 함께 공문(전자문서 포함)을 통하여 인증신청을 해야 하며, 신청서류는 정보보호 관리체계 인증신청서, 정보보호 관리체계 명세서이다.

정보보호 관리체계 인증신청서를 확인해 보면 기업 일반정보와 함께 정보보호 관리체계 인증범위와 인증범위 내에 포함되어 있는 자산 수(정보)를 포함해야 한다. 이것은 정보보호 관리체계 인증에서 중요하게 보는 관점은 정보자산이며, 정보보호 관리체계 인증 비용 또한 정보자산의 수에 따라 영향을 받게 된다.

■ 정보보호 관리체계 인증신청서

[붙임 1] 정보보호 관리체계 인증신청서

■ 「정보보호 관리체계 인증 등에 관한 고시」 [별지 제10호서식] <개정 2013.1.17.>

정보보호 관리체계 인증 신청서

※ [ ]에는 해당되는 곳에 √표를 하고, 어두운 부분은 신청인이 작성하지 않습니다.

접수번호		접수일자		발급일		처리기간	
신청인	업체명				사업자등록번호		
	주소				전화번호		
	대표자						
인증신청의 구분	[ ]최초심사 [ ]사후심사 [ ]갱신심사						
정보보호 관리체계의 범위							
정보보호 관리체계의 범위에 포함되어 있는 종업원의 수	※ 종업원의 수 : 내부 및 외주 인력의 합산						
정보보호 관리체계의 범위에 포함되어 있는 서버의 수	※ 서버(웹서버, DB서버 등), 네트워크 장비(라우터, L4이상 스위치 등), 보안장비(방화벽, IDS, IPS, DDos 대응시스템, 웹방화벽 등)을 포함하여 산정						

「정보통신망 이용촉진 및 정보보호 등에 관한 법률」 제47조제1항 및 제9항, 같은 법 시행령 제47조에 따라 위와 같이 정보보호 관리체계의 인증을 신청합니다.

년 월 일

신청인(대표자) (서명 또는 인)

(한국인터넷진흥원 또는 정보보호 관리체계 인증기관명) 귀중

신청(신고)인 제출서류	정보보호 관리체계 명세서 1부.	수수료 없음
담당공무원 확인사항	법인사업자등록증	

정보보호 관리체계 명세서는 정보보호 관리체계 통제항목에 대해서 어떻게 운영하고 있고 이에 따른 증적자료를 보유하고 있는지 제시하는 것이다. 즉, 신청 시에 통제 항목에 대해서 신청기관이 이행했는지를 확인하는 것이다. 실제 어떻게 했고, 그 증적이 무엇인가는 실제 심사 때 이루어진다.

■ **정보보호 관리체계 명세서**

통제항목	상세내용	수립여부	운영현황	관련문서 (정책, 지침 등 세부조항번호까지)	기록(증적자료)
1. 정보보호정책수립 및 범위설정					
1.1 정보보호정책의 수립	조직이 수행하는 모든 정보보호 활동의 근거를 포함할 수 있도록 정보보호정책을 수립하고 동 정책은 국가나 관련 산업에서 정하는 정보보호 관련 법, 규제를 만족하여야 한다.				
1.2 범위설정	조직에 미치는 영향을 고려하여 중요한 업무, 서비스 조직, 자산 등을 포함할 수 있도록 정보보호 관리체계 범위를 설정하고 범위 내 모든 자산을 식별하여 문서화하여야 한다.				
2. 경영진 책임 및 조직구성					
2.1 경영진 참여	정보보호 관리체계 수립 및 운영 등 조직이 수행하는 정보보호 활동 전반에 경영진의 참여가 이루어질 수 있도록 보고 및 의사결정 체계를 수립하여야 한다.				

< 작성 時 주요 착안 사항 >

정보보호관리과정은 필수적인 항목으로 해당 인증기준을 모두 선택하여야 한다. 운영여부와 운영내용을 확인할 수 있도록 다음 항목을 상세히 작성하여야 한다. 항목별 설명은 다음과 같다.
ㅇ 상세내용 : 신청기관 참고사항. 각 통제항목별로 의미하는 바를 기재하였음 (운영현황 등의 작성 공란이 부족할 경우 상세내용 삭제)
ㅇ 수립여부 : 정보보호관리과정은 필수적으로 수립 및 구축해야 하므로 자가진단을 통해 Y/N으로 수립 및 구축을 확인
ㅇ 운영현황 : 각 인증기준의 요구사항에 대해 어떻게 대응한 것인지 작성하는 것으로 누가, 언제, 무엇을, 어떻게 적용하고 있는지 상세히 작성
ㅇ 관련문서 : 인증기준을 만족하는 내용이 포함되어있는 기관의 문서 제목을 작성하되 문서 내 부분에 해당할 경우 장, 절, 조 등을 표시. 문서번호가 있다면 문서번호도 표시
ㅇ 기록(증적자료) : 인증기준을 만족하는 내용이 포함되어있는 기관의 기록(증적자료) 제목 및 번호를 작성

정보보호관리체계 인증기관은 신청서류를 접수하고 접수증을 교부한 후 신청서류의 기재사항을 검토하여 미비점이 있을 경우 보완 요청을 하며, 신청기관은 보완 요청을 받은 날로부터 10일 이내에 이를 보완하고 신청서류를 재구비하여 신청해야 한다. 또 신청기관은 인증신청서류로 정보보호 관리체계 인증신청서 및 정보보호 관리체계 명세서, 법인등기사항증명서(또는 법인사업자등록증)를 인증기관인 한국인터넷진흥원에 제출해야 한다.

② 계약 체결

정보보호 관리체계 인증 신청이 완료되면 신청기관과 인증기관이 협의하여 심사기간, 심사인원, 인증 수수료, 인증 범위 등을 포함하는 정보보호 관리체계 인증 심사계약을 체결하고, 인증심사 계약 체결 후에는 인증심사 수수료를 1개월 이내에 납부해야 한다.

2) 심사단계
① 인증 심사

인증을 위해서 인증 심사팀을 구성해야 하는데, 인증 심사팀은 심사팀장과 참여심사원으로

구성된다. 심사팀장은 한국인터넷진흥원 또는 심사기관 소속의 심사원 이상인 자만 할 수가 있다. 즉, 참여심사원은 경력 및 학력과 관계없이 심사팀장을 할 수 없다. 심사팀은 한국인터넷진흥원 정보보호 관리체계 홈페이지에 공지되며, 그것을 참조해서 심사원들이 지원하는 형태이다. 심사원들이 심사참여를 신청하면 신청기관의 직원 및 신청기관에 대해서 정보보호 관리체계 컨설팅을 수행한 자 등을 제외하고 심사원을 선별한다.

■ **정보보호 관리체계 인증 등에 관한 고시**

> 제19조(인증 심사팀 구성)
> ② 인증 심사팀 구성 시 심사팀장은 인터넷진흥원 또는 인증기관 소속의 심사원 이상으로 선정해야 한다.
> ③ 신청기관의 정보보호 관리체계 인증을 위한 컨설팅에 참여한 인증심사원 또는 신청기관의 소속직원은 인증 심사팀의 구성원에서 배제해야 한다.

정보보호 관리체계 인증심사는 서면심사와 현장심사를 병행 실시한다.

서면심사는 각종 문서 및 이행증적 검토, 보호대책 적용 여부와 같은 관리적 요소를 심사하는 것으로 신청기관의 정보보호 관리체계에 관련된 문서인 정보보호 정책, 정보보호 지침, 절차, 내부규정 등을 보유하고 있으며, 해당 문서들이 정보보호 관리체계 인증 기준에 부합되는 통제 항목을 충족하는지를 확인하는 것이다.

현장심사는 정보보호 정책, 정보보호 지침, 절차 등에 명시된 통제 항목을 실제로 실행하고 있는지를 확인하는 것이고 현장실사를 수행해서 정보보호 관리체계에 대한 기술적, 물리적 대책 이행여부를 점검하는 것이다. 이행여부를 확인할 때 각종 증적자료 및 전자적 기록 점검을 수행한다. 여기서 전자적 기록이란 방화벽 ACL(Access Control List), 방화벽(Firewall) Log, 라우터(Router) 및 서버 로그, 패킷 필터링 정보와 같은 것을 의미한다.

또한 현장실사는 IDC 센터 방문, 고객센터, 전산실 방문, 영업점 방문과 같은 형태로 이루어지기 때문에 방문할 곳의 특성을 고려하여 사전에 점검 항목을 도출해 두어야 한다.

■ **정보보호 관리체계 인증 등에 관한 고시**

> 제20조(인증 심사 방법 및 보완 조치)
> ① 인증 심사는 신청기관을 방문하여 서면심사와 현장심사를 병행한다.
> ② 서면심사는 인증 기준에 적합한지에 대하여 정보보호 관리체계 구축·운영 관련 정보보호 정책, 지침, 절차 및 이행의 증적자료 검토, 정보보호 대책 적용 여부 확인 등의 방법으로 관리적 요소를 심사한다.
> ③ 현장심사는 서면심사의 결과와 기술적·물리적 보호대책 이행여부를 확인하기 위하여 담당자 면담, 관련 시스템 확인 및 취약점 점검 등의 방법으로 기술적 요소를 심사한다.

심사원은 서면심사 및 현장심사를 수행하여 도출된 문제점을 파악하고 이에 따른 결함보고서를 작성해야 하며, 최종적으로 신청기관의 담당자들과 '결과확인 회의'를 통하여 결함 내용을 같이 확인해야 한다. 만약, 신청기관이 인증심사를 위한 심사원의 인터뷰, 자료 요구 등을 거부하여 인증심사 진행이 어려울 경우, 인증기관은 심사를 중단하고 신청기관을 인증심사 최하위 순위로 배정하여 재심사 여부를 결정할 수 있다.

그럼 실제 인증심사를 할 때 심사원 주의사항 하나를 살펴보면, 실제 인증심사에서는 심사원이 신청기관 직원에서 직접 자료를 요구한다거나 인터뷰를 요청하면 안 된다. 심사 첫날부터 심사를 수행하면서 필요한 자료 목록을 심사팀장에게 제출하고 심사팀장과 함께 인터뷰 일정을 수립해야 한다. 즉, 실제 심사를 해보면 모든 것은 심사팀장을 통해서 이루어지고 심사원들도 그것을 준수해 주는 것이 좋다.

★ 정보통신망법

> 제66조(비밀유지 등)
> 다음 각 호의 어느 하나에 해당하는 업무에 종사하는 자 또는 종사하였던 자는 그 직무상 알게 된 비밀을 타인에게 누설하거나 직무 외의 목적으로 사용하여서는 아니 된다. 다만, 다른 법률에 특별한 규정이 있는 경우에는 그러하지 아니하다.
> 2. 제47조에 따른 정보보호 관리체계 인증 업무

정보보호 관리체계 심사를 수행하면, 신청기관의 정보시스템에 대해서 대부분 알 수 밖에 없게 된다. 그러므로 신청기관 입장에서는 정보보호 관리체계 인증을 통해서 보안을 높이려 하지만, 신청기관의 정보가 심사원들에게 노출되는 것이 부담스러울 것이다. 그래서 법 제66조를 위반하여 직무상 알게 된 비밀을 타인에게 누설하거나 직무 외의 목적으로 사용한 자는 3년 이하 징역 또는 3천만원 이하 벌금을 부여한다.

② 보완조치

인증심사가 완료되면 신청기관은 심사 시에 도출된 결함에 대해서 보완조치를 완료해야 한다. 보완조치는 30일 이내에 완료해야 하며 최대 60일까지 연장할 수가 있다. 그러므로 최대 90일 이내에는 모두 처리해야 한다는 것이다.

보완조치에 대한 확인은 심사팀장이 확인한다. 그러므로 심사팀장이 모든 내용을 다 기억할 수도 없고 개별 심사원의 결함을 파악할 수 없을 수도 있다. 그러므로 심사원은 심사를 수행할 때 심사일지를 작성하게 되고 심사일자에 자신이 심사한 내역을 자세히 기록해야 한다.

■ 정보보호 관리체계 인증 등에 관한 고시

제20조(인증심사 방법 및 보완조치)
④ 인터넷진흥원 또는 인증기관은 인증 심사에서 발견된 결함에 대해 최대 90일(재조치 요구 60일 포함) 이내에 보완 조치를 완료하도록 신청기관에게 요청할 수 있다.
⑤ 인터넷진흥원 또는 인증기관은 인증위원회 심의결과에 따라 30일 이내에 보완 조치를 요구할 수 있다.

③ 심사 결과보고서 작성 및 인증위원회 상정

인증심사원은 서면심사와 현장심사를 수행하여 도출된 결함에 대한 보완조치의 결과 확인이 완료되면 심사 결과보고서를 작성한다. 인증 심사팀이 수행한 심사결과에 대한 객관성 및 공정성 확보, 일정수준 이상의 품질 확보를 위해서 한국인터넷진흥원의 장이 구성·운영하는 인증위원회에 심사 결과보고서를 상정하는 것이다.

■ 정보보호 관리체계 인증 등에 관한 고시

제22조(인증위원회의 운영)
① 인터넷진흥원 또는 인증기관의 장은 인증위원회의 심의안건을 검토하여 위원회 개최 5일 전까지 인증위원회에 제출한다.
② 인증위원회 위원장은 제21조 제1항 각 호의 사항에 대한 심의·의결 결과를 인터넷진흥원 또는 인증기관의 장에게 제출한다.

3) 인증단계

① 인증 심사결과 심의 및 의결

인증심사 및 보완조치가 완료되어서 인증심사 결과보고서가 제출되면 인증위원회를 구성하는데, 인증위원회의 구성은 한국인터넷진흥원 또는 인증기관의 장이 인증위원회를 설치 운영할 수 있고, 인증위원회는 5인 이상 10인 이내의 위원과 정보보호전문가, 정보시스템감리사, 기술사, 대학교수 등의 정보보호 분야에 학식과 경험이 있는 자 중에서 위촉되어 구성된다.

인증위원회는 최초심사와 갱신심사 후에 인증 기준이 적합한지를 확인하는 것이다.

■ 정보보호 관리체계 인증 등에 관한 고시

제21조(인증위원회의 구성)
① 법 제47조 제5항에 따라 인터넷진흥원 또는 인증기관의 장은 다음 각 호의 사항을 심의·의결하기 위하여 인증위원회를 설치·운영해야 한다.

> 1. 최초심사 또는 갱신심사 결과가 인증 기준에 적합한지 여부
> 2. 사후심사 결과 법 제47조 제8항 각 호에 해당하는 사유를 발견한 경우에 그 결과의 적합성 여부
> 3. 그 밖에 정보보호 관리체계 인증과 관련하여 위원장이 필요하다고 인정하는 사항
> ② 인증위원회는 5인 이상 10인 이내의 위원으로 구성하되, 위원은 정보보호전문가, 정보시스템감리사, 기술사, 대학교수 등 정보보호분야에 학식과 경험이 있는 자 중에서 인터넷진흥원 또는 인증기관의 장이 위촉하며, 위원장은 위원 중에서 결정한다.
> ③ 위원장은 인증위원회의 업무를 통할하며 위원회를 대표한다.

② **인증 발급**

최종적으로 인증위원회의 심의를 통과하면 정보보호 관리체계 인증서를 발급하게 된다. 발급된 정보보호 관리체계 인증은 3년간 유효하고 3년 이후에는 갱신심사를 받아야 지속적으로 유지할 수가 있다.

■ 정보보호 관리체계 인증 등에 관한 고시

> 제23조(인증서 발급)
> 인터넷진흥원 또는 인증기관의 장은 제22조 제1항에 따라 인증위원회의 심의·의결 결과를 제출받은 때에는 신청기관의 정보보호 관리체계가 이 고시에서 정한 인증 기준에 적합하다고 판단된 경우 별지 제11호 서식의 정보보호 관리체계 인증서를 발급하여야 한다.

4) 사후심사

정보보호 관리체계는 지속적 유지를 중요하게 생각하므로 정보보호 관리체계 인증은 3년간 유효하고 관리체계의 지속적인 유지운영을 위해 1년에 한 번 이상 관리체계를 점검하는 사후심사를 받아야 한다.

■ 정보통신망법 ★★

> 제47조(정보보호 관리체계의 인증)
> ⑥ 한국인터넷진흥원 및 정보보호 관리체계 인증기관은 정보보호 관리체계의 실효성 제고를 위하여 연 1회 이상 사후관리를 실시하고 그 결과를 과학기술정보통신부장관에게 통보해야 한다.

인증기관은 인증취득 기관이 중대한 침해사고가 발생하였을 경우 사후관리를 위하여 사후심사를 할 수 있으며, 인증 취소 요건이 발생할 경우 인증을 취소할 수 있다.

5) 인증 취소

정보보호 관리체계 인증에 대해서 부정한 방법 및 인증기준 미달, 사후관리 거부 및 방해가 이루어지면 정보보호 관리체계 인증을 취소할 수가 있다.

■ 정보통신망법 ★★

> 제47조(정보보호 관리체계의 인증)
> ⑧ 과학기술정보통신부장관은 다음 각 호의 어느 하나에 해당하는 사유를 발견한 경우에는 인증을 취소할 수 있다.
> 1. 거짓이나 그 밖의 부정한 방법으로 정보보호 관리체계 인증을 받은 경우
> 2. 제3항에 따른 인증 기준에 미달하게 된 경우
> 3. 제6항에 따른 사후관리를 거부 또는 방해한 경우

또한 인증취소 사유에 대한 확인을 위하여 한국인터넷진흥원은 인증 취득 기업에 대해 수시점검을 수행할 수 있다.

2 인증 기준

1) 관리과정 인증 기준

정보보호 관리체계 인증 기준 중에서 정보보호 관리과정은 정보보호 관리체계 인증심사 시 요구되는 필수 항목으로 조직 내부 및 외부 위협 요소 변화 또는 취약성 발견 등의 대응에 지속적으로 유지 관리되는 순환 주기 모델을 가진다.

즉, Security PDCA(Plan, Do, Check, Act) Cycle에서 P(Plan)는 정책, 계획, 세부목표, 프로세스, 절차수립을 수행하며, D(Do)는 정책, 통제, 프로세스의 구현과 운영을 수행한다. C(Check)는 프로세스 성과평가(KPI: Key Performance Indicator) 결과, 경영자 검토, A(Act)는 검토 결과에 따른 시정조치와 예정조치를 의미한다.

정보보호 정책 수립 및 범위설정은 상위 수준의 정보보호 정책을 수립하고 정보보호 관리체계 인증 범위를 확정하는 것이다. 정보보호 관리체계 인증 시에 인증 범위 내의 모든 정보자산은 식별되어야 한다. 식별된 정보자산은 일정한 표준 및 형태에 맞게 정리되어야 하며, 이를 위해서 정보자산 목록을 작성한다. 또한 시스템 배치 및 위치를 확인하고 인터넷망과 내부망에 어떤 정보자산이 있는지 확인하기 위해서 네트워크 및 시스템 구성도가 필요하다.

경영진 책임 및 조직구성은 경영진으로 하여금 정보보호를 전담으로 관리하기 위한 조직을 구성하고 조직에 책임과 역할을 부여하라는 의미이다. 또한 정보보안 관련 주요 의사결정 사항이 발생하여 누가 의사결정을 할 것인지 공식적인 의사결정체계를 구축해야 한다.

위험관리(Risk Management)는 자산식별, 위협, 취약점 점검, 위험평가를 수행하고 보호대책 계획을 수립하라는 의미이다. 이를 위해서 위험관리 계획서를 작성하여 위험관리의 범위, 위험관리 수행 일정(위험관리는 지속적이고 반복적인 작업)을 수립하고 위험평가 방법 등을 결정한다. 위험관리 계획서가 작성되면 해당 위험관리 계획서에 따라 위험평가를 수행하고 그 결과를 문서화 해야 한다.

식별된 위험에는 단기간에 대응할 수 있는 것도 있고 중기, 장기적으로 대응해야 할 것도 있을 것이다. 정보보호 대책구현은 각 위험에 대해서 어떻게 대응할 것인지를 결정하는 것이고 대응을 위한 계획을 수립하는 것이다. 이러한 계획을 정보보호 계획서라고 한다.

사후관리는 정보보호 관리체계 운영 중에 변경될 수 있는 법률이나 중요 침해사고에 대한 정책 및 지침 변경, 정보보호 관리체계 운영을 수행하고 주기적으로 내부감사(혹은 외부감사)를 수행하여 점검과 보완조치를 수행하는 것이다.

★★★
■ PDCA 사이클 기반 정보보호 관리과정의 구체적 요구사항

관리과정	특징	관련 문서
정보보호 정책 수립 및 범위 설정	• 조직 전반에 걸친 상위 수준의 정보보호 정책 수립 • 정보보호 관리체계 범위설정	• 정보보호 정책서 • 정보보호 관리체계 범위서 • 정보 자산 목록(정보통신설비 목록) • 네트워크 및 시스템 구성도
경영진 책임 및 조직구성	• 정보보호를 수행하기 위한 조직 내 각 부문의 책임 설정 • 경영진이 참여 가능하도록 보고 및 의사 결정체계 구축	정보보호 조직도
위험관리	• 위험관리 방법 및 계획 수립 • 위험 식별 및 위험도 평가 • 정보보호 대책 선정 • 구현 계획 수립	• 위험관리 지침서 • (00년)위험관리 계획서 • 위험 분석·평가 보고서
정보보호 대책 구현	• 정보보호 대책 구현 및 이행 확인 • 내부 공유 및 교육	• 정보보호 대책 명세서 • 정보보호 계획서 • 정보보호 계획 이행결과 보고서
사후관리	• 법적 요구사항 준수 검토 • 정보보호 관리체계 운영 현황 관리 • 정기적인 내부감사를 통해 정책 준수 확인	• 정보보호 관리체계, 내부감사 보고서 • 정보보호 관리체계, 운영현황표

① **정보보호 정책 수립 및 범위설정**

정보보호 관리체계를 구축하는 경우에는 정보보호 관리체계 기준 및 법적 요구사항 등을 보장할 수 있도록 정보보호 정책을 수립해서 법적 준거성을 확보해야 한다.

정보보호 정책은 상위수준 정책과 시행문서로 분류될 수 있는데, 상위수준 정책은 원칙적이면서 방향성을 정의하는 문서이다. 그리고 시행문서는 실제 각 항목별로 수행해야 할 작업(Activity)을 정의하고 있다.

정보보호 정책을 계층으로 분류하면 정책, 지침, 절차 계층으로 이루어진다. 정보보호 정책은 가장 원론적인 정보보호의 목적, 범위, 정보보안 활동 등을 정의하며 지침은 정보보호 정책의 원칙을 구체적으로 이행하기 위해서 수행해야 하는 활동을 정의한다. 지침의 간단한 예로 "임베스트 로그인 패스워드는 3개월에 한 번씩 변경하고 패스워드 작성 규칙을 준수해야 한다"는 것이다.

절차는 작업(Activity)을 수행하기 위한 절차로, 예를 들어, 침해사고 발생 시에 보고절차, 중요 보안사고 발생 시에 처리절차, 보안솔루션 구매 및 평가절차 등을 의미한다.

★★★
▼ **정보보호 정책 수립**

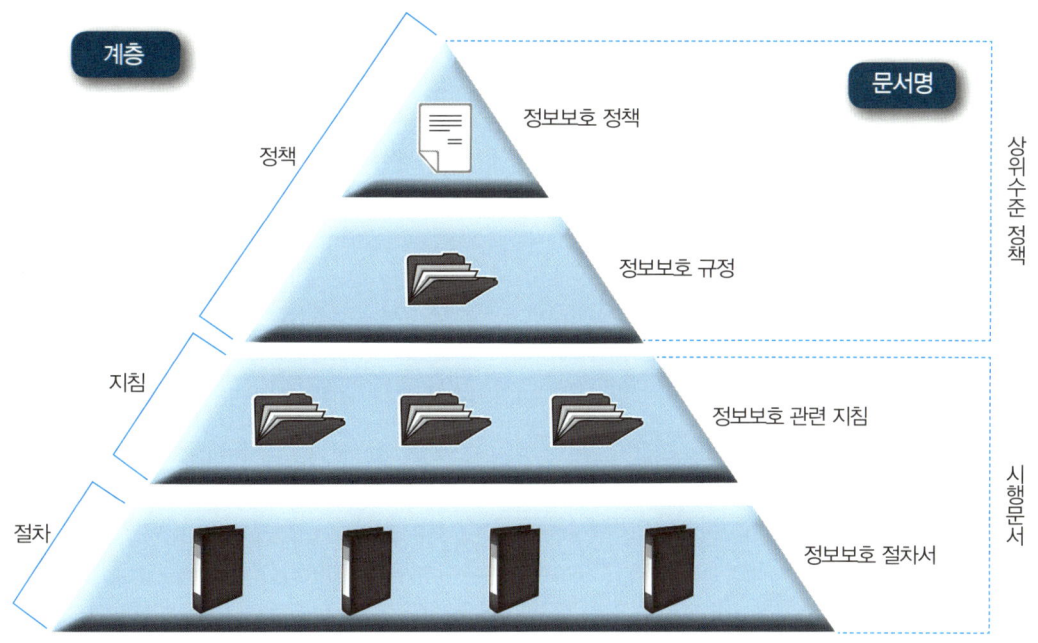

■ 정보보호 정책에 포함되어야 할 항목

- 최고 경영자 등 경영진의 정보보호에 대한 의지 및 방향: 조직의 최고책임자가 정책을 승인하고 지원 의지를 알려야 한다.
- 조직의 정보보호 목적: 조직의 중요한 정보 자산 및 서비스를 식별하고 그 보호 목적(기밀성, 무결성, 가용성 등)을 명확하게 선언해야 한다.
- 조직의 정보보호 범위: 정책의 적용범위를 의미하며 전 조직을 대상으로 하고 정보 자산에 접근하는 외부인을 포함하는 것이 가장 일반적이다.
- 조직의 정보보호 책임: 정책을 수행하기 위해서는 기본적으로 책임사항을 정의한다.
- 조직이 수행하는 관리적, 기술적, 물리적 정보보호 활동의 근거

정보보호 정책 수립 전에 먼저 고려해야 할 것은 법률적인 요구사항과 정보보호 요구사항이다. 법률적 요구사항이란 정보통신망법, 개인정보보호법 등을 분석하여 정보보호 관리체계를 구축하려는 기업에 해당되는 조항을 식별해야 한다. 식별된 법률적 조항을 준수하기 위해서 정보보호 관리체계 구축 기업이 준수해야 할 원칙 및 세부사항을 정의하는 것이 정보보호 정책 및 지침 수립이다. 또한 이러한 작업을 수행 중에 정보보호 관리체계 구축 기업의 주요 보안 요구사항을 반영해야 한다.

정책과 지침 등이 완성되면 공식적인 절차에 의해서 최종 검토 및 승인을 수행해서 최종 확정한다. 이렇게 확정된 정책과 지침은 경영진에 의해서 공식적으로 공표하여 모든 조직원들이 숙지할 수 있도록 해야 한다.

▼ 정보보호 정책 지침

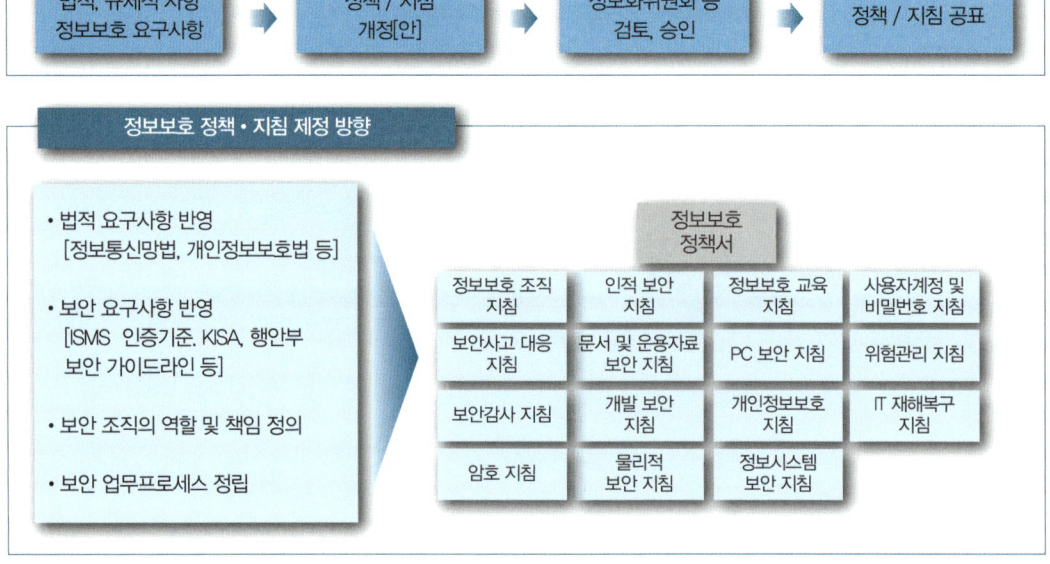

- **정책, 지침, 절차서, 가이드, 기록(대장)**

아래의 예는 정보보호 정책서이다. 정책서는 기본적인 원칙과 방향성을 포함하고 있고 실제 세부적으로 준수해야 할 것은 정보보호 관리체계 범위관리 지침, 정보자산 관리 지침, 인력보안 지침, 물리적 보안 지침, 운영관리 지침, 보안사고 관리 지침, 사업 연속성 관리 지침, 정보보호 교육 지침 등에 정의한다.

■ 정보보호 정책서(예시)

제1장 총칙
    제1조 (목적)
    제2조 (적용범위)
    제3조 (정책 시행)
    제4조 (정보보호 관리체계의 구성)
    제5조 (정보보호 관리체계 유지관리)

제2장 정보보호 관리체계 범위
    제6조 (정보 자산)
    제7조 (조직범위)

제3장 정보보호 조직 구성
    제8조 (정보보호 조직)

제4장 정보 자산관리
    제9조 (정보 자산 분류)
    제10조 (정보 자산 등록)
    제11조 (정보 자산 평가)
    제12조 (정보 자산 접근권한)
    제13조 (정보 자산 폐기)

제5장 인력보안
    제14조 (정보보호 책임)
    제15조 (전출 및 퇴직자 관리)
    제16조 (아웃소싱 보안관리)
    제17조 (개인 컴퓨터 사용)
    제18조 (사무실 보안)
    제19조 (인터넷 사용)

제6장 물리적 보안
    제20조 (출입통제)
    제21조 (보안구역)
    제22조 (제한 및 통제구역)

제23조 (반출입 관리)
제24조 (정보시스템 보호)
제7장 운영관리
제25조 (운영체제 접근 통제)
제26조 (네트워크 접근 통제)
제27조 (개발 보안)
제28조 (테스트 및 배포)
제29조 (사용자 계정 관리)
제30조 (사용자 접근관리)
제8조 보안사고
제9조 사업연속성관리
제10조 정보보안 교육

정보보호 관리체계의 범위설정은 조직에 미치는 영향을 검토하여 업무, 서비스, 조직, 자산 등을 포함할 수 있도록 정보보호 관리체계 범위를 설정하고 정보보호 관리체계 인증범위 내 모든 자산을 식별하여 문서화해야 한다. 정보보호 관리체계 범위에는 사업(서비스)과 관련된 임직원, 정보시스템, 정보, 시설 등 유·무형의 핵심자산이 누락 없이 포함되어야 하며, 만약 핵심자산 누락 등이 발생하면 정보보호 관리체계 인증을 부여 받은 이후에도 정보보호 관리체계 인증이 취소될 수가 있다.

▼ 정보보호 관리체계 인증 범위설정

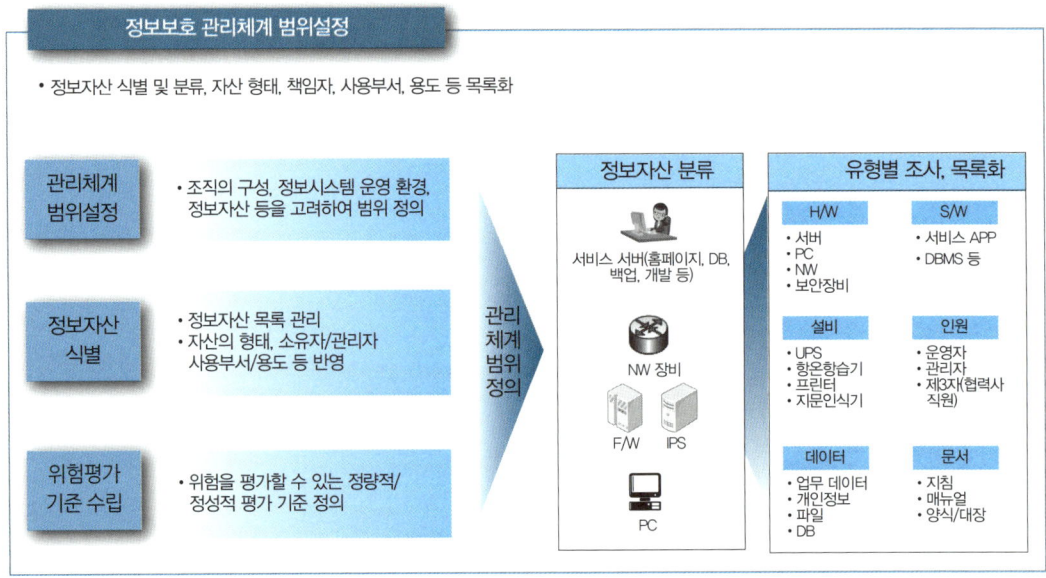

★★★ 정보보호 관리체계 범위에 포함되어야 하는 항목

- 정보보호 관리체계의 범위
  ※ 주요 서비스(사업) 현황 등
- 주요 정보통신 설비의 목록과 시스템 구성도
  ※ 인증범위 대상, 시스템 및 네트워크 구성도 등
- 정보보호 관리체계 수립·운영방법 및 절차
  ※ 정보보호 규모 및 체계, 정보보호 관리체계 운영현황, 위험관리, 기술적 취약점 점검, 기업이 준수해야 할 법적 요구사항 현황, 내부감사 이력 등
- 정보보호 관리체계 관련 주요 문서 목록
  ※ 정책, 지침, 절차, 기록 및 로그 등
- 국내·외 품질경영체제 인증서 취득 명세

정보자산을 식별할 경우 유사 자산 간에는 자산을 그룹핑해서 관리해야 한다. 그렇기 때문에 정보자산 분류기준을 수립하고 정보보호 관리체계 범위 내 모든 정보자산을 식별해야 한다. 식별된 정보 자산에 대한 자산ID, 정보 자산명, 용도, 책임자 및 관리자, 관리부서, 보안등급(기밀성, 무결성, 가용성, 법적 준거성) 등의 정보자산 정보를 확인할 수 있도록 목록으로 정리되어야 하고 관리되어야 한다.

② 경영진 참여

정보보안 관리체계 구축을 위해서는 경영진의 적극적인 참여가 필요하다. 그 이유는 상충관계에 대한 문제와 비용 등에 대한 문제이다. 상충관계에 대한 문제는 정보보안을 강력히 하면 편의성이 떨어지게 된다. 그러므로 조직원은 준수하지 않으려는 경향이 있다. 또한 정보보안을 했다고 직접적으로 기업의 수익이 발생하는 것이 아니다. 그러므로 정보보안은 기업 입장에서 소모적인 활동으로 인식할 수가 있다. 이러한 이유로 정보보호 관리체계의 확립과 안정적인 운영을 위해서는 경영진이 참여하여 정보보안 최고책임자를 지정하고, 정보보안 최고책임자는 정보보안 실무조직을 구성한 후에 책임과 역할을 부여해야 한다. 또한 모든 임직원에게 정보보안에 대한 인식을 개선하고 인사평가와 연계하여 어느 정도 강제적으로 해야 한다.

또한 정보보호 정책의 제·개정 승인 및 공표, 위험관리, 내부감사 등과 같은 핵심적인 사안에 대해서 경영진이 직접 참여하여 의사결정을 수행해야 한다.

정보보호 관리체계를 구축, 운영하기 위해서 정보보호 조직구성 및 자원할당을 위한 최고경영자는 조직의 규모, 업무 중요도 분석을 통해서 정보보호 관리체계의 지속적인 운영이 가능하도록 정보보호 최고책임자, 실무조직, 책임과 역할 등 정보보호 조직을 구성하고 정보보호 관리체계 운영활동을 수행하는데 필요한 자원(예산 및 인력)을 확보해야 한다.

③ 위험관리(Risk Management)

위험관리(Risk Management)는 조직의 자산(Asset)을 식별하고 위험을 평가하여 조직의 재해, 장애 등 손실을 최소화하기 위한 절차 혹은 연속적인 행위이다.

■ 위험관리 구성

구성	설명
자산(Asset)	조직에 가치가 있는 자원들
위험(Risk)	위협, 취약점을 이용하여 조직의 자산에 손실, 피해를 가져 올 가능성
위협(Threat)	조직, 기업의 자산에 악영향을 끼칠 수 있는 조건, 사건, 행위
취약점(Vulnerability)	위협이 발생하기 위한 조건 및 상황

위험관리를 수행하기 위해서는 자산을 식별해야 한다. 자산은 기업에게 가치있는 유형 및 무형의 서비스, 지식, 물품 등이다. 자산은 자산 그룹핑을 통해서 관리되어야 한다. 즉, 자산 그룹핑이란 웹서버, 데이터베이스 서버, WAS(Web Application Server), 스토리지, 보안장비, 네트워크 장비 등으로 분류한다. 분류된 자산은 자산을 유일하게 식별할 수 있도록 자산ID를 부여하고 자산명, 자산 용도(서비스), 자산 담당자, 구매일자, 백업서버 유무, 구매비용, 기밀성, 무결성, 가용성, 법적 준거성, 우선순위(보안등급) 등으로 정리되어야 한다.

위협은 조직이나 자산에 악영향을 끼칠 수 있는 조건 및 행위이고, 예를 들면 DDoS 공격은 정보자산에 대해서 서비스 연속성 장애를 유발할 수 있다. 이러한 것을 위협이라고 하며 위협은 알려진 위협과 알려지지 않은 위협으로 분류될 수 있고, 알려지지 않은 위협은 시나리오 분석을 통해서 도출해야 한다.

취약점이라는 것은 위협이 발생하기 위한 조건으로 정보 자산별 다른 취약점을 가질 수 있다. 즉, FTP(File Transfer Protocol) 서비스의 경우 익명의 사용자를 통한 Bounce 공격을 수행할 수 있으므로 익명의 사용자 계정이 차단되어 있는지 확인해야 할 것이다.

그리고 위협과 취약점의 차이는 위협은 입력오류, 메일폭탄, 해킹, 천재지변과 같은 어디에서나 문제가 되는 요소이고, 취약점은 해당 시스템의 준비에 따라 문제가 되는 요소이다.

위험평가는 자산, 위협, 취약점을 분석하여 최종적으로 위험을 식별하고 평가하는 것이다. 위험평가는 기준선법(Baseline), 정성적 위험평가, 정량적 위험평가 등이 존재한다. 위험평가가 완료되면 각각의 위험을 보호대책 비용과 손실비용, 법적 준거성 여부 등을 확인하고 보안대책(보호대책)을 수립한다.

보안대책은 즉시 해야 할 것이 있고 중장기적으로 수행해야 할 것이 있을 것이다. 물론 모든 위험을 즉시 대응하면 좋겠지만 기업의 제약사항인 인력, 비용, 일정 등을 고려하여 단계별로 추진하게 된다.

▼ 위험관리 체계

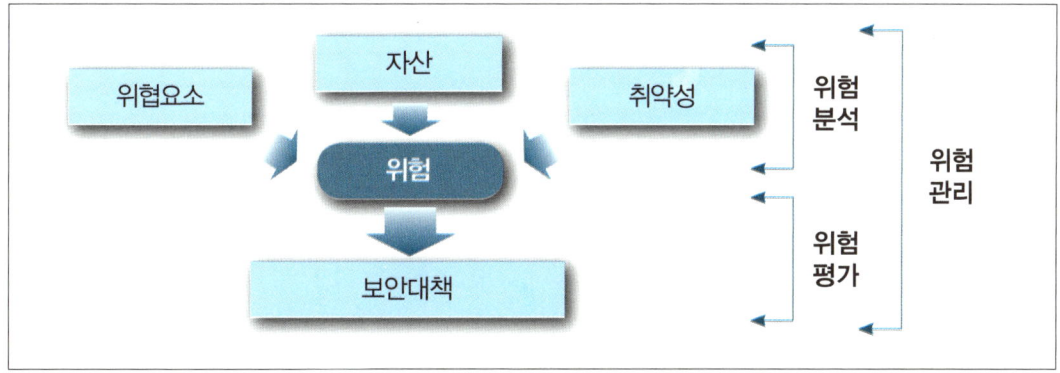

- 위험 관리의 핵심적인 활동 = 위험분석 + 위험평가
- 위험분석: 보호 대상, 위협 요소, 취약성 등에 대한 자료 수집 및 분석
- 위험평가: 분석 결과를 기초로 보안 현황을 평가하고 적절한 방법을 선택하여 효과적으로 위험 수준을 낮추기 위한 과정

■ 위험관리 활동

세부활동	설명
위험성향 (Risk Appetite)	수용할 준비가 된 위험의 총량을 의미하며, 영향의 크기와 발생빈도로 정의됨
위험 허용범위 (Risk Tolerance)	위험성향에 근거한 위험수준으로부터 수용 가능한 최대편차
위험대응 (Risk Response)	식별된 위험의 발생가능성과 영향에 대한 대응조치

■ 접근방식에 따른 위험분석 기법

위험분석 기법	설명
기준선 접근법	• 모든 시스템에 대하여 보호의 기준수준을 정하고 이를 달성하기 위하여 일련의 보호대책을 선택 • 시간 및 비용이 적고 모든 조직에서 기본적으로 필요한 보호대책 선택 가능 • 조직의 특성을 고려하지 않기 때문에, 조직 내에 부서별로 적정 보안수준보다도 높게 혹은 낮게 보안통제를 적용
전문가 판단	• 정형화된 방법을 사용하지 않고 전문가의 지식과 경험에 따라서 위험을 분석 • 작은 조직에 비용이 효과적이며, 구조화된 접근방법이 없기 때문에 위험을 제대로 평가하기 어렵고 보호대책의 선택 및 소요비용을 합리적으로 도출하기 어려움 • 계속적으로 반복되는 보안관리 및 보안감시, 사후관리로 제한됨

상세위험분석	• 자산의 가치를 측정하고 자산에 대한 위협 정도와 취약점을 분석하여 위험 정도를 결정 • 조직 내에 적절한 보안수준 마련 가능 • 전문적인 지식과 많은 노력이 소요됨 • 정성적 분석기법과 정량적 분석기법이 존재함
복합적 접근법	• 먼저 조직 활동에 대한 필수적이고 위험이 높은 시스템을 식별하고 이러한 시스템은 상세위험분석 기법을 적용 • 그렇지 않은 시스템은 기준선 접근법 등을 적용 • 보안전략을 빠르게 구축할 수 있고, 상대적으로 시간과 노력을 효율적으로 활용 가능 • 두 가지 방법의 적용대상을 명확하게 설정하지 못함으로써 자원 낭비 발생이 가능함

- 위험분석 및 평가대상 조직의 보안 요구사항, 가용자원(예산, 인력, 기간 등), 규모 등을 고려하여 분석기법을 결정

★★★
■ 정량적 위험분석과 정성적 위험분석

구분	정량적 위험분석	정성적 위험분석
개념	위험 발생확률 * 손실크기를 통해 기대 위험가치를 분석 (척도: 연간기대손실(ALE))	• 손실크기를 화폐가치로 표현하기 어려움 • 위험크기는 기술변수로 표현 (척도: 점수)
기법 유형	수학공식 접근법, 확률 분포, 추정법, 확률지배, 몬테카를로 시뮬레이션, 과거 자료 분석법	델파이법, 시나리오법, 순위결정법, 질문서법
장점	• 비용/가치 분석, 예산 계획, 자료 분석이 용이 • 수리적 계산으로 논리적이고 객관적 정보를 얻을 수 있음	• 금액화하기 어려운 정보의 평가가 가능 • 분석시간이 짧고 이해가 쉬움
단점	• 분석시간, 노력, 비용이 큼 • 정확한 정량화 수치를 얻기 어려움	• 평가결과가 주관적임 • 비용효과 분석이 용이하지 않음

★★★
■ 위험에 따른 손실액 분석

손실액 분석	설명
ARO (Annualized Rate of Occurrence)	매년 특정한 위협이 발생할 가능성에 대한 빈도수 혹은 특정 위협이 1년에 발생할 예상 빈도수
SLE (Single Loss Expectancy)	• 특정 위협이 발생하여 예상되는 1회 손실액 • SLE = 자산가치 * 노출계수(1회 손실액)
ALE (Annualized Loss Expectancy)	정량적인 위험분석의 대표적인 방법으로 특정 자산에 대한 실현된 위협의 모든 경우에 대한 가능한 연간비용(연간 예상손실)

■ 위험분석 단계별 세부활동

세부활동	설명
위험분석 범위 선정	업무, 조직, 위치, 자산 및 기술적 특성에 따라 범위에 근거한 위험분석 범위를 선정
위험분석 방법 정의	효율적인 분석을 위해서 정성적, 기준선 접근법, 상세위험분석, 복합적 접근법 등을 선택
자산분석	조직의 업무와 연관된 정보 및 정보시스템을 포함하는 자산을 식별하고 해당 자산의 기밀성, 무결성, 가용성이 상실되었을 때의 결과가 조직에 미칠 수 있는 영향을 고려하여 가치를 평가함
위협분석	자산에 대한 위협식별 및 발생가능성 정도를 인터뷰 혹은 실사를 통하여 측정
취약점 분석	식별된 위험에 대하여 자신이 어느 정도 취약한가를 인터뷰 혹은 실사를 통하여 판명
우려사항 분석	정보와 같이 위협과 취약점의 구분이 어려운 경우 우려사항이라는 용어의 정의로 이용 가능
위험도 산정	식별된 자산, 위협, 취약점을 기준으로 위험도를 산출하고 기존 보호대책을 파악
보호대책 산정	위험도 평가결과를 토대로 해당 위험도를 수용 가능한 위험수준(DoA)까지 낮추기 위한 보호대책을 선정함

- 위험식별 및 평가

위험관리 방법론은 관리적, 기술적, 물리적 및 법적분야의 전 영역에 대한 위험을 식별하고 이를 평가하는 것이다. 위험관리는 1회성 작업이 아니기 때문에 실질적으로 수행할 수 있는 방법을 선정해야 한다. 즉, 위험평가 중에서 정량적 위험평가가 아무리 좋다 하더라고 그에 따른 비용 및 일정을 고려해서 현실적으로 수행할 수 있는 것을 선정해야 한다.

▼ 위험관리 방법

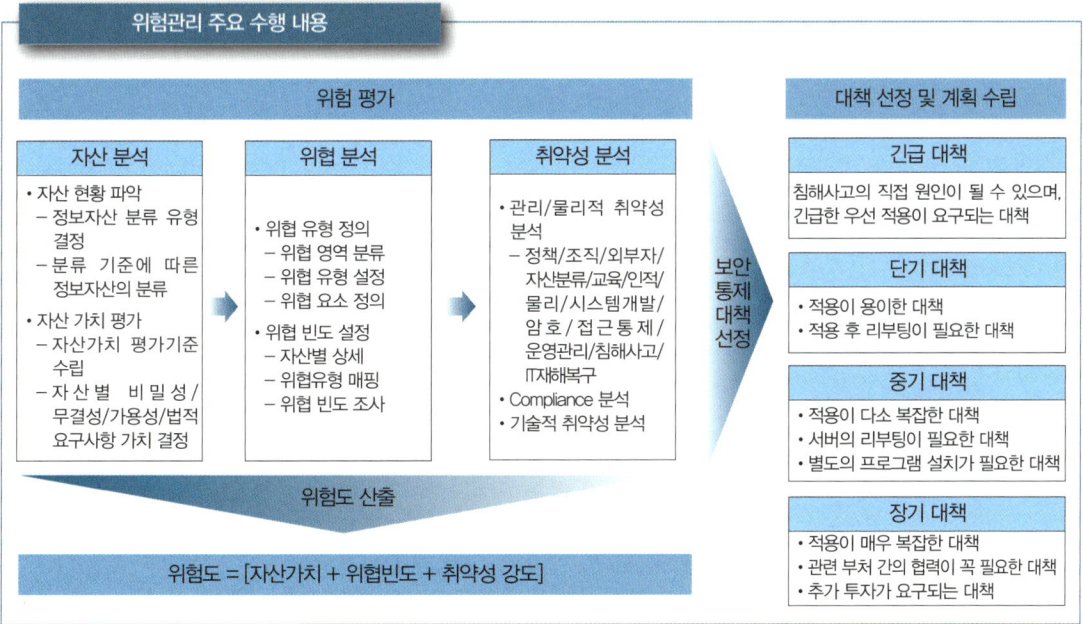

위험관리 계획은 매년 수립해야 하며 이행해야 한다. 위험관리 대상에는 정보보호 관리체계 인증범위 내 자산 및 서비스가 누락 없이 모두 포함되어야 한다. 또한 위험관리 수행 인력에는 위험관리에 전문성을 갖춘 인력과 함께 관련 부서 실무책임자도 포함해야 하고 필요하면 외부 전문가를 활용하여 위험관리를 수행할 수가 있다.

위험관리 시에는 정보보호 및 개인정보보호 관련 법적 요구사항 준수여부인 법적 준거성에 대한 위험을 식별하고 관리적, 운영적, 물리적 위험은 정보보호 관리체계 통제 항목이 적용되고 있는지 확인해야 한다. 만약, 통제항목 적용이 이루어지지 않거나 미흡한 경우 위험으로 식별하고 관리되어야 한다. 또한 기술적 위험은 정보보호 관리체계 범위 내 정보시스템(서버, 네트워크, 스토리지 등), 정보보호시스템(Firewall, IDS, IPS 등)에 대한 취약점 점검을 수행하고 취약점 점검을 통해서 발견된 취약점은 위험으로 식별하고 관리되어야 한다.

■ ★★ 수용 가능한 위험수준 설정 및 관리

- 식별된 위험과 각 위험도를 검토하여 수용 가능한 목표 위험수준(이하 DoA: Degree of Assurance)을 정한 뒤 이를 초과하는 위험을 식별해야 한다.
- 수용 가능한 목표 위험수준은 논리적이거나 수리적인 방법을 통하여 계산될 필요는 없으나 반드시 정보보호 최고책임자 등 경영진의 의사결정에 의하여 결정되어야 한다.
- 식별된 위험에 대한 평가 보고서는 정보보호 최고책임자를 포함한 경영진의 검토 및 승인을 거쳐야 한다.

● 정보보호 대책 선정 및 이행계획 수립

위험이 식별되고 평가되면 수용 가능한 위험 수준으로 감소시키기 위하여 정보보호 관리체계의 통제항목과의 연계성을 고려하여 정보보호 대책을 선정해야 한다. 또한 위험수준 감소를 목표로 위험처리 전략을 수립하고 위험회피, 위험전가, 위험수용 등의 전략을 실행할 수가 있다. 단, 위험대응 시에 고려사항은 위험에 대응하고 남은 잔여위험과 위험에 대해서 대응해서 발생하는 파생위험을 관리해야 한다.

■ ★★★ 위험대응 전략

전략	특징
위험수용	위험을 받아들이고 비용을 감수함
위험감소	위험을 감소시킬 수 있는 대책을 채택하여 구현함
위험회피	위험이 존재하는 프로세스나 사업을 포기함
위험전가	잠재적 비용을 제3자에게 이전하거나 할당함(예 보험 가입)

정보보호 대책 이행을 위한 구체적인 계획을 수립하고 반드시 정보보호 최고책임자 등 경영진의 승인을 받아야 한다. 정보보안의 목표인 감내할 수 있는 수준으로 위험수준의 감소를 위하여 선정한 정보보호 대책은 위험처리의 시급성, 예산 할당 및 가용인력, 구현 기간에 따라 우선순위를 결정하고 계획을 수립하여 지속적으로 관리해야 한다. 또한 정보보호 최고책임자 등 경영진은 정보보호 대책의 이행을 위해서 이행계획을 승인하고 이행여부를 확인하기 위한 절차 및 방법도 고려되어야 한다.

④ 정보보호 대책 구현

- **정보보호 대책 구현**

정보보호 대책 구현은 식별된 위험이 감소 되었는지를 확인하기 위해서 정보보호 책임자 등 경영진은 정보보호대책이 이행계획에 따라 이행되었는지 여부를 검토하고 확인해야 한다. 또한 경영진은 이행결과를 확인해야 하며, '정보보호 대책명세서'를 작성하고 정보보호 관리체계 인증 기준에서 제시하는 통제 항목별 운영현황을 확인할 수 있도록 해야 한다.

만약에 정보보호 관리체계의 보호대책 요구사항인 통제항목 중에서 미선정 통제 항목이 있으면, 미선정 사유를 명확하게 명시하고 정보보호 최고책임자 등 경영진의 승인을 얻어 부주의 혹은 의도적으로 통제항목 선정에서 배제되지 않아야 한다.

- **내부공유 및 교육**

정보보호 교육은 정보보호 기본 개요, 정보보호 관리체계 구축 절차 및 방법, 정보보호 관련 법률, 정보보호 규정 위반 시 상벌규정 및 책임 등을 포함해서 교육되어야 한다. 정보보호 교육을 실시 할 때 방법에 대한 조건은 없다. 즉, 반드시 집체교육을 해야 한다거나 온라인으로 교육하면 안되거나 그런 것은 문제가 되지 않고 임직원들에게 교육을 통해서 정보보호 및 정보보안 관리체계, 관련 법률 사항을 인식시키는 것이 중요하다.

정보보호 교육시행 이후에는 교육 공지, 교육자료, 출석부 등과 같은 기록을 남기고 교육 평가기준에 따라 설문, 시험 등을 통하여 교육 내용의 적절성 및 효과성을 평가하고 관리되어야 한다. 이러한 정보는 다음 번 교육 시에 교육의 효과성을 올리기 위해서 검토되어 적용되어야 한다.

⑤ 사후관리

정보보호 관리체계 구축 및 운영을 위해서 준수해야 하는 법령과 세부 내용을 파악하고 주기적으로 검토해야 한다. 이러한 주기적 검토를 위해서 검토절차를 공식화시켜서 실행되어야 한다.

또한 관련 법규의 제·개정 현황을 최소 연 1회 이상 검토하고 조직의 정책 및 절차에 반영해야 하며, 법규 미준수로 인한 과태료 부과 등과 같은 상황이 발생하지 않도록 관리되어야 한다.

사후관리의 효과성을 높이기 위해서 내부감사 지침에 따라 연 1회 이상 감사를 수행할 수 있도록 연간 계획을 수립해야 한다. 내부감사는 내부감사 계획서를 작성하고 계획서에는 정기감사와 수시감사 횟수와 일정, 감사방법, 감사 추진 조직 등을 정의하고 내부감사 시에 점검 사항을 별도로 정리하여 내부감사 항목을 명확히 해야 한다. 정기감사와 수시감사를 통해서 감사를 수행하면 내부감사 보고서를 작성하고 임직원은 감사결과에 따른 보완조치를 수행해야 한다. 보완조치가 완료되면 다시 보완조치 수행여부를 확인한다.

내부감사를 하는 것은 정보보호 관리체계를 상시적으로 수행하고 있는지 통제하는 것으로 객관적이고 공정하게 수행되어야 하며, 내부감사 결과를 인사평가에 반영하여 통제하는 것을 권고한다.

2) 보호대책 인증 기준

① 보호대책 인증 기준

정보보호 관리체계에서 정보보호 대책은 선택 사항으로 정보보호 관리체계 인증 심사 시 요구되는 항목으로써 총 13개 분야 4개 통제 항목으로 구성되어 있다. 미선정 통제 항목이 있을 경우, 사유를 명시하고 정보보호 책임자 등 경영진의 승인을 득하여 부주의 또는 의도적으로 통제 항목 선정이 배제되지 않도록 해야 한다.

■ **정보보호 대책의 통제분야 및 통제 항목**

통제항목		상세내용	선택여부	운영현황 (또는 미선택사유)	관련문서 (정책, 지침 등 세부조항번호까지)	기록(증적자료)
1. 정보보호 정책						
1.1 정책의 승인 및 공표						
1.1.1	정책의 승인	문서화된 정보보호정책은 최고경영자의 승인을 받아야 한다.				
1.1.2	정책의 공표	정보보호정책 문서는 모든 임직원 및 관련자에게 이해하기 쉬운 형태로 전달하여야 한다.				
1.2 정책의 체계						
1.2.1	상위 정책과의 일관성	정보보호정책은 신청기관의 사업목표 및 정보기술정책과 일관성을 유지하여야 한다.				
1.2.2	정책 문서의 유형	정보보호정책을 구체적으로 시행하기 위한 정보보호 지침, 절차 및 표준을 수립하여야 한다. 또한 필요한 경우 특정 시스템 또는 서비스에 대한 상세한 정보보호정책을 수립할 수 있다.				
1.3 정책의 유지관리						

▼ 보호대책 통제 항목

보호 대책 요구사항

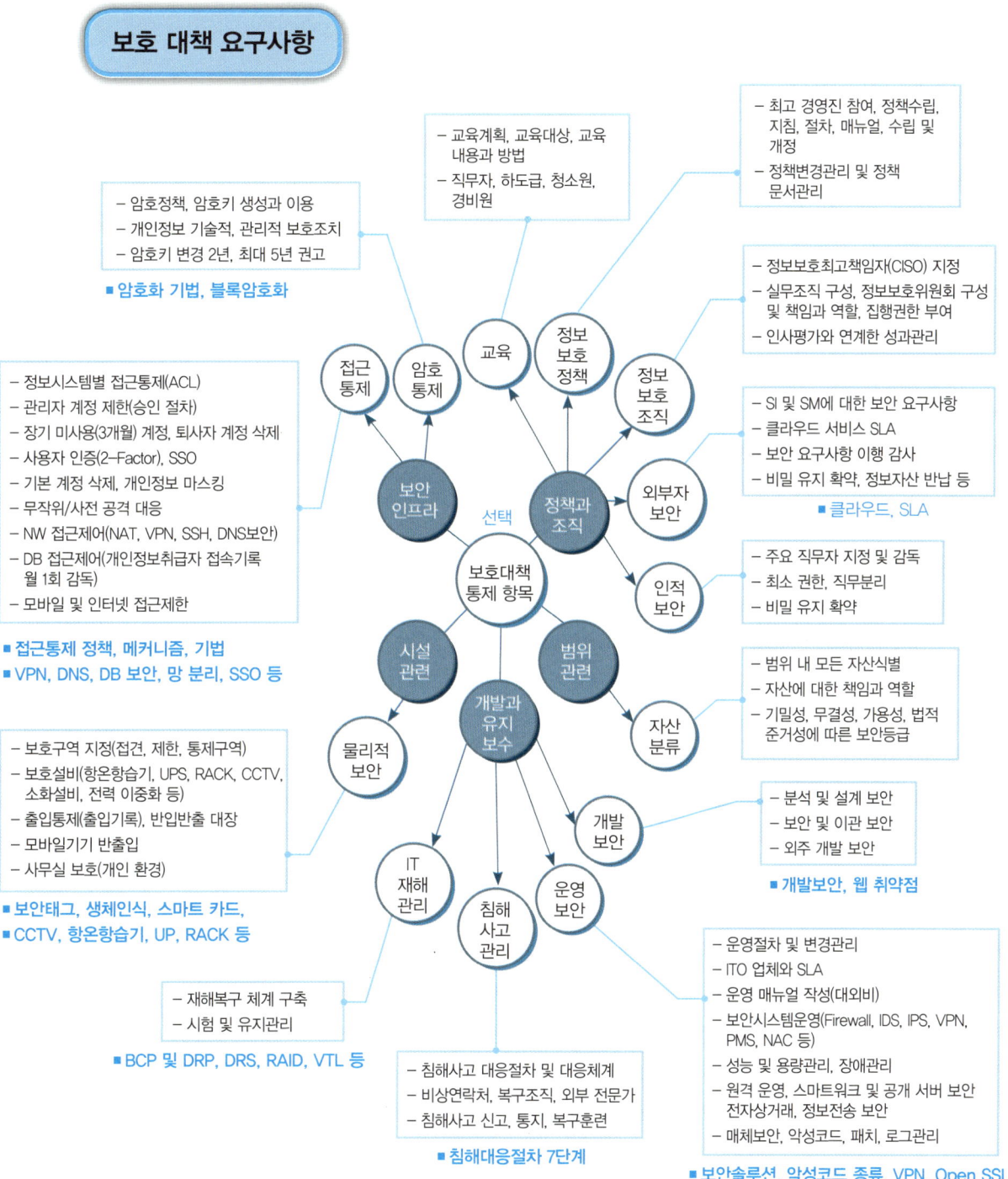

※ 본 통제 항목 마인드맵은 필자가 이해 및 암기를 위해서 13개 통제 항목을 관련성이 있는 기준으로 그룹핑을 수행한 것임.

② 심사원 준비사항

심사원 참여가 확정되면 한국인터넷진흥원에서 심사원 참석 시 주의사항에 관한 메일을 받을 것이다. 즉, 결함보고서, 심사일지, 심사원의 보안서약서, 윤리강령, 참석확인에 대한 내용이다.

- 심사 시 작성사항

구분	설명
결함보고서	제3자가 보더라도 이해할 수 있도록 최대한 상세하고 객관적인 입장에서 작성, 관련 근거(사진, 화면덤프 등)를 반드시 수집하여 첨부
심사일지	• 심사원은 담당한 심사 영역에 대한 발견사항, 인터뷰 내용, 미선택 통제사유, 모범사례 등을 기록 • 정보보호 통제 항목이 '적용안함(Not Applicable, N/A)'인 경우 미선택 사유 작성 • 심사원의 심사 영역에 대한 심사 중 정보보호 운영사항에 대해 모범적인 사례를 발견한 경우 모범사례 작성
보안서약서	인증 심사 관련 법규사항 준수에 대한 사항을 서약
윤리강령	인증 심사를 공정하게 수행하고 금품이나 향응을 제공받지 않겠다는 서약
참석확인	인증 심사에 참석함을 확인

③ 결함보고서

정보보호 관리체계의 핵심은 결함보고서이다. 지금까지 학습한 정보보호 관리체계는 결과적으로는 결함보고서를 작성하는 것이다. 결함보고서는 서면심사와 현장심사를 통해서 관리적 통제항목과 보호대책 통제항목에 대해서 위배한 사항을 파악하여 작성하는 것이다.

■ 인증 심사관련 법률

근거	설명
정보보호 관리체계 인증 등에 관한 고시	20조(인증 심사 방법 및 보완 조치) ① 인증 심사는 신청기관을 방문하여 서면심사와 현장심사를 병행한다. ② 서면심사는 인증 기준에 적합한지에 대하여 정보보호 관리체계 구축·운영 관련 정보보호 정책, 지침, 절차 및 이행의 증적자료 검토, 정보보호 대책 적용여부 확인 등의 방법으로 관리적 요소를 심사한다. ③ 현장심사는 서면심사의 결과와 기술·물리적 보호대책 이행 여부를 확인하기 위하여 담당자 면담, 관련 시스템 확인 및 취약점 점검 등의 방법으로 기술적 요소를 심사한다.

결함보고서 작성 시 주의사항은 다음과 같다.

- **권고를 쓰는 것이 아니다.**

결함보고서는 신청기관이 수행한 보호대책에 대해서 심사원의 경험으로 이렇게 하는 것이 더욱 효율적이다라는 제시를 하는 것이 아니다. 결함보고서는 사실(Fact)을 기준으로 명확하게 위배한 사항을 증적을 기반으로 제시해야 한다.

- **개선안을 제시하는 것이 아니다.**

신청기관이 패스워드 암호화를 하지 않았다면 암호화가 결함으로 나올 것이다. 이러한 경우는 분명한 결함이다. 하지만 암호화를 수행하기 위해서 어떤 함수를 사용하고 어떤 도구를 사용해서 이렇게 하면 좋다라고 하는 것이 아니라, 통제항목을 기준으로 개선 항목만 제시하면 된다. 특히 감리 및 컨설팅에 경험이 있는 심사원들이 이런 경향을 많이 가지고 있다. 즉, 개선안 1번, 개선안 2번 등으로 접근하는 것이 아니다.

- **추정 및 가정이 아니라 사실을 쓰는 것이다.**

신청기관에 교육결과서를 확인해 보았더니, 글씨체가 비슷한 것을 확인했다. 그래서 심사원은 "한 사람이 사인한 것 아니냐?", "교육을 하지 않은 것 아니냐?"라고 물었다. 이러한 것은 결함이 아니다. 심사원은 수사관이 아니기 때문에 그것은 그대로 인정해야 한다. 또한 심사원은 가정하면 안 된다. 즉, 만약 IDC에 불이 나면 어떻게 할거냐? 만약 누수가 생기면 어떻게 할거냐? 만약이라고 추정해서 접근하면 안 된다. 만약이라는 추정을 인정한다면 모두 결함이 될 것이다. 그러므로 가정하면 안 된다.

- **심사원은 해커가 아니다.**

신청기관의 결함을 찾기 위해서 해킹 관련 도구를 사용해서 시스템을 점검한다든지 취약점 분석 도구를 사용한다든지 하면 안 된다. 심사원은 통제 항목의 이행여부를 확인하는 것이지 해커가 아니다.

- **증적을 의뢰해야 한다.**

윈도우 서버에서 net share라는 명령을 실행시켜서 공유 폴더를 점검하고 싶다면, 담당자에게 의뢰하고 담당자가 직접 명령어(Command)를 입력한 후 그 결과를 심사팀장을 통해서 받아야 한다.

④ 심사일지

결함보고서의 보완조치에 대한 확인은 심사팀장이 하는 것이지 참여심사원이 하는 것이 아니라는 것을 잊으면 안 된다. 즉, 결함보고서를 작성하는 것도 중요하지만, 심사과정에서 확인된 현황을 정리해서 심사기간 동안 심사원이 어떤 것을 보았고 어떻게 되어 있는지 정리하는 것이 더 중요할 수도 있다. 이것을 정리하는 것이 바로 심사일지이다. 심사일지는 통제 항목별로 심사원이 담당한 통제항목에 대해서 인터뷰 내용, 확인사항, 권고사항, 모범사례 등을 식별하는 것이며, 확인과정에서 확인을 위해서 심사원 본 문서 혹은 시스템, 로그(증적) 등을 기록하는 것이다.

■ 심사일지

심사영역별 심사원 확인사항

신청기관: 임베스트
인증범위: 임베스트 홈페이지 서비스
심사기간: 2018년 9월 29일 ~ 10월 1일

※ 확인사항 별로 행을 추가하여 작성

심사영역	세부심사영역	통제항목	*심사원(필수)	구분	*인터뷰 내용, 확인사항, 권고사항, 모범사례(필수) ※ 인증심사 중 인터뷰 사항에 대해서는 빠짐없이 적	*확인문서 또는 시스템 명(필수)	인터뷰 부서 및 담당자
정보보호 관리과정	1. 정보보호정책 수립 및 범위설정	1.1 정보보호정책의 수립					
		1.2 범위설정					
	2. 경영진의 책임 및 조직구성	2.1 경영진 참여					
		2.2 정보보호 조직 구성 및 자원 할당					
	3. 위험관리	3.1 위험관리 방법 및 계획 수립					
		3.2 위험식별 및 평가					
		3.3 정보보호대책 선정 및 이행 계획 수립					

심사팀장은 본 심사일지를 기준으로 심사기간 중에 정기적 리뷰(Review)를 수행하여 심사과정을 관리하는 것이다.

⑤ 결함보고서 작성방법 및 예시 ★★★★★

결함보고서				
기록일자	2018년 11월 23일		신청기관	임베스트(주)
심사구분	■ 정보보호 관리체계 　　　　□ 개인정보보호 관리체계			
	■ 최초심사　　　　□ 사후심사　　　　□ 갱신심사			
심사범위	임베스트 IT 서비스			
해당부서	○○○○○			
결함유형	□ 중결함		■ 결함	
인증심사원	성명	임 호 진 (인)		
기관 확인자	성명	(인)	소속 및 직급	/

관련조항	(보호대책) 8. 접근 통제 8.1.2 인증 및 암호화
문제점	□ (결함사항 요약) ○ [인증 심사기준 명시] 인증 심사기준 O.O.O( )에 따르면 ~하도록 되어 있음 - [관련 법률/행정규칙 명시] 또한, 「정보통신망 이용촉진 및 정보보호 등에 관한 법률」 제OO조(OOO)에는 ~명시하고 있음 ★정보통신망 이용촉진 및 정보보호 등에 관한 법률★ 필요한 경우 표로 작성 제10조(로그온 관리) 관리목적 등으로 서버에 로그온 할 때에는 SSH(Secure Shell) 등의 방법을 사용하여 암호화된 통신을 해야 한다. 또한, 시스템이나 방화벽의 접근 통제 기능을 이용하여 접근 가능한 시스템을 제한해야 한다. - [관련 신청기관의 정책/지침 내용 명시] 이에 대해 「OOO」에서는 ~명시하고 있음 ○ [운영현황 명시] 이에 따라 신청기관은 ~ 활동을 하고 있음 ○ [결함사항 명시] 그러나 ~되고/하고 있지 않음 (신청기관이 이해하기 쉽도록 도표, 그림 등을 포함시킴) ○ [신청기관 조치사항 명시] 따라서 ~해야 함 (신청기관 조치사항) 〈예시〉 □ 인증 시에 ID와 Password가 평문으로 전송됨 ○ 인증 심사기준 8.1.2(인증 및 암호화 기능)에 의하면 정보시스템 설계 시 사용자 인증에 관한 보안 요구사항을 반드시 고려하여야 하며 중요 정보의 입·출력 및 송·수신 과정에서 무결성, 기밀성이 요구될 경우 법적요구사항을 고려하도록 하고 있음 - 또한, 「개인정보 기술적·관리적 보호 조치 기준」 제6조(개인정보의 암호화)에는 개인정보 및 인증정보를 송·수신할 때에는 암호화하도록 명시하고 있음 ★개인정보 기술적·관리적 보호 조치 기준 제6조 3항★ 제6조(개인정보의 암호화) ③ 정보통신서비스 제공자 등은 정보통신망을 통해 이용자의 개인정보 및 인증정보를 송·수신할 때에는 안전한 보안서버 구축 등의 조치를 통해 이를 암호화해야 한다. 보안서버는 다음 각 호 중 하나의 기능을 갖추어야 한다. 1. 웹서버에 SSL(Secure Socket Layer) 인증서를 설치하여 전송하는 정보를 암호화하여 송·수신하는 기능 2. 웹서버에 암호화 응용프로그램을 설치하여 전송하는 정보를 암호화하여 송·수신하는 기능 - 이에 대해 신청기관의 「접근통제지침」 7.2.2(전송구간 암호화)에서는 정보시스템 사용자가 ID/Password 등의 인증정보를 인터넷으로 전송할 시 SSL 등의 안전한 방법을 사용하여 암호화 통신을 수행하도록 명시하고 있음 ○ 이에 따라 신청기관은 외부 사용자들을 위한 웹사이트를 운영하고 있음 ○ 그러나 OOO시스템에서 사용자들의 ID와 Password가 평문으로 전송되고 있음 ○ 따라서 웹사이트에 로그인 시 암호화 기능을 수행해야 함
근거목록	- 「정보통신망 이용촉진 및 정보보호 등에 관한 법률」(2018.1.1) - 「접근 통제 지침」(OOO, 2018.1.1)

- **결함보고서 예제**

정보보호 관리체계 결함보고서				
기록일자	2018. 1. 1		신청기관	임베스트
심사구분	■ 인증심사 □ 재심사 □ 갱신심사 □ 사후관리			
심사범위	임베스트 홈페이지			
심사원	성명	임호근		
신청기관 확인자	성명	XXX (인)	소속 및 직급	부장
문 제 점	□ 중결함 ■ 결함			

해당부서	임베스트 홈페이지 운영팀
관련조항	11. 운영관리 11.2.4 용량관리
문제점	□ 서버별 용량산정과 성능에 대한 증감률을 파악하고 있지 않음 ○ 인증 심사기준 11.2.4에 조직에서 요구되는 용량 요구사항을 충족시킬 수 있도록 용량계획을 통해 적정한 용량을 확보하고, 주어진 용량을 최적으로 사용할 수 있는 관리방안을 수립하여 이에 따른 용량관리를 수행하도록 규정하고 있음 - 서버보안지침 2.8 서버 시스템 운영관리에 지속적으로 성능 모니터링을 실시하고 성능문제를 해결하기 위해서 각 항목(CPU, 메모리, 용량 증설)을 고려하여 성능 개선방안을 수립한다. ○ 이에 따라, 신청기관은 『임베스트 서버보안지침서』에 용량산정에 대한 활동을 규정하고 있음 ○ 그러나, 신청기관은 장비로그 관리대장에 용량산정에 대한 내용을 누락하였음. 또한 CPU, Memory, Disk IO를 파악하고 있지만 전체적인 서버별 CPU 사용율 증감, Memory 증감, Disk IO 증감에 대한 파악을 하고 있지 않음 ○ 따라서, 각 서버별 용량산정을 실시하고 성능에 대한 증감율을 관리해야 함
근거목록	-『임베스트 서버보안지침』

Information Security Managemant System

통제 항목별 심사방법

결함보고서를 작성하기 위해서 정보보호 관리체계 보호대책 요구사항 13개의 통제항목에 대해서 세부적으로 어떠한 활동을 수행하고 어떤 것을 심사해야 하는지 이해한다.

지금부터는 정보보호 관리체계 핵심인 보호대책 요구사항에 대해서 알아 볼 것이다. 정보보호 관리체계의 보호대책 요구사항은 정보보호 관리체계를 구축하려는 기업과 구축한 정보보호 관리체계를 심사하는 심사원에게 가장 중요한 내용이고, 13개 통제 항목별로 어떤 것을 구축해야 하고 어떤 것을 심사해야 하는지 알아야 할 것이다. 본 정보보호 관리체계 점검항목 관련 사항은 한국인터넷진흥원 ISMS 홈페이지 자료실에서 확인할 수 있다. 또 정보보호관리체계 통제항목을 한국인터넷진흥원 자료를 참조하여 집필하였다.

1 정보보호 정책

정보보호 정책이란, 정보보호 관리체계를 구축하기 위해서 기업의 정보보호 원칙과 표준, 준수사항 등을 정의한 것으로 정보보호 정책은 경영진의 주도로 수립되며, 수립된 정보보호 정책을 모든 임직원에게 공표함으로써 조직원들에게 정보보호 관리체계의 중요성과 자신의 역할에서 수행해야 하는 정보보안 활동을 인식할 수가 있다.

■ 정보보안 정책(Security Policy)

- 기업이 나아가야 할 노선 및 방침으로 정보보안에 대한 원칙과 방향을 의미한다.
- 정보자산을 보호하기 위한 시스템 자체와 관련 분야 전반에 대한 원칙이다.

1) 정책승인 및 공표

정보보안 정책은 상위 수준의 관리체계로 경영진의 주도로 기업 내부의 정보보안 정책수립, 정책승인, 정책공표를 통해서 정보보안 정책, 정책에 따른 지침서, 절차 및 운영 매뉴얼 등의 작성을 수행한다.

■ 보안 지침서(Security Guide Book)

> 정보보안에 대해서 정보보안 방법 및 지시사항, 준수해야 할 내용 등을 정리한 문서이다.

정보보안 정책은 정보보안의 목적 및 정보보안 범위, 위험관리, 내부감사, 자산관리, 인적보안, 외부자 보안 등의 통제항목을 기준으로 준수해야 할 기본 원칙을 정의하고 있다.

★★★
1.1.1 정책의 승인

① 통제 목적

  정보보호 정책은 이해 관련자의 검토와 최고경영자의 승인을 받아야 한다.

② 세부 항목

  ○ 정책은 정보보호 활동을 규정한 상위 정보보호 정책과 상위 정책 시행을 위한 문서(지침, 절차, 매뉴얼 등)로 구분하여 제정할 수 있다.
  ○ 문서의 제·개정 시에는 이해 관련자의 검토(협의 및 조정 등)를 통해 조직 내에서 실제 수행하고 있는 정보보호 활동이 내용에 반영될 수 있도록 해야 한다.
    - 또한, 실무협의회를 운영하고 있는 경우 이 협의회를 통해 검토할 수 있다.
  ○ 이해관련자는 상위정책과 정책시행 문서의 시행주체가 되는 부서 및 담당자(정보보호 부서, 정보시스템 운영 및 개발부서, 현업부서)를 의미한다.
  ○ 정보보호 활동에 대한 최고경영자 등 경영진의 참여와 지원을 보장하기 위하여 상위 수준의 정보보호 정책은 최종적으로 최고경영자의 승인을 받아야 한다.
  ○ 정책시행을 위하여 필요한 세부 방법, 절차, 주기 등을 규정한 정보보호 지침, 절차, 매뉴얼의 제·개정 시 최고경영자의 위임 규정에 따라 정보보호 최고책임자 등의 승인을 받아야 한다.

1.1.2 정책의 공표

① 통제 목적

  정보보호 정책문서는 모든 임직원 및 관련자 에게 이해하기 쉬운 형태로 전달해야 한다.

② 세부 항목

  ○ 정보보호 정책 및 정책시행 문서의 제·개정 시 그 내용과 시행사실을 관련 임직원이 알 수 있도록 공표(교육, 메일, 게시판 등 활용)해야 한다.
  ○ 정보보호 정책 및 정책시행 문서를 관련 임직원이 용이하게 참고할 수 있는 형태(예 전자게시판, 책자, 교육자료 등)로 전달하여야 하며, 최신 정책 및 정책시행 문서를 언제든지 확인할 수 있도록 해야 한다.

2) 정책체계

정보보안 정책 수립 시에 지주회사(예 신한지주)와 같은 기업에서 상위 기업의 정보보안 정책과 하위 기업의 정보보안 정책을 연계해서 수립하여 지주회사 전체에 정보보안 정책의 일관성을 확보해야 한다. 예를 들어, 지주회사 아이디 관리 및 패스워드 관리, 접근권한 관리, 인적자원 보안, 외부자 보안, 물리적 보안 등은 일관성 있게 관리되어야 한다.

1.2.1 상위 정책과의 연계성

① 통제 목적

정보보호 정책은 상위 조직 및 관련 기관의 정책 과 연계성을 유지해야 한다.

② 세부 항목

○ 정보보호 정책이 상위조직 및 관련 기관 정보보호 정책과의 연계성이 있는지 분석하여 내용상 상호 부합되지 않은 요소가 있는지 확인하고 정책 간 상하체계가 적절한지 여부를 검토해야 한다. (예 자회사의 경우 본사 정책과의 연계성 검토 등)

○ 금융지주 회사의 경우 금융지주 회사의 정보보안 정책을 준수하도록 되어 있다. 이런 경우 상위 정보보안 정책인 금융지주 보안정책과 하위기업인 은행, 증권, 보험기업 간 정책의 일관성을 검토해야 한다. 또한 수탁업체와 위탁업체 간에 정보보안 정책의 일관성이 검토되어야 한다.

▼ 정보보안 정책의 일관성(예시)

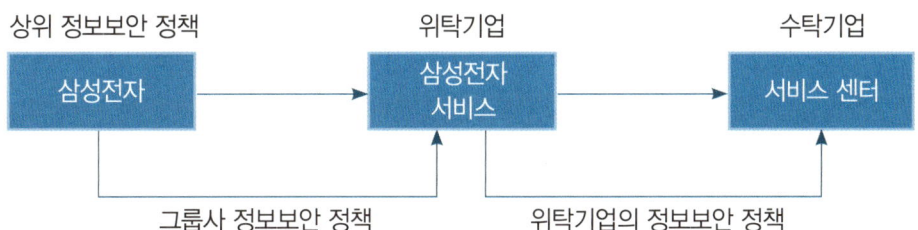

1.2.2 정책시행 문서수립

① 통제 목적

정보보호 정책의 구체적인 시행을 위한 정보보호 지침 절차를 수립 하고 관련 문서 간의 일관성을 유지해야 한다.

② 세부 항목

○ 임직원이 상위 정보보호 정책에서 정한 정보보호 활동을 일관성 있게 수행하기 위해서는 시행주체(책임과 역할 정의), 방법, 주기 등을 구체적으로 정한 정보보호 지침, 절차, 매뉴얼 등을 수립하여야 하며, 필요한 경우 서비스별, 시스템별 지침, 절차를 별도로 마련해야 한다.

○ 담당자에 의한 임의적, 임기응변식 정보보호 활동 수행은 지양하여야 하며, 정보보호 활동은 관련 근거 규정을 반드시 제시할 수 있어야 한다.

○ 정책, 지침, 절차에서 정하고 있는 정보보호 활동의 주기, 수준, 방법 등을 일관성 있게 유지해야 한다. (예 시스템 대상 패스워드 복잡도 기준이 각 문서별로 다르게 기술되어 있을 경우 문서 간 일관성이 결여되어 있다고 할 수 있음)

○ 다음의 예를 보면 정보보안 정책에서는 개인정보 안전성 확보조치를 준수하게 되어있다. 개인정보 안전성 확보조치에서 최소 패스워드의 길이는 8자 이상이다. 하지만 하위의 암호화 지침서에서는 최소 6자로 패스워드의 길이를 정의하고 있어서 각 문서 간에 일관성 위배가 발생한다.

▼ 정책과 지침의 불일치

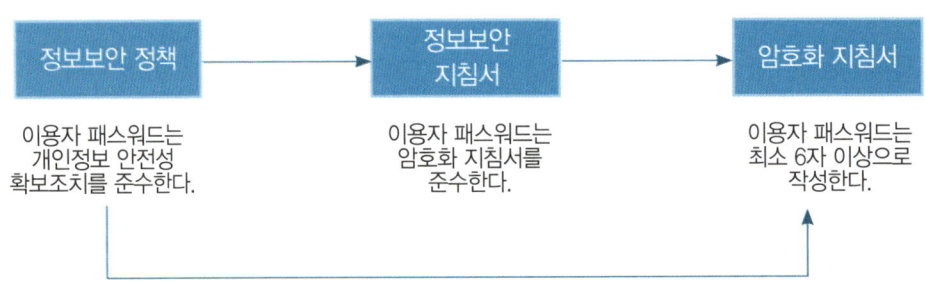

상위정책과 지침서 간에 불일치가 발생한다.

3) 정책문서 관리

정책문서 관리는 정보보안 관리체계 운영 중에 심각한 보안사고 발생, 정책 및 법률 변경 등이 발생하면 정보보안 정책의 변경관리를 수행한다. 변경은 정책의 타당성을 분석하고 변경하여 최고경영진의 승인을 획득해야 한다.

1.3.1 정책의 검토

① 통제 목적

정기적으로 정보보호 정책 및 정책시행 문서의 타당성을 검토하고, 중대한 보안 사고 발생, 새로운 위협 또는 취약성의 발견, 정보보호 환경에 중대한 변화 등이 정보보호 정책에 미치는 영향을 분석하여 필요한 경우 제·개정해야 한다.

② 세부 항목

○ 다음과 같은 상황이 발생한 경우를 포함하여 주기적으로 정보보호 정책 및 정책시행 문서의 타당성을 검토하여 제·개정을 통해 관련 문서에 반영해야 한다.
　– 내부감사 수행 결과
　– 중대한 보안사고 발생

- 개인정보 및 정보보호 관련 법령 제·개정
        - 새로운 위협 또는 취약점 발견
        - 정보보호 환경의 중대한 변화
        - 조직 사업환경의 변화
        - 정보시스템 환경의 중대한 변화
    ○ 보안점검, 내부감사 결과 분석 등을 통해 정책, 정책시행 문서에서 규정하고 있는 정보보호 활동의 주기, 방법 등이 적절한지 정기적으로 검토하여야 하며, 필요한 경우 제·개정을 통해 문서에 반영해야 한다.
    ○ 다음과 같은 상황이 발생한 경우 정보보호 정책 및 정책시행 문서에 미치는 영향을 분석하고 필요시 문서에 반영해야 한다.
        - 중대한 보안사고 발생
        - 정보보호 및 개인정보 관련 법률 제·개정
        - 새로운 위협 또는 취약성의 발견
        - 비즈니스 환경의 변화(신규사업 영역 진출 등)
        - 정보보호 및 IT 환경의 중대한 변화 등

1.3.2 정책문서 관리

① 통제 목적

정보보호 정책 및 정책시행 문서의 이력관리를 위해 제정, 개정, 배포, 폐기 등의 관리절차를 수립하고 문서는 최신본으로 유지하여야 한다. 또한 정책문서 시행에 따른 운영기록을 생성하여 유지해야 한다.

② 세부 항목

  ○ 정보보호 정책 및 정책시행 문서의 제정, 개정, 폐기 시 이력(일자, 내용, 작성자, 승인자 등)을 확인할 수 있는 관리절차를 수립하고 이행해야 한다.
      - 제·개정으로 인한 문서의 효력 발생일은 일반적으로 최고경영자 혹은 정보보호 책임자의 승인일 혹은 공표일로 해야 한다.
정보보호 정책 및 정책시행 문서는 최신본으로 유지해야 한다.
  ○ 정보보호 활동 수행 과정에서 생성된 각종 양식, 대장, 로그, 결재문서 등 운영기록의 보관방법, 보호대책, 유지기간, 접근 통제 등 관리절차를 마련해야 한다.
  ○ 운영기록 확인을 통해 관련 활동의 정상적인 이행 여부를 확인할 수 있어야 하며, 정보보호 관리체계 인증기준의 이행 확인이 가능하도록 운영기록(증적)을 확보하고 있어야 한다.

2. 정보보호 조직

정보보호 조직은 정보보호 관리체계를 구축하고 운영 및 통제하는 조직으로 정보보호 최고책임자, 실무조직, 정보보호위원회 등을 구성하여 정보보호 관리체계가 지속적으로 운영 통제될 수 있도록 하는 것이다.

1) 조직체계

정보보호 조직은 정보보호 최고책임자를 지정하여 정보보안 조직을 구성해야 한다. 이러한 정보보안 조직은 직무분리 및 최소 권한의 원칙을 준수하여 정보보안 조직을 구성해야 한다.

정보보호 최고책임자는 겸임을 금지하며, 실무조직을 구성해야 한다. 실무조직은 겸임이 가능하지만 역할과 책임을 분명히 해야 한다. 또한 중대한 보안사고 및 정보보안 정책 등의 의사결정 등이 필요한 것은 정보보호위원회를 구성하여 의사결정하고 정보보호위원회는 의사결정과 함께 집행권한까지 가져야 한다.

2.1.1 정보보호 최고책임자 지정

① 통제 목적

최고경영자는 임원급의 정보보호 최고책임자를 지정하고 정보보호 최고책임자는 정보보호 정책 수립, 정보보호 조직 구성, 위험관리, 정보보호위원회 운영 등의 정보보호에 관한 업무를 총괄 관리해야 한다.

② 세부 항목

○ 최고경영자는 조직 내에서 정보보호 관리활동을 효과적으로 추진하기 위하여 이를 총괄 관리할 수 있는 임원급의 정보보호 최고책임자(CISO)를 지정하여야 하며, 인사발령 등의 공식적인 지정절차를 거쳐야 한다.

○ 정보보호 최고책임자 지정 시 다음과 같은 법률을 참고할 수 있다.
- 정보통신망 이용촉진 및 정보보호 등에 관한 법률 제45조의3(정보보호 최고책임자의 지정 등)
- 전자금융거래법 제21조의2(정보보호 최고책임자의 지정)

2.1.2 실무조직 구성

① 통제 목적

최고경영자는 정보보호 최고책임자의 역할을 지원하고 조직의 정보보호 활동을 체계적으로 이행하기 위해 실무조직을 구성하고 조직 구성원의 정보보호 전문성을 고려하여 구성한다.

② 세부 항목
- ○ 최고경영자는 조직의 규모 및 정보보호 관리체계 범위 내 서비스의 중요도에 따라 필요인력, 예산 등을 분석하여 정보보호 실무조직을 구성해야 한다.
- ○ 실무조직은 전담 또는 겸임조직으로 구성할 수 있으며, 겸임조직으로 구성하더라도 정보보호 조직에 대한 공식적인 선언 또는 지정이 필요하다.
- ○ 조직의 정보보호 활동을 원활하게 수행하기 위하여 다음과 같은 항목을 고려하여 실무조직 구성원을 임명해야 한다.
    - 전문적 지식 보유 여부 (예 정보보호 관련 학위 또는 자격증 보유)
    - 정보보호 관련 실무 경력
    - 정보보호 관련 직무교육 이수 등

2.1.3 정보보호위원회

① 통제 목적

정보보호 자원할당 등 조직 전반에 걸친 중요한 정보보호 관련사항에 대한 검토 및 의사결정을 할 수 있도록 정보보호위원회를 구성하여 운영하여야 한다.

② 세부 항목
- ○ 정보보호위원회의 주기적인 운영이 가능하도록 위원회의 구성, 역할, 책임, 주기 등의 정의한 규정을 마련해야 한다.
- ○ 정보보호위원회의 역할과 책임은 다음과 같다.
    - 조직 전반에 걸친 중요한 정보보호 관련 사항 검토 및 의사결정
    - 정보보호 실무조직 구성 및 정보보호 활동을 위한 자원할당 등
- ○ 정보보호위원회는 정보보호와 관련하여 조직 내 이해관계를 대변할 수 있는 경영진, 부서장, 정보보호 최고책임자 등 주요 임직원으로 구성해야 한다. 즉, 조직 내 정보보호위원회의 위상은 조직의 정보보호 의지를 나타내는 것이므로 정보보호 관련 중요한 사안에 대해 검토, 의사결정, 집행 권한이 부여된 인원으로 구성해야 한다.

2) 역할과 책임

역할과 책임은 정보보호 조직에 대해서 각 조직의 역할과 책임을 명확히 하고 내용을 공유해야 한다. 또한 조직의 성과평가와 연계하여 정보보호 활동을 독려해야 한다. 조직의 성과평가는 KPI 및 MBO, BSC와 같은 성과관리와 연계될 수 있다.

여기서 조직의 성과평가와 연계한다는 것은 인사평가에 반영하라는 의미이다.

2.2.1 역할 및 책임

① 통제 목적

정보보호 최고책임자와 정보보호 관련 담당자에 대한 역할 및 책임을 정의하고 그 활동을 평가할 수 있는 체계를 마련하여야 한다.

② 세부 항목

- ○ 정보보호 최고책임자가 총괄 관리 하여야 할 정보보호 관련 업무는 다음과 같다.
    - 정보보호 정책 및 정책시행 문서 수립
    - 정보보호 조직 구성
    - 정보보호 관리체계 수립 및 운영
    - CERT 구성 등 침해사고 예방, 대응, 복구
    - 정보보호 취약점 분석, 평가 및 개선 등을 포함한 위험관리 활동
    - 임직원 대상 정보보호 교육
    - 정보보호위원회 운영
    - 그 밖에 법에서 정한 정보보호 조치 이행 등
- ○ 정보보호 관리자, 정보보호 담당자 등 정보보호 실무자는 정보보호 최고책임자의 관리 업무를 실무적으로 이행할 수 있도록 직무기술서 등을 통해 책임과 역할을 구체적으로 정의해야 한다.
- ○ 조직 내 KPI, MBO, 인사평가와 같은 평가체계 내 정보보호 활동의 책임과 역할을 평가할 수 있는 항목을 포함하여 주기적으로 정보보호 최고책임자와 정보보호 관련 담당자의 활동을 평가해야 한다.

※ KPI(Key Performance Indicator): 핵심성과지표

※ MBO(Management By Objectives): 목표관리

3 외부자 보안

과거 카드사 개인정보 유출사고를 보면 보안회사에 근무하는 직원이 카드사 유지보수를 위해서 개인정보를 조금씩 유출하여 중국에 판매하였다. 이처럼 보안사고는 인적자원에서 발생하는 경우가 많고 인적자원에서 발생하는 보안사고는 예방도 어렵고 탐지도 어려운 문제가 있다. 즉, 내부구조를 정확히 파악하고 있기 때문에 정보유출이 훨씬 쉽다. 정보보호 관리체계의 외부자 보안 시스템 통합(SI: System Integration) 및 운영과 유지보수(SM: System Maintenance)를 통해서 업무를 위탁할 때 반드시 지켜야 하는 보안 요구사항을 정의하고 외부자가 보안 요구사항을 이행하고 있는지 통제하는 것이다.

1) 보안 요구사항 정의

신청기관은 소프트웨어 개발 혹은 유지보수를 외부업체에 위탁하여 개발 및 운영한다. 이런 것은 SI사업 혹은 SM이라고 하고, 이러한 SI사업과 SM을 위탁할 때 신청기관은 외부업체에 보안 요구사항을 식별하고 그 내용을 계약서에 포함해서 관리해야 한다.

3.1.1 외부자 계약 시 보안 요구사항

① 통제 목적

조직의 정보처리 업무를 외부자에게 위탁하거나 정보자산에 대한 접근을 허용할 경우, 또는 업무를 위해 클라우드 서비스 등 외부 서비스를 이용하는 경우에는 보안 요구사항을 식별하고 관련 내용을 계약서 및 협정서 등에 명시해야 한다.

② 세부 항목

○ 조직의 업무 중 서비스 제공을 위한 시스템 통합(SI: System Integration), 운영(SM: System Maintenance), 유지보수, 고객상담 등 외부자에게 업무를 위탁하거나 클라우드 서비스를 이용하는 경우 외부자 업무형태(자사 건물 상주, 독립된 공간 근무 등)에 따라 준수하여야 할 보안 요구사항을 정의하고 계약과정에서 명확하게 반영해야 한다.

- 이는 위탁업무 수행과정에서 외부자가 접근하는 중요 정보(시스템 및 네트워크 구성도, 개인정보, 산출물, 산업기밀 등)의 유출, 침해사고를 예방하기 위한 것이다.
- 다만 외부자 업무형태에 따라 세부 점검 항목에서 제시하고 있는 보안 요구사항을 계약서에 반영하지 못하는 경우 타당한 사유가 있어야 한다.

2) 외부자 보안 이행

외부자 보안 이행은 외부자 보안 요구사항을 적절히 수행하고 있는지 통제하는 것으로, 보안점검을 수행하고 문제점이 발생하면 이에 따른 보호대책 수립과 이행여부를 확인해서 관리하는 것이다. 또한 보안 이행 점검을 정기적 및 수시 점검하고 계약만료 시에 자산반납, 계정삭제 등을 수행해야 한다.

3.2.1 외부자 보안 이행 관리

① 통제 목적

외부자가 계약서 및 협정서에 명시된 보안 요구사항의 이행여부를 관리 감독하고 주기적인 점검 또는 감사를 수행해야 한다.

② 세부 항목

○ 조직의 외부자 관리 직무를 맡은 담당자는 외부자와 계약 시 정의한 보안 요구사항을 준수하고 있는지 주기적으로 점검 또는 감사를 수행해야 한다. 또한 외부자가 자체적으로

정보보호 책임자를 지정하여 보안점검을 수행한 경우 그 결과를 주기적으로 보고하고 문제점 발생 시 유사한 문제가 재발하지 않도록 추가적인 보호대책을 수립하고 이행해야 한다.

3.2.2 외부자 계약 만료 시 보안

① 통제 목적

외부자와의 계약 만료, 업무 종료, 담당자 변경 시 조직이 외부자에게 제공한 정보자산의 반납, 정보시스템 접근계정 삭제, 중요 정보 파기, 업무 수행 시 알게 된 정보의 비밀유지 확약서 등의 내용을 확인해야 한다.

② 세부 항목

○ 위탁 업무 수행과정에서 외부자의 관련 업무 담당자가 변경될 수 있으며, 변경이력에 대한 보고 및 적절한 보호 조치가 지체 없이 이루어질 수 있도록 관리해야 한다.

○ 외부자와의 계약 만료, 업무 종료에 따른 공식적인 정책 및 절차가 수립되어야 하며, 이 정책 및 절차를 통해 정보시스템 자산 반납 및 업무 중 사용하였던 모든 접근계정 삭제 확인이 보장되어야 한다.

4 정보 자산 분류

정보자산은 기업에게 가치가 있는 유형 및 무형의 대상이다. 유형은 컴퓨터 장비, 문서, 보안 장비, 시설 등을 의미하고, 무형은 내부직원과 외부직원이 알고 있는 정보를 의미한다. 정보보호 관리체계에서 정보자산 분류는 유형의 자산을 중심으로 정보보호 관리체계 인증 범위 내에 있는 자산을 식별하고 관리하는 활동이다.

정보자산을 관리하기 위해서 ID를 부여하고 담당자를 지정함으로써 해당 자산에 대해서 책임과 역할을 분명히 한다. 또한 자산별 혹은 자산 그룹별로 보안등급을 부여하여 각 자산의 가치를 파악할 수가 있어야 한다. 여기서 말하는 자산의 가치는 기밀성, 무결성, 가용성, 법적준거성 측면에서 정보자산에 대한 침해가 있을 때 비즈니스에 영향을 주는 정도라고 생각할 수 있다.

1) 정보자산 식별 및 책임

정보자산의 식별은 인증 범위 내에 있는 모든 자산이 식별되고 관리 및 통제되어야 한다. 정보자산 업무용 PC, 프린터, 서버, 항온항습기, UPS, 보안 관련 장비, 소프트웨어 목록 등을 모두 포함하고 있다. 정보자산 식별 전에 유사한 자산을 그룹핑하여 각 그룹에 세부 자산을 관리하는 방식으로 식별되며, 식별된 자산은 자산 담당자를 명확히 정의하고 각 자산에 담당자 태그를 부여해야 한다.

4.1.1 정보자산 식별

① 통제 목적

조직의 업무특성에 따라 정보자산 분류기준을 수립하고 정보보호 관리체계 범위 내 모든 정보자산을 식별하여야 한다. 또한 식별된 정보자산을 목록으로 관리해야 한다.

② 세부 항목

- 다음의 정보자산에 대해 조직의 업무 특성에 적합한 분류기준을 정의해야 한다.

※ 정보자산 ※

- 정보시스템: 서버, PC 등 단말기, 보조저장매체, 네트워크 장비, 응용 프로그램 등 정보의 수집, 가공, 저장, 검색, 송·수신에 필요한 하드웨어 및 소프트웨어
- 정보보호시스템: 정보의 훼손, 변조, 유출 등을 방지하기 위하여 구축된 시스템으로 침입차단시스템, 침입탐지시스템, 침입 방지시스템, 개인정보유출방지시스템 등을 포함
- 정보: 문서적 정보와 전자적 정보 모두를 포함

- 수립된 분류기준에 따라 정보보호 관리체계 범위 내 모든 정보자산을 식별해야 한다.
- 식별된 정보자산에 대한 정보자산명, 용도, 책임자 및 관리자, 관리부서, 보안등급 등의 정보자산 정보를 확인할 수 있도록 목록으로 관리해야 한다.
- 다만 목록은 자산관리시스템, 문서 등 다양한 형태로 관리할 수 있다.
- 신규 도입, 변경, 폐기되는 정보자산 현황을 확인할 수 있도록 정기적으로 정보자산 조사를 수행하고 정보자산 목록을 최신으로 유지해야 한다.

4.1.2 정보자산별 책임할당

① 통제 목적

식별된 정보자산에 대한 책임자 및 관리자를 지정하여 책임소재를 명확히 해야 한다.

② 세부 항목

- 정보자산 도입, 변경, 폐기, 반출입 등의 책임을 질 수 있는 책임자 및 정보자산을 실제 관리·운영하는 관리자(또는 담당자)를 지정하여 책임소재를 명확하게 해야 한다.

2) 정보자산 분류 및 취급

인증범위 내에 모든 자산이 식별되면, 자산별로 보안등급을 부여해야 한다. 보안등급이란 침해사고 및 내부정보 유출과 같은 보안사고 발생 시에 손실비용을 고려하여 등급을 부여해야 한다. 또한 ISMS에서는 정보자산에 대한 보안등급은 기밀성, 무결성, 가용성,

준거성(법적 요구사항) 측면에서 보안등급을 관리하는 것을 제시하고 있다. 정보자산에 대한 보안등급이 부여되면, 보안등급별로 취급절차를 마련하여 보안통제를 수행해야 한다.

4.2.1 보안등급과 취급

① 통제 목적

기밀성, 무결성, 가용성, 법적 요구사항 등을 고려하여 정보자산이 조직에 미치는 중요도를 평가하고 그 중요도에 따라 보안등급을 부여해야 한다. 또한 보안등급을 표시하고 등급 부여에 따른 취급 절차를 정의하여 이행해야 한다.

② 세부 항목

○ 정보자산의 유출, 장애 및 침해 발생 시 조직의 업무에 미치는 영향을 고려하여 식별된 정보자산의 중요도를 평가할 수 있도록 기준을 수립해야 한다. 일반적으로 기밀성, 무결성, 가용성, 법적 요구사항 등을 고려하여 평가기준을 마련할 수 있다. 그 외에 서비스 영향, 이익손실, 고객상실, 대외 이미지 등도 추가적으로 고려할 수 있다.

○ 이는 정보자산에 미치는 위험을 분석(관리과정 3.2 위험분석 참고)하기 위한 첫번째 단계로 정보자산의 중요도가 높을수록 발견된 위험의 위험도가 높아지며, 이 과정을 통해 비용효과적으로 우선 적용하여야 하는 정보보호 대책을 선정할 수 있다.

○ 정보자산의 등급에 따라 취급절차(생성, 저장, 이용, 파기 등)를 정의하고 이에 따라 접근 통제 등 적절한 보안 통제를 이행해야 한다.

5 정보보호 교육

아무리 훌륭한 정보보호 관리체계를 구축했다고 해도 임직원이 이것을 지키지 않으면 그것은 일회성 작업에 불과할 것이다. 또한 임직원을 통한 개인정보 유출, 기업 기밀정보 유출과 같은 것을 기술적으로 완벽히 차단하는 것은 불가능하다. 따라서 임직원의 직무에 따라 지속적이고 반복적인 교육을 수행함으로써 임직원의 마인드를 개선하고 정보보안의 중요성을 인식시켜야 할 것이다. 정보보호 관리체계 정보보호 교육은 교육 프로그램을 수립하고 각 직무별(예 보안담당자, 개인정보취급자, 개인정보 최고책임자, 개발자 등) 정보보안 교육을 수행하고 관리하는 것이다.

1) 교육 프로그램 수립

기업의 조직은 업무 담당자, 개발자, 유지보수 담당자, 보안담당자, 품질관리자, 개인정보 관리자, 개인정보 취급자 등으로 다양하게 분류될 것이다. 교육 프로그램 수립은 조직 내의 조직원에 대해서 교육대상을 식별하고 각 교육대상별 교육내용을 정의한 후 교육계획을 수립하는 것이 교육 프로그램 수립이다.

교육계획 수립 시에 주의할 것은 교육은 임직원만을 대상으로 하지 않고 정보자산과 관련된 외부자 및 청소원, 경비원 등 모두를 포함해야 한다. 또한 교육시기는 교육계획에서 수립한 정기교육과 주요 보안사고 발생 및 주요 법률 변경 시의 상시교육을 계획한다.

또 교육방법은 그렇게 중요하지 않다. 온라인 교육이든, 오프라인 교육이든 방법보다 교육대상자에게 정보보안 교육을 하는 것을 중요하게 생각한다.

5.1.1 교육계획

① **통제 목적**

교육의 시기, 기간, 대상, 내용, 방법 등의 내용이 포함된 연간 정보보호 교육 계획을 수립해야 한다.

② **세부 항목**

- 정보보호 교육을 시행할 수 있도록 다음 항목이 포함되어야 한다.
  - 교육시기 (예 분기별, 반기별 등)   - 시기별 교육 기간
  - 교육대상   - 교육내용
  - 교육방법 (예 온라인, 집합교육 등)

- 예산 배정 및 집행 권한을 보유하고 있는 경영진(최고경영자)은 연간 정보보호 교육계획을 검토하고 승인하여 정보보호 교육이 계획에 따라 이행될 수 있도록 적극 지원해야 한다.

[확인문제] 다음은 정보보호 교육지침이다. 다음의 문제점으로 올바른 것은 무엇인가?

> 3조 정보보호 교육
> 1. 정보보호 교육은 분기별로 실시하며, 교육방법은 집합교육으로 실시한다.
> 2. 중요한 법률 및 통제항목 변경 시에 그 내용을 메일과 같은 형태로 전달하고 교육을 실시한다.
> 3. 교육방법은 온라인을 통해서 수행하고 교육결과를 별도로 관리한다.
> 4. 교육내용은 개인정보, 출입통제, 당사의 정보보호 정책 등을 수행한다.

1) 교육방법은 집합교육과 온라인 교육을 병행해서 실시해야 한다.
2) 교육대상을 명확히 정의해야 하지만, 본 지침의 교육대상이 명확하지 않다.
3) 온라인 교육은 반드시 교육결과를 관리해야 하고 오프라인은 참석자 리스트만 확인하면 된다.
4) 교육실시는 1년에 1회 이상 실시해야 한다.

| 정답 및 풀이 |

교육 대상은 주요 직무자, 개발자, 유지보수, 관리자, 청소원 등의 직무를 수행하는 인력에 따라 차등적으로 실시한다.
온라인이든 오프라인이든 교육결과는 관리되어야 한다.

정답 : 2번

5.1.2 교육대상

① 통제 목적
교육대상에는 정보보호 관리체계 범위 내 임직원 및 외부자를 모두 포함해야 한다.

② 세부 항목
- 정보보호 교육대상에는 정보보호 관리체계 범위 내 정보자산에 직·간접적으로 접근하는 정규직 임직원, 임시 직원, 외주용역업체 직원 등 모든 인력을 포함해야 한다.
- 정보자산이 위치한 장소에 접근할 수 있는 청소원, 경비원 등에게도 기본적인 정보보호 인식교육을 수행해야 한다.
- 교육대상이 하도급에 의해 파견된 직원인 경우 해당 용역업체 담당자가 정보보호 교육을 수행할 수 있도록 관련 자료를 제공하고 지원해야 한다.

5.1.3 교육내용 및 방법

① 통제 목적
교육에는 정보보호 및 정보보호 관리체계 개요, 보안사고 사례, 내부 규정 및 절차, 법적 책임 등의 내용을 포함하고 일반 임직원, 책임자, IT 및 정보보호 담당자 등 각 직무별 전문성 제고에 적합한 교육내용 및 방법을 정해야 한다.

② 세부 항목
- 기본 정보보호 교육에는 다음과 같은 내용을 포함해야 한다.
    - 정보보호의 기본 개요
    - 정보보호 관리체계 구축 절차 및 방법
    - 정보보호 관련 법률의 이해: 정보통신망 이용촉진 및 정보보호 등에 관한 법률, 개인정보보호법, 전자금융거래법, 신용 정보의 이용 및 보호에 관한 법률, 전자상거래 등에서의 소비자보호에 관한 법률 등
    - 침해사고 대응 절차 등 임직원이 준수하여야 할 정보보호 관련 내부규정
    - 최근 침해사고 사례 및 정보보호 관련 국내·외 동향
    - 정보보호 규정 위반 시 상벌규정, 법적 책임 등
- 교육을 효과적으로 시행하기 위하여 집합교육, 온라인교육, 전달교육 등 다양한 교육방법을 정할 수 있다.
- 교육의 대상, 내용, 기간 등에 따라 효과적으로 교육을 수행할 수 있는 방법(예 집합교육, 온라인 교육, 전달교육 등)을 선택해야 한다.
- 정보보호 인식제고를 위하여 보안의 날 지정, 포스터 또는 뉴스레터를 제작할 수도 있다.

○ IT 직무자(운영, 개발), 정보보호 직무자는 일반 직원과 별도로 직무별 업무 수행에 필요한 정보보호 교육을 받아야 한다. 직무별 교육은 다음과 같은 교육과정을 활용할 수 있다.
  - 정보보호 관련 컨퍼런스, 세미나, 워크숍 참가
  - 정보보호 관련 교육 전문기관 내 교육 수료
  - 외부 전문가 초빙을 통한 내부 교육 및 세미나

2) 교육시행 및 평가

교육시행 및 평가는 교육계획에 따라 교육을 수행하고 그 교육 결과를 평가받는 것으로 임직원, 임시직원(비정규직), 외주, 외부자 등을 대상으로 정보보호 교육을 실시해야 한다. 교육시행 이후는 교육 참석자에게 참석여부를 사인받고 교육내용에 대한 평가를 받아야 한다. 평가 결과는 관리되어야 하고 평가 결과를 반영하여 다음 년도 교육계획을 수립하는 것이다.

5.2.1 교육시행 및 평가

① 통제 목적

정보보호 관리체계 범위 내 임직원 및 외부자를 대상으로 정기적으로 교육을 시행하고 정보보호 정책 및 절차의 중대한 변경, 조직 내·외부 보안 사고 발생, 관련 법규 변경 등의 사유가 발생할 경우 추가 교육을 수행하여야 한다. 또한 교육 시행에 대한 기록을 남기고 평가 하여야 한다.

② 세부 항목

○ 경영진(최고경영진)의 승인을 받은 정보보호 교육계획에 따라 정규직 임직원, 임시직원, 외주용역, 외부자 등을 대상으로 정기적으로 기본 정보보호 교육을 시행해야 한다.
○ IT 및 정보보호 직무자는 기본 정보보호 교육 이외에 직무별 정보보호 교육을 별도로 연 1회 이상 이수해야 한다.
○ 개인정보관리책임자 및 개인정보취급자는 정기적으로 개인정보보호교육을 이수해야 한다. (기본 정보보호교육에 개인정보보호 내용을 포함할 수 있다.)
○ 기본 정보보호 교육 이외에 다음과 같은 상황이 발생할 경우 추가적인 정보보호 교육을 수행해야 한다.
  - 정보보호(개인정보 포함) 관련 법률 변경
  - 조직 내 정보보호 관련 정책 및 절차 변경
  - 조직 내·외부 보안사고 발생
  - 업무 환경의 중대한 변화 발생 (예 정보 보호 관리체계 범위 변경)

- ○ 출장, 휴가 등으로 인해 정기 정보보호 교육에 불참한 인력에 대해 전달교육, 추가교육, 온라인교육 등의 방법으로 정보보호 교육을 시행해야 한다.
- ○ 채용으로 인해 신규 인력 채용 시, 업무 투입 전에 정보보호 교육을 실시하여 조직 내 정보보호 관련 사전 지식이 없는 데 따른 보안규정 위반, 보안사고 발생의 위험수준을 낮추도록 해야 한다.
- ○ 교육 시행 후, 교육 공지, 교육자료, 출석부 등과 같은 기록을 남기고 미리 마련된 평가기준에 따라 설문 또는 테스트 등을 통해 교육 내용의 적절성과 효과성을 평가해야 한다.
- ○ 교육평가 결과 내용에서 도출된 문제점에 대해 개선 대책을 마련하고 차기 교육 계획 수립 시 반영해야 한다.

■ 집합교육 시에 주의사항

2017년 1월1일 IT본부에서는 주요 법률 내용에 대해서 300명을 대상으로 집합교육을 실시했다. 실제 참석자는 270명이고 30명은 휴가 등으로 인해서 교육을 참석하지 못했다. 이런 경우에 나머지 30명은 온라인이든 오프라인이든 교육을 실시하고 교육결과를 관리해야 한다.

6 인적보안

인적보안은 내부인력을 관리하고 통제하는 방법을 제시한다. 즉, 주요 직무자를 정의하고 책임과 역할 정의, 보안서약서 작성, 정보보안 위배 시에 인사규정, 퇴직자 발생 시에 권한회사 및 보안서약서 작성 등의 활동을 정의하여 내부직원을 통한 정보보안 침해사고를 예방하고 자신의 직무에 어떠한 정보보안 활동을 수행해야 하는지 인식시킨다.

내부자에 의한 정보 유출 및 침해 등을 예방하지 못한다면 아무리 훌륭한 보안 솔루션을 구매해도 그 한계가 분명히 존재하게 된다. 즉, 정보보안 사고의 대부분은 인력에 의해서 발생하기 때문에 인적보안과 외부자 보안은 정보보호 관리체계에 있어서 중요한 통제 항목이다.

1) 정보보호 책임

데이터베이스 서버에 연결하여 데이터베이스를 관리하는 DBA 사용자는 시스템의 모든 데이터에 대해서 접근이 가능하다. DBA는 데이터베이스 보안 솔루션이 설치되어 있는 시스템이라고 해도 우회해서 접근할 수 있다. 이처럼 기업 내부의 주요 직무자를 분리하고 관리해야 하며, 기본적으로 주요 직무자는 최소화하여 지정되어야 한다. 주요 직무자를 선정하면 주요 직무자에게 보안 서약서를 받고 책임에 대한 내용인 손해배상, 처벌 내용을 교육해야 한다.

6.1.1 주요 직무자 지정 및 감독

① 통제 목적

인사정보, 영업비밀, 산업 기밀, 개인정보 등 중요 정보를 대량으로 취급하는 임직원의 경우 주요 직무자로 지정하고 주요 직무자 지정을 최소화 하는 등 관리할 수 있는 보호대책을 수립해야 한다.

② 세부 항목

- 다음을 주요 직무로 분류할 수 있으며, 이 업무를 수행하는 임직원을 주요 직무자로 지정해야 한다.
    - 중요 정보(개인정보, 인사정보, 영업비밀, 산업기밀, 재무정보 등)를 취급
    - 주요 정보시스템(서버, DB, 응용프로그램 등) 운영 및 개발
    - 정보보호시스템 운영
    - 정보보호 관리업무 수행
- 중요 정보를 취급하는 주요 직무자의 경우 업무 범위 및 목적에 벗어나는 정보처리 권한을 부여하지 않도록 관련 직무자를 최소한으로 지정해야 한다.
- 중요 정보처리 권한이 부여된 주요 직무자의 현황을 주기적으로 관리하여 직무자별 업무 성격에 따라 적정한 권한이 부여 되었는지 여부를 검토해야 한다.

6.1.2 직무 분리

① 통제 목적

권한 오남용 등 고의적인 행위로 인해 발생할 수 있는 잠재적인 피해를 줄이기 위하여 직무분리 기준을 수립하고 적용해야 한다. 다만, 인적자원 부족 등 불가피하게 직무분리가 어려운 경우 별도의 보완통제를 마련해야 한다.

② 세부 항목

- 직무별 권한과 책임을 분산시켜 직무 간 상호견제를 할 수 있도록 직무분리 기준을 수립해야 한다.
    - 개발과 운영 직무 분리 (필수)
    - 정보시스템(서버, DB, 네트워크 등) 간 운영직무 분리
    - 정보보호 관리와 정보시스템 운영직무 분리
    - 정보보호 관리와 정보시스템 개발직무 분리 등

■ IT본부 조직구조도

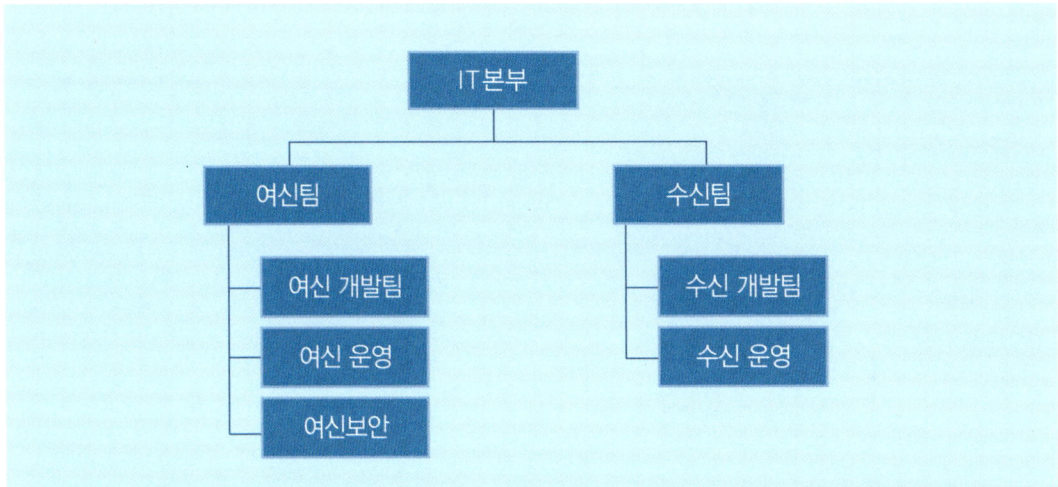

위의 조직도를 보면 보안팀이 여신보안으로 분류되어 있다. 본 구조에서는 수신팀을 통제하기 어렵고 각 팀 간에 일괄된 정보보안 정책을 시행할 수가 없다. 그래서 보안팀을 IT본부에 별도로 운영해야 한다.

- 조직 규모가 작거나 인적자원 부족 등의 사유로 인해 불가피하게 직무분리가 어려운 경우, 직무자 간의 상호 검토, 상위관리자의 주기적인 직무수행 모니터링 및 변경사항 검토/승인, 직무자의 책임추적성 확보 등의 보완통제를 마련해야 한다.

■ 조직의 규모에 따른 직무분리 검토

대기업의 경우는 IT개발팀과 보안팀이 대부분 분리되어서 운영된다. 하지만 조직의 규모가 작은 기업은 IT개발팀과 보안팀이 분류 없이 운영된다. 즉, 보안 담당자가 소프트웨어도 개발하고 관리한다. 만약 이러한 조직에 직무분리 결함이 나오면, 실질적으로는 기업의 여건상 할 수가 없을 수 있다. 이런 경우는 상위 관리자가 직무 수행내용을 검토하고 관리하면 된다.

6.1.3 비밀유지서약서

① 통제 목적

임직원으로부터 비밀유지 서약서를 받아야 하고 임시직원이나 외부자에게 정보시스템에 대한 접근권한을 부여할 경우에도 비밀유지서약서를 받아야 한다.

② 세부 항목

- 신규로 채용된 인력은 조직의 중요 정보 취급 및 관리 시 정보보호의 필요성과 책임에 대해 명시된 정보보호서약서에 서명하고 조직에 제출해야 한다.
- 정보보호서약서의 제출 의무에 대해 신규인력 채용절차 중 기본적인 사항으로 인식하고 관리 부서를 지정하여 정보보호서약서를 관리해야 한다. (일반적으로 신규인력 채용 시

인력관리부서에서 정보보호서약서를 수집 및 관리하고 있다)
- ○ 임시직원 혹은 외주 용역업체 직원과 같은 외부자에게 정보자산에 대한 접근권한을 부여할 경우 정보보호 책임, 조직 내 정보보호 규정 준수 의무, 정보보호 의무에 미준수로 인한 사건·사고 발생 시 손해배상 책임 등의 내용을 정보보호서약서에 명시하고 서명을 받아야 한다.
- ○ 직무상 알게 된 조직의 중요 정보에 대한 퇴사 후 누출 방지를 위하여 인력 퇴사 절차 내 비밀유지서약서를 받고 누출 발생 시 그에 따르는 법적 책임이 있음을 상기시켜야 한다.
- ○ 직무변경과 같이 인력의 고용조건에 변화가 발생한 경우 이전에 습득한 비밀정보를 누출하지 않도록 정보보호서약서의 내용을 환기시키는 것이 좋다.
- ○ 정보보호서약서 및 비밀유지서약서는 법적 분쟁 발생 시 법률적 책임에 대한 증거자료로 사용할 수 있기 때문에 필요시 용이하게 찾아볼 수 있는 형태로 보관해야 한다.
- ○ 정보보호서약서 및 비밀유지서약서에 개인정보가 포함될 경우 비인가된 제3자에게 누출되지 않도록 물리적으로 안전한 장소에 보관해야 한다.

2) 인사규정

조직 내에서 퇴직 혹은 휴직이 발생하면 즉시 접근권한을 변경 및 회수 조치하고 그 내용을 정보보안팀과 공유해야 한다. 특히 공유 계정을 사용하는 시스템의 경우 퇴직 및 휴직이 발생하면 즉시 공유계정의 패스워드를 변경해야 한다.

또한 퇴직과 휴직은 아니지만 조직 내에서 직무변경이 발생하면 불필요한 계정과 권한을 삭제하고 이를 관리해야 한다. 만약 이를 위배하는 경우 상벌 규정을 명확히 하여 관리통제 해야 할 것이다.

6.2.1 퇴직 및 직무변경 관리

① 통제 목적

퇴직 및 직무변경 시 인사부서와 정보보호 및 시스템 운영 부서 등 관련 부서에서 이행해야 할 자산반납, 접근권한 회수·조정, 결과 확인 등의 절차를 수립해야 한다.

② 세부 항목

- ○ 부서 및 직무변경, 휴직, 퇴직 등 인사 변경 발생 시 정보자산 반납, 접근권한의 변경·회수 조치가 신속하게 이루어질 수 있도록 인사부서는 변경내용을 정보보호부서, 정보시스템 운영부서 등에 공유해야 한다.
- ○ 조직 내 인력(정규직 임직원, 임시직원, 외주 용역업체 직원 등)의 직무변경 혹은 퇴직 발생 시 정보자산 반납, 접근권한의 조정·회수 등을 수립된 절차에 따라 시행하고 결과를 확인해야 한다.
- ○ 직무변경자 혹은 퇴직자가 불가피하게 정보시스템 및 정보보호시스템 계정을 공유 사용하고 있었다면 계정의 비밀번호를 즉시 변경해야 한다.

6.2.2 상벌규정

① 통제 목적

인사규정에 직원이 정보보호 책임과 의무를 충실히 이행했는지 여부 등 정보보호 활동 수행에 따른 상벌규정을 포함해야 한다.

② 세부 항목

○ 임직원이 정보보호 관련 조직 내부 규정(예 정책, 지침, 절차 등) 및 비밀유지 서약서에 명시된 정보보호 책임을 충실히 이행하지 않고 조직 내 중요 정보를 훼손, 누출한 경우, 관계법령상의 책임 및 처벌규정을 인사규정에 포함하고 아울러 정보보호 책임을 충실히 이행한 경우에 대한 보상방안도 함께 마련해야 한다.

7 물리적 보안

물리적 보안은 전산실, IDC, 고객센터 등의 물리적 시설에 대한 보안으로 보호구역 지정, 출입통제, CCTV, 소방시설 등의 모든 영역을 포함하고 있다. 물리적 보안은 정보보안 측면에서 출입통제와 IT 재해복구 측면에서 비즈니스 연속성 확보 부분을 직·간접적으로 포함하고 있다.

1) 물리적 보호구역

물리적 보호구역은 제한구역과 통제구역을 결정하고 출입통제를 수행하는 것이다. 제한구역은 인가된 사람만 출입할 수 있는 구역으로 비인가된 자의 접근을 방지하기 위해서 결정한다. 그러므로 제한구역에는 출입통제 장치(예 카드인식, 생체인식)를 설치하고 출입 로그를 관리해야 한다. 통제구역은 최소한의 사람만 출입할 수 있는 곳으로 관제실, 서버실, 발전실 등을 의미한다. 통제구역도 출입 시에 누가, 언제, 왜 출입했는지 기록되어야 한다.

7.1.1 보호구역 지정

① 통제 목적

비인가자의 물리적 접근 및 각종 물리적, 환경적 재난으로부터 주요 설비 및 시스템을 보호하기 위하여 통제구역, 제한 구역, 접견구역 등 물리적 보호구역을 지정하고 각 구역별 보호대책을 수립·이행하여야 한다.

② 세부 항목

○ 전산실, 시스템 운영 및 개발 공간, 통신장비실, 관제센터 등 업무의 중요도 및 정보자산 위치에 따라 물리적 보호구역을 다음과 같이 구분하고 구역별 보호대책을 수립하고 이행해야 한다.

- 접견구역: 외부인이 별다른 출입증 없이 출입이 가능한 구역 (예 접견장소 등)
- 제한구역: 비인가된 접근을 방지하기 위하여 별도의 출입통제 장치 및 감시시스템이 설치된 장소로 출입 시 직원카드와 같은 출입증이 필요한 장소 (예 부서별 사무실 등)
- 통제구역: 제한구역의 통제 항목을 모두 포함하고 출입자격이 최소인원으로 유지되며 출입을 위하여 추가적인 절차가 필요한 곳 (예 전산실, 통신장비실, 관제실, 공조실, 발전실, 전원실 등)

○ 통제구역은 조직 내부에서도 출입 인가자를 최소한으로 제한하고 있으므로 통제구역임을 표시하여 접근시도 자체를 원천적으로 차단하고 불법적인 접근 시도 여부를 주기적으로 검토해야 한다.

7.1.2 보호설비

① 통제 목적

각 보호구역의 중요도 및 특성에 따라 화재, 전력이상 등 인재, 재해에 대비하여 온·습도 조절, 화재감지, 소화설비, 누수 감지, UPS, 비상발전기, 이중전원선 등의 설비를 충분히 갖추고 운영절차를 수립하여 운영해야 한다. 또한 주요 시스템을 외부 집적정보통신시설에 위탁운영하는 경우 관련 요구사항을 계약서에 반영하고 주기적으로 검토를 수행해야 한다.

② 세부 항목

○ 보호구역의 중요도와 특성에 따라 화재, 전력이상, 비인가된 외부침입 등을 방지하기 위하여 보호구역별로 필요한 다음과 같은 설비를 갖추고 운영절차를 마련해야 한다.
- 온습도 조절기 (항온항습기 또는 에어컨)
- 화재감지 및 소화설비
- 누수감지기
- UPS, 비상발전기, 전압유지기
- CCTV, 외부침입감지 및 경보, 출입통제시스템 (예 지문인식, 출입카드 시스템 등)
- 전력선 이중화
- 파손방지 (예 정보시스템기기의 rack 설치 등) 등

○ 특히 통제구역에 해당하는 전산실의 경우 상기설비를 갖추고 화재, 전력이상, 장애 등의 비상시 신속한 복구 및 대응이 가능하도록 운영절차를 마련해야 한다.

○ 화재 감지기를 적절한 간격으로 설치하고 충분한 용량의 소화기를 비치해야 한다.
- 보호구역 면적에 대비하여 화재 감지기(예 열감지, 연기감지) 및 소화기를 설치하여야 하며, 주기적으로 화재감지기 및 소화기 상태를 점검해야 한다.

○ 전산실과 같이 주요 시스템이 위치한 보호구역의 경우 누수 발생 시 탐지가 가능하도록 누수감지기를 설치하고 정상적인 작동유무를 주기적으로 점검해야 한다.

○ 정전, 전기사고 등 갑작스러운 전력공급 중단 시 주요 정보시스템이 전력을 안정적으로 공급받을 수 있도록 전산실 및 시스템 규모를 고려하여 다음과 같은 설비를 구축하고 주기적으로 상태를 점검해야 한다.
   - 무정전전원장치(UPS)
   - 비상발전기
   - 이중전원선
   - 전압유지기
   - 접지시설 등

○ 화재 등의 재해 발생 시 임직원이 대피할 수 있도록 대피절차를 별도로 마련하고, 절차에 따라 신속하게 대피할 수 있도록 비상벨, 비상등, 비상로 안내표지 등을 설치해야 한다.

○ 주요 정보시스템을 외부 집적정보 통신시설(IDC)에 위탁운영하는 경우 화재, 수재, 전력이상, 온도, 습도, 환기 등의 환경적 위협 및 파손, 도난 등 물리적 위협으로부터 보호되도록 보안 요구사항을 계약서에 반영하고 운영상태를 주기적으로 검토해야 한다.
   - 온습도 조절기 (항온항습기 또는 에어컨)
   - 화재감지 및 소화설비
   - 누수감지기
   - UPS, 비상발전기, 전압유지기
   - CCTV, 외부침입감지 및 경보, 출입 통제시스템 (예 지문인식, 출입카드시스템 등)
   - 전력선 이중화
   - 파손방지 (예 정보시스템기기의 rack 설치 등) 등
   - 구조의 안전성 (설비 하중을 견딜 수 있는 구조)
   - IDC의 책임보험 가입여부 (미가입 시 1천만원 이하의 과태료 부과)

7.1.3 보호구역 내 작업

① 통제 목적

유지보수 등 주요 설비 및 시스템이 위치한 보호구역 내에서의 작업 절차를 수립하고 작업에 대한 기록을 주기적으로 검토하여야 한다.

② 세부 항목

○ 주요 시설 및 정보시스템이 위치한 통제구역(전산실 등)에서 정보시스템 도입 및 폐기, 유지보수(정기점검 포함) 등의 사유로 임직원 및 외부인이 작업을 수행할 경우 다음 사항을 고려하여 작업신청 및 승인, 작업기록 작성, 모바일기기 반출입 통제 등의 절차를 마련하고 그 기록을 정기적으로 검토해야 한다.

- 보호구역 내의 작업은 정기적으로 출입하는 출입자와 장애와 같은 이슈가 발생할 때 출입하는 비정기적 출입자로 분류될 수 있다. 정기적 출입자와 비정기적 출입자 모두 출입이력 및 모바일 기기 등의 반출입이 관리되고 통제되어야 한다. 특히 비정기적인 출입통제는 시스템 장애이력과 같이 매핑해서 비교해보면 출입통제 없이 출입되는 경우가 많다.
  - 작업신청 시 관련자 (예 보호구역 출입 통제 담당자, 작업신청 부서장 등) 검토·승인 필요
  - 작업기록에는 작업일자, 작업시간, 작업목적, 작업내용, 작업업체 및 담당자명, 검토자 승인자 등 포함
  - 작업 수행을 위한 보호구역 출입 절차 마련 및 출입기록의 주기적 검토
  - 작업 수행을 위한 모바일기기 반출입 및 모바일기기 안전성 확보 절차(백신 설치 등) 마련
- 주요 시설 및 시스템이 위치한 통제구역 내 모바일기기(노트북, 스마트기기 등) 사용은 원칙적으로 금지하는 것이 바람직하다. 다만 작업의 원활한 수행을 위하여 불가피하게 모바일기기를 사용해야 하는 경우 사전 승인 및 모바일기기의 보안성 검토를 수행한 후 사용해야 한다.

7.1.4 출입통제

① 통제 목적

보호구역 및 보호구역 내 주요 설비 및 시스템은 인가된 사람만이 접근할 수 있도록 출입을 통제하고 책임추적성을 확보할 수 있도록 출입 및 접근 이력을 주기적으로 검토하여야 한다.

② 세부 항목

- 각 보호구역별로 출입 가능한 부서, 직무, 업무를 정의하고 출입권한이 부여된 임직원을 식별하여 그 현황을 관리해야 한다.
- 공식적인 출입절차(출입신청, 책임자 승인, 출입권한부여 및 회수, 출입내역 기록, 출입기록 정기적 검토 등)를 마련하고 인가된 사람만이 출입할 수 있도록 해야 한다.
- 또한 주요 시설 및 시스템이 위치하고 있는 통제구역의 경우 업무목적에 따라 최소한의 인원만 출입할 수 있도록 통제해야 한다.
- 특히 보호구역에 외부인 출입이 필요한 경우 내부 임직원 출입절차와는 별도의 절차(방문객 출입증 발급 및 패용, 방문장소로 출입권한 제한, 담당자 동행, 출입대장 작성 등)를 마련하여 출입을 통제해야 한다.
- 각 보호구역 출입의 책임추적성을 확보할 수 있도록 출입기록을 일정기간 보존하고 출입의 적정성을 확인하기 위하여 다음과 같은 기준으로 출입기록을 주기적으로 검토해야 한다.

- 업무 목적에 적합한 출입권한 부여: 업무 목적에 비해 과도한 출입권한 부여 시 권한 조정, 장기간 미출입 시 권한 회수 등 조치
- 절차에 따른 출입권한 부여: 보호구역 출입절차에 따른 권한 부여 여부 확인 (임의적 출입권한 생성 확인)
- 퇴직자 또는 직무변경자 출입권한 삭제·조정 및 출입증 회수: 퇴직자 출입증 회수 및 출입권한을 삭제, 직무변경에 따른 출입권한 조정
- 업무시간 외 출입: 일상 업무시간 이외 출입 시 출입사유 확인
- 비인가자의 출입 시도: 중요한 보호구역인 통제구역의 비인가자 출입시도를 확인하여 그 사유를 확인하고 조치
- 외부자 출입기록: 유지보수, 비상시 외부자 출입 적정성 검토

상기 검토 기준 이외에도 조직의 업무특성에 따른 기준을 별도로 마련하여 보호구역 출입 적정성을 검토하는 것이 좋다.

○ 또한 시스템적으로 출입로그를 남기지 않는 단순 잠금장치(자물쇠)를 사용하는 경우에는 반드시 출입대장을 작성하여 출입기록을 확인할 수 있도록 해야 한다.

○ 보호구역 내 다음 항목에 대한 반출입 통제 정책 및 절차를 수립하고 이행해야 한다.
- 장비 (예 서버, 네트워크 장비, 항온항습기 등)
- 문서 (예 업무관련 대외비 이상의 문서)
- 저장매체 (예 CD, 테이프 등)

○ '반출입 관리 대장'을 별도로 마련하여 일시, 품명 및 수량, 반출입 담당자, 반출입장소, 반출입 사유, 관리부서 확인 및 서명 등과 내용이 포함되어 이력관리를 하고 책임자가 주기적으로 관리 대장 내용의 적정성을 확인해야 한다.

7.1.5 모바일기기 반출입

① 통제 목적

노트북 등 모바일기기 미승인 반출입을 통한 중요 정보 유출, 내부망 악성코드 감염 등의 보안사고 예방을 위하여 보호구역 내 임직원 및 외부자 모바일기기 반출입 통제절차를 수립하고 기록·관리하여야 한다.

② 세부 항목

○ 보호구역별로 모바일기기(노트북, 탭, 패드 등)의 반출입에 대한 통제절차를 다음과 같이 마련해야 한다.
- 보호구역 출입통제 책임자 사전승인
- 반출입 관리 대장 기록

- 모바일기기 보안 점검 수행
- 모바일기기 반출입내역 주기적 점검 등

○ 모바일기기 반출입을 통한 중요 정보 유출, 내부망 악성코드 감염 등의 보안사고 예방절차 수립 시 다음과 같은 사항을 고려해야 한다.
- (반입 시) 안티바이러스 S/W를 통한 악성코드 감염여부 점검
- (반입 시) USB 포트 차단 및 USB 반입 금지
- (반입 시) 모바일기기가 장착된 카메라 렌즈 봉인 등
- (반출 시) 중요 정보 저장 여부 확인

○ 주요 시설 및 정보자산이 위치한 통제구역 내 모바일기기(노트북, 탭, 패드 등)의 반입은 원칙적으로 금지하는 것이 바람직하며 업무목적으로 작업의 원활한 수행을 위하여 불가피하게 모바일기기를 사용하여야 하는 경우 사전 승인을 받고 상기 모바일기기 보안사고 예방절차를 이행한 후 사용 하는 것이 좋다.
- 다만, 개인용 스마트폰의 경우 예외정책을 적용할 수 있으나 내부 네트워크에 연결하여 사용하지 않도록 해야 한다.

○ 보호구역 내 임직원 혹은 외부자가 업무목적을 위한 모바일기기를 반출입 하는 경우, 모바일기기 반출입 통제 절차에 따라 허가를 받고 '반출입대장' 이력을 기록해야 한다.
- 반출입 관리 대장에 포함될 내용: 일시, 사용자, 기종(모델), 기기식별번호(MAC, 시리얼 번호 등), 사유, 반출입 장소, 보안점검 결과, 관리자 확인서명 등

○ 모바일 반출입대장은 관리자가 주기적으로 점검하여 반출입이 적정한 절차에 따라 이루어졌는지 검토해야 한다.

2) 시스템 보호

시스템 보호는 개인정보 파일을 보유하거나 기업 내부의 거래정보, 영업정보와 같은 기밀정보를 보유하고 있는 시스템에 대해서 인가된 사용자만 접근 가능하게 하고 랙(Rack)에 별도의 잠금장치 등을 설치하여 보호해야 한다. 또한 네트워크 케이블 및 전력 케이블은 구분되어서 관리되어야 하고 상호 간의 간섭을 배제해야 한다. 즉, 케이블이 손상을 입지 않게 보호되어야 한다.

7.2.1 케이블 보안

① 통제 목적

데이터를 송·수신하는 통신케이블이나 전력을 공급하는 전력 케이블은 손상을 입지 않도록 보호하여야 한다.

② 세부 항목

○ 전력 및 통신케이블 등이 외부의 영향 없이 안정적으로 전력 및 데이터 전송이 이루어질 수 있도록 다음과 같은 보호 조치를 취해야 한다.
- 전력 및 통신케이블은 물리적으로 구분하여 배선
- 전력 및 통신케이블에 대한 식별(어느 시스템에 연결되어 있는지 확인 필요)
- 전력 및 통신케이블 사이의 상호간섭을 방지하기 위한 거리 유지
- 케이블을 지지하고 보호할 수 있는 설비 설치 (예 케이블 트레이)
- 도청이나 손상이 일어나지 않도록 케이블을 보이지 않게 매설할 것
- 약전실, 강전실, 배전반 등에 대한 접근 통제 등

7.2.2 시스템 배치 및 관리

① 통제 목적

시스템은 그 특성에 따라 분리하여 배치하고 장애 또는 보안사고 발생 시 주요 시스템의 위치를 즉시 확인할 수 있는 체계를 수립해야 한다.

② 세부 항목

○ 서버, 네트워크 장비, 정보보호시스템, 백업장치 등 정보시스템 특성에 따라 분리하여 배치하고 전산랙(Rack) 등을 이용하여 시스템을 외부로부터 보호해야 한다.
○ 개인정보 또는 사내 기밀정보 등 중요 정보를 저장하고 있는 서버나 중요 네트워크 장비(백본 등)의 경우 전산랙에 잠금장치를 설치하는 등 인가된 자에 한해 접근이 가능하도록 관리해야 한다.
○ 장애 또는 보안사고 발생 시 신속한 조치를 위하여 시스템의 위치를 담당자가 즉시 확인할 수 있도록 물리적 배치도(시설 단면도, 배치도 등) 또는 목록을 마련하여 최신본으로 관리해야 한다.
- 또한 시스템 정보자산 목록에 물리적 위치 항목을 포함하여 목록에서 언제든지 물리적 배치를 확인 가능하도록 해야 한다.

3) 사무실 보호

사무실 보호는 개인 PC 사용 시에 화면보호기부터 공용 사무기기에 대한 보안을 포함하고 있다. 공용 사무기기란 인터넷 공용 PC, 프린터기, 파일서버, 팩스 및 복사기와 같은 장치를 의미하며 중요 문서가 유출되지 않도록 보호대책을 수립해야 한다. 또한 회의실과 같은 공용 공간에 기업 내의 중요 문서를 배치하지 말아야 한다. 특히 시스템별 계정정보 및 자산관리 대장, 방화벽 접근통제 정책과 같은 문서들은 중요문서에 포함되어야 하며, 이러한 것은 별도의 문서고에 보관되어야 한다.

7.3.1 개인업무 환경 보안

① 통제 목적

일정시간 동안 자리를 비울 경우에는 책상 위에 중요한 문서나 저장매체를 남겨놓지 않고 컴퓨터 화면에 중요 정보가 노출되지 않도록 화면보호기 설정, 패스워드 노출 금지 등 보호대책을 수립해야 한다.

② 세부 항목

○ 개인 업무환경에서 가장 기본적인 것은 공유폴더와 로그인 및 화면보호기에 패스워드를 설정해야 한다. 또한 패스워드 설정 시에 기업의 정보보안 지침에 따라 패스워드의 복잡도를 준수해야 한다. 패스워드의 복잡도가 높아서 패스워드를 메모지에 기록해 두어서는 안 된다.

■ 사무실 출입사건

> 정부청사 사무실 침입 시에 최종 담당자의 출입문은 지문인식과 패스워드를 사용한 인증을 수행했다. 하지만 출입문 옆에 패스워드가 메모지로 붙여 있어서 침입자는 쉽게 사무실 내부까지 침입했다.

○ 공용으로 사용하는 사무기기, PC, 파일서버, 문서고 등에 대해 다음과 같은 보호대책을 수립하고 이행해야 한다.
  - 공용 사무기기: 팩스, 복사기, 프린트 등의 공용 사무기기 주변에 중요 정보문서 방치 금지
  - 공용PC: 일정기간 미사용 시 화면보호기를 설정, 재 시작 시 로그인 암호설정, 공용패스워드 사용 시 주기적으로 패스워드 변경, 중요 정보 저장 제한
  - 파일서버: 파일서버 접근권한을 부서별, 업무별 등으로 부여하여 불필요한 정보공개 최소화, 사용자 별도 접근계정 발급, 공용 PC 보안대책 적용
  - 문서고: 문서고에 대한 접근권한을 부서별 혹은 업무별로 부여하여 출입가능 인원을 최소화하고 CCTV 혹은 출입통제시스템을 설치하여 출입이력 관리
  - 공용 사무실: 회의실, 프로젝트룸, 화상 회의실 등 공용사무실 내 중요 정보 문서 방치 금지
  - 기타 공용업무환경에 대한 보안대책 수립

■ 화면 보호기 설정

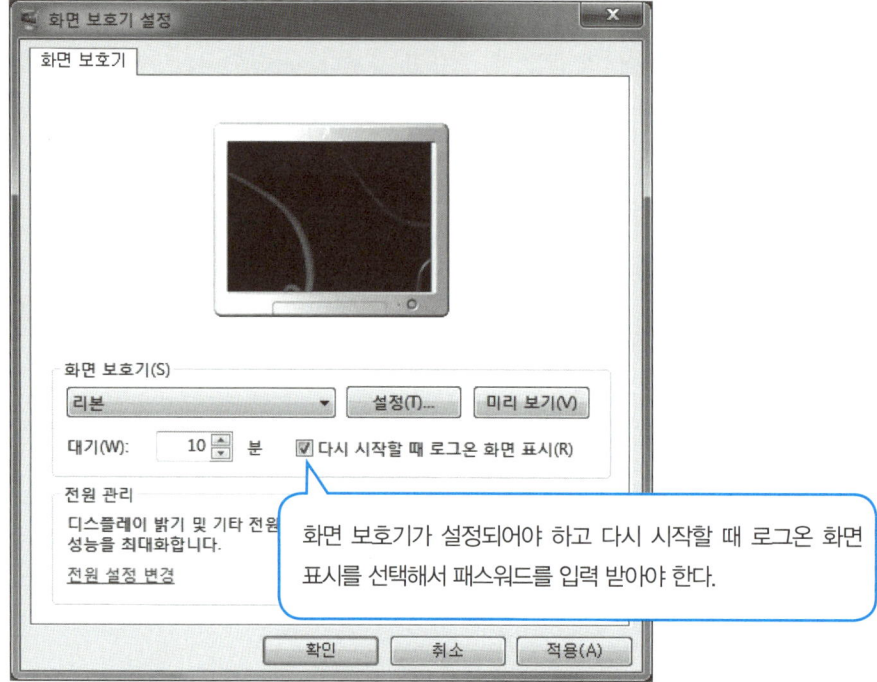

화면 보호기가 설정되어야 하고 다시 시작할 때 로그온 화면 표시를 선택해서 패스워드를 입력 받아야 한다.

7.3.2 공용업무 환경 보안

① 통제 목적

사무실에서 공용으로 사용하는 사무처리 기기, 문서고, 공용 PC, 파일서버 등을 통해 중요 정보 유출이 발생하지 않도록 보호대책을 마련하여야 한다.

② 세부 항목

○ 공용업무 환경 보안을 담당하는 관리자를 지정하고 각 사무기기, 파일서버, 문서고 등에 적용해야 할 보호대책 준수 여부를 주기적을 점검해야 한다. 또한 미준수 사항 발견 시 관련 내용을 임직원들에게 공고 또는 교육을 수행하여 주의를 환기시켜야 한다.

(예 복사기 주변 프린트물 방치 발견 시, 관련 내용을 사내메일 등을 통해 공고하여 주의 환기를 통한 재발방지 유도)

■ Microsoft-DS 445 포트 취약점

445포트 취약점은 NETBIOS 프로토콜을 사용하는 Microsoft 윈도우 운영체제에서 발생하는 보안 취약점이다. 445포트는 공유폴더 및 프린트 공유 시에 발생하는 취약점으로 윈도우 패치 및 공유자원에는 패스워드를 통한 인증을 수행해야 한다.

○ 서버, 네트워크 장비, 정보보호 시스템, 백업장치 등 정보시스템 특성에 따라 분리하여 배치하고 전산랙(Rack) 등을 이용하여 시스템을 외부로부터 보호해야 한다.
○ 개인정보 또는 사내 기밀정보 등 중요 정보를 저장하고 있는 서버나 중요 네트워크 장비(백본 등)의 경우 전산랙에 잠금장치를 설치하는 등 인가된 자에 한해 접근이 가능하도록 관리해야 한다.
○ 장애 또는 보안사고 발생 시 신속한 조치를 위하여 시스템의 위치를 담당자가 즉시 확인할 수 있도록 물리적 배치도(시설 단면도, 배치도 등) 또는 목록을 마련하여 최신본으로 관리해야 한다.
  - 또한 시스템 정보 자산목록에 물리적 위치 항목을 포함하여 목록에서 언제든지 물리적 배치를 확인 가능하도록 해야 한다.
  - 물리적 배치도는 IDC(Internet Data Center)에 배치하여 각각의 시스템에 어느 위치에 있는지 확인할 수 있어야 한다.

8 개발 보안

OWASP(Open Web Application Project) Top 10, 국정원 보안 취약점, 홈페이지 취약점 등의 알려진 보안 취약점에 대응하기 위해서 소프트웨어 개발 시에 준수해야 하는 활동과 준수여부를 확인 및 통제하는 것이 정보보호 관리체계의 개발보안이다. 개발보안은 소프트웨어 개발 초기에 보안 요구사항 및 IT Compliance 식별하여 분석/설계 단계에서 정보보안을 고려한 분석/설계를 수행해야 한다. 또한 이를 활용하여 소프트웨어 구현 단계에서 개발보안을 준수하고 시험 단계에서 개발보안 진단을 통해서 확인하는 것이다.

1) 분석 및 설계 보안관리

분석 및 설계 보안관리는 개발보안 중에서 법적 요구사항을 파악하고 그것을 분석과 설계 활동에 반영하는 것이다. 즉, 보안 요구사항을 식별해서 보안 요구사항을 정의한다. 보안 요구사항 식별은 개인정보의 기술적, 관리적 보호 조치, 암호화 가이드, 홈페이지 취약점 점검 등과 같은 것을 참조하여 법적 요구사항을 식별하고, 이것을 문서화하여 설계에 반영되도록 해야 한다. 설계 단계에서 각 모듈에 보안 요구사항을 반영하는 것으로, 예를 들어 로그인 기능 시에 SSL 적용, 패스워드 해시함수 적용, 로그인 로그관리, 회원정보 변경 시에 SSL 적용 등과 같은 것을 설계에 반영해야 한다.

8.1.1 보안 요구사항 정의

① 통제 목적

신규 정보시스템 개발 및 기존 시스템 변경 시 정보보호 관련 법적 요구사항, 최신 보안 취약점, 정보보호 기본요소(기밀성, 무결성, 가용성) 등을 고려하여 보안 요구사항을 명확히 정의하고 이를 적용해야 한다.

② 세부 항목

○ 신규 정보시스템 개발 및 기존 시스템 변경 시 (개인)정보 영향 평가 결과, 정보보호 기본요소, 최신 보안 취약점 등을 고려하여 다음과 같은 항목이 포함된 보안 요구사항을 정의하여 설계 단계에서부터 구현, 시험, 이관까지 일관성있게 적용될 수 있도록 해야 한다.
  - 개인정보처리에 관련된 법적 요구사항 (예 개인정보 취급자 권한 부여 기록, 접속 기록, 암호화 대상 정보 등)
  - 사용자 부서 및 기관의 정보보호 요구사항 (예 접근권한 정의 및 통제 원칙, 암호화 대상 선정 등)
  - 정보보호 관련 기술적인 요구사항 등 (예 개발 보안, 인증, 암호화 등)

■ 보안 요구사항

소프트웨어 개발 및 변경 시에 보안 요구사항의 확인은 제안 요청서의 내용을 기준으로 확인한다. 하지만, 제안 요청서의 포괄적인 내용으로 작성되어 있으므로 이를 상세화 해야 한다.

[개발단계에서 보안 요구사항 예시]
- 로그인 시에 패스워드를 암호화해야 하며, 패스워드 암호화는 SHA-256 이상의 해시함수를 사용해야 한다.
- 로그인 성공과 실패에 대한 접속기록을 서버에 기록해야 하며 IP주소, MAC주소, 식별자 정보를 확인할 수 있어야 한다.
- 접근권한이 화면별 접근통제가 되어야 하며, 접근권한 부여와 회수 정보를 로그에 기록해야 한다.
- 접근권한 부여는 관리자에 의해서 부여되며, 관리자는 별도의 권한이 유지되어야 한다.
- 전송 데이터는 보안서버를 사용해서 암호화해야 한다.
- 암호화 키는 별도의 테이블스페이스로 분리하고 특정 사용자로만 접근이 가능해야 한다.
- 한국인터넷진흥원의 웹 취약점 점검항목을 기준으로 점검하고 결과를 보고해야 한다.
- 소프트웨어 보안약점 진단은 CC인증을 받은 제품으로 점검하고 보안약점을 제거해야 한다.
- 소프트웨어 개발 전에 개발자에 대한 보안약점 교육을 실시하고 결과 보고서를 제출해야 한다.

8.1.2 인증 및 암호화 기능

① **통제 목적**

정보시스템 설계 시 사용자 인증에 관한 보안 요구사항을 반드시 고려하여야 하며, 중요 정보의 입·출력 및 송·수신 과정에서 무결성, 기밀성이 요구될 경우 법적 요구사항을 고려하여야 한다.

② **세부 항목**

○ 정보시스템 설계 시 사용자 인증에 대해 다음과 같은 사항을 고려해야 한다. (인증 기준 10. 접근 통제 참고)
  - 패스워드 관련: 패스워드 잠김 임계치 설정, 패스워드 암호화
  - 접근관련: 동일사용자 동시세션 제한 등
  - 추가적인 사용자 인증 절차: 중요한 정보시스템(예 개인정보처리스시스템)의 경우 추가적인 인증(예 OTP, 공인 인증서 등) 요구

■ **동일한 사용자 동시세션 제한**

> 웹에서 사용자 인증 시에는 HTTP Header에 있는 User-Agent 정보를 활용한다. 하지만, 사용자가 웹 브라우저를 변경해서 접근하면 User-Agent 값이 변경된다. 즉, 웹에서는 다중접속 자체를 제한하는 것이 굉장히 어렵다. 그것은 사용자 ID는 동일하지만, 환경이 변경만 되면 세션 값이 변경되기 때문에 다른 사용자로 식별하게 된다. 하지만 접속로그는 분명히 기록되어야 한다.

○ 법적 요구사항을 고려하여 중요 정보에 대해 안전성이 입증된 알고리즘과 키 길이를 사용하여 암호화해야 한다. (인증 기준 9.1.1 암정책 수립 참고)
  - 법적 요구사항 이외에 조직의 특성에 따라 암호화 대상을 정의한 경우 암호화를 고려해야 한다.

■ **법적 요구사항을 준수하는 암호화**

> 법적 요구사항은 해시함수를 사용할 경우 SHA-256 이상, 대칭키 암호화는 128비트 이상, 공개키 암호화를 수행하는 경우 2048비트 이상이어야 한다.

○ 정보통신망을 통해 중요 정보를 송·수신하는 경우, 법적 요구사항을 고려하여 보안서버 구축 등의 조치를 통한 암호화 통신이 이루어져야 한다. (인증 기준 9.1.1 암호정책 수립 참고)

■ 전송구간 암호화

> 전송구간 암호화를 위해서 보안서버를 설치해서 운영해야 한다. 보안서버는 유선의 경우 SSL, 무선 TLS(SSL)를 사용할 수 있다. 특히 안드로이드 App과 아이폰 App에서도 보안서버를 사용하는지 확인해야 한다.

8.1.3 보안로그 기능

① 통제 목적

정보시스템 설계 시 사용자 인증, 권한변경, 중요정보 이용 및 유출 등에 대한 감사증적을 확보할 수 있도록 해야 한다.

② 세부 항목

○ 보안사고 발생 시 책임 추적을 위하여 정보시스템에 다음과 같은 감사 증적 (로그)을 확보할 수 있도록 설계해야 한다. (인증 기준 11.6 로그관리 및 모니터링 참고)
  - 사용자 및 관리자의 접속 기록 (로그인 및 로그아웃)
  - 사용자 권한 부여, 변경, 말소 기록
  - 정보시스템 시작 및 중지
  - 특수 권한으로의 접근 기록
  - 주요업무 관련 행위에 대한 로그 등

■ 시스템 측면에서 보안로그

> utmp는 파일은 /var/run 디렉터리에 있는 로그파일로 현재 로그인 한 사용자 정보를 가지고 있다. wtmp는 로그인, 로그아웃, 시스템 부팅, 콘솔접근 등에 대한 로그정보를 가지고 있는 로그파일이다.
> btmp파일은 로그인 실패에 대한 정보를 가지고 있는 lastlog는 마지막에 접근한 로그 정보를 가지고 있다

○ 정보시스템 설계 시 보안로그의 비인가된 변조 및 삭제를 방지하기 위한 대책을 마련해야 한다. (예 로그에 대한 접근 통제 등)

8.1.4 접근권한 기능

① 통제 목적

정보시스템 설계 시 업무의 목적 및 중요도에 따라 접근권한을 부여할 수 있도록 해야 한다.

② 세부 항목

- 정보시스템 설계 시 업무 성격, 프로세스, 보안 요구사항에 따라 다음과 같은 기준을 고려하여 접근권한 부여 기능을 마련해야 한다. (인증 기준 10.2.1 사용자 등록 및 권한 부여, 10.2.3 접근권한 검토 참고)
  - 사용자별
  - 사용자 업무역할별
  - 기능별
  - 메뉴별 등

2) 보안 및 이관 보안

보안 요구사항을 반영한 설계문서를 기준으로 소프트웨어 개발보안을 적용하고 이를 시험하는 단계로 소프트웨어 개발보안은 행정안전부의 개발 보안 가이드를 기준으로 입력 값 검증 및 표현, 보안기능 등과 같은 기능을 적용하고 시험한다. 또한 시험 시에는 시험 데이터 내에 기업의 중요 정보 및 개인정보가 포함되지 않게 관리되어야 하며, 시험 완료 이후에는 이를 파기해야 한다.

개발보안 진단을 위해서 자동화 도구를 사용하는 경우 국정원 인증 및 한국인터넷진흥원 인증 개발보안 진단 도구를 사용해서 오탐을 최소화해야 한다.

8.2.1 구현 및 시험

① 통제 목적

안전한 코딩방법에 따라 정보시스템을 구현하고, 분석 및 설계과정에서 도출한 보안요구사항이 정보시스템에 적용되었는지 확인하기 위하여 시험을 수행하여야 한다. 또한 알려진 기술적 보안 취약성에 대한 노출여부를 점검하고 이에 대한 보안대책을 수립하여야 한다.

② 세부 항목

- 정보시스템에서 알려진 기술적 보안 취약점으로 인한 위협을 최소화하기 위하여 안전한 코딩 표준 및 규약을 마련하여야 하며, 이에 따라 정보시스템을 구현하여야 한다.
- 코딩 완료 후 안전한 코딩 표준 및 규약 준수 여부를 점검하고 기술적 보안 취약점이 존재하는 지 확인하여 취약점 발견 시 재 코딩을 하여야 한다.
  - 시스템이 안전한 코딩표준에 따라 구현하는지 소스코드 검증 (소스코드 검증도구 활용 등)
  - 코딩이 완료된 프로그램은 운영환경과 동일한 환경에서 취약점 점검도구 또는 모의진단을 통한 취약점 노출 여부를 점검
- 정보시스템 구현 완료 후 사전 정의된 보안 요구사항(인증기준 8.1.1 보안 요구사항 정의 참고)을 충족하는지 확인하기 위하여 시험 시나리오, 체크리스트 등을 작성하여 시험을 수행하여야 한다.

8.2.2 개발과 운영환경 분리

① 통제 목적

개발 및 시험 시스템은 운영시스템에 대한 비인가 접근 및 변경의 위험을 감소하기 위해 원칙적으로 분리하여야 한다.

② 세부 항목

○ 개발과 운영 환경을 분리하지 않은 경우 개발로 인해 운영환경의 성능 및 용량에 영향을 미칠 수 있고 개발자가 비인가된 운영환경으로의 접근이 발생할 수 있다.
  - 조직 규모가 작거나 인적자원 부족 등의 사유로 인해 불가피하게 개발과 운영의 직무 분리가 어려운 경우, 직무자 간의 상호 검토, 상위관리자의 주기적인 직무수행 모니터링 및 변경 사항 검토/승인, 직무자의 책임추적성 확보 등의 보완통제를 마련하여야 한다. (인증기준 6.1.2 직무분리 참고)

■ 금융권의 개발환경과 운영환경 분리

> 개발환경과 운영환경이 완전히 분리되어서 사용되는 곳은 금융권이다. 금융권은 과거 카드사 개인정보 유출 사고 이후에 개발환경과 운영환경을 완전히 분리되어서 사용된다. 즉, 운영환경에 있는 데이터를 변환해서 개발환경에 데이터를 적재 한 후에 개발을 수행한다. 데이터를 변환할 때는 주민등록번호를 대리키를 만들어서 변환하고 대리키는 의미가 없는 임의의 난수로 변환한다.
>
> 개발팀이 운영환경에 접속하여 작업을 수행할 때는 철저한 통제를 수행하고 있다. 즉, 개발팀은 보안팀에 승인을 받고 IT운영담당자가 관리하는 가운데 접근이 가능하다.

8.2.3 운영환경 이관

① 통제 목적

운영환경으로의 이관은 통제된 절차에 따라 이루어져야 하고 실행코드는 시험과 사용자 인수 후 실행하여야 한다.

② 세부 항목

○ 다음과 같은 내용을 고려하여 운영환경으로의 이관 절차를 수립하고 이행하여야 한다.
  - 개발자 이외의 이관담당자 지정
  - 시험완료 여부 확인
  - 이관 전략 (단계적 이관, 일괄적 이관 등)
  - 이관 시 문제 대응 방안
  - 이관에 대한 책임자 승인

○ 운영환경으로의 정보시스템 이관이 원활하게 이루어지지 않았을 경우 복귀(rollback) 방안, 이전 버전의 시스템 보관 방안(소프트웨어, 소프트웨어 정보, 부가적인 관련 프로그램, 구성파일, 절차, 파라미터 등) 등을 마련하여야 한다.
○ 운영환경에는 승인되지 않은 개발도구(컴파일러, 편집기 등)와 소스코드(백업본 포함)가 있어서는 안되며, 승인된 실행파일만 설치하여야 한다.

8.2.4 시험데이터 보안

① 통제 목적

시스템 시험과정에서 운영 데이터 유출을 예방하기 위해 시험데이터 생성, 이용 및 관리, 파기, 기술적 보호 조치에 관한 절차를 수립하여 이행해야 한다.

② 세부 항목

○ 개인정보를 포함한 회사의 중요한 정보가 시스템 시험과정에서 유출되는 것을 방지하기 위하여 시험데이터는 임의의 데이터를 생성하거나 운영데이터를 가공하여 사용해야 한다.
○ 실제 운영데이터가 시험환경에서 사용될 경우, 다음과 같은 절차를 수립하고 이행해야 한다.
  - 운영데이터 사용승인 절차 : 데이터 중요도에 따른 보고 및 승인체계 정의
  - 시험용 운영데이터 사용 기한 및 기한 만료 후 폐기 절차 (예 사용 만료 후 즉시 폐기 확인)
  - 중요 데이터 사용에 대한 시험환경에서의 접근권한 및 통제 수립 (예 운영환경과 동일한 접근 통제 권고)
  - 운영데이터 복제 및 사용에 대한 모니터링 및 감사

8.2.5 소스프로그램 보안

① 통제 목적

소스프로그램에 대한 변경관리를 수행하고 인가된 사용자만이 소스 프로그램에 접근할 수 있도 록 통제절차를 수립하여 이행해야 한다. 또한 소스프로그램은 운영 환경에 보관하지 않는 것을 원칙으로 한다.

② 세부 항목

○ 소스프로그램의 변경(예 변경·구현·이관 일자, 변경 요청 사유 등)을 통제하고 변경된 소스프로그램에 맞춰서 시스템 관련 문서(예 요구사항정의서, 설계서 등)에 대한 변경통제도 함께 수행해야 한다.
○ 신규 시스템 개발 및 기존 시스템 개선 완료 후 시스템 운영 장애 등 비상시를 대비하여

이전 시스템 소스프로그램을 다음 항목과 함께 보관해야 한다.
- 이전 시스템 환경에 필요한 운영 소프트웨어(OS)
- 이전 시스템 지원 소프트웨어
- 이전 시스템 관련 문서 (**예** 기능적, 기술적 설계서, DB 설계 및 데이터 정의서 등)
○ 소스프로그램은 운영환경이 아닌 별도의 환경에 저장하여야 하며 인가된 담당자에게만 접근을 허용해야 한다.

3) 외주 개발 보안

외부업체를 통해서 소프트웨어를 개발하는 SI(System Integration) 사업의 경우 제안요청서 작성 시에 소프트웨어 개발보안 요구사항을 포함시키고, 이를 진단하기 위한 방법 또한 포함해야 한다.

결론적으로 외부업체가 소프트웨어 취약점을 진단하고 이를 검증하여 보안 위협을 최소화 해야 한다.

8.3.1 외주개발 보안

① 통제 목적

정보시스템 개발을 외주 위탁하는 경우 분석 및 설계단계에서 구현 및 이관까지의 준수해야 할 보안 요구사항을 계약서에 명시하고 이행여부를 관리·감독해야 한다.

② 세부 항목

○ 정보시스템을 외주 위탁하는 경우 소프트웨어 개발보안을 위한 적절한 개발절차 방법, 소프트웨어 보안 취약점 진단도구 사용여부 확인에 대하여 제안요청서에 기재해야 한다.
○ 정보시스템을 외주 위탁하여 개발하는 경우 분석부터 설계, 구현에 이르기까지 보안 요구사항을 계약서 상에 분명히 명시해야 한다.
○ 정보시스템 개발주기(분석-설계-구현-시험)별로 보안 요구사항 준수여부를 관리하고 감독해야 한다.
- 기능적, 기술적 요구사항의 반영 여부
- 개발 보안 가이드 준수 여부(시큐어 코딩 등)
- 테스트 시 보안 요구사항 준수여부 확인 절차 포함
- 개발완료된 시스템에 대한 취약점 점검 등
- 개발인력 대상 S/W개발 보안 관련교육
○ 정보시스템 개발 완료 후 보안 요구사항 반영 여부, 소프트웨어 보안 취약점 제거 여부, 소프트웨어 보안 취약점 발견사항 조치 여부, 개발자 계정 및 권한 삭제 여부 등을 확인한 후 검수 또는 인수해야 한다.

9 암호 통제

IT Compliance 측면에서 암호화 가이드 및 개인정보 기술적, 관리적 보호대책, 개인정보 안전성 확보조치 등을 확인해보면 패스워드는 SHA256 이상의 해시함수(Hash Function)를 사용해서 단방향(일방향) 암호화를 수행해야 하고 전송구간은 보안서버를 활용해야 한다. 또한 대칭키 암호화는 128Bit 이상의 키를 사용해야 한다.

즉, 정보보호 관리체계 암호통제는 암호화 대상, 암호화 기법, 암호 키 관리 등을 계획하고 이행하는 것이다. 단방향 암호화는 암호화 키가 필요 없어서 관계 없지만 양방향 암호화는 암호키 노출 시에 모든 암호문을 복호화 할 수가 있으므로 암호 키 관리는 굉장히 중요한 부분이다.

1) 암호정책

암호통제는 암호정책 및 암호키 관리로 분류되는데, 암호정책은 전송구간과 저장소에 대해서 어떤 데이터(영업정보, 개인정보 등)를 어떤 방식(일방향 암호화, 양방향 암호화)으로 수행할 것인지를 계획하고, 암호키 관리는 암호키 보호를 위해서 암호키 담당자 지정, 암호키 사용 유효기간 등을 지정하여 관리하는 것이다. 아무리 우수한 방법으로 암호화를 수행해도 암호키가 노출되거나, 평문과 매핑되는 암호문에 대해서 통계분석이 가능하면 암호키를 변경해야 할 것이다.

암호화 키의 길이는 대칭키 암호화는 128Bit 이상의 키를 사용하고 비대칭키(공개키) 암호화 기법은 2048 이상의 키를 사용해야 하며, 암호화 키가 없이 암호화를 수행하는 해시함수의 경우 SHA256 이상을 사용해야 한다.

9.1.1 암호정책

① 통제 목적

조직의 중요 정보보호를 위하여 암호화 대상, 암호 강도(복잡도), 키관리, 암호사용에 대한 정책을 수립하고 이행해야 한다. 또한 정책에는 개인정보 저장 및 전송 시 암호화 적용 등 암호화 관련 법적 요구사항을 반드시 반영하여야 한다.

② 세부 항목

○ 조직 내 개인정보, 기밀정보, 영업정보, 인사정보와 같은 중요 정보에 대해 전송 및 저장 시 다음과 같은 내용이 포함된 암호정책을 수립해야 한다.
  - 암호대상: 취급 정보 민감도 및 중요도에 따라 정의
  - 암호화 대상별 암호화 방식과 알고리즘 강도 정의
  - 암호키 관리 대책
  - 정보 전송 및 저장 시 암호화 방안
  - 암호화 관련·시스템 운영 담당자 역할 및 책임 정의

- 암호화 관련 법적 요구사항 반영 (개인정보보호 관련 법률 등)
○ 관련 법률에 따라 이용자 및 내부 사용자(임직원 등)의 비밀번호는 안전한 알고리즘(예 SHA256, SHA384 등)을 통해 일방향 암호화해야 한다.
  - 법률에 따른 대상 이외의 서비스 및 시스템 비밀번호도 일방향 암호 알고리즘을 이용하여 암호화하는 것이 바람직하다.
○ 다음과 같은 법적 요구사항에 따라 개인정보 저장 시 암호화를 해야 한다.
  - 정보통신망 이용촉진 및 정보보호 등에 관한 법률 '개인정보의 기술적·관리적 보호 조치 기준(고시)': 주민등록번호, 신용카드번호, 계좌번호를 안전한 알고리즘(128비트 이상 보안강도 권고 : SEED, AES128 등)으로 암호화하도록 하고 있음
  - 개인정보보호법 '개인정보의 안전성 확보조치 기준(고시)': 인터넷구간 및 인터넷구간과 내부망의 중간지점(DMZ)에 저장하는 고유식별정보(주민등록번호, 여권번호, 면허번호, 외국인등록번호)는 반드시 암호화하여야 하며, 내부망에 고유식별정보를 저장할 경우에는 별도의 개인정보 영향평가, 위험도 분석을 시행하여 암호화 적용 여부를 정하도록 하고 있음
○ 법률에서 정한 대상 이외의 개인정보 (휴대폰 번호, 이메일 등), 기밀정보, 영업비밀과 같은 중요 정보에 대해서도 저장 시 암호화를 고려해야 한다.
○ 다음과 같은 법적 요구사항에 따라 이용자의 개인정보 및 인증정보를 정보통신망을 통해 송·수신 할 경우 암호화를 해야 한다.
  - 정보통신망 이용촉진 및 정보보호 등에 관한 법률 '개인정보의 기술적·관리적 보호조치 기준(고시)': 정보 통신망을 통해 이용자의 모든 개인정보 및 인증정보를 송·수신 할 경우 보안서버 구축(SSL 인증서 등) 등의 암호화를 하도록 하고 있음
  - 개인정보보호법 '개인정보의 안전성 확보조치 기준(고시)': 고유식별정보 (주민등록번호, 여권번호, 운전면허번호, 외국인등록번호), 비밀번호, 바이오 정보를 정보통신망을 통해 내·외부로 송·수신하거나 보조저장매체를 통해 전달하는 경우 암호화하도록 하고 있음
○ 법률에서 정한 대상 이외의 중요 정보를 통해 송·수신 및 보조저장매체를 통한 전달 시 암호화를 고려해야 한다.
○ 다음과 같은 법적 요구사항에 따라 개인정보를 개인용 컴퓨터(PC 등)에 저장할 경우 암호화를 해야 한다.
  - 정보통신망 이용촉진 및 정보보호 등에 관한 법률 '개인정보의 기술적·관리적 보호조치 기준(고시)': 서비스 이용자의 개인정보를 개인용 컴퓨터(PC)에 저장할 때 암호화하도록 하고 있음
  - 개인정보보호법 '개인정보의 안전성 확보조치 기준(고시)': 업무용 컴퓨터에 고유식별정보를 저장할 경우 암호화 하도록 하고 있음

○ 법률에서 정한 대상 이외의 중요 정보를 개인용 컴퓨터(PC 등)에 저장할 경우 암호화를 고려해야 한다.

9.1.2 암호키 생성 및 이용

① 통제 목적

암호키 생성, 이용, 보관, 배포, 파기에 관한 안전한 절차를 수립하고 필요시 복구방안을 마련하여야 한다.

② 세부 항목

○ 암호키 생성, 이용, 보관, 배포, 파기에 대해 다음과 같은 항목이 포함된 정책 및 절차를 수립하고 이행해야 한다.
  - 암호키 관리 담당자 지정
  - 암호키 생성, 보관(소산 백업 등) 방법
  - 암호키 배포 대상자 정의 및 배포방법 (복호화 권한 부여 포함)
  - 암호키 사용 유효기간 (변경주기)
  - 복구 및 폐기 절차 및 방법 등

■ 암호키 생성

> 암호화의 핵심은 암호키를 생성하고 관리하는 것이다. 대부분의 기업은 암호화 시에 솔루션을 사용해서 암호화를 하고 있다. 그리고 암호키 관리 시에 다음과 같은 사항을 유념해야 한다.
>   - 암호키의 길이가 법적 요건을 준수하고 있는가?
>   - 암호키는 암호문이 저장된 곳과 물리적으로 분리된 공간에 저장되어 있는가?
>   - 만약 물리적으로 분리된 공간에 저장할 수 없다면, 데이터베이스에서 논리적으로 분리된 테이블스페이스로 관리하고 있는가?
>   - 암호키가 저장된 데이터베이스에는 별도의 권한과 접근통제를 수행하고 있는가?
>   - 프로그램 내에서 암호키를 하드코딩 하여 복호화 하지 않는가?
>   - 암호키 변경에 대한 사항이 검토되었는가?

○ 생성된 암호키는 암호키 손상 시 시스템 또는 암호화된 정보의 복구를 위하여 별도의 매체에 저장 후 안전한 장소에 보관(소산 백업 포함)해야 한다.

○ 암호키를 분실하면 복호화 할 수가 없다. 그러므로 암호키를 별도로 백업하고 관리해야 하며 백업 본에 대해서 복구 테스트를 수행하는 것을 권고한다. 또한 암호화 솔루션이 변경되면 과거의 백업본은 복호화 할 수 없으므로 암호화 솔루션 변경 시에 이점이 검토되어야 한다.

○ 암호키는 암호키를 이용하는 시스템 (웹서버 또는 DB서버 등)에 저장할 수 있으나 물리적으로 분리된 서버에 저장하는 것이 좋다.
　– 다만 암호키는 하드코딩 방식으로 구현하여서는 안 된다.
○ 암호키를 분실하면 복호화 할 수가 없다. 그러므로 암호키를 별도로 백업하고 관리해야 하며, 백업 본에 대해서 복구 테스트를 수행하는 것을 권고한다. 또한 암호화 솔루션이 변경되면 과거의 백업본은 복호화 할 수가 없으므로 암호화 솔루션 변경 시에 이점이 검토되어야 한다.
○ 암호키에 대한 접근권한 부여는 최소화해야 한다.
○ 암호기술 구현안내서(KISA)에서 암호키 의 사용기간은 최대 2년, 유효기간은 최대 5년을 권고하고 있으나 암호키 변경 시 비용과 기업의 정보 자산 및 업무 중요도를 고려하여 자체적으로 정하여 적용할 수 있다.
○ 다만 암호키 유출, 암호시스템 해킹이 의심되는 경우, 즉시 암호키를 변경해야 한다.

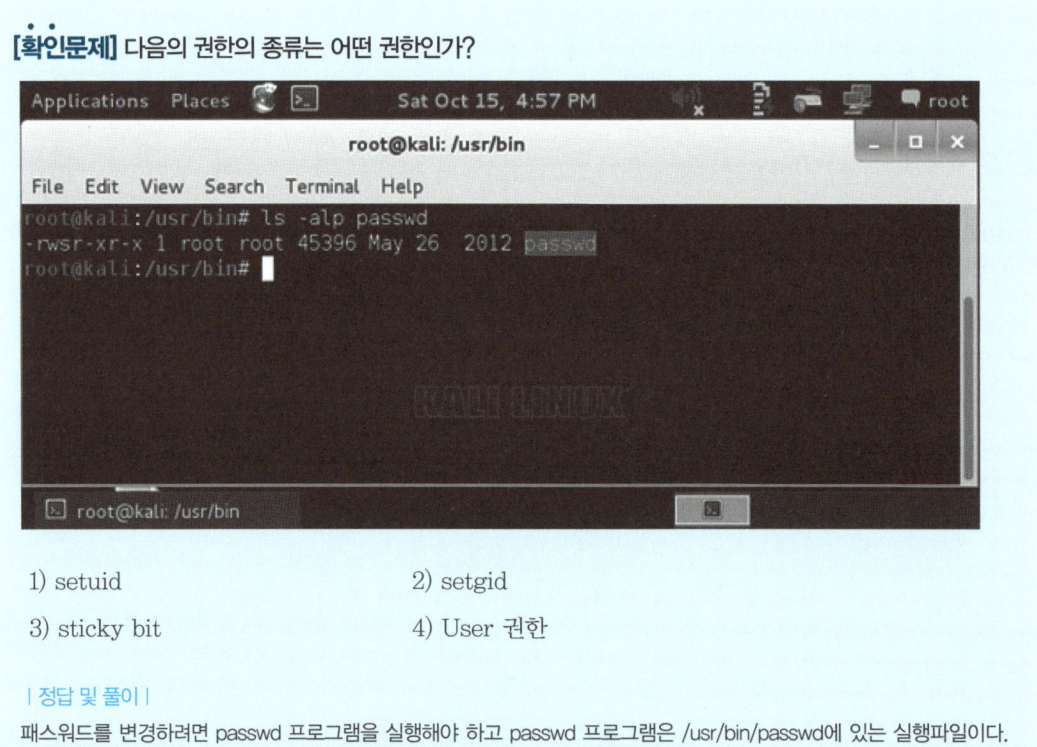

[확인문제] 다음의 권한의 종류는 어떤 권한인가?

1) setuid
2) setgid
3) sticky bit
4) User 권한

| 정답 및 풀이 |
패스워드를 변경하려면 passwd 프로그램을 실행해야 하고 passwd 프로그램은 /usr/bin/passwd에 있는 실행파일이다. 이 파일의 소유자는 root이라서 root, 같은 그룹, 다른 사용자 모두가 실행할 수가 있다. 그 이유는 "x"라는 필드 때문이다. 그런데 권한 부분을 보면 소문자 "s"를 확인할 수가 있다. 소문자 "s"의 의미는 특수권한이라고 해서 실행 시에 소유자의 권한으로 실행된다는 것으로 의미한다. passwd 실행파일의 소유자는 root이므로 passwd 실행파일을 실행시키는 일반 사용자도 순간적으로 소유자인 root의 권한을 획득한다는 것이다. 리눅스에서 이러한 것은 특수권한인 setuid라고 한다. 그렇기 때문에 일반 사용자는 /usr/bin/passwd라는 파일을 실행해서 패스워드를 변경하고, /usr/bin/passwd 파일은 /etc/passwd 파일을 수정하게 되는 것이다.

정답 : 1번

10 접근통제

접근통제(Access Control)는 정보자산(Information Asset)에 대해서 접근통제 정책, 권한관리, 인증 및 식별, 접근통제 영역을 정의하고 통제하는 것으로, 정당한 사용자(Right User)에게 최소한의 권한과 직무분리의 원칙을 적용하여 접근을 허락하고 비인가자에게는 접근을 거부하는 정책적, 기술적, 관리적 요소이다.

1) 접근 통제 정책

접근통제 정책(Access Control Policy)은 누구에게 접근을 허용할 것인지를 결정하는 것으로, 비인가자의 접근을 통제하기 위해서 접근통제 영역, 접근통제 규칙, 접근통제 방법의 정책을 수립하는 단계이다.

즉, 당사는 1인 1ID 사용을 원칙으로 하고 특별한 경우에 공용 ID 사용을 예외적으로 허용한다. 1인 1ID라는 것은 한 사람을 식별한다는 의미이므로 신분기반 접근 통제 정책이라고 할 수 있고 공용 ID는 팀단위, 직무단위로 ID가 관리되므로 팀기반, 직무기반 접근 통제 정책이라고 할 수 있다.

10.1.1 접근 통제 정책 수립

① **통제 목적**

비인가자의 접근을 통제할 수 있도록 접근통제 영역 및 범위, 접근통제 규칙, 방법 등을 포함하여 접근통제 정책을 수립해야 한다.

② **세부 항목**

- 접근통제 정책은 네트워크, 서버, 응용프로그램, DB, 모바일기기 등 영역별 접근통제 규칙, 방법, 절차 등을 포함해야 한다.
- 인가된 사용자와 비인가된 사용자가 접근할 수 있는 정책을 수립하는 것으로, 네트워크를 내부망과 외부망으로 분류하고 내부망은 인가된 사용자, 외부망은 비인가된 사용자로 구분할 수 있다. 또한 내부망 내에서 네트워크 접근제어를 수행하여 등록된 단말만 접근할 수 있게 할 수 있다. 또한 데이터베이스에 접근 개발자, 개인정보취급자, 데이터베이스 관리자 등이 있을 수 있지만, 고유식별자를 보관하고 있는 데이터베이스는 최소한의 사용자만 접근할 수 있도록 해야 한다. 개발자가 소프트웨어 개발을 위해서 데이터베이스에 접근하는 경우 테스트용 데이터베이스를 별도로 두고 개인정보 등을 대체식별자로 변환해서 사용할 수 있게 하는 것이 좋다. 접근통제 정책은 조직의 환경을 고려하여 수행할 수 있는 통제정책을 수립하고 위험분석의 결과로 위험이 높은 시스템 접근통제를 좀 더 강력하게 수행해야 한다.

■ NAC(Network Access Control)

NAC는 내부망에서 네트워크에 접근하는 단말을 IP주소와 MAC 주소로 통제하는 것으로, 사전에 등록된 사용자의 IP주소와 MAC 주소만 네트워크에 접근할 수 있게 하는 End-Point보안 솔루션이다.

접근통제 정책을 수립할 때는 기업이 보유하고 있는 개인정보 및 기업정보가 어떻게 생성되고 관리되고 있는지 개인정보 생명주기 분석을 수행해서 접근통제 정책을 수립하는 것을 권고한다.

■ 개인정보의 생성과 활용분석

기업이 개인정보의 생성과 관리, 활용측면을 고려하고 사용자, 관리자, 개발자, 개인정보취급자 등으로 조직을 분류하여 통제정책을 수립해야 한다.

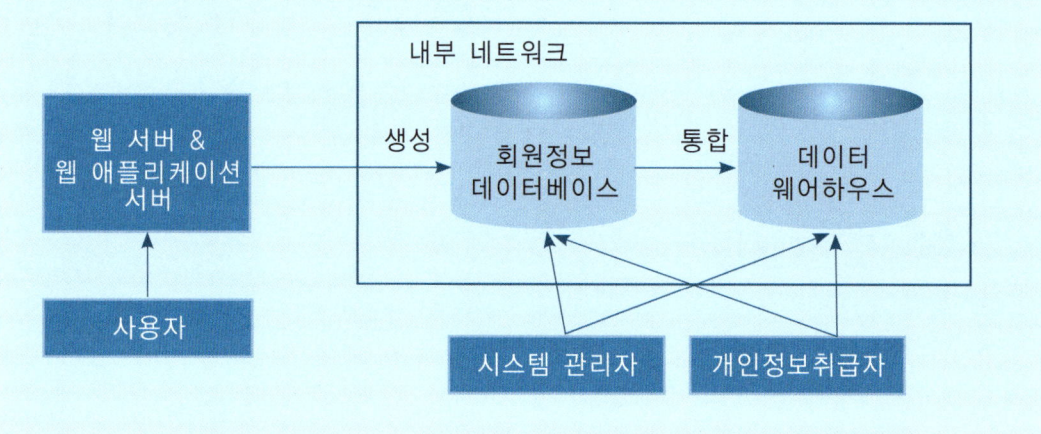

○ 업무상 불가피하게 접근 통제 정책 예외사항이 발생할 경우 이를 보완할 수 있는 통제방안(허가기간, 단말기, 접근위치 등)을 마련한 후 한시적으로 허용해야 한다.

[확인문제] 다음 중 접근통제 정책수립 시에 포함되어야 할 항목으로 올바른 것을 모두 고르시오?

1) 조직구조와 책임과 역할
2) 정보자산의 종류
3) 네트워크 구성
4) 위험분석 결과서

| 정답 및 풀이 |
접근통제 정책 수립 시에 조직이 보유한 정보자산의 종류, 중요도, 우선순위를 식별하고 네트워크의 구성, 조직분류, 조직별 책임과 역할 등을 모두 고려해야 하며, 위험분석 결과도 고려해야 한다.

정답) 2), 3), 1), 4)번

2) 접근권한 관리

접근권한 관리는 정보시스템 영역별로 사용자 계정의 등록, 삭제 등을 수립하는 공식적인 절차와 이에 따른 이행여부를 점검한다. 각 계정별 업무와 업무에 따른 최소권한 부여 여부, 미사용 계정 및 퇴사자 계정 삭제 등과 같은 작업이 이루어지고 있는지 확인하는 것이다.

10.2.1 사용자 등록 및 권한부여

① **통제 목적**

정보시스템 및 중요 정보에 대한 접근을 통제하기 위하여 공식적인 사용자 등록 및 해지 절차를 수립하고 업무 필요성에 따라 사용자 접근권한을 최소한으로 부여해야 한다.

- 정보시스템 영역별(네트워크장비, 서버, 응용프로그램, DB 등)로 사용자 계정 등록·삭제(비활성화) 및 접근권한 등록·변경·삭제에 관한 공식적인 검토·승인절차를 수립하여 이행해야 한다.
- 라우터, 리눅스 서버, 윈도우 서버, 데이터베이스 등은 각각의 사용자 계정을 생성하고 관리되어야 한다. 또한 사용자 계정의 등록과 해지 시에 공식적인 절차를 수립하고 관리되어야 한다. 사용자 해지는 다음과 같은 경우에는 반드시 수행해야 한다.
  - 직원의 퇴사, 직무변경
  - 휴직, 기타 3개월 이상 직무를 수행할 수 없는 경우

■ **잘못된 사용자 계정 및 권한**

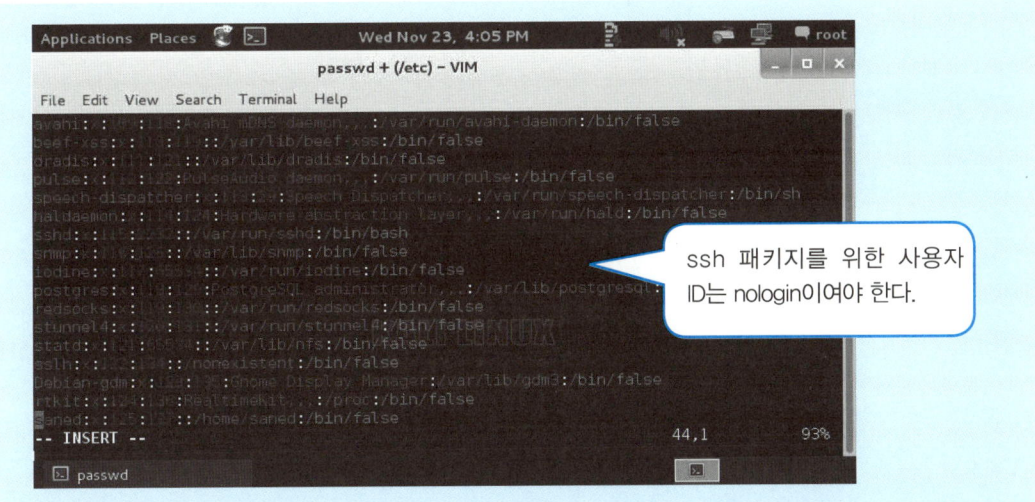

위의 예는 ssh 패키지 설치를 위해서 ssh 사용자를 생성했다. 하지만 sshd 사용자는 패키지 설치를 위한 사용자 생성이므로 리눅스 시스템에 로그인할 필요가 없다. 하지만 sshd 사용자는 /bin/bash로 셸(Shell)을 실행하게 되어 있다. 즉, nologin이 되어야 한다.

리눅스 시스템 패키지 설치 시에 불필요한 계정을 생성하거나 잘못된 권한을 부여한 경우가 많이 발생한다.

○ 정보시스템의 사용자 계정 등록·삭제(비활성화) 및 접근권한 등록·변경·삭제를 담당자가 임의대로 수행하여서는 안 되며, 수립된 절차에 따라 책임자의 승인이 완료된 후 이루어져야 한다.

○ 사용자 계정 발급 및 접근권한 부여의 적정성 검토를 위하여 정보시스템에 등록된 사용자 계정 및 접근권한 부여 현황을 문서 또는 시스템으로 기록·관리해야 한다. (인증 기준 10.2.3 접근권한 검토 참고)

■ 정보시스템 계정과 등록대장 계정이 일치해야 한다.

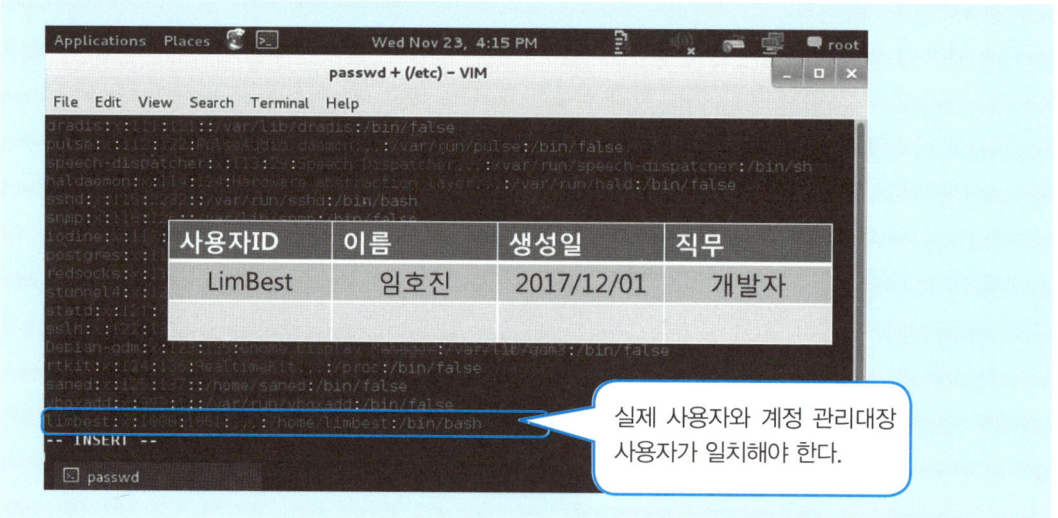

○ 직무별 또는 역할별 정보시스템 접근 권한을 정의한 접근권한 분류체계를 관리해야 한다.

■ 직무별 및 역할별 접근권한 관리

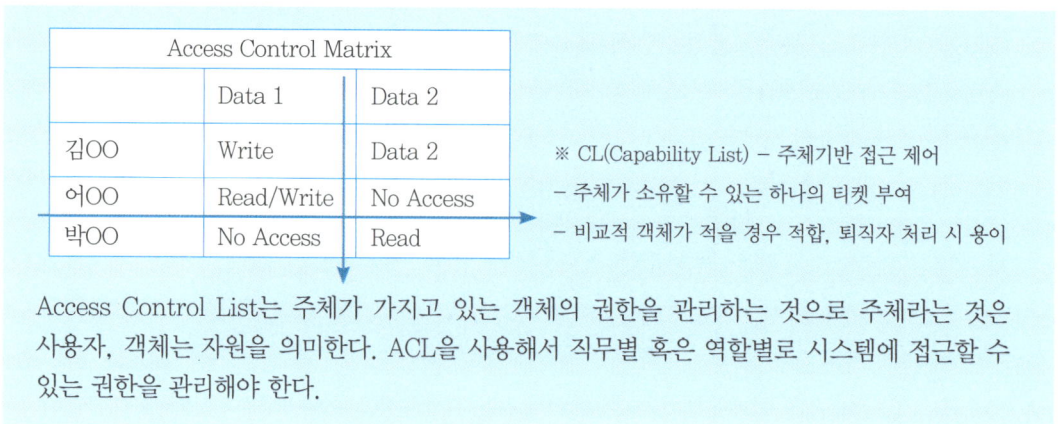

○ 정보시스템에 대한 접근권한은 업무 수행에 필요한 최소한으로 할당하여야 하며, 업무 담당자 직무에 따라 차등 부여해야 한다.

○ 사용자 계정 등록·삭제(비활성화) 및 접근권한 등록·변경·삭제 권한을 한 사람에게 집중 부여하여서는 안 되며, 사용자 접근권한 변경이력에 대한 감사추적이 될 수 있도록 이력을 기록해야 한다.
  – 다만 불가피하게 계정관리 및 권한부여 권한이 한 사람에게 집중될 경우 권한 부여 활동의 적정성을 주기적으로 검토해야 한다.

■ 계정관리 및 권한부여 정기적 검토

> 계정관리 및 권한부여에 대한 정기적인 검토는 "정보보호지침"에 정기적 검토일과 검토대상 등을 명시해야 하며 검토결과를 기록 관리해야 한다.

○ 또한 아웃소싱 업체에게 접근권한 설정 권한을 주는 경우 중요 권한부여 시에는 내부 조직 책임자의 승인을 득하도록 해야 한다.

10.2.2 관리자 및 특수 권한 관리

① 통제 목적

정보시스템 및 중요 정보 관리 및 특수 목적을 위해 부여한 계정 및 권한을 식별하고 별도 통제해야 한다.

② 세부 항목

○ 관리자(root, administrator, admin 등 최종권한) 및 특수 권한(배치나 모니터링을 위하여 부여받은 권한, 계정 및 접근 설정 권한 등) 할당 및 사용 시에는 책임자의 승인을 포함한 인가 절차를 따라야 한다.

○ 관리자 권한은 윈도우 서버의 Administrator, 리눅스(유닉스) 서버의 root, 데이터베이스의 DBA 권한을 보유하고 있는 사용자로 시스템에 대한 모든 권한을 가지고 있는 것이다. 따라서 관리자 권한을 보유하고 있는 사용자는 책임자에게 승인을 얻고 관리자 권한을 사용해야 한다.

■ net user 명령어로 윈도우 관리자 확인

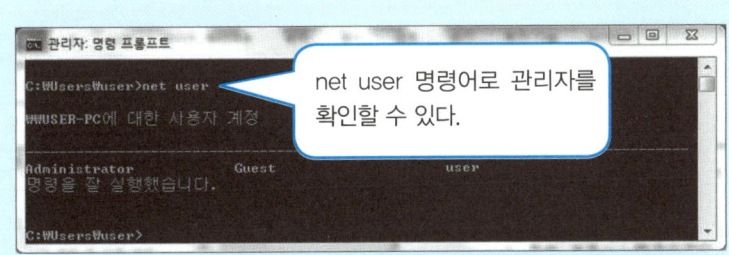

> 관리자 권한을 보유하고 있는 사용자가 조직변경, 휴직, 퇴사 등이 발생하면 즉시 권한을 회수해야 한다. 즉, 이러한 활동을 관리하고 통제해야 한다.
> 관리자 권한은 시스템에 대한 모든 작업을 수행할 수 있으므로 관리자 권한의 부여는 최소한의 사용자로 한정해야 하며, 권한이 부여된 사용자는 사용자, 권한부여 일자, 직무, 패스워드 변경, 관리자 계정 사용기간 등에 대해서 관리해야 한다.

■ with admin

만약 특정 사용자에게 DBA 권한을 부여해야 한다면, DBA Role을 부여하고 통제하면 된다. DBA 권한을 부여할 때 with admin 옵션을 사용하면 권한을 부여할 수 있는 권한까지 부여되므로 관리자 권한의 통제가 어려워진다. 따라서 with admin 옵션은 사용하지 않고 관리자 권한을 부여해야 한다.

○ 관리자 권한을 식별하여 사용자를 최소한으로 제한하고 관리자 권한의 계정은 별도의 목록으로 관리하는 등 통제절차를 수립해야 한다.

○ 새로운 관리자 권한이 필요한 사용자 및 관리자 권한 회수를 할 사용자 모두 공식적인 권한부여 및 회수절차를 정의하여 이에 따라서 권한관리를 해야 한다. 불필요하게 다수의 사용자에게 관리자 권한을 부여하지 말고 관리자 권한은 반드시 필요한 최소한으로 제한해야 한다.

○ 특수권한은 반드시 필요한 경우에만 할당하도록 하며, 특수권한을 부여 받은 계정은 식별이 가능하도록 관리해야 한다.

○ 특수권한이란, 재해복구시스템, 백업 및 복구, 원격작업 등을 위해서 부여된 권한을 의미하며, 특수권한을 부여 받은 사용자는 수행업무, 작업일자, 작업내용 등을 리스트로 식별하고 관리해야 한다.

○ 정보보호시스템(침입차단시스템 등), 응용프로그램 등의 관리자 계정 또한 특수 목적을 위한 계정으로 인식하고 관리해야 한다.

○ 침입차단시스템, 침입탐지시스템, 라우터, 데이터베이스 등의 관리자 계정이 식별되어야 한다.

○ 정보시스템 유지보수를 위하여 방문하는 외부자에게 부여하는 계정은 필요시에만 생성하고 유지보수 완료 후 즉시 삭제 또는 정지하는 절차를 적용해야 한다. (3.2.2 외부자 계약 만료 시 보안 참고)

○ 수시점검 및 정기점검을 위해서 시스템 내부에 접근하는 외부 사용자는 접근할 때만 필요할 대만 사용자 계정을 생성하고 작업완료 시에 계정을 삭제해야 한다.

■ 주요 점검사항

- 관리자 권한을 보유하고 있는 사용자 리스트를 확인한다.
- 주요 직무변경 시에 관리자 권한의 할당과 회수를 확인한다.
- 최소한의 권한부여를 확인한다.
- 외부자 사용자의 계정을 확인한다.

> **[확인문제]** 클라우드 서버에서 사용자 목록을 확인한 결과 관리자 계정대장에 없는 관리자가 식별되었다. 식별되지 않는 관리자 계정은 어떤 통제항목에 해당되는 것인가?
>
> 1) 운영보안 2) 사용자 인증 및 식별
> 3) 로그관리 및 모니터링 4) 접근통제
>
> | 정답 및 풀이 |
> 통제항목 10번 접근통제에서 10.2.2 관리자 및 특수권한 관리는 관리자 계정을 식별하고 최소한으로 제한하며 관리자 계정을 보유한 ID와 사용자 등을 관리하게 되어 있다.
>
> 정답 : 4)

10.2.3 접근권한 검토

① 통제 목적

정보시스템 및 중요 정보에 대한 접근을 관리하기 위하여 접근권한 부여, 이용(장기간 미사용), 변경(퇴직 및 휴직, 직무변경, 부서변경)의 적정성 여부를 정기적으로 점검하여야 한다.

② 세부 항목

- 접근권한 분류체계(권한분류표 등)를 마련하여 분류체계를 기반으로 권한부여에 대한 적정성 여부를 검토할 수 있도록 해야 한다.
    - 접근권한 분류체계는 직무별 또는 역할별로 구분하여 수립할 수 있다.
    - 예를 들어 개인정보처리 시스템의 경우에는 개인정보처리(조회, 변경, 삭제, 다운로드 등) 권한 구분이 가능하도록 권한관리를 해야 한다.
- 다음과 같은 항목을 기준으로 접근권한 부여의 적정성을 검토해야 한다.
    - 공식적인 절차에 따른 접근권한 부여 여부
    - 접근권한 분류체계의 업무목적(직무) 및 보안정책 부합 여부
    - 접근권한 부여 승인자에 대한 적절성
    - 직무변경 시 기존 권한 회수 후 신규 업무에 적합한 권한부여 여부
    - 업무 목적 이외의 과도한 권한 부여
- 또한 장기 미사용, 직무변경, 휴직, 퇴직, 업무시간 외 사용 등의 경우에도 접근권한 사용현황을 검토하여 다음과 같은 조치를 취해야 한다.
    - 장기 미사용(3개월 권고) 계정 및 접근권한 삭제
    - 직무변경 시 기존 권한을 회수하고 신규 업무에 적합한 권한을 부여
    - 휴직(병가, 출산 등) 시 계정 및 권한 회수

– 퇴직 시 지체없이 계정을 삭제(단, 계정 삭제가 어려운 경우 권한을 회수한 후 계정을 정지)

※ 계정 정지 또는 비활성화를 하는 경우에는 계정 활성화가 불가능하도록 조치 필요

○ 접근권한 검토 기준별로 검토주체, 검토방법, 주기(최소 분기 1회 이상 권고) 등을 구체적으로 정의하여 이행해야 한다.

○ 접근권한 검토 대상은 개인정보처리 시스템 등 서비스 및 업무에 영향을 줄 수 있는 주요 정보시스템 및 정보보호시스템으로 정할 수 있다. (인증 기준 4.2.1 보안등급과 취급 참고)

○ 접근권한 검토 결과 권한의 과다 부여, 오남용 등 의심스러운 상황이 발견된 경우, 원인 분석, 보완대책 마련, 보고체계 등이 포함된 절차를 수립하고 이행해야 한다.

○ 접근권한 검토 후 변경 적용된 권한에 대해서는 사용자 및 관련자에게 통지해야 한다.

3) 사용자 인증 및 식별

정보시스템별로 사용자 인증 시에 사용자 패스워드 작성 규칙 준수여부, 로그인 실패횟수 관리, 패스워드 유효기간 관리를 수행하고, 안전한 인증을 위해서 2-Factor 인증과 같은 강화된 인증 방법이 고려될 수가 있다.

■ **사용자 인증(Authentication)과 식별(Identification)**

> 사용자 식별은 사용자에게 할당된 고유의 식별번호를 사용자를 확인하기 위해서 사용된다. 식별의 예로는 로그인 ID가 있다.
>
> 사용자 인증은 시스템에 접근하는 사용자가 정당한 사용자인지를 확인하는 작업이다. 인증을 위해서 패스워드, OTP, 생체인증 등이 사용된다.

2-Factor 인증은 지식에 의한 인증, 소유에 의한 인증, 행위에 의한 인증, 신체에 의한 인증 기법 간에 혼용해서 사용하는 것으로, 예를 들어 지식에 의한 인증 방법인 패스워드와 소유에 의한 인증인 OTP(One Time Password)를 같이 사용하는 것이다.

■ **2-Factor 인증**

> 지식, 소유, 존재, 행동기반의 인증에서 2개를 같이 사용하는 인증방법이다. 즉, 지식기반의 인증인 패스워드도 입력하고 생체인증인 홍채로도 인증을 하는 것이다. 단, 홍채인증과 지문인증을 같이 하는 것은 2-Factor 인증이 아니다.

10.3.1 사용자 인증

① 통제 목적

정보시스템에 대한 접근은 사용자 인증, 로그인 횟수 제한, 불법 로그인 시도 경고 등 안전한 사용자 인증 절차에 의해 통제되어야 하고, 필요한 경우 법적 요구사항 등을 고려하여 중요 정보시스템 접근 시 강화된 인증방식을 적용해야 한다.

② 세부 항목

○ 정보시스템(네트워크 장비, 서버, 응용프로그램, DB 등) 및 정보보호 시스템에 대한 접근은 사용자 인증, 로그인 횟수 제한, 불법 로그인 시도 경고 등 안전한 사용자 인증 절차에 의해 통제해야 한다.

■ 불법 로그인 시도 확인

▼ 웹 서버 로그인에서 불법 로그인 시도 확인

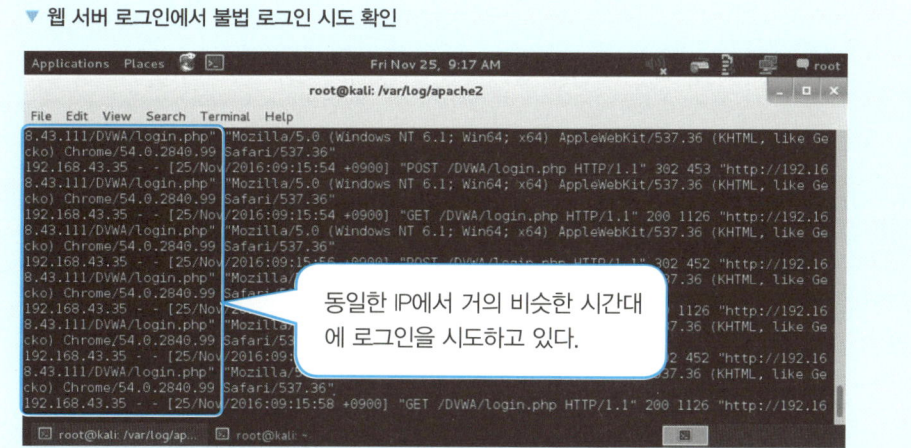

위의 로그는 Apache 웹 서버의 로그이다. 192.168.43.35의 IP주소에서 login.php를 계속 요청하는 것으로 확인할 수 있으며, 로그인을 위한 입력 파라미터(ID, 패스워드)는 POST 방식으로 요청을 하고 있기 때문에 로그파일에는 기록되지 않는다.

만약, 해당 IP에서 계속적인 로그인 실패가 발생하면 불법적인 시도로 식별할 수 있다. 이런 경우는 로그인 실패횟수에 대한 관리가 되지 않는 것으로 판단할 수가 있다.

○ 공개 인터넷망을 통하여 접속을 허용하는 주요 정보시스템의 경우 아이디, 패스워드 기반의 사용자 인증 이외의 강화된 인증수단(OTP, 공인인증서 등) 적용을 고려해야 한다.

■ 클라우드 컴퓨팅(Cloud Computing) 인증

SBC(Server Based Computing) 환경은 인터넷 망을 사용해서 직원이 회사의 업무를 처리할 수 있는 클라우드 환경을 제공한다. 이러한 클라우드 환경에서는 사용자 패스워드와 OTP 단말기를 같이 사용하는 2-Factor 인증을 제공하는 것을 권고한다.

- ○ 특히 법적 요구사항에 따른 강화된 인증방식 사용이 필요한 경우 해당 정보시스템 접근 시 강화된 인증방식을 적용해야 한다.
- ○ 전자서명법에 해당되는 기업은 안전한 방법으로 인증을 수행해야 한다. 안전한 방법의 인증은 실질적으로는 공인인증서를 의미한다. 물론 공인인증서 이외에 다른 방법으로 수행해도 되지만, 공인인증서와 같은 안전성은 수행주체가 검증해야 한다(전자서명법).
- ○ 싱글사인온 등 다양한 정보시스템에 대한 사용자 인증을 용이하게 하는 시스템을 운영하는 경우 병목 및 침투(인증 도용 등) 시 피해 확대 가능성이 있으므로 별도의 보안대책(주요 정보시스템 재인증 등)을 마련해야 한다.

10.3.2 사용자 식별

① 통제 목적

정보시스템에서 사용자를 유일하게 구분할 수 있는 식별자를 할당하고, 추측 가능한 식별자 사용을 제한하여야 한다. 동일한 식별자를 공유하여 사용하는 경우 그 사유와 타당성을 검토하고 책임자의 승인을 받아야 한다.

② 세부 항목

- ○ 정보시스템에서 사용자를 유일하게 구분할 수 있는 식별자(아이디)를 할당하여 모든 사용자의 책임추적성을 보장해야 한다.
- ○ 공용 식별자(아이디)를 사용하는 경우는 공용 식별자 리스트와 사용자가 관리되어야 하며, 공용 식별자를 사용하는 사용자가 휴직, 퇴사 등의 이유로 직무를 수행할 수 없는 경우에는 즉시 패스워드를 변경해야 한다.
- ○ 관리자 및 특수권한 계정의 경우 추측 가능한 식별자(root, admin, administrator 등)의 사용을 제한해야 한다.
  - − 시스템 설치 후 제조사 또는 판매사의 기본계정 및 시험계정 등은 제거 또는 추측이 어려운 계정으로 변경해야 한다.
- ○ 정보시스템 환경상 혹은 업무상 불가 피하게 사용자 계정을 공유하여 사용할 경우, 사유와 타당성을 검토 하여 책임자의 승인을 받아야 하며 책임추적성을 보장할 추가적인 통제 방안을 적용해야 한다.
- ○ 공용 식별자를 사용하면 접속로그 기록 시에 추가적으로 IP 주소, MAC 주소를 기록하여 어느 단말에서 접속해서 사용했는지를 확인해야 한다.

10.3.3 사용자 패스워드 관리

① 통제 목적

법적 요구사항, 외부 위협요인 등을 고려하여 패스워드 복잡도 기준, 초기 패스워드 변경, 변경주기 등 사용자 패스워드 관리절차를 수립·이행하고 패스워드 관리 책임이 사용자에게 있음을 주지시켜야 한다. 특히 관리자 패스워드는 별도 보호대책을 수립하여 관리해야 한다.

② 세부 항목

- 조직 내부 주요 정보시스템 및 정보보호 시스템에 대한 사용자의 안전한 패스워드 사용 및 관리절차(작성규칙 등)를 다음과 같이 수립하고 이행해야 한다.
  - 사전공격(Dictionary Attack)에 취약하지 않도록 문자(영문 대소문자), 숫자, 특수문자 등을 일정 자리수 이상으로 조합하도록 패스워드 작성규칙을 수립하고 주기적으로 변경 (분기 1회 이상 권고)
  - 연속 숫자, 생일, 전화번호, 아이디 등 추측하기 쉬운 개인 신상정보를 활용한 취약 패스워드 사용 제한
  - 정보시스템 도입 시 초기/임시 패스워드 로그인 시 지체 없이 변경
  - 패스워드 처리(입력, 변경) 시 마스킹 처리
  - 종이, 파일, 포켓용 소형기기 등에 패스워드 기록·저장을 제한하고 부득이하게 기록·저장해야 하는 경우 암호화 등의 보호대책 적용
  - 정보시스템 침해사고가 발생 또는 패스워드의 노출 징후가 의심될 경우 지체없이 패스워드 변경
  - 패스워드 자동 저장 금지
  - 개인정보취급자의 경우, 패스워드 작성 규칙에 대해 법적 요구사항 반영 등

■ 무작위 공격과 사전공격

> 무작위 공격과 사전공격은 joth the ripper라는 공격도구를 사용해서 패스워드 파일에 있는 임의 패스워드를 계속 입력해서 패스워드를 알아내는 공격방법이다.

- 응용프로그램인 경우 안전한 패스워드 작성규칙, 추측하기 쉬운 패스워드 사용 제한, 발급받은 초기/임시 패스워드 최초 로그인 시 변경, 패스워드 주기적 변경 유도, 패스워드 입력 시 마스킹 처리 등의 규칙은 기술적 기능으로 반영해야 한다.
- 정보시스템의 관리자 패스워드는 일반 사용자 패스워드와 별도로 관리하여야 하며, 관리자 패스워드를 기록한 문서 또는 저장장치(보안USB 등)는 비밀등급에 준하여 취급하고 내화금고 등 잠금 장치로 비인가자의 접근을 통제할 수 있는 안전한 곳에 보관해야 한다.
- 교육, 홍보, 안내 등을 통해 사용자 계정 및 패스워드의 안전한 관리 절차에 대해 충분하게 공지하고 그에 따른 책임이 사용자에게 있음을 주지시켜야 한다.

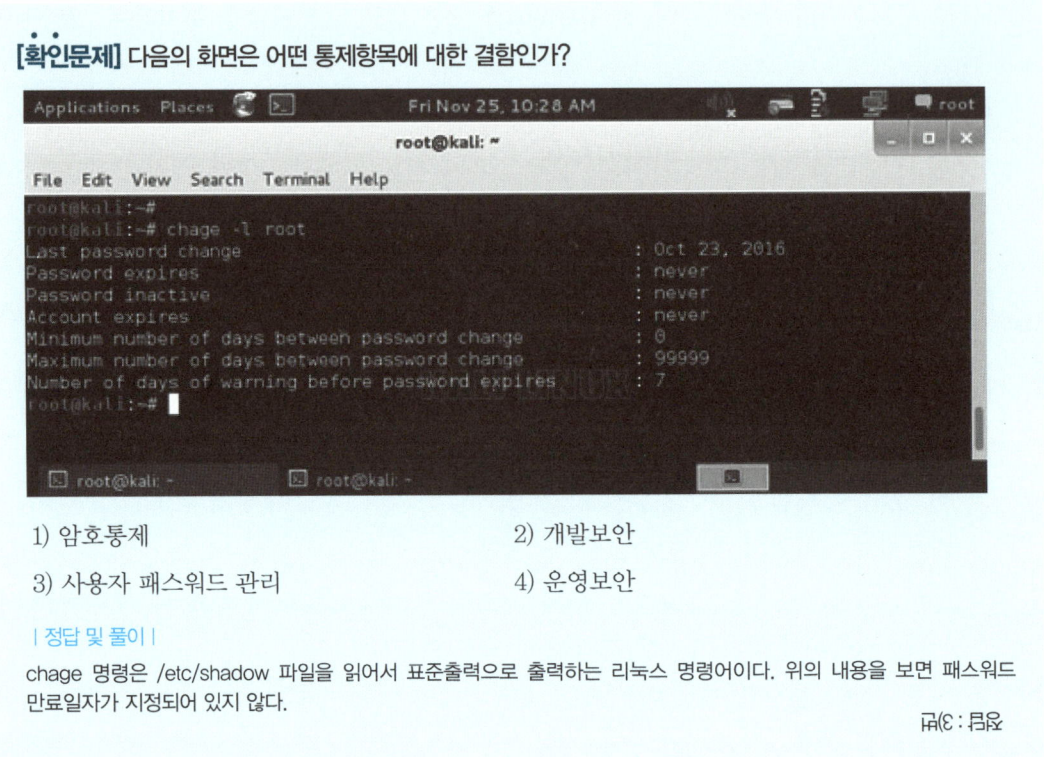

[확인문제] 다음의 화면은 어떤 통제항목에 대한 결함인가?

1) 암호통제
2) 개발보안
3) 사용자 패스워드 관리
4) 운영보안

| 정답 및 풀이 |

chage 명령은 /etc/shadow 파일을 읽어서 표준출력으로 출력하는 리눅스 명령어이다. 위의 내용을 보면 패스워드 만료일자가 지정되어 있지 않다.

정답 : 3)

10.3.4 이용자 패스워드 관리

① 통제 목적

고객, 회원 등 외부 이용자가 접근하는 정보시스템 또는 웹서비스의 안전한 이용을 위하여 계정 및 패스워드 등의 관리절차를 마련하고 관련 내용을 공지해야 한다.

② 세부 항목

○ 서비스 이용자 계정 및 패스워드의 도용을 방지하기 위하여 다음과 같은 항목이 포함된 관리절차를 수립하고 이행해야 한다.

- 안전한 패스워드 작성규칙 수립 (패스워드 복잡도 등)
- 연속 숫자, 생일, 전화번호, 아이디 등 추측하기 쉬운 개인 신상정보를 활용한 취약 패스워드 사용 제한
- 초기/임시 패스워드를 발급할 경우 최초 로그인 시 변경
- 주기적인 패스워드 변경 유도
- 패스워드 처리(입력, 변경) 시 마스킹 처리
- 이용자 패스워드 분실·도난 시 안전한 재발급 절차(본인인증 등)를 수립하여 재발급을 통한 도용 방지 등 (임시 패스워드 발급 시 안전한 전송 및 로그인 후 변경)

○ 안전한 패스워드 작성규칙, 추측하기 쉬운 패스워드 사용 제한, 발급받은 초기/임시

패스워드 최초 로그인 시 변경, 패스워드 주기적 변경 유도, 패스워드 입력 시 마스킹 처리 등의 규칙은 기술적 기능으로 반영해야 한다.
- 고객, 회원 등 서비스 이용자가 접근하는 정보시스템 또는 웹서비스의 안전한 이용을 위하여 계정 및 패스워드의 관리절차를 마련하고, 관련 내용을 홈페이지 또는 메일 등을 통하여 사용자가 쉽게 확인하고 이해할 수 있도록 공지해야 한다.

4) 접근통제 영역

접근통제 영역은 네트워크, 서버, 응용프로그램, 데이터베이스, 모바일, 인터넷 접속에 대해서 접근통제를 수행하는 것으로 인가된 자만 최소한의 권한으로 접근을 하고 있는지 점검한다.

네트워크 접근은 ACL(Access Control List)을 기반으로 접근 통제를 수행하며 등록된 IP, 블랙리스트 차단, VPN(Virtual Private Network)을 통한 안전한 접근과 VPN 접근 내역관리를 수행하고, 서버 접근은 SSH와 같은 안전한 원격 접속 도구를 사용하여 서버 접근을 수행해야 한다.

응용프로그램 접근은 사용자 직무에 따른 권한 관리를 수행하고 데이터베이스 접근은 데이터베이스 관리자와 데이터베이스 사용자별 권한 관리 및 데이터베이스 접근 위치 관리, 데이터베이스 접근에 대한 로그 기록 등을 점검하고, 모바일 접근 및 인터넷 접근은 보안정책에 따라 정상적인 방법으로 접근했는지를 확인한다. 단, 모바일 접근과 인터넷 접근은 업무상 필요한 경우에만 제한적으로 실시되어야 한다.

10.4.1 네트워크 접근

① 통제 목적

네트워크에 대한 비인가 접근을 통제하기 위해 필요한 네트워크 접근통제 리스트, 네트워크 식별자 등에 대한 관리절차를 수립하고 서비스, 사용자 그룹, 정보 자산의 중요도에 따라 내·외부 네트워크를 분리하여야 한다.

② 세부 항목

- 정보시스템, PC 등에 IP를 부여하는 경우 승인 절차에 따라 부여하고 허가되지 않은 IP의 사용은 통제하여야 하며, 인가된 사용자/단말만이 네트워크에 접근할 수 있도록 해야 한다.
- 노트북 연결 시에 DHCP를 사용해서 내부망의 IP주소를 할당 받게 되면, 사용자는 유선 LAN 케이블에 연결하면 바로 네트워크를 사용할 수 있다. 노트북과 같은 단말기는 사전에 등록된 사용자만 네트워크를 사용할 수 있게 접근통제를 해야 한다. NAC(Network Access Control)와 같은 End-Point 보안 솔루션을 사용해서 접근통제를 수행하면 되지만, 모든 기업이 NAC를 구매할 수는 없을 것이다. 이런 경우는 출입통제를 통해서 등록되지 않은 단말의 출입을 제한해야 한다.

○ 특별히 업무를 위하여 필요하지 않은 경우 네트워크 장비에 설치된 포트, 서비스를 제거 또는 차단해야 한다.
○ 네트워크 신규 생성 및 변경은 조직의 정보보호 환경에 많은 영향을 미치기 때문에 주요 변경에 대해서는 보안성을 검토하고 책임자의 승인을 받아야 한다. (인증 기준 11.1.2 변경관리 참고)
○ 내부망에서의 주소체계는 사설 IP주소 체계를 사용하고 내부 주소체계를 외부에 유출되지 않도록 하여야 하며, 외부 네트워크와의 연결지점에 NAT(Network Address Translation) 기능을 적용해야 한다.
○ 사설 IP 주소를 할당하는 경우 국제표준에 따른 사설 IP 주소대역을 사용해야 한다.

※ 사설 IP 주소대역 ※

- 10.0.0.0 ~ 10.255.255.255
- 172.16.0.0 ~ 172.31.255.255
- 192.168.0.0 ~ 192.168.255.255

○ 핵심 업무영역의 네트워크는 위험평가를 통해 물리적 또는 논리적으로 영역을 분리하고 영역 간 접근 통제를 해야 한다.
- (DMZ) 외부로부터의 접근이 불가피한 웹서버, 메일서버 등의 공개용 서버는 DMZ 영역에 위치시키고 공개서버를 경유하여 내부 업무망으로의 접근이 이루어지지 않도록 접근 통제를 수행해야 한다.
- (서버팜) 서버들이 위치하는 영역(서버팜)은 다른 네트워크 영역과 구분되고 인가받은 내부 사용자의 접근만을 허용하도록 접근 통제 정책을 적용해야 한다.
- (DB팜) 조직의 중요 정보가 저장된 DB가 위치한 네트워크 영역은 다른 네트워크 영역과 분리해야 한다.
- (운영환경) 서버, 보안장비, 네트워크장비 등을 운영하는 인력이 사용하는 네트워크 영역은 별도로 분리해야 한다.
- (개발환경) 개발업무(개발자PC, 개발서버, 테스트서버 등)에 사용되는 네트워크는 별도망으로 구성하여 운영에 사용되는 네트워크와 분리해야 한다.
- (외부자) 외부 사용자에게 서비스를 제공하는 네트워크(외주용역, 민원실, 교육장 등)는 내부 업무용 네트워크와 분리해야 한다.
- (기타) 업무망의 경우 업무의 특성, 중요도에 따라 네트워크 대역 분리기준을 수립하여 운영해야 한다.

※ 다만 기업의 규모 등을 고려하여 서버팜/DB팜을 세부적으로 분리하기 어려운 경우 추가적인 보완대책을 마련해야 한다. (호스트 기반 접근 통제 등)

○ 침입차단 시스템, ACL(Access Control List) 설정이 가능한 네트워크 장비 등을

활용하여 네트워크 영역 간 업무수행에 필요한 서비스의 접근만 허용하도록 통제해야 한다.
- 특히 외부(인터넷)로부터의 불법적인 접근 및 침해시도를 방지하기 위해 침입차단 시스템 등을 통하여 내부 네트워크 접근은 더욱 엄격하게 통제해야 한다.

○ 물리적으로 떨어진 장소와 네트워크 연결이 필요한 경우 전용회선 또는 VPN을 활용하여 보안성을 강화해야 한다.

10.4.2 서버 접근

① 통제 목적

서버별로 접근이 허용되는 사용자, 접근제한 방식, 안전한 접근수단 등을 정의하여 적용하여야 한다.

② 세부 항목

○ 서버별로 접근이 허용된 사용자를 명확하게 식별하여 접속 시 인증하고 원격 접근 시 암호화된 통신 수단(SSH 등)을 사용해야 한다.

○ 원격으로 서버에 접속 시에 telnet과 같이 암호화 하지 않는 단말을 사용하지 말고 ssh를 사용해서 전송구간을 암호화해서 사용해야 한다. ssh 인증서를 발급 받아서 원격으로 접근할 수 있다.

▼ ssh를 사용한 안전한 통신

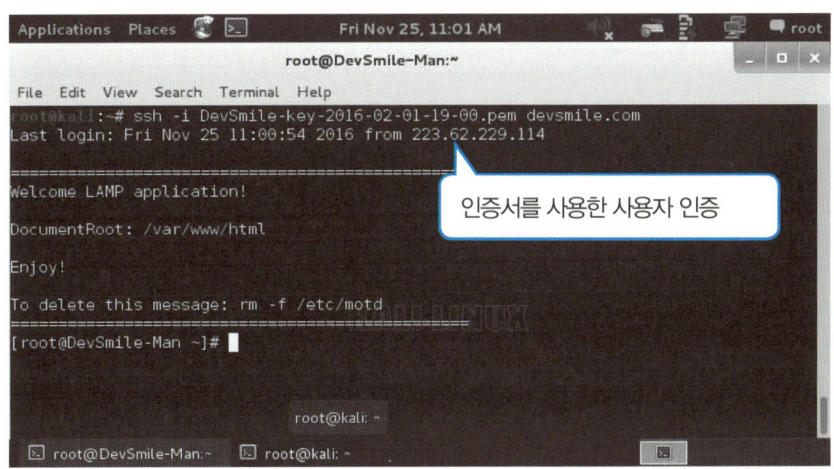

○ 서버 사용자 접속 후 일정시간 사용이 없으면 연결을 종료(세션 타임아웃 시간 설정)해야 한다.

○ 서버의 사용목적과 관련이 없거나 침해사고를 유발할 수 있는 서비스 또는 포트를 확인하여 제거 또는 차단해야 한다.

○ 업무 목적 이외에 사용하지 않는 서비스 및 포트를 확인하여 불필요한 서비스나 포트는 제거해야 한다. 다음의 예는 nmap 도구를 사용해서 서버 포트 스캐닝을 한 결과로 135, 139, 445 포트가 오픈되어 있는 것을 확인할 수가 있다.

▼ 서버에 오픈되어 있는 불필요한 포트 확인

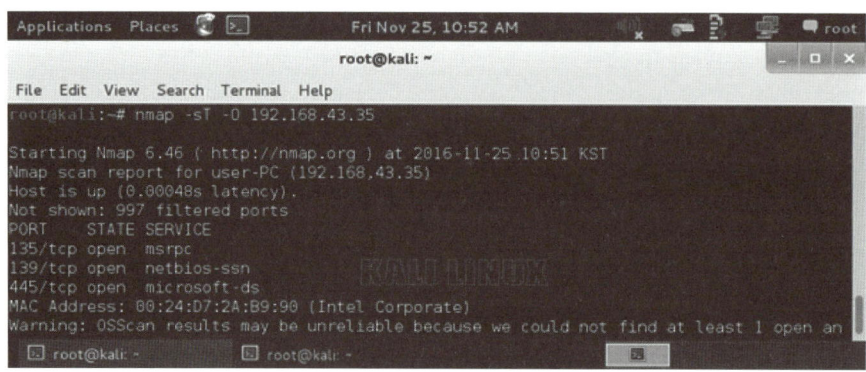

○ 시스템관리를 위한 프로그램의 설치 및 사용에 대해서는 인가 및 통제 절차를 수립해야 한다.
○ 서버에 프로그램 설치 시에는 패키지 설치를 위한 사용자를 생성하고 사용자 계정으로 설치를 해야 한다. 패키지 설치가 완료되면 설치 시에 사용된 설치파일을 제거해야 하며, 디폴트 계정 및 패스워드를 변경해야 한다. 또한 해당 패키지의 환경설정 파일에 취약점이 존재하는지 확인해야 한다.
○ DNS 서버의 부하분산 방안(DNS 서버 이중화 또는 공개된 외부 DNS 서버)을 수립하여 적용해야 한다.
○ DNS 서버는 Master DNS와 Slave DNS로 구분되어서 Master DNS 서버 장애 시에 Slave DNS 서버가 DNS Query를 처리할 수 있어야 한다.

▼ DNS 이중화

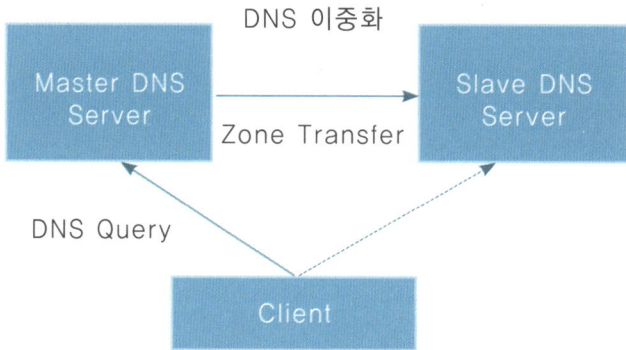

위의 그림에서 Zone Transfer는 Master DNS Server의 Zone 정보를 Slave DNS 서버에 전송한다. Zone 정보는 설정 정보이다.

○ DNS 서버의 환경변수 설정 및 설정 파일 정보에 대한 기록을 정기적으로 백업하고 DNS 스푸핑, DDoS 공격 등을 예방하기 위한 보호대책을 수립해야 한다.

■ DNS Spoofing

> DNS Spoofing은 DNS Cache 테이블을 변경하여 www.naver.com의 URL에 대해서 공격자 서버의 IP주소를 전송함으로써 공격을 한다.

○ 외부에 서비스를 제공하는 웹, 민감한 정보를 보관·처리하고 있는 DB와 응용프로그램 등은 공용 장비로 사용하지 않고 독립된 서버를 사용해야 한다.

10.4.3 응용프로그램 접근

① 통제 목적

사용자의 업무 또는 직무에 따라 응용프로그램 접근권한을 제한하고 불필요한 중요 정보 노출을 최소화해야 한다.

② 세부 항목

○ 사용자의 업무(직무)에 따라 응용프로그램 접근권한을 분류하여 업무(직무)별 권한의 차등 부여가 가능하여야 하며, 업무 목적에 맞게 접근권한 부여를 최소화해야 한다.

○ 사용자 권한과 법적 요구사항에 따라 중요 정보의 필요한 부분만 표시되도록 하는 기능을 구현하여 중요 정보의 노출을 통제해야 한다.

○ 일정시간 동안 입력이 없는 세션은 타임아웃 설정을 통해 연결을 차단해야 한다. 단, 세션 타임아웃의 예외가 있는 경우 충분히 타당성을 검토하고 관련 책임자의 승인을 받아야 한다.

○ 관리자 전용 응용프로그램(관리자 웹페이지, 관리콘솔 등)은 외부 오픈을 차단하고 특정 위치의 단말에서만 접근 가능하도록 접근을 통제하고 로깅해야 한다.

10.4.4 데이터베이스 접근

① 통제 목적

데이터베이스 접근을 허용하는 응용프로그램 및 사용자 직무를 명확하게 정의하고 응용프로그램 및 직무별 접근 통제 정책을 수립하여야 한다. 또한 중요 정보를 저장하고 있는 데이터베이스의 경우 사용자 접근내역을 기록하고 접근의 타당성을 정기적으로 검토해야 한다.

② 세부 항목

○ 데이터베이스 관리자(DBA) 및 사용자의 활동을 감사추적할 수 있도록 유일한 식별자를 할당해야 한다. (인증 기준 10.3.2 사용자 식별 참고)

○ 중요 정보(개인정보, 기밀정보 등)를 저장하고 있는 데이터베이스 및 WAS(Web Application Server)는 외부에 서비스를 제공하는 공개 네트워크 영역(DMZ)에 위치하여서는 안 된다. (웹서버와 분리)
  - 단, WAS가 웹서버와 일체형으로 구성되어 분리가 어려운 경우에는 예외로 할 수 있다.
○ 일반 사용자는 응용프로그램을 통해서만 데이터베이스에 접근 가능하도록 하여야 하며, DBMS에 직접 접속하는 경우 DB 관리용 프로그램(DB 툴 등) 및 사용자(데이터베이스 관리자(DBA) 등)를 통제해야 한다.
○ DMZ 구간에 위치한 웹서버에서 내부 네트워크 DB로 접근할 경우 관련 포트 이외의 서비스 포트(ftp, telnet, 터미널 등)는 차단해야 한다.
○ 중요 정보(개인정보, 인사정보, 급여정보 등)가 포함된 테이블 또는 컬럼에 대해서는 업무상 취급 권한이 있는 자(개인정보취급자 등)만이 사용할 수 있도록 제한해야 한다.
○ DBMS 관리를 위한 계정은 데이터베이스 관리자(DBA)만이 사용할 수 있도록 해야 한다.
○ 사용하지 않는 계정, 테스트 계정, 기본 계정 등은 삭제 또는 접근이 불가능하도록 조치해야 한다.
○ 응용프로그램(웹 등)용으로 부여된 데이터베이스 계정의 경우 데이터베이스 관리자(DBA), 사용자 등이 공용으로 사용하지 않아야 한다.
○ DB 접근의 타당성을 최소 월 1회 이상 주기적으로 검토하는 것이 바람직하다. 개인정보처리 시스템(DB)의 경우 개인정보취급자가 접속한 기록을 월 1회 정기적으로 확인감독하도록 하고 있다. (인증 기준 11.6.3 접근 및 사용 모니터링 참고)

10.4.5 모바일기기 접근

① **통제 목적**

모바일기기를 업무 목적으로 내·외부 네트워크에 연결 하여 활용하는 경우 중요 정보 유출 및 침해사고 예방을 위해 기기 인증 및 승인, 접근 범위, 기기 보안설정, 오남용 모니터링 등의 접근 통제 대책을 수립해야 한다.

② **세부 항목**

○ 모바일기기를 업무 목적으로 사용하는 경우 다음을 고려하여 모바일기기 허용기준을 마련하고 모바일기기 정보(MAC, 시리얼 번호, 사용자 등)를 목록화하여 관리해야 한다.
  - 내·외부 자산 (법인스마트폰, 개인 스마트폰 등)
  - 기기종류 (노트북, 스마트패드, 스마트폰 등)
○ 모바일기기를 통한 업무를 허용할 경우 범위를 명확히 하고 접근을 통제해야 한다.

○ 모바일기기를 통한 업무를 허용할 경우 기기 이용에 대한 승인절차를 거쳐야 하며, 접속 시 기기인증을 수행하는 방안을 마련하고 이행해야 한다.

※ 기기인증 : 네트워크 장비를 통한 인증, 전용장비(NAC 등)를 통한 인증, AP 인증 등

○ 모바일기기 이용에 따른 보안정책 및 모니터링 대책을 마련해야 한다.
- 모바일기기에 대한 이용자 보안 설정 정책 (백신설치, 보안패치, 공공장소에서의 사용주의, 분실 시 데이터 초기화 등)
- 내부자료 유출방지를 위한 정책, 교육, 책임부여, 처벌기준
- 모바일기기의 오남용 여부를 파악할 수 있는 모니터링 대책
- 모바일 장비에 설치되는 소프트웨어의 안전성을 점검대책

10.4.6 인터넷 접속

① 통제 목적

인사정보, 영업비밀, 산업기밀, 개인정보 등 중요 정보를 대량으로 취급·운영하는 주요 직무자의 경우 인터넷 접속 또는 서비스(P2P, 웹메일, 웹하드, 메신저 등)를 제한하고 인터넷 접속은 침입차단 시스템을 통해 통제해야 한다. 필요시 침입탐지 시스템 등을 통해 인터넷 접속내역을 모니터링해야 한다.

② 세부 항목

○ 인터넷 접속에 대한 보안정책을 수립해야 한다. 보안정책에는 인터넷 연결 시의 네트워크 구성 정책, 사용자 접속 정책을 포함해야 한다.

○ 중요 정보를 취급·운영하는 주요 직무자(개인정보 취급자, 시스템관리자 등)의 경우 인터넷 접속 또는 서비스(P2P, 웹하드, 웹메일, 메신저 등)를 제한하는 등의 보호대책을 수립하고 이에 따라 이행해야 한다. (인증 기준 6.1.1 주요 직무자 지정 및 감독 참조)
- 다만 일정규모 이상의 정보통신서비스 제공자는 개인정보를 처리(다운로드, 파기, 접근권한 설정)하는 개인정보취급자 컴퓨터의 외부 인터넷 접속을 차단해야 한다.

○ 외부로부터의 악성코드 유입을 방지하기 위하여 내부 업무용 PC의 유해사이트(P2P, 웹하드 등) 접속에 대한 차단조치를 수행해야 한다.

○ 악성코드 유입, 리버스커넥션이 차단되도록 내부 서버(DB서버, 파일서버, 패치서버 등)에서 외부 인터넷 접속을 제한해야 한다. 부득이하게 허용할 필요가 있는 경우 관련 위험 분석을 통해 보호대책을 마련하고 정보보호책임자의 승인을 얻어야 한다.

○ 원칙적으로 인터넷망과 내부망 PC 간의 자료전송은 차단하여야 하며, 필요한 경우 별도의 통제절차를 거쳐 전송하고 해당 로그를 주기적으로 검토해야 한다.

11 운영보안

운영보안은 정보자산(혹은 정보시스템)을 운영하기 위한 절차, 시스템 운영 보안, 전자상거래, 매체보안, 악성코드 관리, 로그 및 모니터링 등을 포함하며, 운영보안은 정보보호 관리체계 통제 항목 중에서 가장 어렵고 힘든 부분이기도 하다. 또한 앞서 살펴 본 다른 통제 항목과 그 내용적인 면에서 어느 정도 중복도 발생된다.

즉, 정보자산을 운영하기 위해서 프로세스를 수립하고 관리하는 모든 영역이다.

1) 운영절차 및 변경관리

운영절차 및 변경관리는 시스템 운영에서 발생할 수 있는 오류 및 장애, 복구에 대한 운영절차를 수립하고 이에 따른 대응 프로세스를 수립하는 것이다. 또한 변경 발생 시에 공식화된 절차에 의해서 정보자산의 변경처리를 수행해야 한다.

11.1.1 운영절차 수립

① 통제 목적

정보시스템 동작, 문제 발생 시 재동작 및 복구, 오류 및 예외사항 처리 등 시스템 운영을 위한 절차를 수립하여야 한다.

② 세부 항목

- ○ "정보시스템"은 정보의 수집·가공·저장·검색·송신·수신 및 그 활용과 관련되는 기기와 소프트웨어의 조직화된 체계를 의미한다. 즉, 서버, PC 등 단말기, 보조기억매체, 네트워크 장치, 응용프로그램 등 정보의 수집·가공·저장·검색·송신·수신에 필요한 하드웨어 및 소프트웨어를 말한다.
- ○ 각 정보시스템 특성에 적합한 운영절차(또는 매뉴얼)를 수립해야 한다. 이는 담당자 부재 시 혹은 신입직원 등이 긴급 상황에서 별다른 인수인계 없이도 정의된 절차에 따라 대응이 가능하도록 하기 위한 것이다.
- ○ 정보시스템 운영절차에는 다음과 같은 내용을 포함해야 한다.
    - 정보시스템 환경설정 (접근 통제: Acess Control List, 패스워드 등) 방법
    - 정보시스템 변경 절차
    - 정보시스템 보안설정 방법 (인증 기준 11.2.1 정보시스템 인수 참고)
    - 접근 권한 설정 방법
    - 오류 및 예외사항 처리 방법
    - 문제 발생 시 긴급종료/재동작/복구 방법
    - 시스템 모니터링 방안: 보안감사로그, 각종 이벤트 로그 확인방법
    - 긴급상황 발생 시 비상연락망 등

○ 신규 정보시스템 도입, 유지보수업체 변경 등 정보시스템 관련 환경변화가 있을 경우 운영절차 내용을 검토하여 변경사항을 반영해야 한다. 또한 운영 절차(매뉴얼)의 작성일자, 변경일자, 검토 및 승인자 등에 대한 이력도 함께 관리해야 한다.
○ 운영절차(또는 매뉴얼)는 정보시스템 운영과 관련된 중요 자료이므로 조직의 민감한 정보(IP 등 시스템 정보)가 포함된 경우 대외비 문서로 지정(인증 기준 4.2.1 보안등급과 취급 참고)하여 해당 업무 관련자만 접근할 수 있도록 통제하고 업무상 재해에 대비하여 복사본을 별도로 마련하여 소산 보관하는 것이 좋다. (인증 기준 13. 재해복구 참고)
○ 정보시스템 운영을 외부 위탁하는 경우 외부 아웃소싱 업체가 정보시스템 운영절차(매뉴얼)를 수립하고 있는지 확인하고 운영절차에 따라 정보시스템 운영을 보장하도록 계약서에 관련 내용을 명시해야 한다.
- 운영절차(매뉴얼)는 외부 아웃소싱 업체가 자체 수립하거나 위탁사의 절차를 준용하여 수립할 수 있다.
○ 운영 점검 항목 등을 통해 외부 아웃소싱 업체가 운영절차를 준수하고 있는지 주기적으로 확인해야 한다. (인증 기준 3. 외부자 보안 참고)

11.2.2 변경관리

① 통제 목적

정보시스템 관련 자산의 모든 변경내역을 관리할 수 있도록 절차를 수립하고 변경 전 시스템의 전반적인 성능 및 보안에 미치는 영향을 분석하여야 한다.

② 세부 항목

○ 운영체제 업그레이드, 상용 소프트웨어 설치, 운영 중인 응용프로그램 기능 개선, 네트워크 구성 변경, CPU/메모리/저장장치 증설 등 정보시스템 관련 자산 변경이 필요한 경우 변경요청, 책임자 검토·승인, 변경확인, 변경이력관리 등의 공식적인 절차를 수립하고 이행해야 한다.
○ 정보시스템 관련 정보자산 변경이 필요한 경우 변경에 따른 보안, 성능, 업무 등에 미치는 영향을 분석하여 변경에 따른 영향을 최소화할 수 있도록 변경을 이행하고 변경 실패에 따른 복구방안을 사전에 고려해야 한다.
- 변경 규모를 고려하여 영향 분석 대상 기준을 자체적으로 정할 수 있다.

2) 시스템 및 서비스 운영 보안

시스템 및 서비스 운영 보안은 정보시스템 인수, 보안시스템 운영, 성능 및 용량관리, 장애관리, 원격 운영관리, 스마트 워크 보안, 무선 보안, 공개서버 보안, 백업관리, 취약점 점검 활동을 포함하고 있어서 시스템 및 서비스 운영 전반에 필요한 대부분의 활동이 포함되어 있다.

정보시스템 인수는 정보시스템 인수 기준을 수립하고 인수 할 정보시스템을 확인한 후에 적정성을 판단하는 것이다. 인수 기준은 대상 시스템이 무엇이냐에 따라 달라지겠지만, 기본적으로 개발보안 준수, 취약점 점검 여부, 성능 목표 달성 등을 이행했느냐에 따라 결정할 수도 있을 것이다.

정보시스템 인수가 완료되면 인수된 시스템에 대해서 보안시스템을 운영해야 할 것이다. 보안시스템은 Firewall, IDS, IPS, DRM 등의 솔루션을 운영하는 것으로 각 보안시스템별 정보보안 정책을 업데이트, 룰셋 정의, 모니터링 방법 등의 운영절차를 수립하고 관리하는 활동이다.

성능 및 용량관리는 SLA(Service Level Agreement)에서 요구하는 목표 성능 달성 여부와 시스템의 여유공간을 확인하고 통제를 수행하는 것이다. 본 활동은 지속적이고 반복적으로 수행하는 활동으로 정보시스템의 자원사용 현황을 파악하여 향후 확장에 대비할 수도 있고 적정한 성능과 용량을 보유함으로써 서비스의 연속성 달성을 지원한다.

장애관리는 운영 중에 발생하는 단순 장애부터 DDoS 공격, 악성 프로그램 유포, 애플리케이션 오류 등 전반적인 내용을 모두 포함하고 있으며 장애탐지, 장애분류, 심각도 등을 정의하고 장애의 원인을 분석하고 이에 대응하는 활동이다.

원격 운영관리는 외부 네트워크를 통해서 내부 네트워크를 접속하는 경우 책임자의 승인을 얻고 접속하는 단말에 대해서 보안패치, 백신설치, 사용자 인증 및 전송 구간 암호화를 수행해서 연결되어야 한다. 접속 단말의 사용자 인증은 Password 인증과 OTP 인증을 같이 사용하는 2-Factor 형태의 인증을 권고한다.

스마트 워크 보안은 재택근무 및 원격근무 등을 수행하는 기업에서는 기술적·관리적 보호대책을 수립해야 한다. 즉, 원격지에서 정보통신망을 통해서 업무를 수행하기 위해서는 기업 내부 네트워크 연결해서 사용하는 경우가 발생할 수 있으므로 보호 조치가 필요하다.

무선 네트워크 보안은 기본적으로 무선 네트워크를 사용하지 않는 것을 권고하지만 업무의 필요에 의해서 무선 네트워크가 사용될 경우 인증된 AP(Access Point)만 연결해서 사용해야 하며, AP와 무선 단말 간에는 무선 LAN 보안 기술이 적용되어야 한다.

공개서버 보안은 웹사이트를 통해서 정보를 공개하는 경우 공개서버에 대해서 보안대책을 수립해야 한다. 즉, 공개서버 전용을 운영하고 송·수신 시에 전송구간 암호화 방법은 SSL을 적용해야 한다. 또한 사용되지 않은 서비스 및 포트를 차단하고 취약점을 주기적으로 점검하는 보호 조치가 필요하다.

백업관리는 만약에 발생할 수 있는 각종 재해 및 재난을 대비하기 위해서 정보시스템을 주기적으로 백업하고 안전한 보관소에 보관한다. 또한 기업 내부에서 사용되는 각종 문서, 로그 등도 포함된다. 이러한 작업을 위해서 누가, 언제, 어떤 방식으로 백업을 수행 할 것인지에 대한 계획이 필요하다. 즉, 백업대상, 백업주기, 보존기간, 백업방법, 절차, 백업매체, 복구절차에 대한 계획이 필요하고 주기적인 시험을 해야 한다.

취약점 점검은 알려진 취약점에 노출되어 있는지 확인하는 것으로 정기적으로 점검을 수행하고 매년 1회 이상 점검을 수행해야 한다. 이러한 점검을 위해서 점검대상, 점검방법, 담당자, 점검절차 등을 정의해야 한다.

11.2.1 정보시스템 인수

① 통제 목적

새로운 정보시스템 도입 또는 개선 시 필수 보안 요구사항을 포함한 인수 기준을 수립하고 인수 전 기준 적합성을 검토해야 한다.

② 세부 항목

- ○ 새로운 정보시스템(서버, 네트워크 장비, 상용 소프트웨어 패키지) 및 보안시스템 도입 시 도입 타당성 분석 등의 내용이 포함된 도입계획을 수립해야 한다.
  - ― 현재 시스템 자원의 이용률, 사용량, 능력한계에 대한 분석
  - ― 추가 자원의 필요성 및 시기에 대한 예상
  - ― 성능, 안전성, 신뢰성, 보안성, 법규 등을 포함한 시스템 자원의 기능적, 운영적 요구사항
  - ― 기존 시스템과의 호환성, 상호운영성, 기술표준에 따른 확장성
- ○ 이 기준(11.2.1 정보시스템 인수)에서 적용되는 "정보시스템" 범위는 서버, 네트워크 장비, 상용 소프트웨어 패키지에 해당하며 "보안시스템" 도입 및 인수 시에도 적용해야 한다.
  - ― 다만 응용프로그램 신규 개발 및 개선 시 보안 요구사항 정의, 구현 및 시험 등에 관한 내용은 "8. 시스템 개발 보안"을 참고하여 적용하면 된다.
- ○ 정보시스템 인수 여부를 판단하기 위하여 정보시스템 및 보안시스템의 기본 보안설정 등이 반영된 인수 승인 기준을 수립해야 한다. 또한 시스템 구매계약서 등에 반영하여 도입과정에서 인수 기준을 준수하도록 함으로써 기본 보안 설정 미흡으로 발생할 수 있는 보안 취약점을 최대한 제거한 후 인수할 수 있어야 한다.
- ※ 기본 보안 설정: 불필요한 시스템 계정, 디폴트 계정, 임시 계정 등 삭제, 불필요 한 서비스 및 포트 차단, 백신프로그램 설치 등
- ○ 정보시스템을 인수하기 전 사전 정의한 인수 기준과의 적합성 여부를 테스트 등을 통해 확인한 후 인수여부를 결정해야 한다.

11.2.2 보안시스템 운영

① 통제 목적

보안시스템 유형별로 관리자 지정, 최신 정책 업데이트, 룰셋 변경, 이벤트 모니터링 등의 운영절차를 수립하고 보안시스템별 정책적용 현황을 관리해야 한다.

② 세부 항목

- 보안시스템(정보보호시스템)은 정보통신망을 통하여 수집 · 저장 · 검색 및 송 · 수신되는 정보의 훼손 · 변조 · 유출 등을 방지하기 위한 장치로써 침입차단시스템(FW), 침입탐지시스템(IDS), 침입방지시스템(IPS), 웹방화벽, DB 접근 통제시스템, 내부정보유출방지시스템(DLP), 가상사설망(VPN), 패치관리시스템(PMS) 등을 포함할 수 있다.

- 외부침입 탐지 및 차단, 내 · 외부자에 의한 정보유출 방지 등을 위하여 도입 · 운영하고 있는 보안시스템에 대한 운영절차를 수립해야 한다.
  - 보안시스템 유형별 책임자 및 관리자 지정
  - 보안시스템 정책(룰셋 등) 적용(등록, 변경, 삭제 등) 절차
  - 최신 정책 업데이트: IDS, IPS 등의 보안시스템의 경우 새로운 공격기법을 탐지하기 위한 최신 패턴 및 지속적 엔진 업데이트
  - 보안시스템 이벤트 모니터링 절차: 정책에 위배되는 이상징후 탐지 및 확인 등 (인증기준 11.6.4 침해시도 모니터링 참고)
  - 보안시스템 접근 통제 정책
  - 보안시스템 운영현황 주기적 점검 등

- 사용자 인증, 관리자 단말 IP 또는 MAC 접근 통제 등의 보호대책을 적용하여 보안시스템 관리자 등 접근이 허용된 인원 이외의 비인가자 접근을 엄격히 통제해야 한다. 또한 주기적인 보안시스템 접속로그 분석을 통해 비인가자에 의한 접근시도를 확인하고 적절한 조치를 해야 한다. (11.6.3 접근 및 사용 모니터링 참고)

- 보안시스템별로 정책(룰셋 등) 신규 등록, 변경, 삭제 등을 위한 공식적인 절차(신청, 승인, 적용 등)를 수립 · 이행해야 한다. 이는 정책(룰셋 등)의 생성 이력을 확인하기 위한 것이다.

- 또한 정책의 타당성 및 적정성을 주기적으로 검토하여 다음 사항에 해당 하는 경우 정책을 삭제 또는 변경해야 한다.
  - 내부 보안정책 위배 (예 FW 룰셋 내부망 Inbound Any 정책 허용 등)
  - 미승인 정책
  - 장기간 미사용 정책
  - 중복 또는 사용기간 만료 정책
  - 퇴직자 및 직무변경자 관련 정책 등

11.2.3 성능 및 용량관리

① 통제 목적

정보시스템 및 서비스 가용성 보장을 위해 성능 및 용량 요구사항을 정의하고, 현황을 지속적으로 모니터링할 수 있는 방법 및 절차를 수립해야 한다.

② 세부 항목

○ 대고객 서비스 및 내부 업무 수행의 연속성을 보장할 수 있도록 주요 정보 시스템의 성능 및 용량을 지속적으로 모니터링하여야 하며, 다음 사항을 포함한 절차를 수립하고 이행해야 한다.

- 성능 및 용량관리 대상 식별 기준: 서비스 및 업무 수행에 영향을 줄 수 있는 주요 정보시스템 및 정보보호시스템을 식별하여 대상에 포함
- 정보시스템별 성능 및 용량 요구사항 (임계치) 정의: 정보시스템 가용성에 영향을 줄 수 있는 CPU, 메모리, 저장장치 등의 임계치를 정함
- 모니터링 방법: 성능 및 용량 임계치 초과여부를 지속적으로 모니터링하고 대처할 수 있는 방법 수립 (예 알람 등)
- 모니터링 결과 기록, 분석, 보고
- 성능 및 용량 관리 담당자 및 책임자 지정 등

○ 정보시스템의 성능 및 용량 현황을 지속적으로 모니터링하여 요구사항(임계치)을 초과하는 경우 조치방안(예 정보시스템, 메모리, 저장장치 증설 등)을 수립하고 이행해야 한다.

11.2.4 장애관리

① 통제 목적

정보시스템 장애 발생 시 효과적으로 대응하기 위한 탐지, 기록, 분석, 복구, 보고 등의 절차를 수립해야 한다.

② 세부 항목

○ 정보시스템 장애유형 및 심각도를 정의하고 장애 발생 시 유형 및 심각도에 따라 다음과 같은 항목이 포함된 절차를 수립하고 이행해야 한다.

- 장애유형 및 심각도 정의
- 장애유형 및 심각도별 보고 절차
- 장애유형별 탐지 방법 수립: NMS(Network Management System) 등 관리시스템 활용
- 장애 대응 및 복구에 관한 책임과 역할 정의
- 장애기록 및 분석
- 대고객 서비스인 경우 고객 안내 절차
- 비상연락체계(유지보수업체, 정보시스템 제조사) 등

○ 다음 항목이 포함된 '장애조치보고서'를 작성하여 장애발생에 관한 이력을 기록하고 관리해야 한다.

- 장애일시
- 장애심각도 (예 상, 중, 하)

- 담당자, 책임자명 (유지보수업체 포함)
- 장애내용 (장애로 인한 피해 또는 영향 포함)
- 장애원인
- 조치내용
- 복구내용
- 재발방지대책 등

○ 일상 업무가 중단되는 장애, 과다한 비용(피해)을 초래한 장애, 반복적으로 발생하는 장애 등과 같은 심각한 장애의 경우 원인을 규명하고 재발을 방지하기 위한 대책을 수립하고 이행해야 한다.

11.2.5 원격운영관리

① 통제 목적

내부 네트워크를 통하여 정보시스템을 관리하는 경우 특정 단말에서만 접근을 할 수 있도록 제한하고, 원격지에서 인터넷 등 외부 네트워크를 통하여 정보시스템을 관리하는 것은 원칙적으로 금지하고 부득이한 사유로 인해 허용하는 경우에는 책임자 승인, 접속 단말 및 사용자 인증, 구간 암호화, 접속단말 보안(백신, 패치 등) 등의 보호대책을 수립해야 한다.

② 세부 항목

○ 내부 네트워크를 통해 정보시스템(서버, 네트워크 장비, 정보보호시스템 등)을 운영하거나 웹관리자 페이지에 접속하는 경우 관리자는 지정된 단말을 통해서만 접근할 수 있도록 통제(IP 또는 MAC 인증 등)해야 한다. 특히 패드, 스마트폰 등 스마트기기를 통한 정보시스템 원격운영은 원칙적으로 금지해야 한다. 다만 부득이한 경우 스마트기기에 대한 보안대책을 마련하고 책임자의 승인 후 사용해야 한다.

○ 인터넷과 같은 외부 네트워크를 통한 정보시스템 원격운영은 원칙적으로 금지하여야 하며 긴급 장애 대응, 유지 보수 등과 같이 부득이한 경우 다음과 같은 보안대책을 마련하여야 한다.

- 원격운영에 대한 정보보호 최고책임자 승인절차
- 접속 단말 및 사용자 인증절차: ID/PW 이외의 강화된 인증방식(공인인증서, OTP 등) 적용 권고, 법적 요구사항 의무적 반영 필요
- 한시적 접근권한 부여: VPN 계정, 시스템 접근권한 등
- VPN 등의 전송구간 암호화
- 접속 단말 보안 (예 백신 설치, 보안패치 적용 등)
- 원격운영 현황(원격운영 인가자, VPN 계정 발급 현황 등) 지속적인 모니터링

- 원격 접속 기록 로깅 및 주기적 분석
- 원격운영 관련 보안인식교육 등

11.2.6 스마트워크 보안

① 통제 목적

재택근무, 원격협업 등과 같은 원격 업무 수행 시 이에 대한 관리적 · 기술적 보호대책을 수립하고 이행해야 한다.

② 세부 항목

○ "스마트워크"란 정보통신망을 활용하여 언제, 어디서나 편리하게 효율적으로 업무에 종사할 수 있도록 하는 업무형태를 말한다. (스마트워크 활성화를 위한 정보보호 권고 제2조)
- 스마트워크 업무형태에는 재택근무, 스마트워크센터, 원격협업(영상회의 등), 모바일오피스(BYOD 포함) 등이 있다.

※ "모바일오피스"란 스마트폰, 스마트패드, 노트북 등 모바일기기를 이용하여 시간적, 공간적 제약없이 업무를 수행하는 근무환경을 말함

■ **BYOD(Bring your own Device)**

> 개인소유의 스마트기기를 사용해서 기업의 업무를 수행하는 것으로 개인소유의 스마트기기(Smart Device)를 사용하기 때문에 보안유지가 어렵다.

○ 조직이 구축하고 있는 스마트워크 업무 형태에 따라 위협요인을 분석하여 중요 정보 유출, 해킹 등의 침해사고 예방을 위한 절차 및 보호대책을 다음과 같이 수립 · 이행해야 한다.
- 스마트워크 업무형태 정의: 재택근무, 스마트워크 센터, 원격협업, 모바일오피스 환경
- 스마트워크 업무형태에 따른 업무 허가 범위 설정: 내부 시스템 및 서비스 원격접근 허용 범위

※ 스마트워크 서비스 영역과 내부 네트워크 영역을 분리하고 스마트워크용 단말에서 내부 네트워크 영역 직접 연결 차단 필요(중계서버 구축 등)

- 스마트워크 업무 승인절차: 스마트워크를 위한 원격접근 권한 신청, 승인, 회수 등
- 원격접근에 필요한 기술적 보호대책: 전송구간 암호화(예 VPN, SSL 인증서 등), 사용자 인증(예 ID/PW이외 OTP, 공인인증서 등 강화된 인증방식 도입 권고) 등
- 접속 단말(PC, 모바일기기 등) 보안: 백신 설치, 보안패치 적용, 단말 인증, 분실/도난 시 대책(신고절차, 단말잠금, 중요 정보 삭제 등), 중요 정보 저장 금지(필요시 암호화 조치) 등
- 스마트워크 업무환경에서의 이용자 정보 보호 지침 마련 등

11.2.7 무선 네트워크 보안

① 통제 목적

무선랜 등을 통해 무선인터넷을 사용하는 경우 무선 네트워크 구간에 대한 보안을 강화하기 위해 사용자 인증, 송·수신 데이터 암호화 등의 보호대책을 수립하여야 한다.

② 세부 항목

○ 조직 내부네트워크에 연결이 가능한 무선 네트워크 환경 구축 시에는 내부 승인절차를 마련하여 비인가된 (사설)무선 네트워크 장비(Rogue AP: Access Point)를 운영하지 않도록 하여야 하며, 사전 보안성 검토를 수행하여 다음과 같은 보호대책을 적용해야 한다.

- 무선 네트워크 장비 접속 단말기 인증 및 보안
- 무선 네트워크 장비(예 AP, Access Point) 보안 및 허용 장비 리스트
- 무선 네트워크를 통하여 접근할 수 있는 정보시스템 범위 정의
- 무선 네트워크 사용권한 신청/변경/삭제 절차
- 사용자 식별 및 인증
- 무선 네트워크 서비스 거리 제한 (주파수 세기 조정)
- 정보 송·수신 시 무선망 암호화 기준 (예 WPA2)
- 전산실 등 통제구역 내 무선 네트워크 사용 제한
- SSID(Service Set IDentification) 브로드캐스팅 중지 및 추측 어려운 SSID 사용 등

○ 내부 네트워크에 무선 네트워크 환경을 구축하는 것은 업무의 편리성을 증대할 수는 있으나 충분한 보호대책 마련 없이 적용할 경우 내부 정보유출, 해킹 등의 심각한 상황을 초래할 수 있으므로 업무상 반드시 필요한 경우를 제외하고는 매우 신중하게 접근해야 한다.

○ 외부인이 무선 네트워크를 통해 내부 네트워크(업무망)에 접속할 수 없도록 인가받은 임직원만 무선 네트워크을 사용할 수 있도록 필요한 절차를 마련해야 한다.

○ 회의실, 교육장, 기자실, 민원실 등 외부인의 접근이 빈번한 장소인 경우 외부인에게 무선 네트워크 사용을 허용할 수 있으나 내부 네트워크(업무망)와 분리하여 무선 네트워크를 통한 내부 네트워크 침투 및 내부 정보유출을 방지해야 한다.

11.2.8 공개서버 보안

① 통제 목적

웹사이트 등에 정보를 공개하는 경우 정보 수집, 저장, 공개에 따른 허가 및 게시절차를 수립 하고 공개서버에 대한 물리적, 기술적 보호대책을 수립하여야 한다.

② 세부 항목

○ 공개서버(웹서버, 메일서버 등)를 운영하는 경우 다음과 같은 보호대책을 마련해야 한다.
- 공개서버 전용서버로 운영
- 웹서버를 통한 개인정보 송·수신 시 SSL(Secure Socket Layer)/TLS(Transport Layer Security) 인증서 설치 등 보안서버 구축
- 접근권한 설정
- 백신설치 및 OS 최신 패치
- 불필요한 서비스 제거 및 포트 차단
- 불필요한 소프트웨어·스크립트·실행파일 등 설치 금지 등
- 불필요한 페이지(테스트 페이지) 및 에러 처리 미흡에 따른 시스템 정보 노출 방지
- 주기적인 취약점 점검 등

○ 공개서버(웹서버, 메일서버 등)는 DMZ 영역에 설치하고 공개서버가 침해당하더라도 공개서버를 통한 내부 네트워크 침입이 불가능하도록 침입차단 시스템 등을 통한 접근 통제 정책을 적용해야 한다.
- DMZ의 공개서버가 내부 네트워크에 위치한 DB, WAS(Web Application Server) 등의 정보시스템과 접속이 필요한 경우 엄격하게 접근 통제 정책을 적용해야 한다.

○ 웹서버의 경우 최소한 OWASP TOP 10 웹 취약점은 기본적으로 점검하여 취약점이 발견된 경우 신속하게 조치를 해야 한다. (인증 기준 11.2.10 취약점 점검 참고)

○ 웹서버의 보안설정 미흡, 기술적 취약점, 담당자의 실수 등으로 인해 조직의 중요 정보(개인정보, 기밀정보 등)가 외부로 누출되는 경우(무단게시 등)가 빈번하게 발생하고 있다. 이를 예방하기 위하여 웹사이트에 정보를 공개하거나 업무상 웹서버에 중요 정보를 저장하여야 할 경우 허가 및 게시절차를 수립하여 이행해야 한다. 다만 원칙적으로 DMZ 구간 내 웹서버에 조직의 중요 정보(개인정보, 기밀정보 등)를 저장 관리하지 않는 것이 바람직하다.

○ 또한 게시절차 위반 등으로 조직의 중요 정보가 웹사이트 및 웹서버를 통해 노출되고 있는지 여부를 주기적으로 확인하여 중요 정보 노출을 인지한 경우 이를 즉시 차단하는 등의 조치를 취해야 한다.

11.2.9 백업관리

① 통제 목적

데이터의 무결성 및 정보시스템의 가용성을 유지하기 위해 백업 대상, 주기, 방법 등의 절차를 수립하고 사고 발생 시 적시에 복구할 수 있도록 관리하여야 한다.

② **세부 항목**
- IT 재해, 장애, 침해사고 등으로 인한 정보시스템 손상 시 적시에 복구가 가능하도록 백업 및 복구 절차를 수립하고 이행해야 한다.
    - 백업대상 선정기준 수립
    - 백업담당자 및 책임자 지정
    - 백업대상별 백업 주기 및 보존기한 정의
    - 백업방법 및 절차: 백업시스템 활용, 매뉴얼 방식 등
    - 백업매체 관리 (예 라벨링, 보관장소, 접근 통제 등)
    - 백업 복구 절차: 주요 정보시스템의 경우 IT 재해복구 측면(인증 기준 13. IT 재해복구 참고)에서 백업정보의 완전성, 정확성 등을 점검하기 위하여 정기적인 복구 테스트 수행 필요
    - 백업관리 대장 관리 등
- 백업대상은 중요 정보(개인정보, 기밀 정보 등), 문서, 각종 로그(정보시스템 보안 감사로그, 이벤트 로그, 정보보호시스템 이벤트 로그 등), 환경설정파일 등 대상 정보 및 정보시스템의 중요도를 고려하여 선정하여야 하며, 정해진 절차에 따라 백업관리를 수행해야 한다.
- 중요 정보가 저장된 백업매체는 운영중인 정보시스템 혹은 백업시스템이 위치한 장소로부터 물리적으로 거리가 있는 곳에 소산 보관하고 관리 대장으로 소산 이력을 관리해야 한다.
    - 소산일자 (반출, 반입 등)
    - 소산 백업매체 및 백업정보 내용
- 주기적으로 관리 대장에 따라 소산 여부를 실사해야 한다.
- 소산장소에 대해 다음과 같은 보안대책을 마련해야 한다.
    - 화재, 홍수와 같은 자연재해에 대한 대책 (예 내화금고, 방염처리 등)
    - 접근 통제 등

11.2.10 취약점 점검

① **통제 목적**

정보시스템이 알려진 취약점에 노출되어 있는지 여부를 확인하기 위하여 정기적으로 기술적 취약점 점검을 수행하고 발견된 취약점들은 조치하여야 한다.

② **세부 항목**
- 정보시스템 취약점 점검정책과 절차를 다음과 같은 내용을 포함하여 수립해야 한다.
    - 취약점 점검 대상 (예 서버, 네트워크 장비 등)

- 취약점 점검 주기
- 취약점 점검 담당자 및 책임자 지정
- 취약점 점검 절차 및 방법 등
○ 정보시스템 중요도에 따라 주기적으로 다음과 같은 내용을 포함하여 취약점 점검을 실시해야 한다.
- 라우터, 스위치 등 네트워크 장비 구성, 설정 취약점
- 서버 OS, 보안 설정 취약점
- 방화벽 등 정보보호시스템 취약점
- 어플리케이션 취약점
- 웹서비스 취약점
- 스마트기기 및 모바일 서비스(모바일 앱 등) 취약점
○ 취약점 점검 시 회사의 규모 및 보유하고 있는 정보의 중요도에 따라 모의침투 테스트를 수행하는 것을 고려해야 한다.
○ 취약점 점검 시 이력관리가 될 수 있도록 '점검일시', '점검대상', '점검 방법', '점검 내용 및 결과', '발견사항', '조치사항' 등이 포함된 보고서를 작성해야 한다.
○ 취약점 점검 결과 발견된 취약점별로 대응방안 및 조치결과를 문서화하여야 하며, 조치결과서를 작성하여 책임자에게 보고해야 한다.
- 불가피하게 조치를 할 수 없는 취약점의 경우 그 사유를 명확하게 확인하고 책임자에게 보고해야 한다.

3) 전자상거래 및 정보 전송 보안

전자상거래 및 정보 전송 보안은 인터넷을 통해서 비즈니스를 수행하는 기업에 해당되며, 이것은 온라인 상거래를 할 때 결제를 하게 되고 결제를 하면 고객정보가 전송되게 된다. 또한 고객 정보는 PG(Payment Gateway)에 전송하고 최종적으로 카드사와 연결되어서 결제승인처리가 이루어진다.

이러한 과정은 안전한 전자상거래를 하기 위한 보안활동을 점검하는 것으로, 정보 전송 시에 암호화 미수행 및 불필요한 개인정보 보유 등이 있는지 확인해야 한다.

11.3.1 전자상거래 보안

① **통제 목적**

전자거래 서비스 제공 시 정보유출, 데이터 조작, 사기 등의 침해사고를 예방하기 위해 사용자 인증, 암호화, 부인방지 등의 보호대책을 수립하고 결제시스템 등 외부 시스템과의 연계가 필요한 경우 연계 안전성을 점검하여야 한다.

② 세부 항목

○ "전자거래"는 재화나 용역을 거래할 때 그 전부 또는 일부가 전자문서에 의하여 처리되는 거래를 말한다. (전자문서 및 전자거래 기본법 제2조)

○ "전자상거래는 전자거래의 방법으로 상행위를 하는 것을 말한다. (전자상거래 등에서의 소비자보호에 관한 법률 제2조)

○ 전자(상)거래사업자는 전자(상)거래의 안정성과 신뢰성을 확보하기 위하여 전자(상)거래이용자의 개인정보, 영업비밀(거래처 식별정보, 재화 또는 용역 가격 등 공개 시 영업에 손실을 초래할 수 있는 거래 관련 정보), 결제 정보 수집, 저장관리, 파기 등의 과정에서의 침해사고를 예방하기 위한 보호 대책(인증, 암호화, 접근 통제 등)을 수립하여 이행해야 한다. 보호대책 수립 시에는 다음과 같은 법률 등을 고려해야 한다.

○ "전자결제업자"는 전자결제 수단의 발행자, 전자결제서비스 제공자, 해당 전자결제 수단을 통한 전자결제서비스의 이행을 보조하거나 중개하는 자를 말하며(전자상거래 등에서의 소비자 보호에 관한 법률 시행령 제8조) 다음에 해당하는 자를 말한다.

  – 금융회사, 신용카드업자, 결제수단 발행자 (전자적 매체 또는 정보처리시스템에 화폐가치 또는 그에 상응하는 가치를 기록저장하였다가 재화 등의 구매 시 지급하는 자), PG사

※ PG(Payment Gateway)사는 인터넷상에서 금융기관과 하는 거래를 대행해 주는 서비스. 신용카드, 계좌이체, 핸드폰 이용 결제, ARS 결제 등 다양한 소액 결제 서비스를 대신 제공해 주는 회사

○ 전자(상)거래사업자와 전자결제업자 간에 송·수신되는 결제관련 정보의 유출, 조작, 사기 등의 침해사고로 인한 거래당사자 간 피해가 발생하지 않도록 적절한 보호대책을 수립하여 이행해야 한다.

11.3.2 정보전송 정책 수립 및 협약 체결

① 통제 목적

타 조직에 중요 정보를 전송할 경우 안전한 전송을 위한 정책을 수립하고 조직 간 정보전송 합의를 통해 관리 책임, 전송 기술 표준, 중요 정보의 보호를 위한 기술적 보호 조치 등을 포함한 협약서를 작성하여야 한다.

② 세부 항목

○ 조직 또는 계열사 간 다음과 같은 업무수행을 위하여 중요 정보를 전자적으로 상호 교환하는 경우 안전한 전송을 위한 협약(보안약정서, 계약서, 부속합의서, SLA 등)을 체결하고 이에 따라 이행해야 한다.

  – 관련 업무 정의: DM 발송을 위한 개인정보 DM업체 전달, 채권추심업체에 추심정보 전달, 개인정보 제3자 제공, 신용카드결제 정보 VAN(Value Added Network)社 전달 등

- 정보전송 범위 정의: 법규 준수 또는 정보유출 위험을 예방하기 위해 업무상 필요한 최소한의 정보만을 송·수신
- 담당자 및 책임자 지정
- 정보 전송 기술 표준 정의 (예 정보 전송 시 협의 등)
- 정보 전송, 저장, 파기 시 관리적·기술적·물리적 보호대책 등

※ DM(Direct Mail advertising): 우편물을 통한 홍보활동을 의미하며 편지, 엽서, 안내장, 리플릿, 카탈로그, 청구서 등의 인쇄물을 우편물 등의 형태로 직접 또는 우편 수단을 이용하여 전달하는 커뮤니케이션 수단

4) 매체보안

매체보안 하드디스크, SSD 및 USB와 같은 저장매체를 통해서 개인정보 및 기업 기밀 정보 유출을 방지하기 위한 것으로, 매체반출 시에 매체에 대한 완전한 파기방법과 그 내역을 관리해야 한다. 또한 휴대용 저장매체를 통한 유출을 대비하기 위해서 휴대용 저장매체 사용제한, 사용내역, 파기 및 재사용 금지 등의 활동을 정의하고 수행해야 한다.

11.4.1 정보시스템 저장매체 관리

① 통제 목적

정보시스템 폐기 또는 재사용 시 중요 정보를 담고 있는 하드디스크, 스토리지, 테이프 등의 저장매체 폐기 및 재사용 절차를 수립하고 매체에 기록된 중요 정보는 복구 불가능하도록 완전히 삭제하여야 한다.

② 세부 항목

○ 사용연한 경과, 고장 등의 사유로 정보시스템을 폐기 또는 재사용(양도, 내부판매, 재활용 등)할 경우 저장매체 처리에 관한 절차를 수립하여 저장매체에 저장된 중요 정보 유출을 방지해야 한다.
- 저장매체 확인 및 승인: 정보시스템 폐기 또는 재사용 시 저장매체를 확인하고 폐기 또는 재사용 여부 결정
- 저장매체 폐기, 재사용에 따른 처리방법 정의 (예 폐기 → 물리적 폐기·디가우징 등, 재사용 → 완전 포맷)
- 저장매체 처리 확인 및 기록

○ 저장매체의 폐기 시 물리적, 전자적으로 완전파괴하고 재사용 시에는 완전포맷 방식으로 정보를 삭제해야 한다.

"완전포맷"은 저장매체 전체의 자료저장 위치에 새로운 자료를 중복하여 저장하는 것을 의미하며, 완전포맷 횟수는 조직이 스스로 정하여 적용할 수 있다.

- 조직이 자체적으로 저장매체를 폐기할 경우 폐기이력에 대한 감사증적을 확보할 수 있도록 다음 항목이 포함된 관리 대장을 작성하고 관련 책임자가 확인해야 한다.
    - 폐기일자
    - 폐기 담당자, 확인자명
    - 폐기방법
    - 폐기확인증적(사진 등) 등
- 아웃소싱 등 외부업체를 통해 저장매체를 폐기할 경우, 내부 폐기정책과 절차 내용을 계약서에 명시하고 폐기 시 가능하면 외부업체와 함께 폐기현장을 실사하고 폐기증적을 사진, 동영상 등으로 받아 확인해야 한다.
- 정보시스템, PC 등 유지보수, 수리과정에서 저장매체 교체, 복구 등의 상황 발생 시 저장매체 내 중요 정보를 보호하기 위하여 유지보수 신청 전 데이터 이관 및 파기, 암호화, 계약 시 비밀유지서약 등과 같은 보호대책을 마련해야 한다.

11.4.2 휴대용 저장매체 관리

① 통제 목적

조직의 중요 정보 유출을 예방하기 위해 외장하드, USB, CD 등 휴대용 저장매체 취급, 보관, 폐기, 재사용에 대한 절차를 수립해야 한다. 또한 매체를 통한 악성코드 감염 방지 대책을 마련해야 한다.

② 세부 항목

- "휴대용 저장매체"라 함은 디스켓, 외장형 하드디스크, USB 메모리, CD, DVD 등 자료를 저장할 수 있는 일체의 것으로, PC 등의 정보통신시스템과 분리할 수 있는 기억장치를 말한다.
- 업무용으로 개인 휴대용 저장매체를 사용하는 것은 원칙적으로 금지하여야 하며 업무 목적상 외장하드, USB 메모리, CD 등 휴대용 저장매체를 사용하여야 하는 경우 허가된 저장매체만 사용할 수 있도록 다음과 같은 정책 및 절차를 수립하고 이행해야 한다.
    - 휴대용 저장매체 취급(사용)범위: 통제구역, 제한구역 등 보호구역별 저장 매체 사용정책 및 절차 수립
    - 휴대용 저장매체 사용허가 및 등록 절차
    - 휴대용 저장매체 반출, 반입 절차
    - 휴대용 저장매체 폐기, 재사용에 대한 절차
    - 휴대용 저장매체 보호대책 등
- 휴대용 저장매체를 통해 바이러스, 악성코드가 유포되지 않도록 휴대용 저장매체가 연결되는 단말기에 다음과 같은 대책을 적용하고 주기적으로 점검해야 한다.

- 휴대용 저장매체 자동실행 기능 해지
- 휴대용 저장매체 이용 시 바이러스 및 악성코드 사전(자동) 검사
- 휴대용 저장매체 내 숨김파일 및 폴더 등이 표시되도록 PC 등 단말기 옵션 변경 등

○ 조직의 중요 정보(개인정보, 기밀정보 등)의 경우 휴대용 저장매체 저장을 제한하고 업무상 저장이 필요한 경우에는 암호화 등의 보호대책을 마련하여 매체 분실, 도난 등에 따른 중요 정보 유출을 방지해야 한다.

○ 업무목적으로 사용이 허용된 휴대용 저장매체의 경우 식별번호, 유형, 사용목적, 관리자, 책임자 등이 명시된 보유목록을 작성하고 주기적인 자산실사를 통해 목록을 현행화해야 한다.

5) 악성코드 관리

악성코드 관리는 모든 시스템에 대해서 백신을 설치하고 패치를 수행하는 것으로, 신규 및 변종 악성코드를 예방하고 악성코드가 기업 내부 네트워크로 유입되지 않도록 관리하는 것이다. 특히 공개서버로부터 유입과 직원 개인 메일을 통해서 악성코드가 유입되지 않도록 관리되어야 하며, 백신에 대한 패치 활동이 정상적으로 이루어지고 있는지 확인해야 한다.

11.5.1 악성코드 통제

① 통제 목적

바이러스, 웜, 트로이목마 등의 악성코드로부터 정보시스템을 보호하기 위해 악성코드 예방, 탐지, 대응 등의 보호대책을 수립하여야 한다.

② 세부 항목

○ 바이러스, 웜, 트로이목마 등의 악성코드로부터 내부 정보시스템을 보호하기 위하여 다음 항목을 포함한 지침 및 절차를 수립해야 한다.
- 사용자 PC 사용지침 (불분명한 이메일 및 파일 열람 금지, 허가받지 않은 프로그램 다운로드 및 설치 금지 등)
- 백신프로그램 설치 범위 및 절차
- 백신프로그램을 통한 주기적인 악성코드 감염여부 모니터링 정책
- 사용자 교육 및 정보제공

■ 워터링 홀(Watering Hole) 공격

> 워터링 홀 공격(특정 타깃)은 홈페이지에 접속하는 특정 사회적 그룹을 대상으로 악성코드를 유포하는 것으로 특정 사회적 그룹에 대한 APT 공격을 목적한다.

○ 백신프로그램 설치 범위는 다음 사항을 고려하여 정해야 한다.
  - 내부 네트워크에서 사용되는 업무용 단말기 (PC, 노트북 등)
  - 정보 자산 중요도 평가과정에서 등급이 높은 정보자산(인증 기준 4.2.1 보안 등급과 취급 참고)
    (예 DMZ 구간의 공개서버, 공개서버와 연계되어 있는 서버(WAS, DB 등), 중요 정보가 저장되어 있는 DB, 기타 중요하다고 판단되는 정보자산 (DNS, DHCP 등))
  - 정보통신망 이용촉진 및 정보보호 등에 관한법률 시행령에 따른 개인정보처리시스템, 개인정보처리에 이용되는 정보기기 (PC, 노트북 등 단말기)
  - 윈도우, 리눅스, 유닉스 등 다양한 운영체제
○ 기존 시스템 환경과 충돌이 발생하여 백신프로그램을 설치할 수 없는 경우에는 책임자의 승인을 받고 보완대책을 마련하여 관리해야 한다.
○ 악성코드가 정보시스템과 PC 등의 단말기에 유입되어 확산되는 것을 방지하기 위하여 다음 사항을 포함한 예방, 탐지활동을 수행해야 한다.
  - 전자우편 등 첨부파일에 대한 악성코드 감염 여부 검사
  - 실시간 악성코드 감시 및 치료
  - 주기적인 악성코드 점검: 자동 바이러스 점검 일정 설정
  - 백신엔진 최신버전 유지: 주기적 업데이트 등
○ 악성코드 감염 발견 시 추가적인 확산과 피해 최소화를 위하여 다음과 같은 항목이 포함된 대책을 마련해야 한다.
  - 악성코드 감염 발견 시 대처 절차 (예 네트워크 케이블 분리 등)
  - 비상연락망 (예 백신업체 담당자, 관련 기관 연락처 등)
  - 대응보고서양식 (발견일시, 대응절차 및 방법, 대응자, 방지대책 포함) 등

■ 악성코드 종류

① 논리폭탄(Logic Bomb): 특정 조건이 발생할 때 실행되는 악성코드이다. 특정 조건이 발생하지 않으면 악성코드로 기동되지 않기 때문에 탐지가 어렵다.
② 키로거(Key-Logger): 사용자가 입력하는 정보를 갈취하는 악성코드이다. 윈도우 후킹(Hooking)을 통해서 키보드 입력정보를 획득한다.
③ 트로이목마(Trojan): 자기복제 능력이 없으며 시스템 정보, 개인정보 등을 유출하거나 특정 시스템 파일을 삭제한다.
④ 백도어(Backdoor, Trapdoor): 인증과정을 우회해서 시스템에 접근할 수 있도록 열어둔 뒷문으로 원격조정을 통해서 시스템을 장악할 수 있게 한다.
⑤ 루트킷(Rootkit): 루트권한 획득을 위해서 공격자가 심은 악성코드이다.

11.5.2 패치관리

① **통제 목적**

애플리케이션, 운영체제, 보안시스템 등의 취약점으로 인해 발생할 수 있는 침해사고를 예방하기 위해 최신 패치를 정기적으로 적용하고 필요한 경우 시스템에 미치는 영향을 분석해야 한다.

② **세부 항목**

- 운영체제(서버, 네트워크, PC 등) 및 (상용)소프트웨어(오피스 프로그램, 백신, DBMS 등)의 경우 지속적으로 취약점이 발견되며, 이를 해결하기 위한 패치(patch)파일도 지속적으로 공개된다. 따라서 서버, 네트워크 장비, PC 등에 설치되어 있는 운영체제, 소프트웨어 패치 적용을 위한 정책 및 절차를 수립하여 이행해야 한다.
    - 서버, 네트워크 장비, 보안시스템, PC 등 대상별 패치정책 및 절차 : 패치정보 입수 및 적용방법 등
    - 패치 담당자 및 책임자 지정
    - 패치 관련 업체(제조사) 연락처 등
- 주요 서버, 네트워크 장비, 보안시스템 등에 설치된 운영체제, 소프트웨어 버전 정보, 패치일 등을 확인할 수 있도록 목록 등으로 관리하고 최신 보안패치 여부를 주기적으로 확인해야 한다.
- 일반적으로 통제구역(전산실 등)에 위치하고 있는 서버, 네트워크 장비, 정보보호시스템에 관련 패치를 적용하여야 할 경우 공개 인터넷 접속을 통한 패치 적용은 원칙적으로 금지해야 한다. 다만 불가피한 경우 사전 위험분석을 통해 보호대책을 마련하고 책임자 승인 후 적용해야 한다.
- 패치관리시스템(PMS)의 경우 내부망 서버 또는 PC에 악성코드 유포에 활용될 수 있으므로 패치관리시스템(PMS) 서버, 관리 콘솔에 대한 접근 통제(관리자 이외의 비인가자 접근 차단, 패스워드 주기적 변경, 임시계정 삭제 등) 등 충분한 보호대책을 마련해야 한다.
    - 패치관리시스템은 업데이트를 내려 받는 경우 해당 업데이트 파일이 변조되었는지 확인하기 위한 무결성 점검 기능이 있는지 확인하고 도입하는 것이 좋다.
- 운영시스템에 패치를 적용하는 경우 시스템 가용성에 영향을 미칠 수 있으므로 패치 적용은 운영시스템의 중요도와 특성을 고려하여 위험도 분석 등 정해진 절차에 따라 충분하게 영향을 분석하고 책임자 승인 후 적용해야 한다. 다만, 운영환경에 따라 즉시 패치 적용이 어려운 경우 그 사유와 추가 보완대책을 마련하여 책임자에게 보고하고 그 현황을 관리해야 한다.

6) 로그관리 및 모니터링

로그는 비인가자의 접근 및 인가자에 의한 접근에 대해 책임 추적성을 지원하기 위해서 기록된다. 그러므로 로그를 기록하기 전에 모든 시스템은 상시로 시각 동기화(NTP: Network Time Protocol)를 진행하여 실제 작업 수행 시간이 로그 파일에 기록되게 해야 한다. 또한 로그 기록 시에 식별이 가능한 수준으로 저장해야 하며, 로그 보관기관은 법적요건에 맞게 보관되어야 한다. 또한 침입자에 의해서 로그 파일이 삭제될 수 있으므로 안전한 방법으로 로그 파일을 보관해야 한다.

11.6.1 시각 동기화

① 통제 목적

로그기록의 정확성을 보장하고 법적인 자료로서 효력을 지니기 위해 정보시스템 시각을 공식 표준시각으로 정확하게 동기화 해야 한다.

② 세부 항목

○ 로그 기록 시간의 정확성을 보장하고 법적인 자료로서 효력을 지니기 위하여 타임서버 등을 이용하여 주기적으로 시각의 설정 및 동기화 여부를 점검해야 한다. 예를 들어 NTP(Network Time Protocol) 등의 방법을 활용하면 시스템 간 시간을 동기화할 수 있다.

11.6.2 로그 기록 및 보존

① 통제 목적

정보시스템, 응용프로그램, 보안시스템, 네트워크 장비 등 기록해야 할 로그유형을 정의하여 일정기간 보존 하고 주기적으로 검토하여야 한다. 보존기간 및 검토주기는 법적 요구사항을 고려해야 한다.

② 세부 항목

○ 서비스 및 업무 중요도를 고려하여 로그 기록 및 보존이 필요한 주요 정보시스템(서버, 응용프로그램, 정보보호시스템, 네트워크 장비, DB 등)을 지정하고 각 시스템 및 장비별로 기록하여야 할 로그유형과 보존기간을 정해야 한다. 특히 로그유형 및 보존기간(최소 6개월 이상 권고)은 법적요건을 고려하여 정해야 한다.

■ 개인정보 기술적 관리적 보호조치

> 제5조(접속기록의 위·변조방지) ① 정보통신서비스 제공자 등은 개인정보취급자가 개인정보처리시스템에 접속한 기록을 월 1회 이상 정기적으로 확인·감독하여야 하며, 시스템 이상 유무의 확인 등을 위해 최소 6개월 이상 접속기록을 보존·관리하여야 한다.
> ② 단, 제1항의 규정에도 불구하고 「전기통신사업법」 제5조의 규정에 따른 기간통신사업자의 경우에는 보존·관리해야 할 최소 기간을 2년으로 한다.

- 로그 기록, 보존이 필요한 시스템, 장비는 정보 자산의 중요도 평가 과정(인증기준 4.2.1 보안등급과 취급 참고)을 통해 정할 수 있으며, 서비스 및 업무 지원을 위한 핵심 정보보호 시스템은 대상에 포함해야 한다. 특히 법률(정보통신 이용촉진 및 정보보호 등에 관한 법률, 개인정보보호법 등)에서 정하고 있는 개인정보처리 시스템은 대상에 포함해야 한다.
○ 각 정보시스템별 로그유형은 다음과 같이 정할 수 있다.
- 보안관련 감사로그: 사용자 접속 기록(사용자식별정보: ID, 접속일시, 접속지: 단말기 IP, 수행업무: 정보생성, 수정, 삭제, 검색 출력 등), 인증 성공/실패 로그, 파일 접근, 계정 및 권한 등록/변경/삭제 등
- 시스템 이벤트 로그: 운영체제 구성요소에 의해 발생되는 로그(시스템 시작, 종료, 상태, 에러코드 등)
- 보안시스템 정책(룰셋 등)등록/변경/삭제 및 이벤트 로그
- 기타 정보보호 관련 로그
○ 로그 기록은 스토리지 등 별도 저장장치를 사용하여 백업하고 로그 기록에 대한 접근권한 부여는 최소화하여 비인가자에 의한 로그 기록 위·변조 및 삭제 등이 발생하지 않도록 해야 한다.
- 위·변조 방지대책은 개인정보, 기밀정보 취급 이력 로그에 한해서 적용할 수 있다.

11.6.3 접근 및 사용 모니터링

① 통제 목적

중요 정보, 정보시스템, 응용프로그램, 네트워크 장비에 대한 사용자 접근이 업무상 허용된 범위에 있는지 주기적으로 확인해야 한다.

② 세부 항목

○ 중요 정보(개인정보, 기밀정보 등) 및 정보시스템(서버, 응용프로그램, 정보보호시스템, 네트워크 장비 등) 사용자 접속 기록을 주기적으로 검토하여 중요 정보 및 정보시스템 오남용 등의 이상징후를 확인해야 한다. 다음 사항이 포함된 검토(모니터링)절차를 수립하고 절차에 따라 이행해야 한다.
- 검토대상: 사용자 접속 기록을 검토할 중요 정보 및 주요 정보시스템 선정
- 검토주기: 월 1회 이상 권고
- 검토기준 및 방법: 업무목적 이외의 중요 정보 과다처리(조회, 변경, 삭제 등), 업무시간 외 접속, 비정상적인 접속(미승인 계정 접속 등) 등의 기준 및 확인 방법 수립
- 검토 담당자 및 책임자 지정
- 이상징후 대응절차 등

○ 사용자 접속 기록을 검토기준에 따라 검토한 후 이상징후 여부 등 그 결과를 관련 책임자에게 보고해야 한다. 또한 이상징후 발견 시 정보유출, 해킹 등 발생 여부를 확인하기 위한 절차를 수립하고 절차에 따라 대응해야 한다.

11.6.4 침해시도 모니터링

① 통제 목적

외부로부터의 침해시도를 모니터링 하기 위한 체계 및 절차를 수립하여야 한다.

② 세부 항목

○ 외부로부터의 침해시도가 의심되는 이상징후를 지체없이 인지할 수 있도록 다음과 같은 항목이 포함된 모니터링 절차를 수립하여 이행해야 한다.
- 모니터링 대상범위: 침해시도 탐지 및 차단하기 위한 각종 정보보호시스템 이벤트 로그 등
- 모니터링 방법: 외부 전문업체를 통한 모니터링, 자체 모니터링 체계 구축 등
- 담당자 및 책임자 지정
- 모니터링 결과 보고체계
- 침해시도 발견 시 대응절차 등

○ 조직의 규모 및 정보시스템 중요도가 높은 경우 24시간 침해시도 실시간 모니터링 수행을 고려해야 한다.

12 침해사고 관리

게임회사의 경우 사이버머니를 통해서 게임 아이템을 구매하고 게임 사용자 간에 판매한다. 즉, 게임에서 아이템은 현실세계에서 현금과 같은 존재이다. 따라서 이러한 기업에서는 외부자에 의한 침해가 수시로 일어난다. 정보보호 관리체계 침해사고 관리 통제항목은 이러한 침해사고에 누가, 어떻게 대응하고 보고할 것이며, 재발방지를 위해서 어떠한 활동을 수행 할 것인지를 결정하는 것이다. 또한 외부기관과 협조체계를 유지하여 보다 정확하고 빠르게 침해사고를 탐지, 대응, 보고한다.

1) 절차 및 체계

DDoS 및 Web Shell, 홈페이지 취약점을 통한 공격 등의 침해사고를 탐지, 분석, 대응하는 계획과 절차를 수립하는 것으로 침해사고 발생 시에 침해사고의 정의, 범위, 선포, 침해사고 기록, 비상연락체계, 대응 및 복구 프로세스 등을 수립하는 과정이다.

12.1.1 침해사고 대응절차 수립

① 통제 목적

DDoS, APT등 침해사고 유형별 중요도 분류, 유형별 보고 대응·복구 절차, 비상연락체계, 훈련 시나리오 등을 포함한 침해사고 대응 절차를 수립하여야 한다.

② 세부 항목

침해사고 대응절차가 수립되어 있고 대응 절차에는 다음과 같은 사항을 포함하고 있는가?
- 침해사고의 정의 및 범위 (중요도 및 유형 포함)
- 침해사고 선포절차 및 방법
- 비상연락체계
- 침해사고 발생 시 기록, 보고절차
- 침해사고 신고 및 통지 절차 (관계기관, 이용자 등)
- 침해사고 보고서 작성
- 침해사고 대응 및 복구 절차
- 침해사고 복구조직의 구성 및 책임, 역할
- 침해사고 복구장비 및 자원조달
- 침해사고 대응 및 복구훈련, 훈련 시나리오
- 외부 전문가나 전문기관의 활용 방안
- 기타 보안사고 예방 및 복구를 위하여 필요한 사항

12.1.2 침해사고 대응체계 구축

침해사고 대응이 신속하게 이루어질 수 있도록 중앙 집중적인 대응체계를 구축하고 외부기관 및 전문가들과의 협조체계를 수립하여야 한다.

② 세부 항목

○ 침해사고를 효과적으로 모니터링하고 신속하게 대응하기 위해서는 중앙집중적인 대응체계를 수립해야 한다.
○ 침해사고를 유형 및 중요도에 따라 분류하고 분류에 따른 보고체계를 정의해야 한다.
○ 침해사고 대응체계를 외부 기관을 통해 구축한 경우 수립된 침해사고 대응절차 및 체계를 계약서에 반영해야 한다.
○ 침해사고의 모니터링, 대응 및 처리와 관련되어 외부 전문가, 전문업체, 전문기관 (KISA) 등과의 연락 및 협조체계를 수립해야 한다.

2) 대응 및 복구

침해사고 발생을 대비하여 주기적인 모의훈련과 시나리오 수정을 수행하고 실제 침해사고 발생 시에 대응과 복구를 수행하는 프로세스이다.

12.2.1 침해사고 훈련

① 통제 목적

침해사고 대응 절차를 임직원들이 숙지할 수 있도록 시나리오에 따른 모의훈련을 실시해야 한다.

② 세부 항목

○ 침해사고 대응절차 및 방법에 대한 적정성과 효과성을 평가하기 위하여 주기적으로 침해사고 대응훈련을 수행해야 한다.

12.2.2 침해사고 보고

① 통제 목적

침해사고 징후 또는 사고 발생을 인지한 때에는 침해사고 유형별 보고절차에 따라 신속히 보고하고 법적 통지 및 신고 의무를 준수하여야 한다.

② 세부 항목

○ 하드웨어 및 소프트웨어상의 침해사고 징후 또는 침해사고 발생을 인지한 경우 신속하게 보고해야 한다.

○ 침해사고 발생 시 침해사고보고서가 작성되어야 하고, 보고서에는 다음과 같은 사항이 포함되어야 한다.

- 침해사고 발생일시
- 보고자와 보고일시
- 사고내용 (발견사항, 피해내용 등)
- 사고대응 경과 내용
- 사고대응까지의 소요시간 등

○ 조직의 유·무형 자산에 심각한 영향을 끼칠 수 있는 침해사고가 발견되거나 발생한 경우 최고경영층까지 보고해야 한다.

○ 침해사고 발생 시 법률이나 규정 등에 따라 관계기관에 신고하여야 하며, 개인정보와 관련한 침해사고는 이용자(정보주체)에게 신속하게 통지해야 한다.

12.2.3 침해사고 처리 및 복구

① 통제 목적

침해사고 대응절차에 따라 처리와 복구를 신속하게 수행하여야 한다.

② 세부 항목

○ 침해사고 처리와 복구는 수립된 절차에 따라 수행하여야 하며, 침해사고 이력 관리를 위하여 사고발생부터 처리 및 복구 종료까지의 진행경과를 보고서로 작성해야 한다.

3) 사후관리

침해사고 발생 이후 재발방지를 위해서 발견된 취약점을 분석하고 이를 공유하여 근본적인 해결책을 모색한다.

12.3.1 침해사고 분석 및 공유

① 통제 목적

침해사고가 처리되고 종결된 후 이에 대한 분석을 수행하고 그 결과를 보고하여야 한다. 또한 사고에 대한 정보와 발견된 취약점들을 관련 조직 및 임직원들과 공유하여야 한다.

- ○ 침해사고가 처리되고 종결된 후 이에 대한 분석이 수행되어야 하며, 그 결과가 보고되어야 한다.
- ○ 침해사고 정보와 발견된 취약점을 관련조직 및 인력과 공유해야 한다.

12.3.2 재발방지

① 통제 목적

침해사고로부터 얻은 정보를 활용하여, 유사 사고가 반복되지 않도록 재발방지 대책을 수립하고 이를 위해 필요한 경우 정책, 절차, 조직 등의 대응체계를 변경하여야 한다.

- ○ 침해사고 분석을 통해 얻어진 정보를 활용하여 유사 사고가 반복되지 않도록 하는 재발방지 대책을 수립해야 한다.
- ○ 분석된 결과에 따라 필요한 경우 침해사고 대응절차, 정보보호 정책 및 절차 등의 사고대응체계에 대한 변경을 수행해야 한다.

13 IT 재해복구

정보보호 관리체계의 IT 재해복구는 정보시스템의 연속성 확보를 위해서 준비해야 하는 프로세스, 대응방법, 대응조직, 시험활동을 수행하는 것이다. 각종 재난과 재해에 대비해서 정보자산의 연속성을 확보하고 이를 통해 기업의 신뢰도와 정보 자산의 안전성을 향상시킨다.

■ DRS(Disaster Recovery System)

Mirror 사이트는 1차 사이트와 완전 이중화를 수행하고 데이터베이스도 실시간으로 동기화를 수행한다. 즉, 주 시스템과 완벽히 동일한 백업 시스템을 만들고, 백업 시스템으로 상시로 운영 가능한 상태로 유지한다. Mirror 사이트는 주 서버와 백업 서버를 Active-Active 상태로 유지하고 주 서버가 주문 및 상품업무를 처리한다면 백업서버는 급여와 복지 업무를 처리하게 하여 시스템을 분할 한다. 만약 주 서버에 장애가 발생하면 백업서버가 주 서버의 업무인 주문과 상품까지 모두 처리하게 된다. 반대의 경우, 백업 서버에 장애가 발생하면 주 서버에서 급여와 복지업무도 처리해서 완전한 동시 운영을 수행하는 것이다. 하지만 Mirror 사이트는 많은 구축 비용뿐만 아니라 운영비용도 많이 발생한다. 하지만 국내 대부분의 금융권은 Mirror 사이트 형태를 구성하여 사용하고 있다.

▼ DRS Mirror 사이트 구조

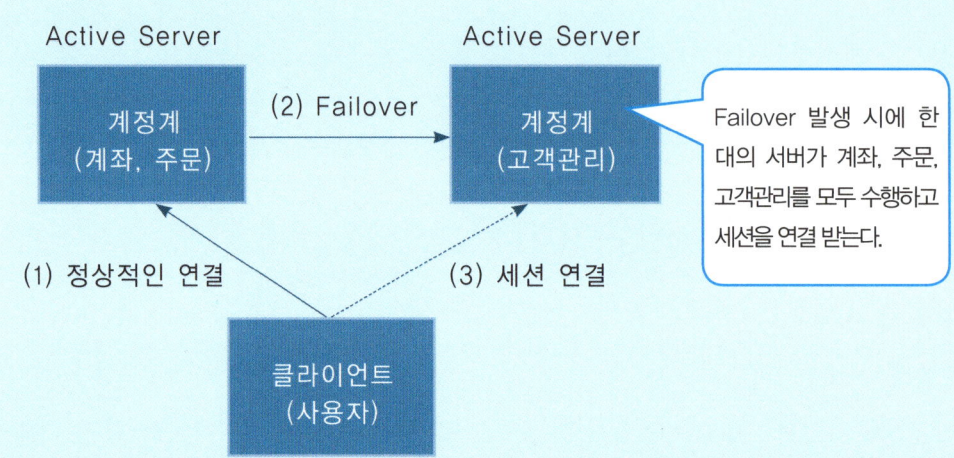

Hot 사이트는 Mirror 사이트와 다르게 Active-Standby 구조로 주 서버는 업무를 처리하고 백업서버는 운영하기 않은 상태로 대기하고 있다. 만약, 주 서버에 장애가 발생하면 Standby에 있던 백업서버가 Active 되어서 주 서버의 모든 업무를 처리하는 것이다.

Warm 사이트는 중요한 업무 위주로만 백업 사이트를 구성하는 것으로, 시스템 복구에 많은 시간이 발생하며 시급성을 다투는 업무를 위주로 구성한 것이다.

Cold 사이트는 재해복구시스템이라고 볼 수는 없다. 이것은 전기 시설만 완비하고 재해 발생 시에 서버와 소프트웨어를 구매해서 복구하는 것으로, 실질적으로 복구가 되지 않을 수도 있다.

1) 체계 구축

IT 재해복구 체계 구축은 재난 및 장애 등을 대비하기 위해서 정보 자산의 위험을 분석하고 업무 연속성을 달성하기 위한 복구 범위, 복구 시점, 복구 시간 등을 계획해서 이를 수행할 복구조직 구성, 역할, 책임 정의, 비상 연락체계 구축, 복구순서와 공식화된 복구절차를 수립하는 것이다.

13.1.1 IT 재해복구 체계 구축

① 통제 목적

자연재앙, 해킹, 통신장애, 전력중단 등의 요인으로 인해 IT 시스템 중단 또는 파손 등 피해가 발생할 경우를 대비하여 비상시 복구조직, 비상연락체계, 복구절차 등 IT 재해복구 체계를 구축해야 한다.

② 세부 항목

○ IT 재해 발생 시 신속한 복구가 가능하도록 다음과 같은 내용을 포함하여 IT 재해복구 체계를 구축해야 한다.
- 재해 시 복구조직 및 역할 정의: IT 재해 발생 시 복구를 위한 관련부서 및 담당자 역할과 책임 부여
- 비상연락체계: 조직 내 관련 부서 담당자, 유지보수 업체 등 복구 조직상 연락체계 구축
- 복구전략 및 대책 수립방법론: 업무영향 분석, 복구목표시간 및 복구시점 정의, 핵심 IT 서비스 및 시스템 식별 등
- 복구순서 정의: 복구목표 시간별로 정보시스템의 복구순서 정의
- 복구절차: 재해발생, 복구완료, 사후관리 단계 포함

2) 대책 구현

IT 재해복구 체계 구축에서 실시한 비즈니스 영향도 분석에 따른 복구대책을 실질적으로 구현하는 단계로 복구대책을 구현하고 이를 시험함으로써 비상상황 시에 IT 시스템을 복구할 수 있게 되는 것이다. 또한 실질적으로 복구를 수행할 수 있게 하기 위해서 복구 시나리오를 수립하고 모의훈련을 통해서 이를 검증한다.

13.3.1 영향분석에 따른 복구대책 수립

① 통제 목적

조직의 핵심 서비스 연속성을 위협할 수 있는 IT 재해 유형을 식별하고 유형별 예상 피해규모 및 영향을 분석해야 한다. 또한 IT 서비스 및 시스템 복구목표시간, 복구시점을 정의하고 적절한 복구전략 및 대책을 수립·이행해야 한다.

② 세부 항목

○ IT 재해복구는 각종 재해 및 위험요인으로 인한 IT 서비스 중단 시 정상 기능으로 복구하는 모든 절차와 행위를 말한다. IT 서비스 중단을 초래할 수 있는 IT 재해 위험요인은 다음과 같다.
- 자연재해: 화재, 홍수, 지진, 태풍 등
- 외부요인: 해킹, 통신장애, 전력 수급 중단 등
- 내부요인: 시스템 결함, 기계적 오류, 사용자 실수, 의도적·악의적 운영, 핵심 운영자 근무 이탈(사망, 병가, 휴가, 이직 등), 환경설정 오류 등

○ IT 재해 발생으로 조직의 핵심 서비스 (업무) 중단 시 피해규모 및 영향을 분석하여 핵심 IT 서비스 및 시스템을 식별해야 한다. 피해규모 및 업무영향분석 시 다음사항을 고려할 수 있다.
- 매출감소, 계약위약금 지급 등 재무적 측면
- 손해배상 소송 등 법적 측면
- 대외 이미지 하락 등

○ IT 서비스 및 시스템 중단시점부터 복구되어 정상가동될 때까지의 복구 목표시간(RTO: Recovery Time Objective)과 데이터가 복구되어야 하는 복구시점(RPO: Recovery Point Objective)을 정의해야 한다.

■ 재해복구 핵심지표

▼ 재해복구 수준별 유형 핵심지표

지표	설명
RPO	- Recovery Point Objective(복구목표시점) - 재해시점으로부터의 Data Backup을 해야 하는 시점까지의 시간 - RPO=0의 의미: Mirroring, 고장시점 복구 전략
RTO	- Recovery Time Objective(복구목표시간) - 재해 후 시스템, 응용, 기능들이 반드시 복구되어야 하는 시간
RP	- Recovery Period(실제복구기간): 실제 업무 기능 복구까지 걸린 시간
MTD	- Maximum Tolerable Downtime(허용 가능최대 정지 시간) - 치명적인 손실 없이 조직이 중단/재해 영향을 견딜 수 있는 최대 시간 - MTD=RTO+WRT(Work Recovery Time, 업무 복구 시간) - "MTD가 짧다"의 의미: 중요 자산, 빠른 복구 필요, 높은 비용
SDO	- Service Delivery Objective: 2차 사이트에서 제공하는 업무 용량

○ IT 재해발생 시 사전 정의한 서비스, 시스템 복구목표시간, 복구시점을 달성할 수 있도록 비용 효과적인 복구전략 및 대책을 수립하여야 하며, 실제로 IT 재해발생 시에는 사전 마련한 복구전략 및 대책에 따라 신속하게 복구해야 한다.

13.3.2 시험 및 유지관리

① 통제 목적

IT 서비스 복구전략 및 대책에 따라 효과적인 복구가 가능한 지 시험을 실시하고 시험계획에는 시나리오, 일정, 방법, 절차 등을 포함하여야 한다. 또한 시험결과, IT 환경변화, 법규 등에 따른 변화를 반영하여 복구전략 및 대책을 보완해야 한다.

② 세부 항목

○ IT 서비스, 시스템 복구전략, 대책이 복구 목표를 달성하기에 효과적인지 여부를 확인하기 위하여 시험 시나리오, 일정, 방법, 절차 등을 포함하는 시험 계획을 수립해야 한다. 또한 시험계획에 따라 정기적인 시험을 실시하여 복구전략 및 대책이 효과를 발휘하는지, 비상시 복구조직 구성원이 복구절차에 따라 신속하게 대응하는지 등을 점검해야 한다.

○ 시험 결과, IT 환경변화, 법률에 따른 변화 등 조직 내외의 변화를 반영하지 못한 복구전략 및 대책은 실효성이 떨어질 수 있으므로, 공식적인 변화관리 절차를 마련하고, 이에 따라 현실을 반영, 보완하도록 해야 한다.

CHAPTER 2 실력 점검 문제

01 아래의 내용 중에서 그 의미가 다른 하나를 선택하시오?

1) 정보보호 정책 수립
2) 정보보안 조직 구성과 책임, 역할 정의
3) Firewall 도입으로 내부망과 외부망 분리
4) 지속적인 보안 교육

다른 예제는 관리적 보안이고, Firewall 도입은 기술적 보안에 해당됩니다.

02 정보보안 담당자로 정보보안정책서를 만들기로 했다. 아래의 내용 중에서 정보보안정책서에 포함되어야 할 항목으로 가장 올바른 것은 무엇인가?

1) 절차, 배경, 범위, 정책 기술, 행위
2) 목적, 배경, 책임, 지침, 책임
3) 목적, 배경, 범위, 정책 기술, 행위, 책임
4) 절차, 목적, 범위, 정책 기술, 책임

- 목적(Purpose): 해당 보안정책의 이유
- 관련 문서(Related Documents): 해당 보안정책의 내용과 관련이 있는 문서 또는 정책의 목록
- 취소(Cancellation): 해당 보안정책이 적용되므로 해서 취소되는 기존의 정책
- 배경(Background): 해당 보안정책에 의하여 부각되는 정보
- 범위(Scope): 해당 보안정책이 적용되는 범위(관련자 또는 부서, 적용대상)
- 정책 기술(Policy Statement): 해당 보안정책에 의해 달성되어야 할 것들에 대한 실제 원칙
- 행위(Action): 어떠한 행위가 필요한지와 언제 달성되어야 하는지를 명시
- 책임(Responsibility): 누가 어떠한 것에 대해 책임이 있는지를 명시

정답 1. 3) 2. 3)

03 아래의 설명으로 가장 올바른 것을 선택하시오?

> 조직의 정보보호 활동에 대한 기본원칙, 방향, 근거를 제시하고 정보보호에 대한 책임과 역할을 명확히 하며, 최고경영자에게 승인을 받고 배포되는 문서

1) 정보화 윤리　　　　　　　　2) 정보보안 규정
3) 정보보안 가이드　　　　　　4) 정보보호 정책

정보보안정책서는 가장 최상위 규정으로 최고경영자의 승인을 얻고 배포된다. 정책서는 정보보호의 기본원칙, 방향, 수행 조직, 책임과 역할 등을 정의하는 문서이다.

04 정보보안 위험관리에 대한 설명으로 틀린 것을 선택하시오?

1) 위험관리는 조직의 정보 자산을 식별하고 관리하기 위한 식별번호를 부여하고 지속적으로 관리해야 한다.
2) 정성적 위험분석은 정보 자산에 대해서 위험의 발생가능성과 영향도를 파악하고 우선순위를 부여하는 활동이다.
3) 정량적 위험분석은 위험발생 시에 위험의 영향도를 수치화 하는 것이다. 정량적 위험분석 기법에는 Delphi 기법이 있다.
4) 위험은 항상 긍정적인 것과 부정적인 것으로 분류될 수 있다.

Delphi 기법은 정성적인 위험분석기법이다.

05 아래의 설명으로 가장 올바른 것을 선택하시오?

> 모든 정보시스템에 대해서 표준화된 보안대책을 제시하며 Check List로 보안대책이 있는지 판단한다.

1) 정성적 위험분석　　　　　　2) 정량적 위험분석
3) 상세 위험분석　　　　　　　4) 베이스라인 접근법

베이스라인 접근법은 적은 비용으로 최소한의 정보보호 대책을 수립하기 위한 위험분석 기법으로 질문서 형태로 구성하고 평가하는 특성을 가진다.

06 아래의 내용 중에서 위험의 정의로 가장 올바른 것을 선택하시오?

1) 위험 = 위협이 성공할 가능성 * 위협 성공 시의 손실 크기
2) 위험 = 위협이 성공할 가능성 + 위협 성공 시의 손실 크기
3) 위험 = 위협이 나타날 가능성 * 위협 성공 시의 손실 크기
4) 위험 = 위협이 나타날 가능성 + 위협 성공 시의 손실 크기

위험 = 위협이 성공할 가능성 * 위협 성공 시의 손실 크기

07 아래의 시나리오를 보고 단일손실기대치와 연간손실기대치를 계산하시오?

> 1000명의 종업원을 가진 회사의 종업원 중 25%가 1주당 1시간에 해당하는 업무시간에 웹 서핑을 하고 있다. 각 종업원의 시간당 평균임금은 50원이며, 각각 1년에 50주를 근무한다고 가정한다.

1) 12,500원, 525,000원
2) 12,500원, 650,000원
3) 13,500원, 625,000원
4) 12,500원, 625,000원

- SLE(Single Loss Expectancy): 1000명의 25%가 주당 1시간씩 웹 서핑을 한다. 50원(시간당) × 250 = 12,500원
- ALE(Annual Loss Expectancy): 1년에 50주 근무 (ALE = SLE × 연간 발생 횟수) 12,500 원 × 50주 = 625,000 원

정답 3. 4) 4. 3) 5. 4) 6. 1) 7. 4)

08 정보통신서비스 제공자 등이 개인정보를 취급할 때는 개인정보의 분실, 도난, 누출, 변조 또는 훼손을 방지하기 위하여 (   )으로 정하는 기준에 따라 (   ), (   ) 조치를 해야 한다.

1) 법무부장관, 물리적, 개념적
2) 국무총리령, 기술적, 물리적
3) 대통령령, 기술적, 관리적
4) 행자부장관, 관리적, 물리적

대통령령으로 정하고 기술적, 관리적 보호 조치를 수행해야 한다.

09 천재지변과 같은 자연재해처럼 손실을 발생시키는 원인이나 행위자를 나타내는 것은 무엇인가?

1) 위험
2) 위협
3) 취약점
4) 보호

위협은 손실을 발생시키는 원인 혹은 행위자를 의미한다.

10 다음 중 정보통신망 이용촉진 및 정보보호 등에 관한 법률에서 정의한 개인정보로 볼 수 없는 것은 무엇인가?

1) 성명 및 주민번호
2) 성명 및 신용카드
3) 종이로 출력된 주민등록등본
4) 성명 및 IP주소

종이로 출력된 주민등록등본은 정보통신망법에서 정의한 개인정보에 해당되지 않음. 하지만 개인정보보호법에 해당된다.

11 기업에서 직원의 퇴사 시에 근무기록 등은 퇴사 후 몇 년간 보관해야 하는가?

1) 1년 이내
2) 2년 이내
3) 3년 이내
4) 5년 이내

> **해설**
> 퇴사 후 3년간 보관한다.

12. 아래의 내용 중에서 일방향 암호화 대상을 모두 고르시오

| 가. 음성　　나. 정맥　　다. 얼굴　　라. 패스워드 |

1) 가
2) 가, 나
3) 가, 나, 다
4) 라

> **해설**
> 바이오 정보는 양방향 암호화 대상이다. 패스워드는 일방향 암호화 대상이다.

13. 정보통신망 이용촉진 및 정보보호 등에 관한 법률에서 다루는 분야가 아닌 것은 무엇인가?

1) 개인정보의 보호
2) 정보통신에서 이용자의 보호
3) 정보통신망의 안전성 확보
4) 저작권

> **해설**
> 정보보호 관련 법령은 정보 자체의 안전성 및 무결성 보호, 정보의 내용 보호, 불건전 정보 유통 방지 분야로 나뉜다.

14. 위험분석기법은 정량적 분석과 정성적 분석으로 구분되는데, 다음 중 성격이 다른 하나는 무엇인가?

1) 과거자료법
2) 몬테카를로 시뮬레이션
3) 확률분포법
4) 순위결정법

> **해설**
> 순위결정법은 정성적 위험분석 기법으로 분류한다.

정답 8. 3)　9. 2)　10. 3)　11. 3)　12. 4)　13. 4)　14. 4)

15 정보보호관리 프로세스의 구체적인 과정으로 올바른 것은?

> (1) 전사적인 정보보호 정책 수립
> (2) 정보보호 조직의 역할과 책임
> (3) 위험분석전략의 선택
> (4) 정보시스템에 대한 정보보호 정책 및 계획 수립
> (5) 위험의 평가 및 정보보호(통제) 대책의 선택
> (6) 정보보호(통제) 대책의 설치 및 보안의식 교육
> (7) 보안감사 및 사후관리

1) 1 − 2 − 3 − 4 − 5 − 6 − 7
2) 1 − 2 − 4 − 3 − 5 − 6 − 7
3) 1 − 4 − 2 − 3 − 5 − 6 − 7
4) 1 − 2 − 3 − 5 − 4 − 6 − 7

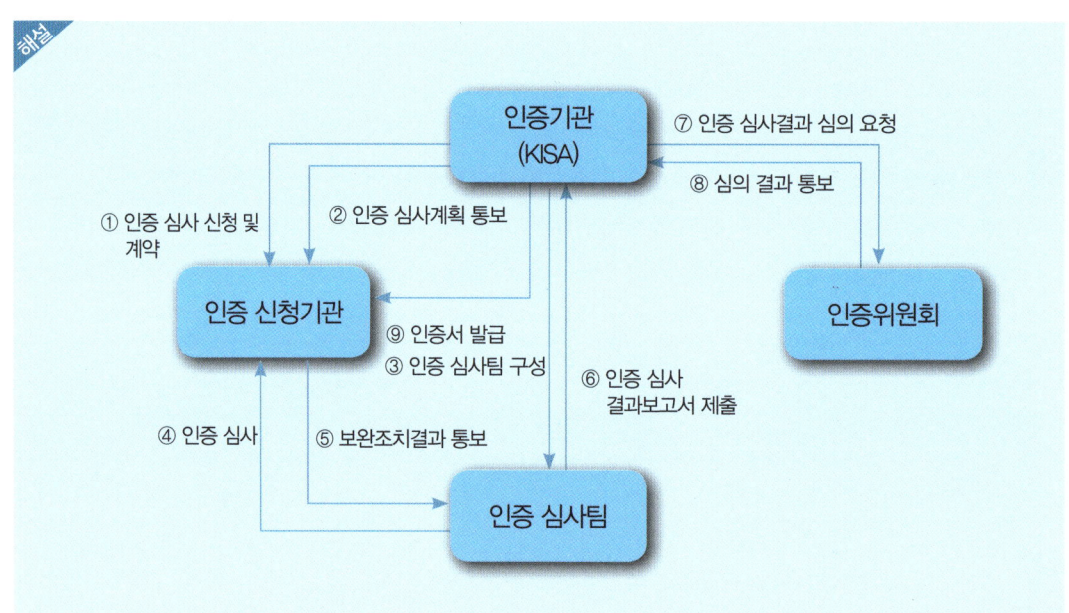

16 위협에 의해 정보 자산의 보안에 부정적 영향을 줄 수 있는 정보 자산의 속성이나 상태를 의미하는 것은 무엇인가?

1) 자산
2) 취약점
3) 손실
4) 위험

- 자산(Asset): 조직(기업)에 가치가 있는 자원들
- 위협 (Threat): 조직/기업의 자산에 악영향을 끼칠 수 있는 조건/사건/행위
  예 크래커(해커), 자연재해 등
- 취약점(Vulnerability): 위협이 발생하기 위한 사전 조건/상황
  예 오픈되어 있는 telnet port, 불법 모뎀 사용 등
- 위험(Risk): 위협이 취약점을 이용하여 조직의 자산에 손실, 피해를 가져올 가능성
- 전체 위험(Total Risk) = 자산(A) × 취약점(V) × 위협(T)

17 금융기관에서 정보보호에 대한 정책을 개정하고자 한다. 이때 고려할 사항과 거리가 먼 것은 무엇인가?

1) 업무적/기술적/관리적 특성을 고려한다.
2) 정책 적용의 대상이 되는 조직을 충분히 파악해야 한다.
3) 개인정보보호법은 전자금융거래법보다 우선하여 적용한다.
4) 자회사는 지주회사의 정보보호 정책을 준수하면서 세분화 한다.

조직/기관/기업의 보안정책은 기존의 상위 정책이나 규칙, 법령에 부합되어야 한다.

18 정보보호 관점에서의 재난 및 위기관리 과정으로 적절한 것은?

1) 위협 – 신호 탐색 – 예방 및 준비 – 손실 축소 – 재난 복구 – 학습
2) 위협 – 신호 탐색 – 예방 및 준비 – 재난 복구 – 손실 축소 – 학습
3) 위협 – 예방 및 준비 – 신호 탐색 – 손실 축소 – 재난 복구 – 학습
4) 학습 – 신호탐색 – 위협 – 예방 및 준비 – 손실 축소 – 재난 복구

정보시스템의 위기관리 단계: 위협 – 신호 탐색 – 예방 및 준비 – 손실 축소 – 재난 복구 – 학습

정답 15. 4) 16. 2) 17. 3) 18.1)

19. 정보보호 관리체계 인증 등에 관한 고시에서 ISMS 의무 인증 대상에 해당되지 않은 기업은 무엇인가?

1) 직접정보통신 시설 서비스를 수행하는 Co-Location 및 서버 임대 사업을 수행하는 기업
2) 반기 매출액 및 이용자 수 등을 기준으로 대통령이 정하는 기준에 해당하는 자
3) 쇼핑몰, 포털 등의 정보통신서비스를 제공하는 자에서 일평균 이용자가 100만 명 이상인 자
4) 전년도 말 기준 3개월 일일평균 이용자 수 100만 명 이상

년간 매출액 및 이용자 수 등을 기준으로 대통령이 정하는 기준에 해당하는 자이다.

20. ISMS 통제 항목 중에서 무선 네트워크 보안은 어느 영역에 해당되는가?

1) 접근 통제
2) IT 재해복구
3) 침해사고 관리
4) 운영 보안

운영 보안은 운영절차 및 변경관리, 시스템 및 서비스 운영 보안, 전자거래 및 정보 전송 보안, 매체보안, 악성코드 관리, 로그관리 및 모니터링을 포함하고, 시스템 및 서비스 운영 보안에는 무선 네트워크 보안을 포함한다.

21. 정보보호 정책에 대한 설명으로 가장 올바른 것을 고르시오?

1) 정보보안시스템에 대한 가이드라인을 제시
2) 정보자산의 보호와 정보보호 업무수행을 위해서 필요한 제반사항을 정의하고 경영목표와 일관성을 유지하여 정보자산에 대해서 기밀성, 무결성, 가용성을 확보한다.
3) 정보시스템의 안전성을 확보한다.
4) 정보시스템에 대한 편의성을 증대한다.

정보보호 정책은 정보 자산의 보호와 정보보호 업무수행을 위해서 필요한 제반사항을 정의하고 경영목표와 일관성을 유지하여 정보 자산에 대해서 기밀성, 무결성, 가용성을 확보한다.

22. 아래의 위험분석 방법은 무엇인가?

> 어떤 사건도 기대대로 발생하지 않는다는 사실에 근거하여 일정 조건하에서 위협에 대한 발생 가능한 결과들을 추정하는 방법이다.

1) 델파이법
2) 순위결정법
3) 시나리오법
4) 수학공식 접근법

- **시나리오법**
  - 어떤 사건도 기대대로 발생하지 않는다는 사실에 근거하여 일정 조건하에서 위협에 대한 발생 가능한 결과들을 추정하는 방법
  - 적은 정보를 가지고 전반적인 가능성을 추론할 수 있고, 위험분석팀과 관리층 간의 원활한 의사소통을 가능하게 함
  - 발생 가능한 사건의 이론적인 추측에 불과하고 정확도, 완성도, 이용기술의 수준 등이 낮음

23. 다음 중 정성적 위험분석 방법으로 짝지어진 것을 선택하시오?

1) NPV, 파레토 차트
2) 비용가치 분석, 델파이
3) 델파이, 순위결정법
4) 비용가치 분석, 순위결정법

델파이 기법은 전문가들이 모여서 중재자에게 자신의 의견을 제시하는 방법으로 위험분석에서는 정성적 위험분석 기법으로 사용된다.

- **정성적 위험분석과 정량적 위험분석의 차이점**

업무영향도 평가의 가장 핵심적 분석인 정성적, 정량적 위험분석방법을 비교해보면, 정량적 위험분석은 위험발생확률과 손실크기의 곱을 통해 기대 위험가치를 분석하는 것으로, 수학공식 접근법 및 확률분포 추정법 등을 이용하여 분석하는데, 비용/가치분석, 예산계획, 자료분석이 용이하고, 수리적 계산으로 논리적이고 객관적인 정보획득이 가능한 장점이 있고 분석 및 시간, 노력, 비용이 크고 정확한 정량화 수치를 얻기 어려운 단점이 있다. 정성적 위험분석은 손실크기를 화폐가치로 표현하기는 어려우나 위험크기는 기술변수로 표현 가능한 분석방법으로, 델파이법이나 시나리오법 등을 이용하고, 금액화 하기 어려운 정보평가가 가능하며 분석시간이 짧고 이해가 용이한 장점이 있으나, 평가 결과가 주관적이고 비용효과 분석이 어려운 단점이 있다.

정답 19. 2) 20. 4) 21. 2) 22. 3) 23. 3)

24 예방(Preventive) 통제, 탐지(Detective) 통제, 교정(Corrective) 통제의 정의에 대한 설명이다. 올바르지 않은 것을 고르시오?

1) 예방 통제는 알려진 보안위협의 발생을 사전에 대비하는 것이다.
2) 탐지 통제는 보안위협 및 침해사고의 발생을 인지한다.
3) 저지 통제는 미비한 통제조치를 보완하거나 위험발생을 저지한다.
4) 교정 통제는 문제의 원인을 교정하지만 문제의 원인 식별은 탐지 통제에서 한다.

> 해설
> 교정 통제는 문제의 원인을 식별, 분석하여 보완 조치를 수행한다.

25 다음은 침해사고 대응절차에 대한 설명이다. 침해사고 대응 1단계부터 6단계까지 순서를 올바르게 나열한 것은 무엇인가?

```
1. 사고처리 지침        2. 시간을 보고 준비
3. 정상적인 서비스      4. 사고조사
5. 사고처리             6. 법적관계조사
```

1) 1 - 2 - 3 - 4 - 5 - 6   2) 3 - 4 - 5 - 6 - 2 - 1
3) 1 - 2 - 3 - 5 - 6 - 4   4) 1 - 2 - 4 - 5 - 3 - 6

> 해설
> • 사이버 침해 대응에 대한 담당자별 책임
>
> | 구분 | 책임과 권한 |
> | --- | --- |
> | 정보보호 책임자 | • 접수된 침해사고에 대한 조사
• 침해사고 발생원인 분석 및 대응조치 수행
• 침해사고 재발방지를 위한 보안 권고문 및 보안조치 강화 |
> | 서버 및 네트워크 담당자 | • 서버 및 네트워크에 발생한 침해사고의 즉각적인 보고 및 초기 대응조치
• 침해사고에 대한 원인분석, 경위작성 및 보고 |
> | 애플리케이션 담당자 | • 침해사고 발생과 관련된 시스템의 애플리케이션에 대한 침해사고 경위 작성 및 보고
• 응용프로그램 침해사고 원인에 대한 시정조치 |

- 사이버 침해대응 절차
  ① 침해사고의 인식 및 신고
     - 침해사고 발견자는 정보보호 침해사고 신고서를 작성하여 정보보호 담당자에게 신고
     - 침해사고 발생 일시, 피해 상세내용, 공격자 정보(현재 확인된 사항), 침해사고 발견 경위, 현재 조치사항 등
  ② 긴급조치: 1단계
     - 신고서를 접수하면 해당 서버 관리자와 함께 신속하게 대상 서버의 현재 상태 정보를 조사
     - 실제 해킹사고 및 어떤 영향을 미쳤는지에 대하여 분석
     - 일반적인 이상징후는 2개 이상의 inetd 데몬, 네트워크 트래픽 급증, 이상한 프로세스의 수행, 이상한 Port의 Open, 이상한 계정의 존재여부를 확인하고 긴급조치
  ③ 분석: 2단계
     - 1단계에서 수집한 정보 및 시스템 분석을 통하여 피해상황과 원인을 파악한다.
     - 공격 방법 및 공격 경로, 파일 변조, 설치된 백도어 등을 확인하여 침해사고 내역을 정확하게 분석한다.
     - 확인된 공격자 IP를 바탕으로 공격자에 대한 추가정보를 취득 (#traceroute xx.xx.xx.xx '공격자의 IP 주소').
     - 탐지된 공격자의 관련정보를 조사 (http://www.nic.or.kr).
  ※ 파일 변조 및 백도어 등의 해킹 도구 설치 여부 점검은 국내 침해사고 대응팀인 CERTCCKR (http://www.certcc.or.kr)에서 제공하는 '기술자료/보안 도구' 내 '침입탐지 시스템 & 네트워크 모니터링' 도구 등을 이용한다.
  ④ 3단계: 재발방지 조치
     - 침해사고 분석보고서 작성 및 사후 대책을 마련하여 적용
     - OS 및 애플리케이션 취약성을 보완하기 위하여 최신의 보안 패치 적용
     - 패스워드 파일 유출 시 관련 시스템 패스워드 모두를 변경한다.
     - 공격 진원지에 대한 접근을 통제하고, 해당 기관에 연락하여 재발방지를 위한 조치를 취한다.
  ⑤ 침해사고 결과 분석 및 보고서 작성
  ⑥ 침해사고 분석 및 대응 결과 승인
     - 정보보호 책임자는 침해사고 대응결과에 대하여 검토 후 승인하고, 재발방지를 위해 필요한 후속 조치에 대하여 지원

정답 24. ④ 25. ④

26 다음은 정보보호 관리측면에서 무엇에 대한 정의인가?

> 비정상적인 일이 발생할 수 있는 가능성을 말함

1) 자산
2) 취약점
3) 위험
4) 손실

위험은 비정상적인 일이 발생할 수 있는 가능성으로, 위험은 기회요소인 긍정적인 요소와 피해요소인 부정적인 요소를 포함한다.

27 정보보호의 예방대책을 관리적 예방대책과 기술적 예방대책으로 나눌 때 관리적 예방대책에 속하는 것은 무엇인가?

1) 방화벽에 패킷 필터링 기능 활성화
2) 전송되는 메시지에 대한 암호화
3) 복구를 위한 백업 실행
4) 문서처리 순서 표준화

정보보안은 관리적, 기술적, 물리적 대응으로 분류할 수 있다. 관리적 보안은 보안지침, 범위, 보안 조직, 보안 프로세스 및 표준, 교육과 훈련 등의 내용을 포함하며, 기술적 보안은 접근 통제, 암호화 등의 기술적 요소이다.
물리적 보안은 출입통제, CCTV, 조명과 같은 시설물에 대한 통제 측면이다.

28 다음 정보보호 교육에 대한 설명으로 옳지 않은 것은 무엇인가?

1) 정보보호 교육은 정기적으로 실시하며 교육은 온라인과 오프라인으로 진행할 수 있다.
2) 정보보호 교육 담당자는 교육과정 개발, 교육 실시를 주관하며 교육완료 후 교육효과에 대한 내용을 관리해야 한다.
3) 훈련 받는 대상자는 정보보호에 관련된 업무를 수행하는 직원만 교육을 평가하여 다음 교육에 반영할 수 있도록 노력해야 한다.
4) 교육은 수시교육, 정기교육, 정보공유 형태로 1년 2회 이상 실시한다.

정보보호 교육은 정보보안 관련 업무 담당자만을 대상으로 하는 것이 아니고, 정보보호 관련 업무 담당자는 전문교육, 개인정보 취급자는 개인정보보호 관리체계, 전 직원을 대상으로 하는 전사교육 형태로 구분되어서 실시된다.

29 다음 중 정보시스템 관리 책임자의 주요 임무가 아닌 것은 무엇인가?

1) 정보기술 표준 지침 실행여부 확인
2) 정보시스템에 대한 주기적인 백업과 복구
3) 정보시스템 운영 매뉴얼 변경관리 및 현행화
4) 조직의 전반적인 보안인식 프로그램 관리

조직 전반의 보안인식 프로그램 관리는 정보보호 책임자의 역할이다. 기본적으로 정보시스템 개발자, 운영자, 보안관리자를 분리해서 역할을 부여하는 것은 직무분리의 원칙이다.

30 정보보호 교육의 필요성에 대한 설명으로 틀린 것은?

1) 교육의 시기, 기간, 대상, 내용, 방법 등의 내용이 포함된 연간 정보보호 교육계획을 수립해야 한다.
2) 정보보호 교육은 지속적으로 수행되는 활동으로, 직무별 전문성 제고에 적합한 교육내용 및 방법을 정해야 한다.
3) 교육 대상은 정보보호 관리체계 범위 내 임직원만을 대상으로 한다.
4) 정보통신서비스 제공자 등은 개인정보관리책임자 및 개인정보취급자를 대상으로 매년 2회 이상 교육을 실시해야 한다.

3) 교육 대상은 정보보호 관리체계 범위 내 임직원만을 대상으로 한다.
: 교육 대상에는 정보보호 관리체계 범위 내 임직원 및 외부자를 모두 포함해야 한다.

정답 26. 3) 27. 4) 28. 3) 29. 4) 30. 3)

31 다음 중 용어에 대한 설명으로 옳지 않은 것은 무엇인가?

1) 정성적 기준: 자산 도입비용, 자산 복구비용, 자산 복구비용의 기준이 됨
2) 정성적 기준: 정보 자산의 우선순위 식별
3) 정량적 기준: 정보 자산의 취약점에 대한 피해를 산정
4) 정량적 기준: 영향도 분석 결과를 수치화 하여 산정

해설

정성적 기준은 정보 자산에 대한 위협 및 영향도를 분석하여 우선순위화를 수행하는 것이다. 정량적 분석 영향도를 수치화 하는 것이고, 이를 통해서 대응계획을 수립할 수 있다.

32 다음 중 위험관리계획의 과정에 대한 설명으로 옳지 않은 것은 무엇인가?

1) 일반적으로 효과적인 보안에는 자산에 대한 보안계층이 단일화되어 있는 하나의 단일화된 대책의 조합이 요구된다.
2) 위험관리 시에 가정 먼저 수행하는 것이 위험관리계획이다.
3) 위험관리계획은 위험관리 범위와 조직, 책임과 역할 등이 나와 있다.
4) 위험관리계획은 최초작성 이후에 변경될 수 있다.

해설

위험대응에서 대책은 하나의 단일화된 대응책이 아니라 해당 위험에 대한 대응책이어야 한다.

33 다음 중 위험분석 시 정량적 분석의 단점으로 올바른 것은 무엇인가?

1) 계산이 단순하고 정량적으로 측정할 수 있다.
2) 민간도 분석과 같은 독립변수와 종속변수 간의 관계를 수치화시켜서 정성적으로 분석을 수행한다.
3) 정성적 분석은 시나리오법 등을 사용하고 정량적 분석은 델파이법을 사용한다.
4) 계산이 복잡하여 분석하는데 시간, 노력, 비용이 많이 든다.

해설

정량적 분석은 계산이 복잡해서 많은 시간과 노력이 발생하며, 민감도 분석은 정량적 분석기법이다.

34 다음 설명으로 올바른 것은 무엇인가?

> 원격으로 접속할 때 평문을 암호화하여 전송한다.

1) ftp
2) telnet
3) ssh
4) rlogin

해설 ssh는 telnet의 보안 취약점을 해결하기 위해서 암호화를 사용하여 원격접속을 수행한다.

정답 31. 1) 32. 1) 33. 4) 34. 3)

PART 3 정보보호 이론 및 기술

Chapter 01 물리적 보안
Chapter 02 정보보안 개론
Chapter 03 접근통제
Chapter 04 전송구간 보안
Chapter 05 정보보안 시스템
Chapter 06 개발보안
Chapter 07 BCP와 DRS

Information Security Managemant System

ISMS 인증심사원

정보보호 이론 및 기술 부분에서는 정보보호 관리체계 인증심사원이 학습해야 하는 정보보안 관련 기술을 학습한다. 특히 개인정보를 보호하기 위한 암호화 기술과 전송 구간에서 개인정보 및 기업의 민감 정보 송·수신을 보호하기 위한 SSL 보안서버, IPSEC를 학습해야 한다. 또한 소프트웨어 개발 시에 개발보안을 준수하기 위한 행정안전부의 개발보안을 이해해야 한다.

Information Security Managemant System

물리적 보안

물리적 보안은 실제 IDC 센터의 시설물에 대한 것으로 무정전 전원장치, 랙, 항온항습기의 기능이 무엇인지 학습한다. 또한, IDC 방문 시에 가장 처음 확인해야 할 것은 출입통제, 물리적 배치도, 자신식별이라는 것을 잊어서는 안 된다.

1 IDC센터 물리적 보안 시설

① **무정전 전원장치(UPS: Uninterruptible Power Supply)**

컴퓨터 시스템에 전력 공급을 조절하는 장치로써 전기회로의 전압이 끊어지거나 혹은 전압이 올라가는 경우 이를 제한하여 시스템의 가용성을 확보하는 장치이다.

▲ UPS

② **창문 밀폐망**

IDC 센터는 창문을 밀폐하여 태양을 통해서 유입되는 빛을 차단하고 이를 통해서 적정한 온도를 유지해야 한다.

▲ 창문 밀폐망

③ 케이블 타워

UTP 및 광 케이블을 서버와 연결하기 위해서 타워를 올리고 각각의 케이블별로 분리한 후 해당 랙(Rack)에 연결을 수행한다.

▲ 케이블 타워

④ 랙(Rack)

서버 혹은 스토리지를 설치하기 위한 공간으로 시스템의 지지대 설치, 전원 공급, 장비 이동 등을 원활하게 수행한다.

▲ 랙(Rack)

⑤ Access Floor

IDC 센터의 바닥으로 지표면에서 한 단계 높이 설치한다.

▲ Access Floor

⑥ 항온항습기

온도와 습도를 자유롭게 조절할 수 있는 기계로, 쉽게 생각하면 에어컨, 가습기, 히터를 결합한 기계이다. 항온항습기는 IDC 센터의 적정 온도를 유지하여 서버를 안정적으로 유지한다. 즉, 반도체 메모리는 온도가 높아지면 오류율이 급증하기 때문에 IDC 센터의 적정 온도 유지가 중요하다.

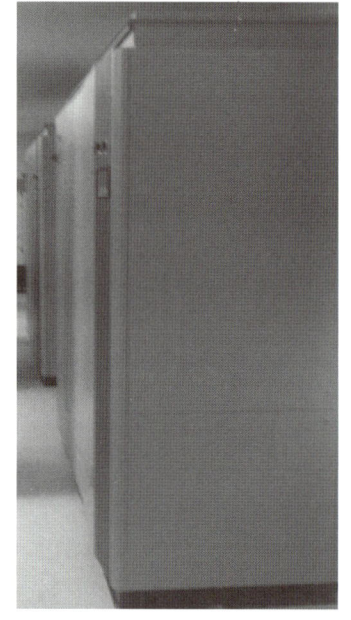

▲ 항온항습기

⑦ 서버 분전반

안정적으로 서버에 전원을 공급하기 위해서 정상적인 공급라인 및 자동 비상 전환 등을 수행한다.

▲ 서버 분전반

Information Security Managemant System

CHAPTER 2 정보보안 개론

정보보안 개론에서 대칭키 암호화 및 비대칭키 암호화 기법을 이해하고 안전한 암호화를 위한 128Bit 이상 암호화 기법 및 해시함수를 학습한다. 또한 전자서명 절차를 분명히 이해하고 있어야 한다.

1 정보보호

① 정보보호 개념

정보의 수집ㆍ가공ㆍ저장ㆍ검색ㆍ송신ㆍ수신 중에 정보의 훼손ㆍ변조ㆍ유출 등을 방지하기 위한 관리적ㆍ기술적 수단으로 이루어지는 행위이다.

② 정보보호 목표

종류	세부 설명
기밀성 (Confidentiality)	정보가 허가되지 않은 사용자(조직)에게 노출되지 않는 것을 보장하는 보안 원칙
무결성 (Integrity)	정보가 권한이 없는 사용자의 악의적 또는 비악의적인 접근에 의해 변경되지 않는 것을 보장하는 보안 원칙
가용성 (Availability)	인가된 사용자(조직)가 정보시스템의 데이터 또는 자원을 필요로 할 때 지체 없이 원하는 객체 또는 자원에 접근하고 사용할 수 있는 것을 보장하는 보안 원칙

③ 정보보호 공격 유형 및 대책

종류	세부 설명
변조 (Modification)	• 원래 데이터를 다른 내용으로 바꾸는 행위 • 시스템에 불법적으로 접근하여 데이터를 조작하고 정보의 무결성 보장을 위협
가로채기 (Interception)	비인가된 사용자 또는 공격자가 전송되고 있는 정보를 몰래 열람, 도청하는 행위로 정보의 기밀성 보장을 위협
차단 (Interruption)	• 정보의 원활한 송ㆍ수신 흐름을 차단 • 이는 정보의 가용성 보장을 위협
위조 (Fabrication)	마치 다른 송신자로부터 정보가 수신된 것처럼 속이는 행위

정보시스템에 대한 위협 및 취약점으로부터 손실을 줄이기 위해서 위험에 대한 통제를 수행한다. 통제는 보안대책에 대해서 제대로 수행하고 있는지 확인하고 조치하는 것이다. 이러한 통제는 사전에 대응하는 예방통제, 위협·취약점·위험을 파악하는 탐지통제, 침해사고 발생 시에 수행하는 복구통제, 침해사고에 대응하거나 장애·오류 등을 교정하는 교정통제가 존재한다.

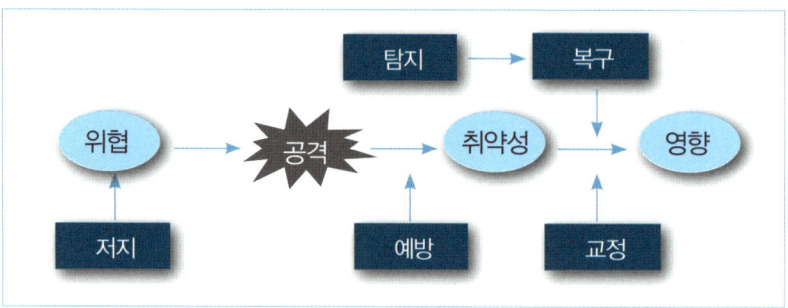

▲ 정보보호 대책 관계

④ 정보보호 대책

통제유형	설명	사례
예방(Preventive)	바람직하지 못한 사건이 발생하는 것을 피하기 위해 사용되는 통제	담장, 자물쇠, 보안 경비원, 백신, 직무분리, 암호화, 방화벽
탐지(Detective)	발생된 사건을 식별하기 위해 사용	CCTV, 보안 감사, 감사로그, 침입탐지, 경보
저지(Deterrent)	보안 위반을 단념시키기 위해 사용	CCTV, 경보, 보안의식 훈련
교정(Corrective)	발생된 사건을 교정하기 위해 사용	백신 S/W
복구(Recovery)	자원과 능력을 복구하기 위해 사용	백업

2 암호화

암호화는 암호화 키를 통해서 평문을 암호문으로 만들고 다시 암호문을 평문으로 만드는 과정이다. 암호화는 복호화할 수 있는지 없는지에 따라 복호화할 수 없는 일방향(단방향) 암호화와 복호화할 수 있는 양방향 암호화가 존재한다. 또한 암호문이 매번 변경되는 One Time Pad로 나누어진다. 이러한 암호화는 평문에 대해서 기밀성을 만족하고 변조 여부를 확인할 수 있는 무결성과 인증, 부인방지와 같은 기능을 추가적으로 제공한다.

1) 암호화 기능

암호화의 보안 요구 사항: 기밀성, 무결성, 인증, 부인방지

2) 암호화와 복호화 과정

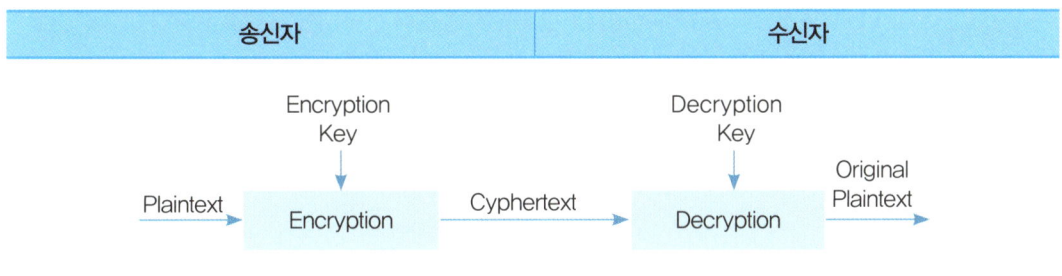

암호화는 암호화 키(Encryption)를 사용해서 평문(Plaintext)을 암호문(Cyphertext)으로 만들고 복호화 키(Decryption Key)를 사용해서 평문으로 복원하는 과정이다.

3) 암호화 세부 내용

구분	특징
암호학(Cryptology)	• 암호기법(Cryptography): 암호화와 복호화의 원리, 절차 및 방법론에 관한 학문 • 암호해독(Cryptanalysis): 암호문으로부터 복호화 키를 찾아내거나 암호문을 평문으로 복원하려는 노력 또는 그에 관한 학문
평문(Plaintext)	일반인이 이해할 수 있는 형태의 정보
암호문(Chiphertext)	평문을 이해할 수 없는 형태로 변형한 문장
암호화(Encryption)	비밀성 보장을 위해 암호 알고리즘에 의해 평문을 암호문으로 바꾸는 과정
복호화(Decryption)	암호화된 문장을 평문으로 바꾸는 과정
알고리즘	특수한 순서로 평문에 적용되는 복잡한 수학공식

최초의 암호화는 시저의 암호화이다. 시저의 암호화는 알파벳을 특정 자릿수로 변경(치환)해서 보내는 단순한 암호화 기법이다. 이러한 암호화 기법을 고전 암호화라고 하고, 이후 기계를 사용해서 암호화를 수행했는데 대표적인 것은 ENGIMA라는 것이 등장했다.

현대 암호화는 암호화 키 증대와 치환, 자리바꿈을 같이 사용하는 혼합 암호화(Product Chipher)를 사용한다.

① 암호화 역사

구분	특징
고전 암호	• 단순한 문자 대입 방법으로 통계적 특성을 분석하여 암호문 해독이 가능했음 • 대표적 암호: 시저 암호, 비케네르 암호
근대 암호	• 기계를 이용하여 암호 알고리즘을 실현 • 대표적 암호: ENGIMA(평문을 자판으로 입력하면 각 회전자에 의해 암호문 변환)
현대 암호	• 1940년 말 Clause Shannon의 정보 이론에 의해 현대 암호학 시작 • 다양한 이론에 의해 복잡도가 높은 암호 알고리즘 실현

② 암호화 기법 ★

구분	유형	특징
고대	대치(Substitution)	• 비트, 문자 또는 문자의 블록을 다른 비트, 문자 또는 블록으로 대체(다른 글자로) • Switch, Replace 라고도 함, 시저(Julius Caesar)암호가 대표적 • 빈도수 공격(Frequency attack)에 취약 • 혼돈(Confusion)
	전치(Transposition) 순열(Permutation)	• 치환암호, 평문 문자들을 재배열하는 일정한 방식을 통해 평문을 뒤섞은 방법, 비트/문자/문자의 블록이 원래 의미를 감춤 • 빈도수 공격(Frequency Attack)에 취약 • 확산(Diffusion)
현대	대칭키 암호화	송·수신자의 키가 동일한 암호화 방식
	공개키 암호화	암호화 키와 복호화 키가 다른 암호화 방식
	타원곡선암호(ECC)	• Elliptic Curve Cryptography • 공개키 암호 시스템의 큰 키를 이용해야 하는 단점을 보완
	양자암호	• Quantum Cryptography, 현재 활발한 연구 중 • 이론적으로만 존재하는 것으로 여기던 완벽한 암호시스템

4) Clause Shannon의 Information Theory(정보이론)

- 일회성 암호가 안전함을 증명: OTP(One Time Pad)
- 혼돈(Confusion): 암호문과 평문과의 상관관계를 숨김, 대치를 통해 구현
- 확산(Diffusion): 평문의 통계적 성질을 암호문 전반에 퍼뜨려 숨김, 전치로 구현, 평문과 암호화 키의 각 비트들은 암호문의 모든 비트에 영향을 주어야 한다(skytale: Transposition(배열이 바뀜, 위치만 변경)).

5) 암호화 기법

① 대칭키 암호화 기법

대칭키 암호화 기법은 암호화를 수행하는 키와 복호화를 수행하는 키가 동일한 것을 의미한다. 대칭키는 암호화 키와 복호화 키가 동일하기 때문에 암호화 키를 송신자와 수신자가 공유해야 하고 이로 인하여 키 관리의 어려운 문제점을 가진다.

- **대칭키 암호화 기법**

> - 암호화 키와 복호화 키가 동일한 암호화 방식, 양방향 암호
> - Session Key, Shared Key, Secret Key, 대칭키(Symmetric Key), 관용키(Conventional Key)라고도 함

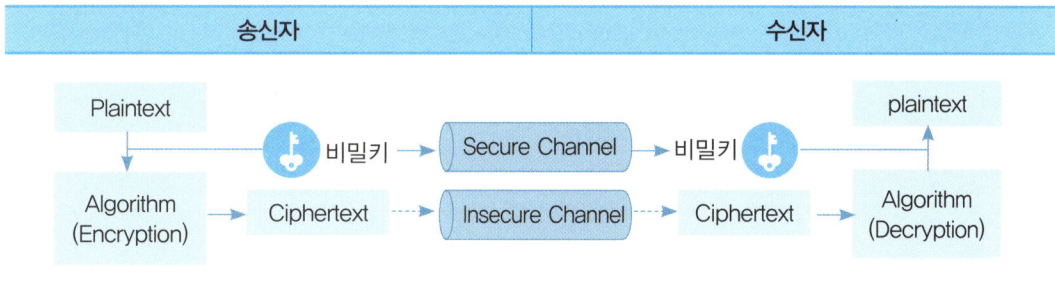

▲ 대칭키 암호화 기법 개념도

통신하려는 송신자와 수신자는 공개되지 않은 같은 키를 공유하고, 암호문과 알고리즘은 공개해야 한다. 암호화 키를 모르고 공개된 알고리즘과 암호문만으로 평문을 알 수 없다.

- **대칭키 암호화 기법의 특징**

> - 기밀성을 제공하나 무결성, 인증, 부인방지는 보장할 수 없음, 암호화 복호화 속도가 빠름
> - 같은 키를 사용하므로 안전한 키 전달 및 공유 방법이 필요, 메시지 데이터 암호화에 적합

- **대칭키 암호화의 종류**

구분	스트림 암호(Stream Cipher)	블록암호(Block Cipher)
개념	하나의 비트 또는 바이트 단위로 암호화	여러 개의 bit를 묶은 블록을 단위로 암호화
방법	평문을 XOR로 1비트 단위로 암호화	블록단위로 치환/대칭을 반복하여 암호화
장점	실시간 암호, 복호화, 블록 암호화보다 빠름	대용량의 평문 암호화
종류	RC4, SEAL, OTP	DES, 3DES, AES, IDEA, Blowfish, SEED

스트림 암호화 기법은 비트 혹은 바이트 단위로 암호화를 수행하는 것으로, 스트림 암호화는 키 스트림으로 암호화하는 사용자와 복호화하는 사용자가 동일한 키 스트림 생성기를 사용해야 한다.

② DES

• DES(Data Encryption Standard)

IBM에서 개발한 대칭키 암호화 알고리즘은 1977년 미국 표준국(NIST)에서 표준으로 채택된 알고리즘이며, 20년간 미국 표준 및 국제 표준으로 활용된 암호화 알고리즘이다.

• DES 특징

- 64Bit 블록단위 암호화를 수행하며 56Bit 키를 사용
- 56Bit 키 길이
- 64Bit의 평문과 키를 입력으로 받아 64Bit 암호문을 생성
- DES는 56Bit에 8Bit가 늘어난 이유는 7Bit마다 Check Bit를 넣음
  결론적으로 (7+1)*8 = 64Bit가 됨
- 치환암호(Substitution Cipher)와 전치(Transposition Cipher)암호를 혼합한 혼합 암호(Product Cipher)를 사용함
- DES는 내부에서 XOR, 자리바꿈, 순환이동, 치환 등을 사용하고 S-BOX를 제외하고 나머지 연산은 모두 선형임. 즉, S-BOX를 제외하고 나머지는 역으로 취할 수 있으므로 DES의 안정성에서 S-BOX가 가장 중요한 부분임
- 암호화과정과 복호화과정이 동일한 Feistel 구조

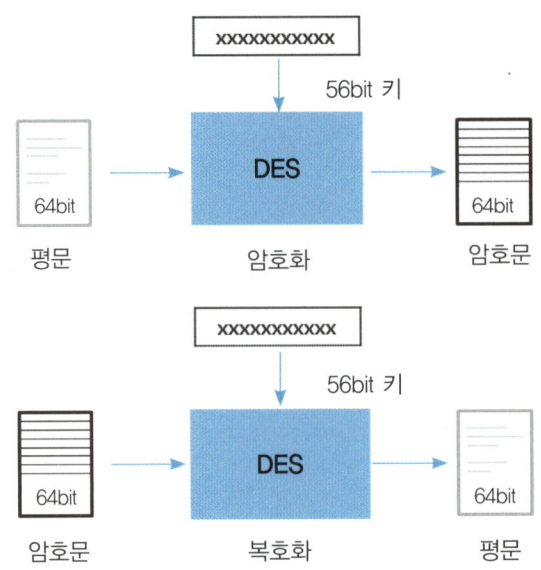

▲ DES 암호화 및 복호화

• DES 암호화 및 복호화의 혼합암호화(Product Cipher)

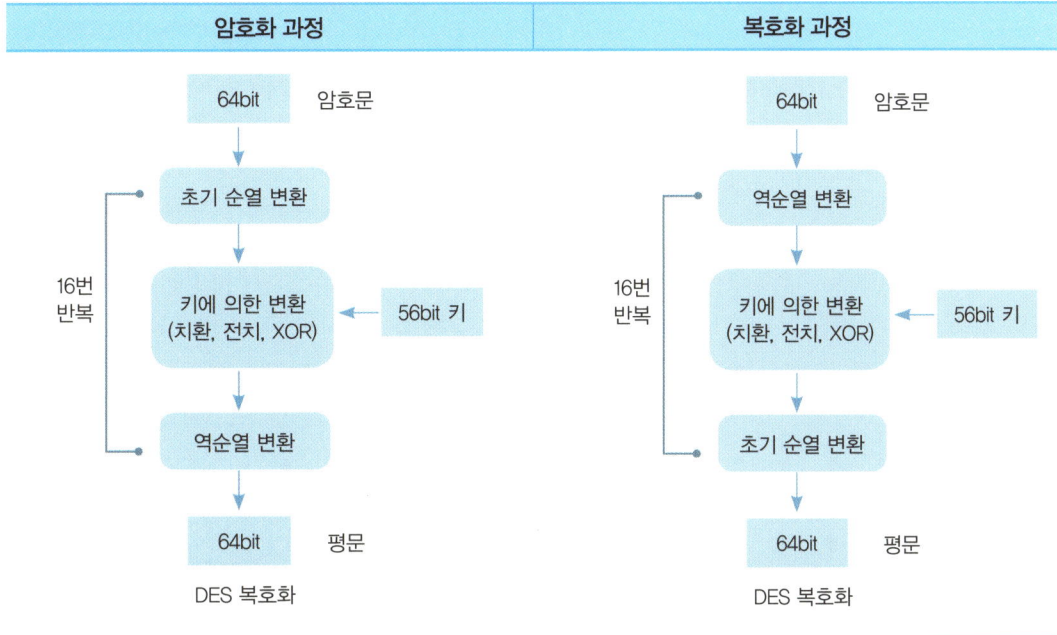

❶ DES는 64비트의 블록을 입력 받아서 56비트의 키(실제로는 패리티 비트를 넣어 64비트)로 암호화 해서 64비트의 블록을 출력
❷ 입력 받은 64비트를 초기 순열을 이용해서 64비트 전체를 재배열
❸ 초기 순열에는 전치할 순서가 들어 있음. 예를 들어, 1번 자리는 45번으로, 34번은 4번으로 순서가 저장됨. 그리고 치환되어 나온 값은 키를 이용해 XOR 연산과 Feistel 연산이라고 하는 과정을 거쳐서 변환함
❹ 역 순열을 이용해 다시 재배열하고 이것을 16번 반복함

③ AES

• AES(Advanced Encryption Standard) ★★

- 미국 연방표준 알고리즘으로 DES를 대신하는 차세대 표준 암호화 알고리즘이며, 미국 상무성 산하 NIST(National Institute of Standards and Technology) 표준 알고리즘
- 블록 길이는 128, 192, 256Bit의 3종류로 구성

• AES 특징

- 암호화 및 복호화가 빠르고 공격에 대해서 안전함
- 간단한 하드웨어 및 소프트웨어 구성의 편의성
- 이론적으로 키의 크기는 제한이 없음

• AES 암호화 방식

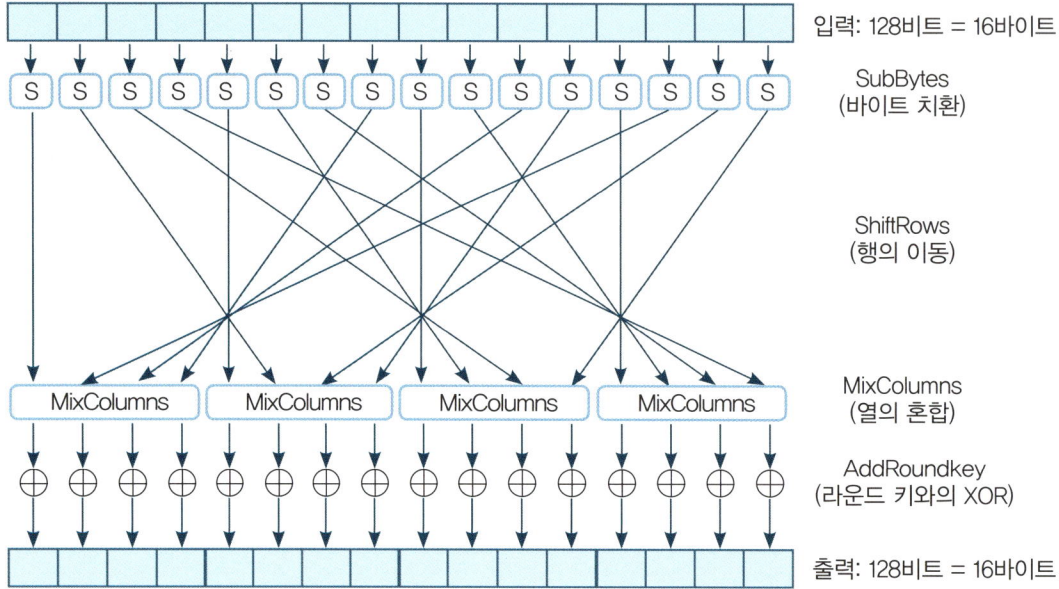

- 입력블록은 128Bit, 즉 16Byte이며 16Byte 입력에 대해서 각각 1Byte마다 SubByte 라는 처리를 수행함
- SubByte는 1Byte의 값(0~256)을 인덱스하고 256개의 값을 가지고 있는 S박스로부터 1개의 1바이트 값을 얻는 처리
- ShiftRows처리는 SubByte의 출력을 Byte단위로 뒤섞는 것으로, 규칙적으로 썼음
- MixColumns처리는 4Byte 값을 비트연산을 사용해서 다른 4Byte 값으로 변환
- MixColumns의 출력과 라운드 키를 취하는 AddRoundKey라는 처리를 수행
- AES는 1라운드 처리이며, 총 10~14회 라운드를 반복함

④ SEED

SEED는 국내에서 개발하고 TTA와 ISO/IEC에서 국제표준으로 제정된 대칭키 블록 암호화 알고리즘으로 유·무선 통신 및 인터넷 장비 등의 암호화 및 상호인증 수단으로 사용되며, 전자상거래나 교통카드 및 무선전화 등에서 정보보호를 위한 표준 암호화 방식으로 사용되고 있다. 또한, 현재 메시지 암호화 표준으로 보안 전자우편에 사용되며, TLS 및 IPSec의 암호화 표준으로 제정되어 있다.

주요 특징은 128비트 키를 사용하여 128비트 길이 블록단위의 암호화를 16Round 수행하고, DES와 같이 전치 및 치환과 XOR을 이용한 Feistel구조를 사용한다는 것이다. SEED의 암호화 프로세스 구조는 평문을 128비트 길이로 블록화 하여 64비트씩 Lo, Ro블록으로 다시 나누고, 128비트 암호화 키를 사용하여 Feistel구조로 16Round를 반복하고, 암호화된 64비트 블록을 조합하여 128비트씩 암호문을 출력한다. 각 Round를 위한 라운드 키를 생성하는 방법은

128bit의 암호화 키를 64bit씩 구분하여 8bit씩 좌우회전 이동 및 4워드 산술연산과 G함수 등을 통하여 생성하게 되고, G함수는 3쌍의 S1/S2 Box테이블의 Lookup동작 및 마스킹 동작과 XOR연산을 통하여 출력하는 기능을 한다.

• SEED

> KISA와 ETRI에서 개발하고 TTA와 ISO/IEC에서 국제표준으로 제정된 128비트 키 블록단위로 메시지를 처리하는 대칭키 블록 암/복호화 알고리즘

• SEED 특징

구분	특징
키 길이	128Bit 고정 키 사용
블록 암호화	128비트 길이 블록단위 암호화, 16Round
암호화 방식	DES 같은 Feistel(전치, 치환, XOR 사용)
운영모드	일반적 블록 암호화 운영모드(ECB, CBC, CRB, OFB)

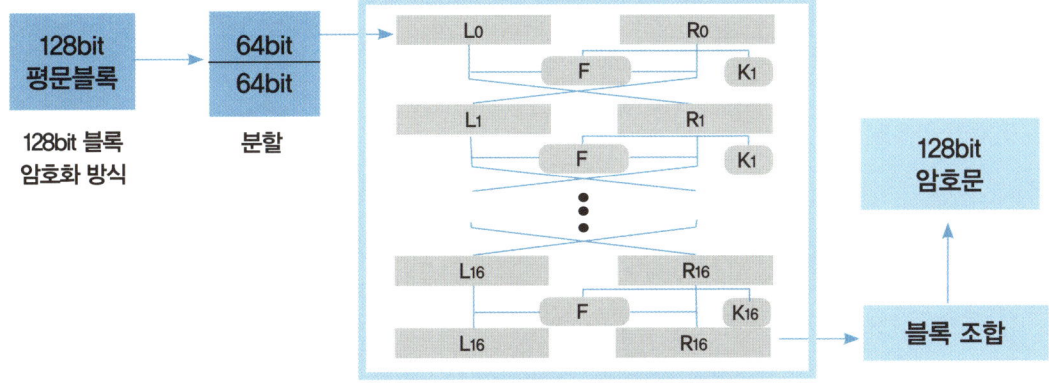

▲ SEED 암호화 방식

• SEED 세부 내용

구분	특징
평문 블록화	128bit 평문을 64bit씩 Lo, Ro 블록으로 나눔
F 함수	• 64bit Feistel형태로 구성(16Round) • 입력: 64bit블록과 64bit 라운드 키, 출력: 64bit 블록 출력
암호문	암호화된 64bit 블록을 조합하여 128bit 암호문 출력

⑤ 대칭키 암호화 종류

• 대칭키 암호화 기법

구분	블록 크기	키 크기	Round	주요 내용
DES	64Bit	56Bit	16	키 길이가 작아 해독 용이
3DES	64Bit	168Bit	48	DES의 Round 수를 늘려 보안성을 강화
AES	128Bit	128/192/256Bit	10/12/14	미국 표준 암호화 알고리즘
IDEA	64Bit	128Bit	8	암호화 강도가 DES보다 강하고 2배 빠름
SEED	128Bit	128Bit	16	국내에서 개발, ISO/IEC, IEFT 표준

• 대표적인 대칭키 암호화 기법

구분	SEED	3DES	AES
특징	안전성, 빠른 암호화 속도	DES 호환성, 느린 암호화 속도	안정성, 효율성, 구현 용이성
키 길이	128bit	168bit	128bit, 192bit, 256bit
Block	128bit(16Round)	64bit(16×3 Round)	3 Layer기반 Round구조
개발기관	KISA, ETRI(국제표준)	IBM(레거시 시스템 표준)	Rijndea(미국 NIST 표준)

⑥ 공개키 암호화 기법

비대칭키는 대칭키 암호화 기법의 암호화 키 배분의 문제를 해결하기 위해서 암호화 키를 두 개 만들게 된다. 즉, 개인키와 공개키 두 개의 키를 가지고 있게 되는 것이다. 송신자는 수신자의 공개키로 메시지를 암호화 하고 수신자는 자신만의 개인키로 메시지를 복호화할 수 있다. 여기서 가장 중요한 것은, 공개키로 암호화 한 것은 오직 개인키로 해독된다는 것이다.

• 공개키 암호화(Public Key)의 주요 특징

- 암호화 키와 복호화 키가 다른 암호화 방식, 키 교환은 키 합의 또는 키 전송 사용
- 키 교환은 키 합의(Key Agreement) 또는 키 전송 사용, 공개키/개인키를 사용하여 인증, 서명, 암호화를 수행

• 공개키 암호화의 필요성

필요성	주요 내용
키 관리 문제	비밀키의 배분, 공유 문제, 수많은 키의 저장 및 관리 문제

인증	메시지의 주인을 인증할 필요함
부인 방지	메시지의 수신여부를 확인함

- **공개키 암호화 방식**

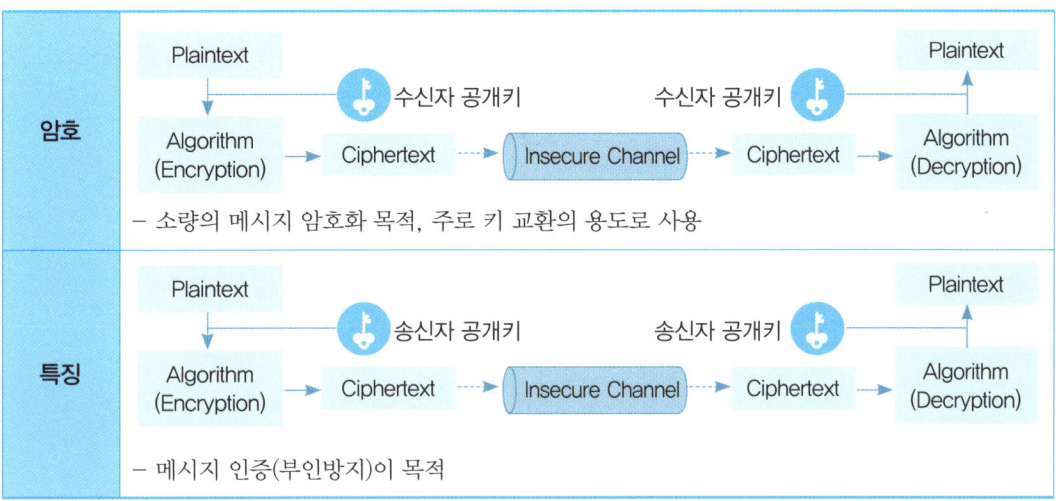

비대칭키 방법은 키 분배 문제를 해결했지만, 대칭키 암호화 기법에 비해 암호화와 복호화 속도가 떨어지는 문제가 있다. 비대칭키 암호화 기법으로 대표적인 RSA기법은 소인수 분해를 이용하여 암호화를 수행하는데 속도저하 문제가 발생한다. 이러한 문제를 해결하기 위해서 이산대수 기법을 사용하여 암호화를 수행하는데, 소인수 분해 기법에 비해서 성능은 향상되지만 대칭키에 비해서는 속도가 떨어진다.

- **공개키 암호화 종류**

구분	특징	수학적 배경	장점	단점
Diffie Hellman	• 최초의 공개 키 알고리즘 • 키 분배 전용 알고리즘	이산대수 문제	• 키 분배에 최적화 • 키는 필요시에만 생성, 저장 불필요	• 암호모드로 사용 불가(인증 불가) • 위조에 취약
RSA	대표적 공개 키 알고리즘	소인수분해	여러 library 존재	컴퓨터 속도 발전으로 키 길이 증가
DSA	전자서명 알고리즘 표준	이산대수 문제	간단한 구조(Yes or No의 결과만 가짐)	• 전자서명 전용 • 암호화, 키 교환 불가
ECC	• 짧은 키로 높은 암호 강도 • PDA, 스마트폰, 핸드폰	타원 곡선	• 오버헤드 적음 • 160키 = RSA 1024	키 테이블 (20 Kbyte) 필요

※ 이산대수, 인수분해 Key 길이: 1,024~2,048bit, ECC: 160bit 이상

• 공개키 암호화 방식과 대칭키 암호화 방식의 차이점

항목	대칭키 암호화	공개키 암호화
키 관계	암호화 키 = 복호화 키	암호화 키 ≠ 복호화 키
안전한 키 길이	128Bit 이상	2048Bit 이상
구성	비밀키	공개키, 개인키
키 개수	N(N−1)/2	2N
대표적인 예	DES, 3DES, AES	RSA, ECC
제공 서비스	기밀성	기밀성, 부인 방지, 인증
목적	Data 암호화	대칭키 암호(전달(키 분배))
단점	키 분배 어려움, 확장성 떨어짐	중간자 공격(대응 PKI)
암호화 속도	공개키(비대칭키)보다 빠름	대칭키보다 느림

⑦ RSA 암호화 기법

• RSA(Rivest, Adi Shamir, Leonard Adelman)

- 1976년 공개키 암호방식의 개념 등장 이후에 1978년 Rivest, Shamir, Adleman이 개발한 암호화 방식
- 대표적인 공개키 암호화 방식으로 De-facto Standard(산업표준)
- 소인수분해의 어려움을 기반으로 안정성 제공
- 암호화 및 디지털 서명 용도로 사용이 가능

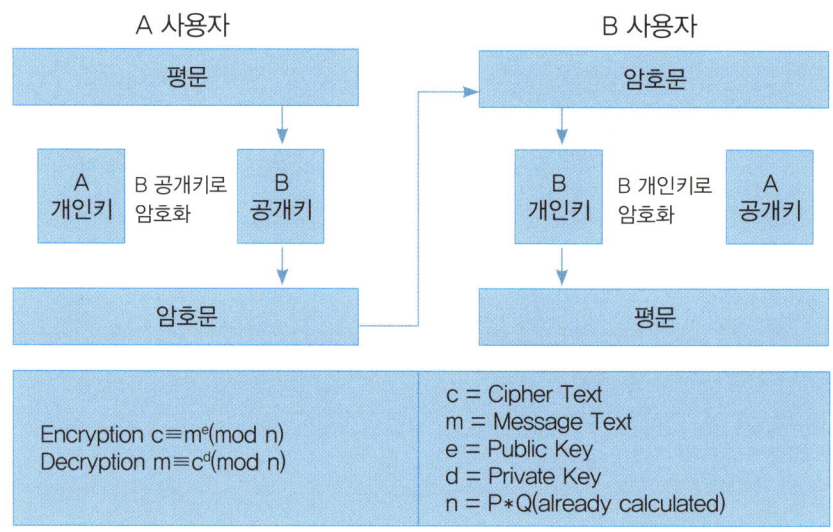

▲ RSA 암호화 및 복호화 과정

- **RSA 암호화 방법**

구분	안정성 확보
소수 선택	p, q는 거의 같은 크기의 소수여야 안전함
	p-1, p-1은 큰 소스를 인수로 가져야 안전함
	p-1, p-1의 최대 공약수는 작아야 안전함
Key 길이	1908년까지 512비트, 1996년에는 1024비트, 2005년에는 2048비트 권장

위의 도표를 보면 두 개의 키가 존재한다. 즉, 개인키와 공개키이다. 송신자는 수신자의 공개키로 암호화하고 수신자는 자신의 개인키로 복호화한다. RSA과정에서 전자서명은 송신자가 송신자의 개인키로 서명을 하는 것이다. 서명의 복호화는 송신자의 공개키로 수행한다. 바로 이 부분이 RSA 암호화에서 가장 중요한 부분이다.

⑧ 해시함수

해시함수는 일방향 암호화를 수행하는 것으로 암호화된 암호문은 복호화될 수 없는 특성이 있으며, 대칭키와 비대칭키 기법과 다르게 암호화 키가 존재하지 않는다.

- **해시 알고리즘 특징**

  - 키가 없고 복호화가 불가능한 특징을 가지는 암호화 방식, 일방향 암호 기술
  - MD(Massage Digest)는 무결성만 제공하는 메커니즘
  - 다양한 길이의 입력을 고정된 짧은 길이의 출력으로 변환하는 함수
    (고정 길이 출력: 128, 160, 256 Bit 등)
  - 표현 방식: y=h(x), x는 가변길이의 메시지, y는 해시함수를 통해서 생성, h는 해시 값(Hash code)

- 해시함수 개념도

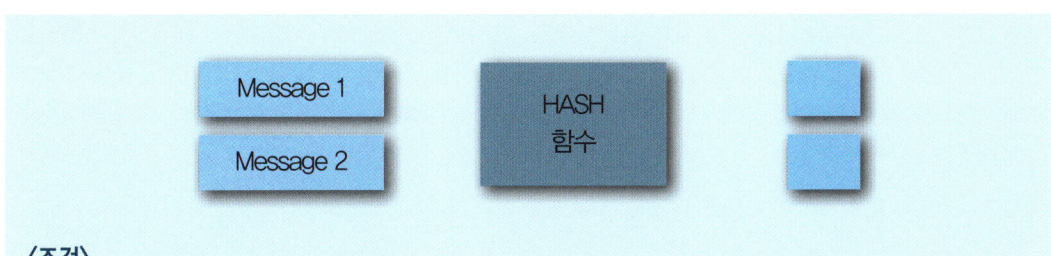

〈조건〉
1) 동일한 Hash 함수 사용   2) Message 1 ≠ Message 2   3) 결과: MD1 ≠ MD2
   (같이 나오게 되면 비정상이며, collision 현상)

● Hash 함수의 조건

조건	설명
압축	임의의 길이의 평문을 고정된 길이의 출력 값으로 변환함
일방향	메시지에서 해시 값(Hash Code)을 구하는 것은 쉽지만, 반대로 해시 값에서 원래의 메시지를 구하는 것은 매우 어려움(역방향 계산 불가능)
효율성	메시지로부터 h(메시지)를 구하는데 많은 자원과 노력이 소요되지 않아야 함
충돌회피	• 다른 문장을 사용하였는데도 동일한 암호문이 나오는 현상 • h(M1) = h(M2)인 서로 다른 M1과 M2를 구하기는 계산상 불가능해야 함

해시함수의 충돌은 다른 입력에 같은 출력이 발생하는 것이다. 즉, 사용자 패스워드를 다르게 입력했는데 해시결과가 같은 암호문이 나오는 현상으로, MD4 함수는 이미 충돌이 보고된 적이 있어서 사용을 권고하지 않는다.

● 해시함수 종류

종류	특징
MD2	• Rivest란 사람이 개발한 것으로 8비트 컴퓨터를 위해서 고안됨 • 매우 안전하지만 대신 계산할 때 많은 시간이 걸림 • 128비트의 출력 해시 값을 생성
MD4	• Rivest란 사람이 개발한 것으로 MD2보다는 메시지 압축 속도가 빠름 • 속도는 빠른 반면에 안정성에서 뒤떨어 짐 • 128비트의 출력 해시 값을 생성
MD5	• Rivest란 사람이 개발한 것으로 안전성에서 떨어지는 MD4 알고리즘을 수정하여 만든 것임 • 128비트의 출력 해시 값을 생성
SHA	Secure Hash Algorithm, MD 계열의 알고리즘과는 달리 160비트의 출력 해시 값을 생성
SHA-1	미국 표준의 메시지 압축 알고리즘으로, 160비트의 출력 해시 값을 생성

국내에서 해시함수를 통하여 패스워드를 암호화 해야 하는데, 가장 권고하는 해시함수는 SHA-256 이상이다.

• SHA 해시함수

알고리즘	해시 값 크기	내부 상태 크기	블록 크기	길이 한계	워드 크기	과정 수	사용되는 연산	충돌
SHA-0	160	160	512	64	32	80	+, and, or, xor, rotl	발견됨
SHA-1	160	160	512	64	32	80	+, and, or, xor, rotl	공격법만 존재
SHA-256/224	256/224	256	512	64	32	64	+, and, or, xor, shr, rotr	-
SHA-512/384	512/384	512	1024	128	64	80	+, and, or, xor, shr, rotr	-

메시지 다이제스트는 복호화가 불가능한 특징을 가지는 암호화 방식으로 해시함수라고도 하는데, 메시지 다이제스트 또는 해시함수를 통해 생성된 암호화된 값은 MD 또는 해시 값이라고 한다.

메시지 다이제스트는 임의 길이의 평문을 고정된 길이의 출력 값으로 변환, 해시 값으로 평문을 도출하기 어려운 단방향 암호화이다. 평문의 한 비트만 바꿔도 해시 값은 50% 이상 바뀌는 민감성이 있고, 다른 메시지가 동일한 해시 값을 가질 확률이 거의 없도록 충돌방지가 가능한 특징이 있다. 또한 메시지 다이제스트는 무결성만 제공하고 공개키 암호화의 조합으로 전자서명에 주요 활용된다.

주요 알고리즘으로는 MD4, MD5, SHA-1, RIPEMD-160 등이 있는데, 128비트 해시 값을 가지는 알고리즘은 MD2, MD4, MD5로, MD2는 MD5와 구조는 비슷하나 8비트 컴퓨터에 최적화되어 있고, MD4와 MD5는 32비트 컴퓨터에 최적화되어 있다. MD4는 MD5의 초기버전으로 전자서명의 무결성을 검증하는데 주로 사용되며, MD5는 MD2에 비해 안전성이나 속도가 향상된 알고리즘이다. SHA-1은 160비트 해시 값을 생성하고, 특별히 알려진 공격방법이 없는 안전한 알고리즘이며, RIPEMD-160은 160비트 해시 값을 생성하고 MD4의 변형으로 암호 분석공격에 대한 저항성을 가지는 특징이 있다.

6) 전자서명

① 전자서명(Digital Signature)의 정의

- 전자문서를 작성자의 신원과 전자문서 변경 여부를 확인할 수 있도록 비대칭 암호화 방식을 이용하여 전자서명 생성키로 생성한 정보
- 개인의 고유성을 주장하고 인증 받기 위해서 전자적 문서에 서명하는 방법으로 무결성, 추적성 확보를 목적으로 함

- 전자서명과 디지털서명의 차이점

Electronic Signature	Digital Signature
컴퓨터로 작성한 전자적 증명 수단, 전자 펜 사용	비대칭형 암호방식을 이용한 전자적 서명 방식
LimBest (서명 이미지)	13598293948977765839 19293933923939239239 49294959935939993953 99943049384550490594 49395234898434857558

- 전자서명의 특징

특징	상세 내용
서명자인증(Authentication)	전자서명을 생성한 서명인을 검증 가능(서명자의 공개키)
부인방지(Non-Repudiation)	서명인은 자신이 서명한 사실을 부인 불가
위조불가(Unforgeable)	서명인의 개인키가 없으면 서명을 위조하는 것은 불가함
변경불가(Unalterable)	이미 한 서명을 변경하는 것은 불가
재사용 불가(Not-Reusable)	한 문서의 서명을 다른 문서의 서명으로 재사용 불가

- 전자서명 기능

사용자 인증	메시지 인증
• 서명문의 서명자임을 제3자가 확인 • 비대칭(공개키) 암호화 기법 이용	• 메시지 내용의 무결성 보증 • 해시함수 이용

- 전자서명 과정
- 전자서명 생성과정(송신자)

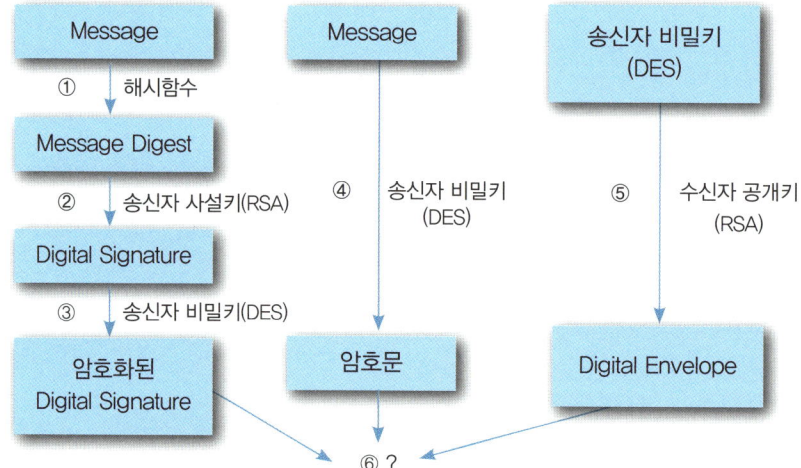

- 전자서명 확인과정(수신자)

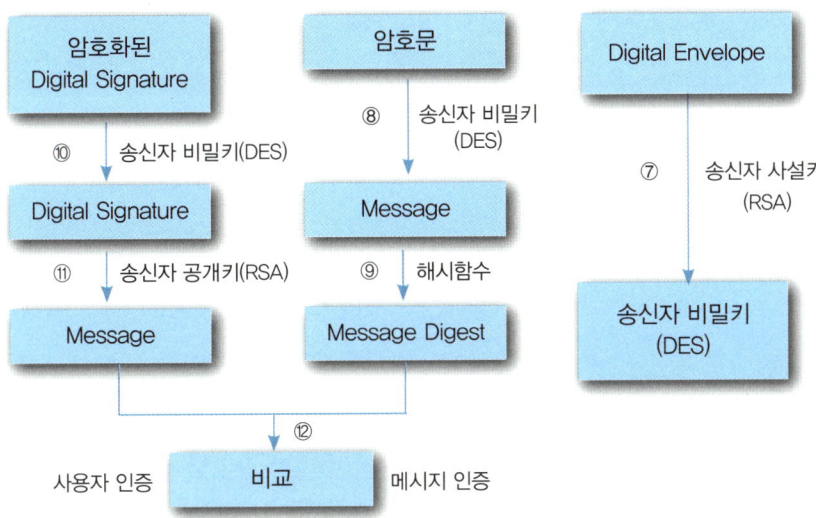

CHAPTER 3 접근통제

Information Security Managemant System

상 중 하

접근통제 개념과 신분기반 접근통제, 강제적 접근통제, 롤기반 접근통제를 이해하고 접근통제를 위한 통합인증 기법인 SSO와 소유기반 인증기법 OTP 기법을 학습한다.

1 접근통제

접근통제(Access Control)란 접근하려고 하는 자원에 대해서 정당한 사용자에게 정당한 권한을 부여 및 회수하는 것이다. 접근통제는 정보자원을 원하는 주체(사용자)와 자원에 해당되는 객체로 구성되며, 각 객체에 대해서 주체가 갖는 권한을 관리한다. 즉, 접근통제는 주체에 대한 객체의 접근을 통제하는 것이고, 통제 목적은 주체의 접근으로부터 객체의 기밀성, 무결성, 가용성을 보장하는 것이다.

이러한 접근통제에서 사용자를 인증하는 방법에는 사용자가 알고 있는 것을 이용하는 방법(What You Know)과 사용자가 소유한 것을 이용하는 방법(What You Have), 사용자의 특징을 이용하는 방법(What You Are) 등 3가지가 있다.

1) 접근(Access)의 개요
- 주체와 객체 사이의 정보 흐름
- 주체: 자원의 접근을 요구하는 활동 개체(사람, 프로그램, 프로세스 등)
- 객체: 자원을 가진 수동적인 개체(데이터베이스, 컴퓨터, 파일 등)

2) 정보 접근의 단계

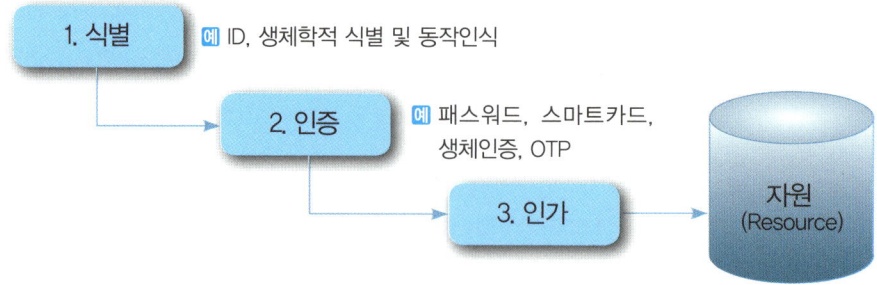

접근통제 단계는 ID를 통한 사용자 식별 후 패스워드를 통한 인증, 자원에 대한 인가(권한)를 수행하는 것이다.

① 접근통제

단계	내용
Identification	사용자가 시스템에 본인이 누구라는 것을 밝히는 행위 예 ID
Authentication	사용자가 맞음을 시스템이 인정 예 Password, 스마트카드, 생체인증
Authorization	접근권한 유·무 판별 후 접근권한 부여

※ 보안의 3A: 책임추적성(Accountability), 인증(Authentication), 권한부여(Authorization)

3) 접근통제 정의

- 주체의 객체에 대한 접근을 통제
- 통제 활동: 비인가된 접근 감시, 접근을 요구하는 이용자를 식별, 정당한 이용인지를 확인
- 통제 목적: 주체의 접근으로부터 객체의 기밀성, 무결성, 가용성을 보장

4) 접근통제 원칙

객체에 대한 접근통제는 주체에 대한 필요한 권한만 부여하고 직무분리를 수행해야 한다. 주체가 객체에 대해서 불필요한 권한까지 부여되면 주체로부터 발생되는 침입에 대해서 문제가 발생할 수 있고, 직무 분리는 작업을 수행하는 주체와 관리해야 하는 주체를 동일하게 하면 작업수행과 관리가 객관적으로 관리될 수 없으므로 직무분리가 필요하다.

• 접근통제 원칙

원칙	내용
Need-to know	업무를 수행하기 위해 필요한 정보만 사용할 수 있게 함
최소권한의 원칙 (Least Privilege)	최소한의 권한만을 허용하여 권한의 남용을 방지
직무분리 (Separation of Duty)	업무의 발생, 승인, 변경, 확인, 배포 등이 한 사람에 의해 처리되지 않도록 직무를 분리 예 보안관리자와 감사자, 개발자와 운영자

2 접근통제 매트릭스

접근통제 방법에는 크게 두 가지가 존재한다. 즉, Access Control List와 Capability List이다.
Capability List는 주체별에 대한 객체를 링크드리스트로 연결하고 권한을 할당한 구조이다. 즉, 임베스트라는 사용자의 모든 파일을 리스트하고 파일별 접근권한을 나열한 구조이다. 이 구조는 사람(주체)별로 모든 파일 리스트가 존재하므로 권한을 알기 위한 탐색시간이 오래 걸리는 문제점이 존재한다.

그리고 Access Control List는 주체와 객체 간의 접근권한을 테이블로 구성한 것으로서 행에는 주체를, 열에는 객체를 두고 행과 열의 교차점에는 주체가 객체에 대한 접근권한(W, R, D, E)을 기술하여 이름 기반으로 제어하는 방식이다.

• **접근통제 매트릭스**

Access Control Matrix		
	Data 1	Data 2
김OO	Write	Read
어OO	Read/Write	No Access
박OO	No Access	Read

※ CL(Capability List) - 주체기반 접근제어
  - 비교적 객체가 적을 경우 적합, 퇴직자 처리시 용이

① **ACL(Access Control List) - 객체 기반 접근제어**
- 객체 관점에서 접근권한을 테이블 형태로 기술하여 접근제어
- 구분될 필요가 있는 사용자가 비교적 소수일 때와 분포가 안정적일 때 적합(지속적 변경 환경에는 부적합)

② **내용 의존 접근통제(Content Dependent Access Control)**

데이터베이스에서 가장 많이 사용되며 접근제어가 내용에 의해 이루어지는 접근통제를 수행한다. 즉, 데이터베이스에 사용자 정보를 등록하고 입력된 정보와 비교하여 접근통제를 수행한다.

> 예 DB File에서 직원의 경력, 인사 등의 내용이 있을 때 일반 직원은 자신의 것만 볼 수 있지만 팀장의 경우 팀의 모든 직원을 볼 수 있게 하는 방식. 특정 사이트(도박, 증권 등) 접근제어

③ **제한적 인터페이스(Restricted Interfaces = Constricted User Interface)**

특정 기능이나 자원에 대한 접근권한이 없을 경우 아예 접근을 요청하지 못하도록 하는 것이다.

예 Menu나 shell: 사용자 권한에 따라 제한하는 것, 업무 시간에 게임등의 사이트에 접근을 제한하는 것

- DB View: DB 안의 있는 데이터에 대한 사용자의 접근을 제한

3 접근통제 기술

미국방성에서 기밀을 분류한 방법으로부터 유래하는 접근통제 정책은 MAC(Mandatory Access Control)와 DAC(Discretionary Access Control)로 널리 알려져 있다. MAC정책은 자동적으로 시행되는 어떤 규칙에 기반하고 있다. 그러한 규칙을 실제로 시행하기 위하여 사용자와 타깃에 대해서 광범위한 그룹 형성이 요구된다. DAC정책은 특별한 사용자별로 정보에 대한 접근을 제공하고 추가적 접근통제를 그 사용자에게 일임한다.

OSI 보안 구조에서는 MAC/DAC 용어를 사용하지 않고 신분-기반(identity-based)과 규칙-기반(rule-based) 정책으로 구분하고 있다. 실제적인 목적에 있어서 신분-기반과 규칙-기반 정책은 각각 DAC 및 MAC 정책과 동일하다.

신분-기반 정책은 개인-기반(Individual-Based Policy: IBP)과 그룹-기반(Group-Based Policy: GBP) 정책을 포함한다. 한편, 규칙-기반 정책은 다중-단계(Multi-Level Policy: MLP)와 부서-기반(Compartment-Based Policy: CBP) 정책을 포함한다. 이외에 직무-기반(Role-Based) 정책은 신분-기반과 규칙-기반 정책의 양쪽 특성을 갖고 있다.

또한, 이러한 정책들은 서로 연합될 수 있으며, 임계 값 의존 제어(Value-Dependent Control: VDC), 다중 사용자 제어(Multi-User Control: MUC) 및 배경-기반 제어(Context-Based Control: CBC) 등의 추가적 수단을 사용하여 제한될 수 있다.

접근통제 메커니즘은 접근 행렬의 열을 표현하는 ACL(Access Control List), 접근 행렬의 행을 표현하는 CL(Capability List), 제어 대상에 레이블을 붙이는 SL(Security Label)을 기본적으로 생각할 수 있다.

그리고 이러한 3가지 정보를 종합적으로 생각하는 통합정보 메커니즘이다. 각 파일에 접근통제를 위한 비트들을 부가하여 제어하는 Protection Bit, 파일의 접근권한을 검증하기 위한 패스워드 등의 기법이 있다. 접근통제 보안모델을 접근행렬을 이용한 HRU 접근행렬 모델, 엄격한 기밀성 통제를 위한 BLP 보안모델, 무결성 정책을 지원하는 Biba 보안모델, 그리고 실행할 수 있는 프로그램에 의하여 통제하는 Clark-Wilson 모델 등이 있다.

• 접근통제 기술 유형

접근통제 기술유형	세부 기술 유형
임의 접근(Discretionary)	Identity-Based
	User-Directed
	Hybrid
강제 접근(Mandatory)	Rule-Based
	Administratively Directed
비임의 접근(Non-Discretionary)	Role-Based
	Task-Based
	Lattice-Based

1) DAC(Discretionary Access Control)

① DAC(Discretionary Access Control): 임의적 접근통제

- 객체의 소유자가 권한 부여: 접근하려는 사용자에게 권한을 추가 및 삭제할 수 있다.
- User based, Identity: 사용자의 신분에 따라 임의로 접근을 제어하는 방식이다.
- 융통성이 좋아 UNIX, DBMS 등의 상용 OS에서 구현된다.
- 접근통제 목록(ACL, Access Control List) 사용: Read, Write, Execute
- MAC의 단점을 극복하기 위해 나온 것이 아니다.

② DAC 종류

종류	설명
Identity-Based DAC	주체와 객체의 ID에 따른 접근통제, 주로 유닉스에서 사용
User-Directed	객체 소유자가 접근권한을 설정 및 변경할 수 있는 방식

③ Non-DAC(Discretionary Access Control) - 비임의적 접근통제

- 주체의 역할에 따라 접근할 수 있는 객체를 지정하는 방식이다.
- 기업 내 개인의 작은 이동(예 직무순환) 및 조직 특성에 밀접하게 적용하기 위한 통제 방식이다.
- Role-Based 또는 Task-Based라고도 한다.
- Central Authority(중앙 인증): 중앙 관리자에 의해 접근 규칙을 지정한다.
- 사용자별 접근 규칙을 설정할 필요가 없다.

③ Non-DAC의 종류 ★★★

종류	설명
Role-Based Access Control(RBAC)	• 사용자의 역할(임무)에 의해 권한 부여(예 PM, 개발자, 디자이너) • 사용자가 적절한 역할에 할당되고 역할에 적합한 권한이 할당된 경우에만 사용자가 특정한 모드로 정보에 접근할 수 있는 방법
Lattice-Based Non-DAC	• 역할에 할당된 민감도 레벨에 의해 결정 • 관련된 정보로만 접근 가능(핵무기 임무 수행자는 관련된 상/하위 정보로만 접근 가능) • 주체와 객체의 관계에 의거하여 접근할 수 있는 Upper Bound와 Low Bound를 설정하여 접근을 제어하는 방식, 정보의 흐름을 통제
Task-Based Non-DAC	• 조직 내 개인의 임무에 의한 접근통제 - 알 필요성의 원칙 • 핵무기와 관련된 임무를 수행하고 있는데 다른 관련 업무는 볼 수 없음

RBAC는 권한들의 묶임은 Role을 만들어서 사용자에게 Role 단위로 권한을 할당하고 관리하는 것이다. RBAC는 권한할당과 해제의 편의성을 증대시키는 접근통제 방법이다.

④ RBAC의 장점

- 관리가 수월: 관리자에게 편리한 관리능력을 제공. 비용이 줄어든다.
- 보안관리 단순화: 권한 지정을 논리적, 독립적으로 할당하거나 회수가 가능하다.
- 최소권한: 최소한의 권한만을 허용하여 권한의 남용을 방지한다.
- 직무분리: 시스템상에서 오용을 일으킬 정도의 충분한 특권이 사용된 사용자를 없게 한다는 것이 가장 큰 특징이다.

2) MAC(Mandatory Access Control)

① MAC(Mandatory Access Control): 강제적 접근통제

- 주체의 객체에 대한 접근이 주체의 비밀 취급 인가 레이블(Clearance Label) 및 객체의 민감도 테이블(Sensitivity Label)에 따라 지정되는 방식이다.
- 관리자에 의해서 권한이 할당되고 해제된다.

② MAC의 주요 특징

- 데이터에 대한 접근을 시스템이 결정(정해진 Rule에 의해)한다.
- 데이터 소유자가 아닌 오직 Admin만이 자원의 카테고리를 변경시킬 수 있다.
- 비밀성을 포함하고 있는 객체에 대해 주체가 가지고 있는 권한에 근거하여 객체에 접근을 제한하는 정책이다.

★★
• MAC의 종류

종류	설명
Rule-based MAC	주체와 객체의 특성에 관계된 특정 규칙에 따른 접근통제
Administratively – Directed MAC	객체에 접근할 수 있는 시스템관리자에 의한 통제
CBP(Compartment – Based Policy)	• 일련의 객체 집합을 다른 객체들과 분리 • 동일 수준의 접근허가를 갖는 부서라도 다른 보안등급을 가질 수 있음 예 팀장은 자기 팀원의 급여정보를 볼 수 있으나 다른 팀원 급여정보는 볼 수 없음
MLP(Multi – Level Policy)	• Top Secret, Secret, Confidentiality, Unclassified와 같이 객체별로 지정된 허용 등급을 할당하여 운영 • 미국방성 컴퓨터 보안 평가지표에 사용, BLP 수학적 모델로 표현 가능

★★
• 접근통제 기술 간의 비교

항목	MAC	DAC	RBAC
권한 부여자	System	Data Owner	Central Authority
접근여부 결정기준	Security Label	identity	Role
오렌지 북	B	C	C
장점	안전/중앙 집중관리	유연, 구현 용이	관리 용이
단점	구현/운영 어려움, 높은 비용	트로이목마, ID 도용문제	
적용 사례	방화벽		HIPAA(보건 보험 편의 및 책임법)

4 SSO(Single Sign On)

SSO는 하나의 인증서버에서 인증을 받으면 기타 정보시스템에서는 자동으로 인증을 수행하는 통합인증 시스템이다. 통합인증은 중앙집중적인 인증시스템을 구축한 것으로 사용자 인증 정보를 통합적으로 관리한다. 또한, SSO는 인증 시에 암호화를 수행하므로 SSL과 함께 기업에서 보안서버를 구축하는 방법이기도 하다.

★
- 다수의 서비스를 한 번의 Login으로 기업의 업무시스템이나 인터넷 서비스에 접속할 수 있도록 해주는 보안시스템
- 중앙집중형 접근 관리, 보안기능 PKI(Public Key Infrastructure), 암호화 기능
- 장점: 보안성 우수, 사용자 편의성 증가, 패스워드 분실에 따른 관리자의 부담 감소
- 단점: SPOF(Single Point Of Failure → 2 Factor로 예방 가능)

SSO는 자동 인증을 원하는 시스템에 SSO Agent 소프트웨어를 설치하고, SSO 서버와 통신을 통해서 자동으로 인증을 수행해 주는 것이다.

SSO 인증은 패스워드, 토큰 및 공인인증서를 사용하는 PKI 기반 인증 등의 다양한 형태가 존재한다.

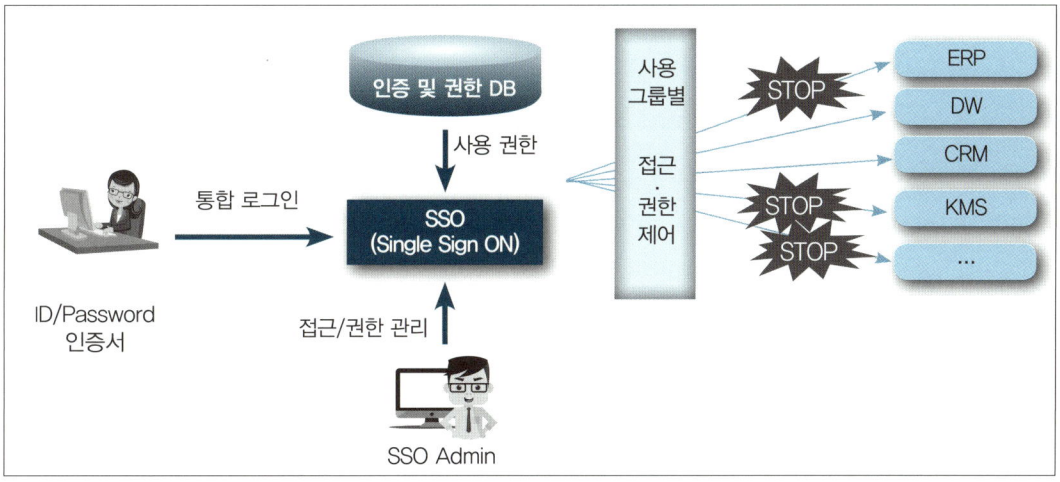

▲ SSO 통합인증의 개념도

5 OTP(One Time Password)

1) OTP(One Time Password)

OTP(One Time Password)는 고정된 패스워드를 사용하는 것이 아니라 인증을 할 때 매번 패스워드를 생성하여 사용하는 것이다. 이러한 방법은 버넘의 One Time Pad 암호화 방법을 기반으로 하는 것으로, 현재 시점에서 OTP 단말기를 사용하여 매번 패스워드를 입력하는 것이다.

은행의 OTP 단말은 처음 사용 시에 단말번호를 입력하고 이체를 할 때 OTP 단말기로 새로운 패스워드를 생성하여 사용한다. 이것은 매번 패스워드가 변경되므로 가장 안전한 기법이라고 할 수 있다.

사용자 OTP 단말에서 생성된 패스워드는 서버에서 OTP 단말에 매핑되는 패스워드를 생성하고 이 번호가 일치하는지를 확인하는 것이다.

> OTP 생성 매체에 의해 필요한 시점에 발생되고 매번 다른 번호로 생성되는 높은 보안수준을 가진 사용자 동적 비밀번호로 사용된 비밀번호는 다시 생성되지 않는 일회성 비밀번호임

- **버넘 암호화 방식(One Time Pad)**
  - 길버트 버넘에 의해서 만들어진 방식으로 현존하는 암호화 방식과 비교해도 강력한 방법임
  - 1회만 사용하는 난수를 바탕으로 키를 1회만 사용하고 버리는 기법을 사용하여 절대로 깨지지 않음
  - 복호화하는 키가 매번 다르기 때문에 한번 사용하고 버리는 키 방법(One Time Pad)

2) OTP의 동기 및 비동기식 방식

동기방식은 사용자가 ID와 비밀번호를 통해서 로그인하고 사용자는 응답 값을 생성한다. 생성된 응답 값을 서버에 전송하여 인증서버에 생성된 패스워드와 비교하는 방법이다.

비동기 방식은 인증서버에서 질의 값을 전송하고 사용자는 질의 값에 대한 응답 값을 생성하여 응답서버에 전송하여 인증한다.

- ★★ **OTP 기법**

구분	방식	단계
동기식	시간, 이벤트	• Time 동기화 Token은 정해진 고정된 시간간격 주기로 난수 값 생성 • 난수 값 생성을 위한 특별화 암호화 알고리즘과 비밀키가 필요 • 토큰장치로부터 새로 생성된 난수와 개인의 PIN번호를 입력하게 되면 인증시스템 내의 사용자 개인정보와 생성된 패스워드를 검증하여 인증
비동기식	질의응답	• 사용자가 인증요구와 함께 PIN을 전송하면 인증서버는 난수를 발생하여 Challenge로 사용자에게 전달 • 사용자는 다시 이 Challenge 값을 암호화하여 Response를 반환하면 인증서버는 자신의 결과값과 비교하여 인증 • 단점: 느림, 복잡 • 장점: 안정성이 매우 우수

OTP는 댁내에서 기업의 서버로 접속하여 업무를 처리하는 Smart Work에서 흔하게 사용한다. 즉, ID와 패스워드와 함께 OTP 단말을 통해서 인증을 하는 혼합인증을 적용하는 것이다.

① **동기화 방식** ★★

- 사용자의 OTP 생성매체와 은행의 OTP 인증서버 사이에 동기화된 기준 값에 따라 OTP가 생성되는 방식
- 동기화된 기준 값에 따라 시간 동기화(Time Synchronous) 방식과 이벤트 동기화(Event Synchronous) 방식으로 분류됨

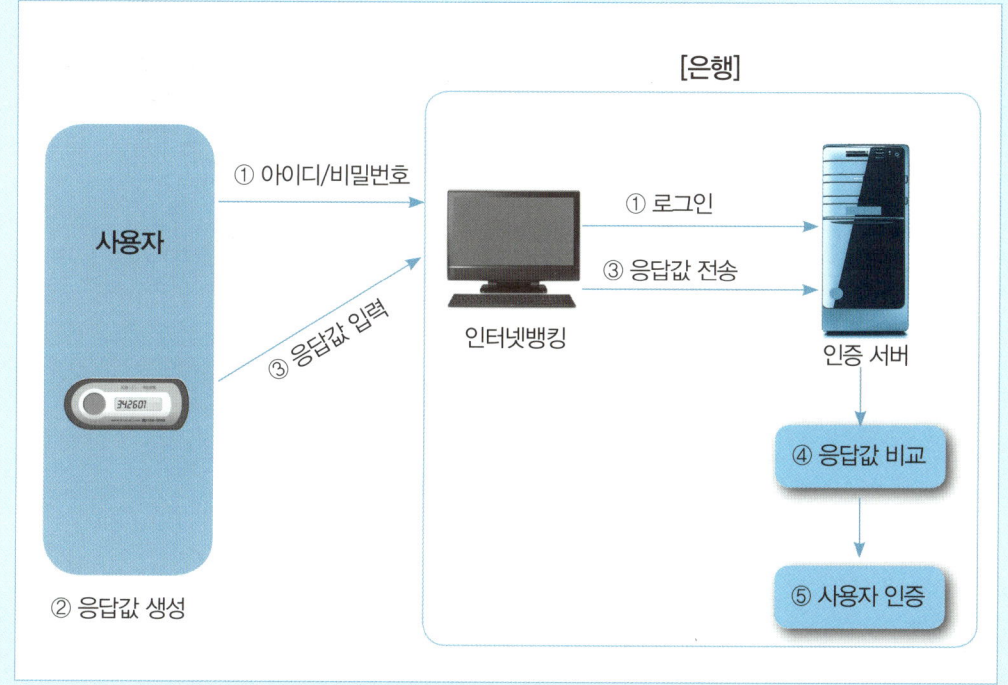

- 시간 동기화 방식은 OTP 생성매체가 매 시간마다 비밀번호를 자동으로 생성하는 형태로 시간을 기준 값으로 하여 OTP 생성매체와 OTP 인증서버가 동기화 됨
- 시간을 입력 값으로 동기화하기 때문에 간편한 장점을 가지지만, 일정 시간 동안 은행에 OTP를 전송하지 못하면 다시 새로운 OTP가 생성될 때까지 기다려야 하는 문제점을 가짐
- 이벤트 동기화 방식은 OTP 생성매체와 인증서버의 동기화된 인증횟수를 기준 값으로 생성. OTP 생성매체에서 생성된 비밀번호 횟수와 인증서버가 생성한 비밀번호 횟수가 자동으로 동기화되기 때문에 시간 동기화의 불편성을 완화함

② 비동기 방식: 질의응답(Challenge – Response)

– 사용자의 OTP 생성매체와 은행의 OTP 인증 서버 사이에 동기화되는 기준 값이 없으며, 사용자가 직접 임의의 난수(질의 값)를 OTP 생성매체에 입력하여 OTP를 생성하는 방식

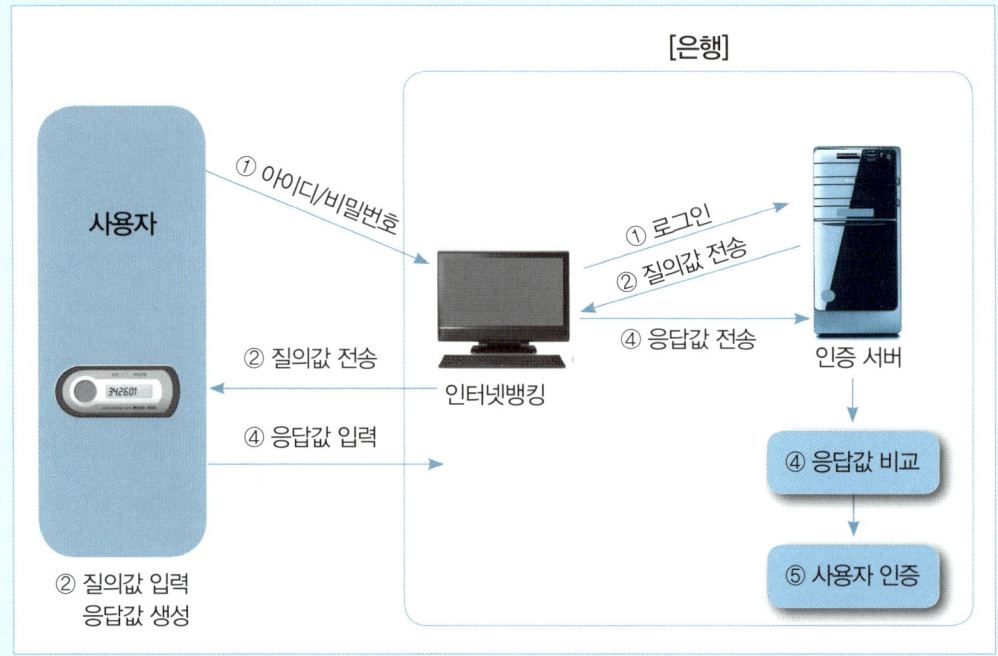

– 사용자가 은행의 OTP 인증서버로부터 받은 질의 값(Challenge)을 OTP 생성매체에 직접 입력하면 응답 값(Response)이 생성
– 사용자가 직접 OTP 생성매체에 질의 값을 입력해야 하며 응답 값인 OTP가 생성되기 때문에 전자금융 사고 발생 시 명백한 책임소재를 가릴 수 있고 보안성도 높은 방식
– 직접 질의 값을 확인하여 OTP 생성매체에 입력해야 하므로 은행이 별도의 질의 값을 관리해야 함

CHAPTER 4 전송구간 보안

개인정보의 기술적, 관리적 보호조치 및 개인정보 안전성 확보조치에서 제시하는 전송구간 암호화 기법인 SSL 구조를 학습하고, VPN을 통한 데이터 송·수신 시에 활동되는 IPSEC 의 구조를 학습한다.

1 전송구간 보안

1) SSL(Secure Socket Layer)

① SSL(Secure Socket Layer)

- Netscape사에서 개발한 인터넷과 같은 개방환경에서 Client와 Server 사이의 안전한 통신을 위해 개발
- 암호문 전송을 위해 RSA 공개키 알고리즘 사용, X.509인증서 지원, 443번 포트 사용, Transport Layer~Application Layer에서 동작(http, ftp, telnet, mail)한다. 기밀성, 무결성, 인증의 세 가지 보안서비스를 제공
- 웹상에서의 거래활동을 보호하기 위함

전자상거래의 급격한 증가로 인해 단순히 사용자의 ID/Password만을 이용한 보안절차에 대한 한계와 위험을 느껴 인터넷상에서 사용자의 신용카드 정보, 전화번호, 개인정보와 같은 데이터들을 어떤 방법으로 공격자에게 위·변조 당하지 않고 내가 구매한 사이트의 판매자와 내가 거래하는 신뢰된 은행에게 정보를 전달할 것인가에 대한 문제를 해결하기 위한 대안책으로 나온 것이 SSL이고 전자상거래에 없어선 안 될 프로토콜이다.

Secure Socket Layer의 약자로 넷스케이프사에서 1994년에 개발되어 HTTP, SMTP, FTP와 같은 Application 계층의 서비스에 대해서 암호화를 지원하는 Transport 계층과 Application 계층 사이에 존재하고 현재 사실상의 인터넷 표준으로 자리 잡은 프로토콜이다. TLS는 Transport Layer Security로 1994년 SSL v1.0과 이어 발표된 v2.0, 그리고 1년 후 연달아 발표된 최종 버전이라 할 수 있는 v3.0을 기초로 하여 IETF(Internet Engineering Task Force)에서 1999년 RFC 2246 표준화되어 명명된 것이 TLS이다.

- **SSL 보안서비스**

보안서비스	세부 내용
인증 (Authentication)	사용자가 거래를 하기 전에 거래하고자 하는 사이트가 신뢰되고 검증된 사이트인지 개인정보를 송신하기 전에 먼저 상대 사이트를 인증하는 기능이라 할 수 있음
무결성 (Integrity)	송신자측의 PC에서(더 정확히는 웹브라우저) 상대편 웹서버까지의 송신 중 공격자나 제3자에 의해 무단으로 데이터가 위·변조되는 것을 방지하는 기능으로 중요한 역할
기밀성 (Confidentiality)	앞서 나온 DES, 3DES, IDEA 등 여러 가지 암호화 방식을 사용하여 데이터의 송·수신 중에 인가되지 않은 사용자의 데이터에 대한 불법적인 접근을 통제하고 만일의 경우 데이터가 공격에 의하여 유출되었다 하여도 쉽게 읽혀질 수 없는 형태로 변환시키는 기능

- **SSL 구성요소** ★★★

구성요소	세부 내용
Change Cipher Spec Protocol	SSL Protocol 중 가장 단순한 Protocol로 Hand Shake Protocol에서 협의된 암호 알고리즘, 키 교환 알고리즘, MAC 암호화, HASH 알고리즘이 사용될 것을 클라이언트와 웹서버에게 공지함
Alert Protocol	• SSL 통신을 하는 도중 클라이언트와 웹서버 중 누군가의 에러나 세션의 종료, 비정상적인 동작이 발생할 시에 사용되는 프로토콜로 내부의 첫 번째 바이트에 위험도 수준을 결정하는 Level 필드가 있는데, 필드의 값이 1의 경우는 Warning의 의미로서 통신의 중단은 없고, 2를 가지는 필드 값은 Fatal로 Alert 즉시 클라이언트와 서버의 통신을 중단하게 됨 • 두 번째 바이트에는 어떠한 이유로 Alert Protocol 이 발생하였는지 나타내는 Description 필드가 있음
Record Protocol	상위 계층에서 전달받은 데이터를 Hand Shake Protocol에서 협의된 암호 알고리즘, MAC 알고리즘, HASH 알고리즘을 사용해 데이터를 암호화 하고 산출된 데이터를 SSL에서 처리가 가능한 크기의 블록으로 나누고 압축한 후에 선택적으로 MAC(Message Authentication Code)를 덧붙여 전송하고, 반대로 수신한 데이터는 복호화, MAC 유효성 검사, 압축 해제, 재결합의 과정을 거쳐 상위 계층에 전달하는 역할을 함

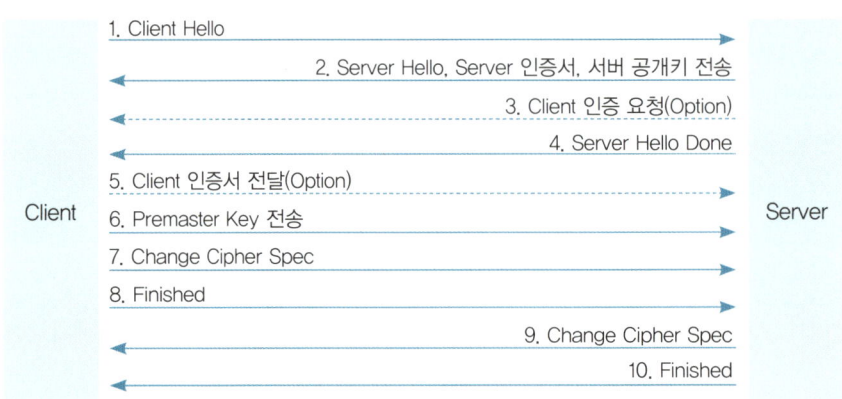

▲ SSL Handshaking Protocol 과정

★★★
• SSL Handshaking Protocol 세부과정

진행과정	세부 내용
Client Hello	HandShake Protocol의 첫 단계로 클라이언트의 브라우저에서 지원하는 암호 알고리즘, 키 교환 알고리즘, MAC 암호화, HASH 알고리즘을 서버에게 전송
Server Hello	Client Hello 메시지 내용 중 서버가 지원할 수 있는 알고리즘들을 클라이언트에게 전송
Server Hello Done	클라이언트에게 서버의 요청이 완료되었음을 공지
Client 인증서	서버에서 클라이언트의 인증 요청 발생 시 클라이언트의 인증서를 전달
Premaster Key 전송	전달 받은 서버의 인증서를 통해 신뢰할 수 있는 서버인지 확인 후 암호 통신에 사용할 Session Key를 생성하고, 이것을 서버의 공개키로 암호화 해 Premaster Key를 만들어 서버로 전송
Change Cipher Spec	앞의 단계에서 협의된 암호 알고리즘들을 이후부터 사용한다는 것을 서버에게 알림
Finished	서버에게 협의의 종료를 전달
Change Cipher Spec	서버 또한 클라이언트의 응답에 동의하고 협의된 알고리즘들의 적용을 공지
Finished	클라이언트에게 협의에 대한 종료를 선언

2) IPSEC

① IPSEC(IP Security)

보안에 취약한 인터넷에서 안전한 통신을 실현하는 통신 규약, 즉 인터넷상에 전용회선과 같이 이용 가능한 가상적인 전용회선을 구축하여 데이터를 도청당하는 등의 행위를 방지하기 위한 통신 규약

★★★
• IPSEC 전송방법

종류	설명
터널모드	VPN과 같은 구성으로 패킷의 출발지에서 일반 패킷이 보내지면 중간에서 IPSec를 탑재한 중계 장비가 패킷 전체를 암호화(인증)하고 중계 장비의 IP 주소를 붙여 전송
전송모드	패킷의 출발지에서 암호화(인증)를 하고 목적지에서 복호화가 이루어지므로 End-to-End 보안을 제공

★★★
• IPSEC 인증 및 암호화를 위한 헤더

종류	설명
AH (Authentication Header)	• 데이터 무결성과 IP 패킷의 인증을 제공, MAC 기반 • Replay Attack으로부터의 보호 기능(순서번호 사용)을 제공 • 인증 시 MD5, SHA-1 인증 알고리즘을 이용하여 Key 값과 IP 패킷의 데이터를 입력한 인증 값을 계산하여 인증 필드에 기록 • 수신자는 같은 키를 이용하여 인증 값을 검증

ESP (Encapsulation Security Protocol)	• 전송 자료를 암호화하여 전송하고 수신자가 받은 자료를 복호화하여 수신함 • IP 데이터그램에 제공하는 기능으로서 데이터의 선택적 인증, 무결성, 기밀성, Replay Attack 방지를 위해 사용함 • AH와 달리 암호화를 제공(대칭키, DES, 3-DES 알고리즘) • TCP/UDP 등의 Transport 계층까지 암호화할 경우 Transport 모드임 • 전체 IP 패킷에 대해 암호화 할 경우 터널 모드를 사용함

• IPSEC 키 관리

종류	설명
ISAKMP	(Internet Security Association and Key Management Protocol): Security Association 설정, 협상, 변경, 삭제 등 SA 관리와 키 교환을 정의했으나 키 교환 메커니즘에 대한 언급은 없음
IKE	(Internet Key Exchange: 키 교환 담당): IKE 메시지는 UDP 프로토콜을 사용해서 전달되며, 출발지 및 도착지 주소는 500port를 사용하게 됨

3) FTP(File Tansfer Protocol)

① FTP(File Transfer Protocol)

인터넷에 연결된 시스템 간에 파일을 송·수신하는 기능을 제공하는 것으로 사용자는 FTP 클라이언트 프로그램을 이용하여 FTP 서버에 접속한 후 파일을 송·수신한다.

② FTP 특징

- 명령채널과 데이터 전송 채널이 독립적으로 동작
- 클라이언트가 명령채널을 통해 서버에게 파일 전송을 요구하면, 서버는 데이터 전송 채널을 통해 데이터를 전송하는 방식으로 동작
- Active Made인 경우 명령 채널은 21번 포트를 사용하고, 데이터 전송 채널은 20번 포트를 사용

• FTP 종류

종류	내용
FTP	ID 및 Password 인증을 수행하고 TCP 프로토콜을 사용하여 사용자의 데이터를 송·수신
tFTP	인증과정 없이 UDP기반으로 데이터를 빠르게 송·수신 함, 69번 포트 사용
sFTP	전송구간에 암호화 기법을 사용하여 기밀성을 제공

★★★
• **FTP 접근통제 파일**

파일명	내용
/etc/ftpusers	파일에 적용된 사용자에 대한 FTP 접근을 제한
/etc/hosts.deny	특정 IP의 접근을 제한
/etc/hosts.allow	특정 IP의 접근을 허용

★★★
• **FTP Active Mode와 Passive Mode**

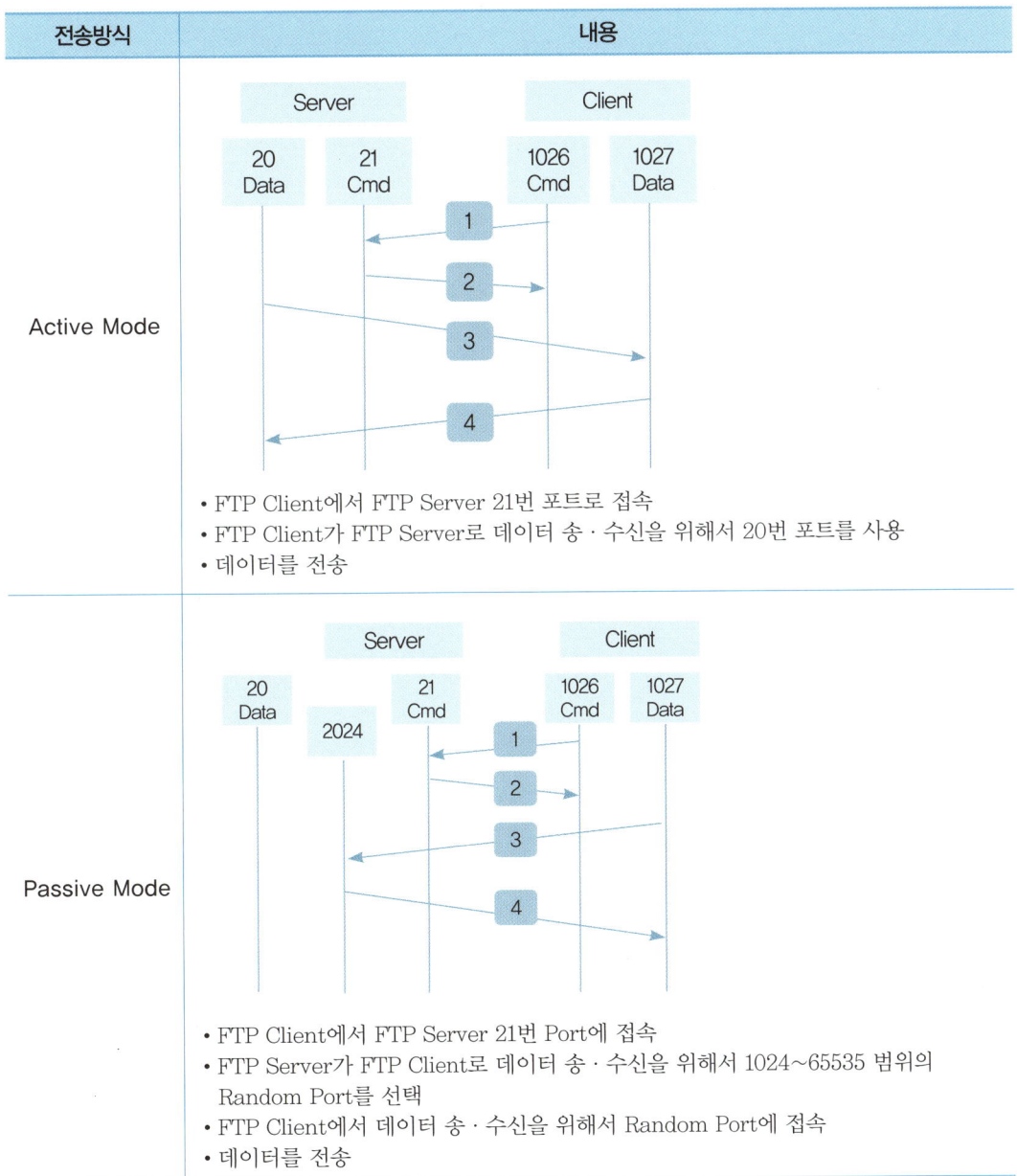

전송방식	내용
Active Mode	• FTP Client에서 FTP Server 21번 포트로 접속 • FTP Client가 FTP Server로 데이터 송·수신을 위해서 20번 포트를 사용 • 데이터를 전송
Passive Mode	• FTP Client에서 FTP Server 21번 Port에 접속 • FTP Server가 FTP Client로 데이터 송·수신을 위해서 1024~65535 범위의 Random Port를 선택 • FTP Client에서 데이터 송·수신을 위해서 Random Port에 접속 • 데이터를 전송

③ FTP 서비스 로그 기록
FTP 서비스 기동 시에 -l 옵션을 부여해서 실행하면 xferlog 파일을 기록한다.

● **FTP 보안 취약점**

취약점	내용
Bounce Attack	• 익명 FTP서버를 사용해 그 FTP서버를 경유해서, 호스트를 스캔 네트워크 포트 스캐닝을 위해서 사용 • FTP 바운스 공격을 통해서 전자메일을 보내는 공격을 Fack Mail이라고 함
tFtp Attack	• 인증절차를 요구하지 않기 때문에 설정이 잘못되어 있으면 누구나 해당 호스트에 접근하여 파일을 다운로드할 수 있음 • FTP보다 간단함
Anonymous FTP Attack	• 보안 절차를 거치지 않은 익명의 사용자에게 FTP서버로 접근 허용 • 익명의 사용자가 서버에 쓰기 권한이 있을 때 악성코드 생성이 가능
FTP 서버 취약점	• wuftp 포맷 스트링 취약점 및 각종 버퍼 오버플로우 공격
스니핑(Sniffing)	• ID 및 Password 입력 후 접속 시도 시에 암호화가 이루어지지 않음 • 네트워크 스니핑에 취약
Brute Force Attack	무작위 대입법을 사용

④ FTP 보안대책

- anonymous
  - 사용자의 Root 디렉터리, bin, etc, pub 디렉터리 소유자와 권한관리
  - $root/etc/passwd 파일에서 anonymous ftp에 불필요한 항목 제거

- tftp
  - tftp가 불필요한 경우 secu mode로 운영

⑤ inetd FTP 서비스(inetd.conf 설정파일)

서비스명	소켓타입	프로토콜	접속요청형식	유저(그룹)	서버 프로그램	실행인자
ftp	stream	tcp	nowait	root	/usr/sbin	/inftpdin.ftpd

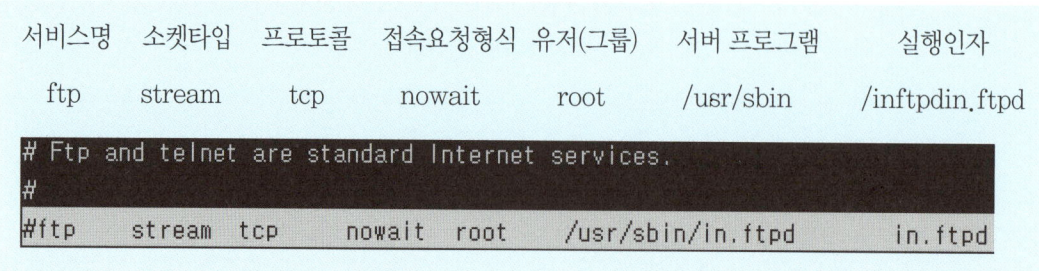

Information Security Managemant System

CHAPTER 5 정보보안 시스템

기업에서 사용되는 보안 솔루션의 기능을 파악한다. 즉, 침입차단 시스템 유형, 침입탐지 시스템의 오용탐지와 이상탐지, VPN기능 및 종류, 무선 LAN 보안기법을 학습한다.

1 정보보안 시스템

1) 침입차단 시스템(Firewall)

침입차단 시스템의 주요 역할은 기업 외부망과 내부망을 분리하는 것과 특정 패킷을 필터링하는 기능을 가진다. 이러한 기능은 외부망과 내부망을 분리하는 Dual Home Gateway와 특정 IP를 차단하는 스크리닝 라우터 기능이 존재한다.

① 침입차단 시스템(Firewall)

인증되지 않은 데이터가 네트워크로 유입되는 것을 방지하고, 어떤 종류의 데이터가 어떻게 외부로 송신되는지를 제한하는 액세스 제어를 하는 보안장비이다.

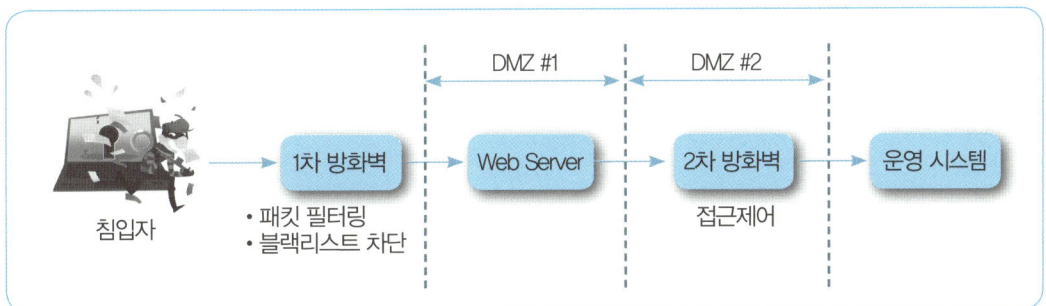

▲ 기업의 침입차단 시스템 구성

위의 그림은 기업에서 사용되는 방화벽 시스템의 구성이다. 1차 방화벽은 패킷 필터링과 블랙리스트 IP주소를 차단하고, 2차 방화벽은 접근제어를 수행한다. 기업에서 가장 중요한 운영시스템은 2차 방화벽 뒤에 놓여 있어서 네트워크 통합 침입을 차단하는 것이다. 이처럼 방화벽은 보통 2개 이상을 사용한다. 1차 방화벽 뒤에는 일반적으로 웹서버처럼 외부IP Address를 통해서 연결될 수 있는 장비를 두고, 2차 방화벽 뒤에는 금융권의 원장 데이터 혹은 고객 데이터를 보관한다.

② 침입차단 시스템 주요기능

- 접근통제(Access Control)
- 식별 및 인증(Identification & Authentication)
- 무결성 점검(Integrity Check)
- 감사추적(Audit Trail)
- VPN(Virtual Private Network): 원격지 간의 안전한 통신 보장
- 주소변환(NAT: Network Address Translation): 사설 IP(보안, IP 효율성)를 공인 주소로 변환시켜주는 역할

③ 침입차단 시스템 구현방식에 따른 유형

- 패킷 필터링 (Packet Filtering)

구분	내용
계층	Network 계층과 Transport 계층에서 작동
특징	미리 정해진 규칙에 따라 패킷 출발지 및 목적지 IP 주소 정보와 각 서비스의 port 번호를 이용해 접속제어
장점	• 다른 방화벽에 비해 속도가 빠름 • 사용자에게 투명성을 제공하며, 새로운 서비스에 대해 쉽게 연동이 가능
단점	• TCP/IP 구조적인 문제로 인한 패킷의 헤더는 쉽게 조작이 가능 • 강력한 logging 및 사용자 인증 기능을 제공하지 않음

- 애플리케이션 게이트웨이(Application Gateway = 프록시 게이트웨이(Proxy Gateway))

구분	내용
계층	Application 계층
특징	• 각 프로토콜별로 Proxy Daemon이 있어 Proxy Gateway라고도 함 • 사용자 및 응용 서비스에서 접근제어를 제공하여 응용프로그램 사용을 기록하여 감시 추적에 사용
장점	• Proxy 통해서만 연결이 허용되므로 내부 IP 주소를 숨길 수 있음 • Packet 필터링에 비해 보안성 우수 • 가장 강력한 Logging과 Audit 기능 제공
단점	성능이 떨어지고, 새로운 서비스에 대해 유연성이 결여

★★ 회선 게이트웨이(Circuit Gateway)

구분	내용
계층	Application ~ Session 계층 사이
특징	방화벽을 통해 내부시스템으로 접속하기 위해서는 Client측에 Circuit Proxy를 인식할 수 있는 수정된 Client 프로그램이 필요하며, 설치된 Client만 Circuit 형성이 가능
장점	• 내부의 IP 주소를 숨길 수 있고 투명한 서비스 제공 • Application에 비해 관리가 수월
단점	• 수정된 Client 프로그램 필요 • 비표준 포트로 우회 접근 시 방어 불가

★★★ 상태 기반 패킷 검사(Stateful Packet Inspection)

구분	내용
계층	전 계층에서 동작
특징	• 패킷 필터링 방식에 비해 세션 추적 기능 추가 • 패킷의 헤더 내용을 해석하여 순서에 위배되는 패킷 차단 • 패킷필터링 기술을 사용하여 Client/Server 모델을 유지하면서 모든 계층의 전·후 상황에 대한 문맥 데이터를 제공하여 기존 방화벽의 한계 극복 • 방화벽 표준으로 자리매김
장점	서비스에 대한 특성 및 통신상태를 관리할 수 있기 때문에 돌아나가는 패킷에 대해서는 동적으로 접근규칙을 자동 생성
단점	데이터 내부에 악의적인 정보를 포함할 수 있는 프로토콜에 대한 대응이 어려움

혼합형 타입(Hybrid Type)

구분	내용
특징	서비스의 종류에 따라 복합적으로 구성할 수 있는 방화벽
장점	서비스의 종류에 따라서 사용자의 편의성, 보안성 등을 고려하여 방화벽 기능을 선택적으로 부여
단점	구축 및 관리의 어려움

④ 침입차단 시스템 구축 유형

• 스크리닝 라우터(Screening Router) ★★

구분	내용
개념도	(일반 인터넷 — 스크린 라우터 — 개인 네트워크)
내용	IP, TCP, UDP 헤더부분에 포함된 내용만 분석하여 동작하며, 내부 네트워크와 외부 네트워크 사이의 패킷 트래픽을 perm/drop하는 Router
장점	• 필터링 속도가 빠르고 비용 적음 • 클라이언트와 서버의 환경 변화 없이 설치 가능 • 전체 네트워크에 동일한 보호 유지
단점	• OSI 3,4계층만 방어하여 필터링 규칙을 검증하기 어려움 • 패킷 내의 데이터는 차단 불가 및 로그 관리가 어려움

• 베스천호스트(Bastion Host) ★★

구분	내용
개념도	(내부 Network — Bastion host — 인터넷, 허용된 패킷만 통과)
내용	• 내부 네트워크 전면에서 "내부 네트워크 전체를 보호"하며, 외부 인터넷과 내부 네트워크를 연결하는 Router 뒤에 위치 • Lock Down된 상태에 있으며, 인터넷에서 접근이 가능한 서버
장점	• 스크리닝 라우터보다 안전 • Logging 정보 생성 관리가 편리 • 접근제어와 인증 및 로그기능 제공
단점	• Bastion Host 손상 시 내부 망 손상 • 로그인 정보 유출 시 내부 망 침해 가능

• 듀얼 홈드 호스트(Dual-Homed Host)

구분	내용
개념도	내부 Network — Bastion host — 외부 Network
내용	• 2개의 네트워크 인터페이스를 가진 Bastion Host로서 하나의 NIC는 내부 네트워크와 연결하고 다른 NIC는 외부 네트워크와 연결 • 방화벽은 하나의 네트워크에서 다른 네트워크로 IP 패킷을 라우팅하지 않기 때문에 Proxy 기능을 부여
장점	• 정보 지향적인 공격 방어 • Logging 정보 생성 관리가 편리 • 설치 및 유지보수가 쉬움
단점	• 방화벽에서 보안 위반 초래 가능 • 서비스가 증가할수록 Proxy 구성 복잡

• 스크린드 호스트(Screened Host)

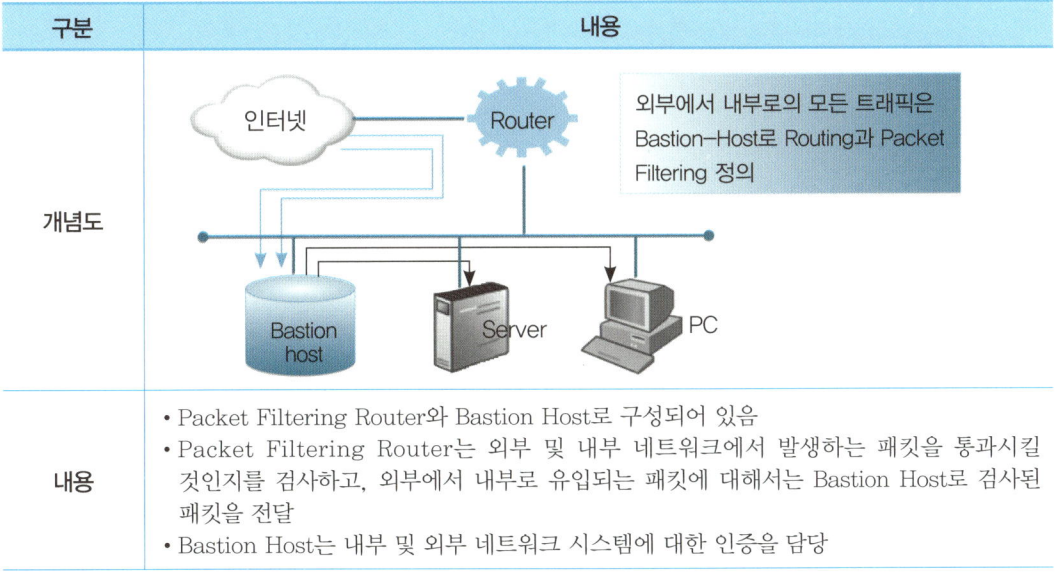

구분	내용
개념도	인터넷 — Router — Bastion host / Server / PC 외부에서 내부로의 모든 트래픽은 Bastion-Host로 Routing과 Packet Filtering 정의
내용	• Packet Filtering Router와 Bastion Host로 구성되어 있음 • Packet Filtering Router는 외부 및 내부 네트워크에서 발생하는 패킷을 통과시킬 것인지를 검사하고, 외부에서 내부로 유입되는 패킷에 대해서는 Bastion Host로 검사된 패킷을 전달 • Bastion Host는 내부 및 외부 네트워크 시스템에 대한 인증을 담당

구분	내용
장점	• 2단계 방어이므로 매우 안전 • 네트워크 계층과 응용 계층 방어로 안전 • 가장 많이 사용, 융통성 우수 • Dual-Homed 장점 유지
단점	• 스크리닝 라우터의 정보가 변경되면 방어가 불가능 • 구축 비용이 높음

★★
- **스크린드 서브넷(Screened Subnet)**

구분	내용
개념도	인터넷 — Router — Bastion host — Server — Router — PC
내용	• Screened Host 보안상의 문제점을 보완 • 외부 네트워크와 내부 네트워크 사이에 하나 이상의 경계 네트워크를 두어 내부 네트워크를 외부 네트워크로 분리하기 위한 구조 • 일반적으로 두 개의 스크리닝 라우터와 한 개의 Bastion Host를 이용하여 구축
장점	• 스크리닝 호스트 구조의 장점 유지 • 가장 안전한 구조
단점	• 설치 및 관리가 어려움 • 구축 비용이 높고, 서비스 속도가 느림

2) 침입탐지 시스템(Instrusion Detection System)

① 침입탐지 시스템(Intrusion Detection System)

- 침입의 패턴 데이터베이스와 지능형 엔진을 사용, 네트워크나 시스템의 사용을 실시간 모니터링하고 침입을 탐지하는 보안시스템
- 조직 IT시스템의 기밀성, 무결성, 가용성을 침해하고, 보안정책을 위반하는 침입 사건을 사전 또는 사후에 감시, 탐지, 대응하는 보안시스템
- 한국정보화진흥원의 정의: 침입차단 시스템이 컴퓨터 시스템의 비정상적인 사용, 오용, 남용 등을 가능하면 실시간으로 탐지하는 시스템

② 침입차단 시스템 동작방식

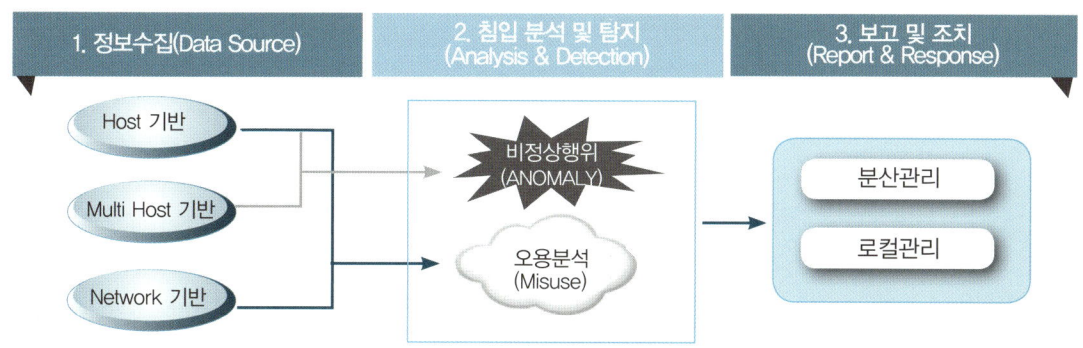

- 침입차단 시스템 차단방법

절차	세부 설명
정보수집	• 침입탐지를 하기 위한 근원적인 자료들을 수집 • 자료원에 따라 NIDS 와 HIDS로 나누어짐
정보가공 및 축약	• 불필요한 정보 제거(침입과 관련 없는 정보 제거) • 침입 판정을 위한 최소한의 정보만 남김(분석의 복잡도를 감소)
침입 분석 및 탐지	• 축약된 정보를 기반으로 침입 여부를 분석, 탐지 • 방식에 따라 오용탐지와 비정상행위 탐지로 나누어짐
보고 및 조치	• 침입탐지 후 적절한 보고 및 대응 조치 • 다른 보안장비(방화벽) 등과 연계

- 오용탐지(Misuse)

오용탐지는 침입패턴 정보를 데이터베이스화 하고 사용자 혹은 침입자가 네트워크 및 호스트를 사용하는 활동기록과 비교하여 동일하면 침입으로 식별하는 것이다. 이 방법은 오탐율이 낮은 장점은 있지만, 사전에 침입을 탐지하지 못한다. 대부분의 IDS는 오용탐지 기반으로 서비스한다.

오용탐지에서는 침입패턴의 최신 패턴 유지가 가장 중요한 요소로 식별되는데, 이 부분은 최근에 파악된 침입패턴을 Rule로 관리하여 여러 개의 침입패턴(Rule Set)을 묶어서 IDS 장비에 실시간으로 동기화를 수행한다.

- 비정상행위 탐지(Anomaly)

비정상행위 탐지는 정상패턴을 저장하고 정상과 다른 활동이 식별되면 모두 침입으로 식별하는 방법이다. 이 방법은 사전에 침입을 탐지할 수 있는 장점을 가지고 있지만, 오탐율이 높은 문제점을 가지고 있다.

③ 침입탐지 방법

구분	오용탐지(Misuse)	비정상탐지(Anomaly)
동작방식	시그니처(Signature) 기반 　= Knowledge 기반	프로파일(Profile) 기반 = Behavior 기반 = Statistical 기반
침입판단 방법	• 미리 정의된 Rule에 매칭 • 이미 정립된 공격패턴을 미리 입력하고 매칭	• 미리 학습된 사용자 패턴에 어긋남 • 정상적, 평균적 상태를 기준. 급격한 변화가 있을 때 침입판단
사용기술	패턴 비교, 전문가시스템	신경망, 통계적 방법, 특징 추출
장점	• 빠른 속도, 구현이 쉬움, 이해가 쉬움 • False Positive가 낮음	• 알려지지 않은 공격(Zero Day Attack) 대응 가능 • 사용자가 미리 공격패턴을 정의할 필요 없음
단점	• False Negative 큼 • 알려지지 않은 공격탐지 불가 • 대량의 자료 분석에 부적합	• 정상인지, 비정상인지를 결정하는 임계치 설정이 어려움 • False Positive가 큼 • 구현이 어려움

※ False Positive: false(+)로 표현, 공격이 아닌데도 공격이라 오판하는 것
※ False Negative: false(−)로 표현, 공격인데도 공격이 아니라고 오판하는 것

④ 침입탐지 시스템 분류

구분	NIDS(Network based IDS)	HIDS(Host based IDS)
동작	• 네트워크에 흐르는 패킷들을 검사, 침입 판단 • 방화벽 외부의 DMZ나 방화벽 내부의 내부 네트워크 모두 배치 가능	• 시스템상에 설치, 사용자가 시스템에서 행하는 행위, 파일의 체크를 통해 침입 판단 • 주로 웹서버, DB서버 등의 중요 서버 배치
자료원	Promiscuous 모드로 동작하는 네트워크 카드나 스위치	시스템 로그, 시스템 콜, 이벤트 로그
탐지가능 공격	스캐닝, 서비스 거부공격(DOS), 해킹	내부자에 의한 공격, 바이러스, 웜, 트로이목마, 백도어
장점	• 네트워크 자원의 손실 및 패킷의 변조가 없음(캡처만 하기 때문) • 거의 실시간으로 탐지가 가능함 • 감시 영역이 하나의 네트워크 서브넷으로써, HIDS에 비해 큼	• 침입의 성공 여부 식별이 가능함 • 실제 해킹 및 해킹시도 판단이 용이 • 주로 S/W적으로 서버 같은 시스템에 인스톨되며, 설치 및 관리가 간단함

단점	• 부가 장비가 필요함(스위치 등) • 암호화된 패킷은 분석 불가 • False Positive가 높음 • 오탐으로 인해 정상적인 세션이 종료 • DoS의 경우 대응이 불가능(탐지만 가능) • 능동적인 대응 기능 미비	• 감시 영역이 하나의 시스템으로 한정됨 • 탐지 가능한 공격에 한계가 있음(주로 이벤트 로그로만 탐지) • 오탐으로 인해 정상적인 사용자가 자신의 계정을 사용할 수 없는 문제

※ Hybrid IDS: NIDS + HIDS, 단일 호스트를 출입하는 네트워크 패킷을 공사해서 검색시스템의 이벤트, 데이터, 디렉터리, 레지스트리에서 공격여부를 감시하여 보호

3) 침입대응 시스템(Instrusion Protection System)

IPS 보안 솔루션의 가장 큰 특징으로 지금까지는 정보를 분석, 모니터링만 하는 것이 보안 솔루션이었지만, IPS는 분석과 더불어 즉시 대응할 수 있는 보안 솔루션이다. 예를 들어, 음란물과 같은 웹 콘텐츠가 유입되는 경우 바로 웹 콘텐츠 필터링을 수행할 수 있고, TCP Sync Flooding과 같은 침입이 발생 시에, 즉 세션을 절단할 수 있는 기능을 가진다. 또한 사용할 수 없는 IP Address 및 블랙리스트 IP Address를 등록해 두고 해당 IP로 접근 시에 세션을 절단한다.

① **침입대응 시스템(Intrusion Protection System)** ★★

- 공격 시그니처를 찾아내 네트워크에 연결된 기기에서 수상한 활동이 이루어지는 지 감시하여 자동으로 해결 조치함으로써 중단시키는 보안 솔루션
- 침입 경고 이전에 공격을 중단시키는 것이 주요 목적
- Real Time 대응이 가능한 예방 통제
- IDS 문제점 보완: 오탐지와 미탐지, NIDS의 실시간 공격 방어 불가

• **침입대응 시스템 종류** ★★

구분	설명
NIPS(Network IPS)	공격탐지에 기초하여 트래픽 통과 여부 결정을 내리는 인라인 장치
HIPS(Host IPS)	호스트 OS 위에서 수행, 공격탐지 후 실행 전에 공격 프로세스 차단 기능

4) VPN(Virtual Private Network)

① 가상사설망(Virtual Private Network)

- 공중망을 이용하여 사설망과 같은 효과를 얻기 위한 컴퓨터 시스템과 프로토콜의 집합
- 보안성 우수, 사용자 인증, 주소 및 라우터 체계의 비공개와 데이터 암호화, 사용자 Access 권한 제어

VPN은 터널링(Tunneling) 기술이 핵심이다. 터널링 기술이라는 것은 서로 다른 통신 프로토콜을 사용하는 네트워크 사이에서 데이터를 전송하는 방법으로 하나의 네트워크가 다른 네트워크로 연결되어 데이터를 전송할 수 있게 해주는 기술이다. 터널링은 터널을 통해서 서로 다른 지역 간의 통신을 지원한다.

터널이라는 것은 암호화를 통해서 구현될 수 있으며, 기업의 데이터를 인터넷 망으로 전송하는 경우는 기업 데이터를 IPSEC, SSL, MPLS(Multi Protocol Label Switch)와 같은 방법으로 암호화를 수행하고 각각의 패킷마다 인증정보를 추가하여 기밀성과 무결성을 보장하게 하는 기술인 것이다.

실제 VPN의 사례를 보면 A그룹은 원격지 댁내에서 본사의 시스템에 로그인하여 재택근무를 할 수 있도록 SSL VPN을 도입했다. 이것은 특정 URL로 웹 브라우저로 접속하면 ID 및 Password 정보를 입력해서 본사의 그룹웨어에 접속할 수 있게 한 것이다.

또한 동양증권은 과거 본사와 지점 간에 E1급의 네트워크를 사용했다. E1급은 2Mbps의 전송속도를 지원하는 것으로 증권 주가를 본사에서 지점으로 실시간으로 전송하는데 사용되었다. 이것은 E1의 용량한계로 네트워크의 Packet Loss 및 지연이 다소 발생하여 VPN을 도입하였다. 즉, IPSEC VPN을 도입하여 기업 업무에 필요한 정보와 증권의 주가 정보를 분리해서 전송한 것이다. VPN 장비를 통해서 트래픽을 분리 처리한 사례이고, 이러한 사례는 현재도 대부분의 기업에서 사용하고 있는 것이다.

5) SSL VPN

① SSL VPN(Secured Socket Layer)

- Netscape사에서 개발한 인터넷과 같은 개방환경에서 Client와 Server 사이의 안전한 통신을 위해 개발 웹상에서의 거래활동을 보호하기 위함
- 서버와 클라이언트 간의 인증(Certification)으로 RSA 방식과 X.509를 사용하고, 실제 암호화된 정보는 새로운 암호화 소켓채널을 통해 전송하는 방식
- 네트워크 기반기술로서 OSI 4~7계층에서 동작

② SSL VPN 구성

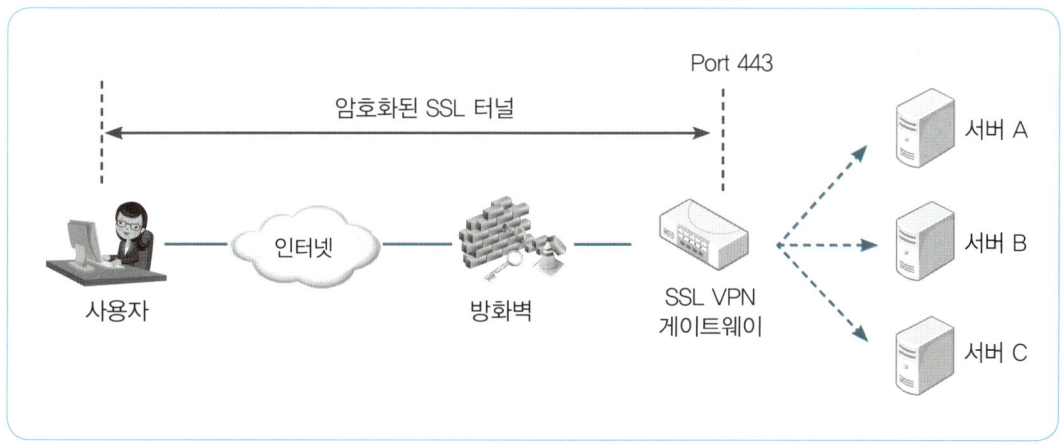

- 브라우저와 웹서버 사이의 통신을 위해 널리 사용되는 세션 기반 프로토콜
- 브라우저와 서버 간 전송되는 모든 거래를 위한 안전한 통로를 제공
- 대칭키 암호화(트래픽을 암호)와 비대칭키 암호화(대칭키 암호)를 혼합해서 사용
- Server와 Client 사이의 인증, 기밀성, 무결성, 부인봉쇄 서비스를 제공
- SSL은 상호인증, 무결성을 위한 메시지 인증 코드(MAC), 기밀성을 위한 암호화 등을 제공함으로써 안전한 데이터 통신을 제공

• SSL VPN 특징

구분	설명
장점	• 별도 장비 없이 웹 브라우저만으로 VPN 구현 가능, 뛰어난 사용성과 관리 편의성 • 네트워크 레이어의 암호화 방식이기 때문에 HTTP뿐만 아니라 NNTP, FTP 등에도 사용
단점	SSL 자체의 부하(암복호화 지연)

• SSL VPN 암호화 알고리즘

알고리즘	설명
인증	keyed MAC, hash(SHA, MD5)
암호화	DES, RC4 등

• SSL VPN 보안서비스

보안서비스	설명
인증 (Authentication)	• Client가 접속하는 서버가 신뢰할 수 있는 서버인지 또는 서버에 접속한 Client가 허가된 사용자인지를 확인 • 전자서명과 X.509 공개키 인증서 사용
무결성 (Integrity)	함께 키를 사용하는 MAC 기법을 사용하여 데이터 변조 여부 확인
기밀성 (Confidentiality)	대칭키 암호 사용
부인봉쇄 (non-repudiation)	부가적인 소프트웨어를 사용하여 응용 계층에서 메시지에 대한 전자서명 허용

SSL VPN의 가장 큰 장점은 Client 프로그램으로 웹 브라우저를 사용한다는 것이다. 실제 IPSEC VPN을 사용하려면 PC 혹은 노트북에 VPN 클라이언트 프로그램을 설치하고 보안 USB를 연결해서 IPSEC VPN을 사용할 수 있다. IPSEC VPN은 클라이언트 설치와 프로그램 변경 시에 재설치와 같은 작업이 필요하게 된다.

하지만 SSL VPN은 웹 브라우저를 통해서 SSL VPN Server에 접속하여 사용하므로 클라이언트에 별다른 설치 없이 본사 시스템에 접속할 수 있다. 하지만 이렇게 되면 ID와 Password를 통해서만 인증이 수행되므로 보안에 취약한 문제가 있다. 이러한 문제로 인하여 SSL VPN은 추가로 OTP(One Time Password) 단말을 SSL VPN 사용자에게 지급하여 일회용 패스워드를 통해서 접근하게 한다. 특히 SSL VPN은 공공기관 Smart Office(모바일 근무) 실현을 위해서 많이 사용되고 있다.

6) IPSEC VPN

① IPSEC(IP security protocol) VPN

- 보안에 취약한 인터넷에서 안전한 통신을 실현하는 통신 규약
- 즉, 인터넷상에 전용회선과 같이 이용 가능한 가상적인 전용회선을 구축하여 데이터를 도청당하는 등의 행위를 방지하기 위한 통신 규약

② IPSEC 터널링 모드

IPSEC의 전송모드는 데이터에 대해서 암호화를 수행하지만, IP 헤더에 대해서는 암호화를 수행하지 않는다. 하지만 터널모드는 보안 IPSEC 헤더를 추가하고 IP 헤더와 데이터 전체를 암호화한다.

★★★
• IPSEC VPN 전송모드

종류	설명
터널모드	VPN과 같은 구성으로 패킷의 출발지에서 일반 패킷이 보내지면 중간에서 IPSec를 탑재한 중계 장비가 패킷 전체를 암호화(인증)하고 중계 장비의 IP 주소를 붙여 전송
전송모드	패킷의 출발지에서 암호화(인증)를 하고 목적지에서 복호화가 이루어지므로 End-to-End 보안을 제공

★★★
• IPSEC VPN 키 관리 담당

종류	설명
ISAKMP	• Internet Security Association and Key Management Protocol • Security Association 설정, 협상, 변경, 삭제 등 SA관리와 키 교환을 정의했으나 키 교환 메커니즘에 대한 언급은 없음
IKE	• Internet Key Exchange, 키 교환 담당 • IKE 메시지는 UDP 프로토콜을 사용해서 전달되면, 출발지 및 도착지 주소는 500 port를 사용하게 됨

★★★
• IPSEC VPN 인증과 암호화를 위한 Header

종류	설명
AH	• 데이터 무결성과 IP 패킷의 인증 제공, MAC 기반 • Replay Attack으로부터의 보호 기능(순서번호 사용)을 제공 • 인증 시 MD5, SHA-1 인증 알고리즘을 이용하여 Key 값과 IP 패킷의 데이터를 입력한 인증 값을 계산하여 인증 필드에 기록 • 수신자는 같은 키를 이용하여 인증 값을 검증
ESP	• 전송 자료를 암호화하여 전송하고 수신자가 받은 자료를 복호화하여 수신 • IP 데이터그램에 제공하는 기능으로서 데이터의 선택적 인증, 무결성, 기밀성, Replay Attack 방지를 위해 사용 • AH와 달리 암호화를 제공(대칭키, DES, 3-DES 알고리즘) • TCP/UDP 등의 Transport 계층까지 암호화할 경우 Transport 모드 • 전체 IP 패킷에 대해 암호화할 경우 터널모드를 사용

```
| Next Header | Payload Length | Reservation |
|             | SPI            |             |
|        Sequence Number       |
|    Authentication Data       |
|        Checksum Value        |
```

▲ IPSEC Authentication Header Format

★★★
• AH 세부구조

필드	크기	내용
Next Header	1 Byte	다음에 오는 헤더를 연결하기 위해서 헤더의 프로토콜 번호를 담고 있음
Payload Length	1 Byte	AH 길이를 측정
Reservation	2 Byte	'0'으로 설정
SPI	4 Byte	Destination IP Address와 ESP(Encapsulating Security Payload)를 조합하여 Datagram에 대한 SA(Security Association)를 식별
Sequence Number	4 Byte	SA(Security Association)가 구성될 때 '0'으로 초기화 되는 특성을 지니고 있음. SA를 사용하여 데이터그램이 송신될 때마다 값이 증가하며, 데이터그램을 식별하여 데이터그램 재전송을 방지함으로써 재생 공격으로부터 IPsec를 방어하는데 사용
Authentication Data	-	무결성 검사 값(ICV)으로 구성되어져 있음

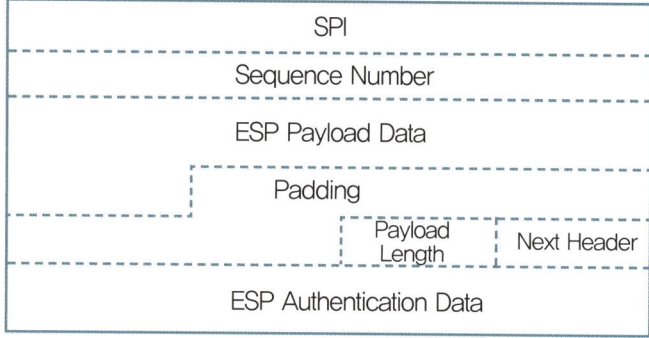

▲ IPSEC Encapsulation Security Payload Format)

• ESP 세부구조 ★★★★

필드	크기	내용
SPI (ESP Header)	4	Destination IP Address와 ESP(Encapsulating Security Payload)를 조합하여 Datagram에 대한 SA(Security Association)를 식별
Sequence Number (ESP Header)	4	SA(Security Association)가 구성될 때 '0'으로 초기화 되는 특성을 지니고 있다. SA를 사용하여 데이터그램이 송신될 때마다 값이 증가하며, 데이터그램을 식별하여 데이터그램 재전송을 방지함으로써 재생 공격으로부터 IPsec를 방어하는데 사용
Payload Data (Payload)	-	다음 헤더 필드에 의해 묘사된 데이터를 포함하는 가변 길이 필드
Padding (ESP Trailer)	0~255	암호화 또는 정렬을 위해서 추가적인 패딩 바이트가 포함되어진 필드
Padding Length (ESP Trailer)	1	패딩 필드의 바이트 수
Next Header (ESP Trailer)	1	다음 헤더의 프로토콜 번호를 포함하여 헤더를 연결하는데 사용
ESP Authentication Data	-	ESP 인증 알고리즘을 적용하여 계산된 ICV 값으로 구성

2 무선 보안(Wireless Security)

무선 LAN은 기업 혹은 댁내에서 인터넷을 편리하게 사용할 수 있는 도구이다. 단말기는 무선 LAN 카드를 연결하고 AP(Access Point)와 통신을 수행한다.

1) 무선 LAN(Wireless Local Area Network)의 정의

- LAN 기반 망과 단말기 사이를 무선주파수(RF: Radio Frequency)를 이용하여 전송하는 근거리 통신기술
- 유연성과 이동성 보장, 기존 네트워크 확장을 통한 확장성 보장

무선 LAN은 무선 주파수를 사용해서 무선통신을 수행하며, 무선통신의 특성상 감청에 용이하다. 또한 단말과 AP 간에 서로가 정당한 사용자인지에 대한 확인이 필요하다.

2) 무선 LAN 개념도

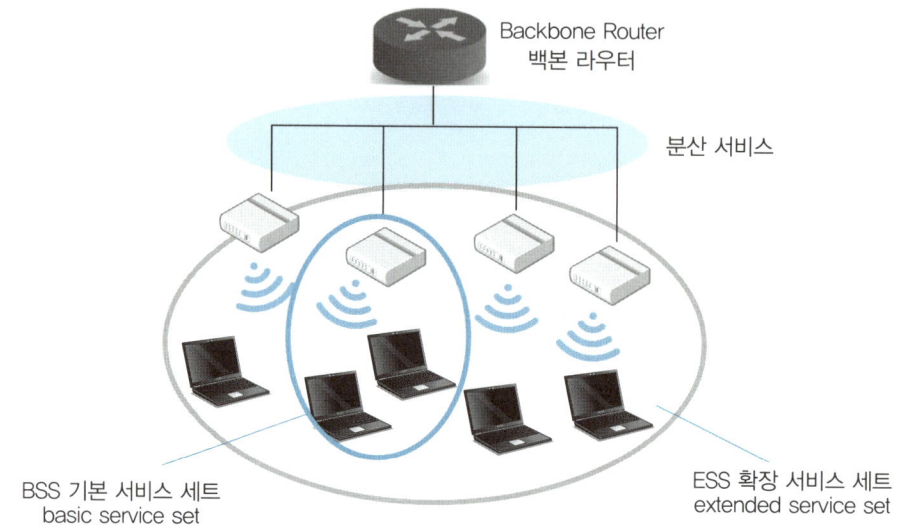

무선 LAN 표준 IEEE 802위원회에서 진행되며, 속도향상 및 통신기술 발전에 따른 표준을 정의하였다.

- 무선 LAN(Local Area Network) 보안요소

필요성	내용
인증(Authentication)	• 무선 LAN 사용을 위한 AP(Access Point)에 대한 인증 • 무선 LAN 단말에 대한 인증기능
암호화(Encryption)	무선 LAN 구간에서 안전한 데이터 통신을 위한 기밀성, 무결성을 지원

3) 무선 LAN 보안기술

① SSID(Service Set ID)

무선 LAN 서비스 영역을 구분하기 위한 식별자로 AP(Access Point)는 동일한 SSID를 가진 클라이언트만 접속을 허용하는 방법

② WEP(Wired Equivalent Privacy) 인증

- IEEE 802.11b에서 표준화한 데이터 암호화 방식
- RC4 대칭형 암호화 알고리즘을 사용하고 40Bit키를 사용

- 24Bit 길이의 초기화 벡터(IV: Initialization Vector)에 연결되어 64Bit 혹은 128Bit WEP 키열을 생성하여 해당 키를 통해서 암호화를 수행
- 키 열을 활용하여 정적으로 키를 사용하므로 무작위 공격과 같은 방법으로 키를 유추할 수 있음

WEP(Wired Equivalent Privacy) 인증은 IEEE 802.11b에서 표준화한 방식으로 RC4 기반의 스트림 암호화 기법을 사용하여 40Bit의 키를 사용한다. 여기서 키는 정적 키를 사용하여 암호화를 수행하므로 무작위로 암호화 키를 유추하여 공격하는 무작위 공격을 수행하면 몇 분이면 키를 알아낼 수가 있다.

③ WPA(Wi-Fi Protected Access): IEEE 802.1x/EAP

- WEP의 정적 키 관리에 대한 문제점을 해소
- 128Bit 동적 암호화 및 복호화를 수행
- 즉, TKIP(Temporal Key Integrity Protocol) 방식으로 사용자, 네트워크 세션, 전송 프레임 별로 키를 동적으로 생성함

WPA2는 WPA의 동적 키 방식에 블록기반 암호화 기법이면서, 128Bit 이상의 키를 사용하는 AES 암호화를 사용한다.

④ WPA2(Wi-Fi Protected Access): IEEE 802.11i

2세대 WPA로 보안기능이 개선되었으며 AES(Advanced Encryption Standard) 암호화, 사전 인증 및 캐시로 구성

⑤ IEEE 802.11i

- WPA 방식에 암호화 알고리즘은 AES(Advanced Encryption Standard)를 사용
- CCMP(Counter Mode Encryption Protocol)는 RC4 암호화 알고리즘 대신에 TKIP 블록 암호화 방법을 사용하고 AES 암호화 사용, 즉 블록 암호화 방식에 인증을 강화하였다.

Information Security Managemant System

CHAPTER 6 개발보안

행정안전부 개발보안 항목과 개발보안의 핵심인 입력 데이터 검증 및 표현을 집중적으로 학습한다. 특히 입력 데이터 검증 및 표현 중에서 SQL Injection, XSS, CSRF를 학습한다.
(※ 행정안전부 개발보안 가이드 참고함)

1 개발보안

① 입력데이터 검증 및 표현

프로그램 입력 값에 대한 검증 누락 또는 부적절한 검증, 데이터의 잘못된 형식 지정으로 인해 발생할 수 있는 보안 약점

1	SQL 삽입	사용자의 입력 값 등 외부 입력 값이 SQL 쿼리에 삽입되어 공격자가 쿼리를 조작해 공격할 수 있는 보안 약점
2	경로조작 및 자원 삽입	외부 입력 값에 대한 검증이 없거나 혹은 잘못된 검증을 거쳐서 시스템 자원에 접근하는 경로 등의 정보로 이용될 때 발생하는 보안 약점
3	크로스사이트 스크립트	검증되지 않은 외부 입력 값에 의해 브라우저에서 악의적인 코드가 실행되는 보안 약점
4	운영체제 명령어 삽입	운영체제 명령어를 구성하는 외부 입력 값이 적절한 필터링을 거치지 않고 쓰여져서 공격자가 운영체제 명령어를 조작할 수 있는 보안 약점
5	위험한 형식 파일 업로드	파일의 확장자 등 파일형식에 대한 검증 없이 업로드를 허용하여 발생하는 보안 약점
6	신뢰되지 않는 URL 주소로 자동 접속 연결	사용자의 입력 값 등 외부 입력 값이 링크 표현에 사용되고, 이 링크를 이용하여 악의적인 사이트로 리다이렉트(redirect)되는 보안 약점
7	XQuery 삽입	사용자의 입력 값 등 외부 입력 값이 XQuery 표현에 삽입되어 악의적인 쿼리가 실행되는 보안 약점
8	XPath 삽입	사용자의 입력 값 등 외부 입력 값이 XPath 표현에 삽입되어 악의적인 쿼리가 실행되는 보안 약점
9	LDAP 삽입	검증되지 않은 입력 값을 사용해서 동적으로 생성된 LDAP문에 의해 악의적인 LDAP 명령이 실행되는 보안 약점

번호	보안 약점	설명
10	크로스사이트 요청 위조	• 검증되지 않은 외부 입력 값에 의해 브라우저에서 악의적인 코드가 실행되어 공격자가 원하는 요청(Request)이 다른 사용자(관리자 등)의 권한으로 서버로 전송되는 보안 약점 • 지정된 경로 밖의 파일시스템 경로에 접근하게 되는 보안 약점
11	HTTP 응답분할	사용자의 입력 값 등 외부 입력 값이 HTTP 응답헤더에 삽입되어 악의적인 코드가 실행되는 보안 약점
12	정수 오버플로우	정수를 사용한 연산의 결과가 정수 값의 범위를 넘어서는 경우 프로그램이 예기치 않게 동작될 수 있는 약점
13	보안기능 결정에 사용되는 부적절한 입력값	사용자에 의해 변경될 수 있는 값을 사용하여 보안결정(인증/인가/권한부여 등)을 수행하여 보안 메커니즘이 우회될 수 있는 보안 약점
14	메모리 버퍼 오버플로우	버퍼를 이용하여 메모리를 사용할 때, 버퍼의 크기보다 큰 데이터를 버퍼에 기록하는 경우 데이터가 버퍼의 경계를 넘어 다른 메모리 영역을 침범하기 때문에 발생하는 보안 약점
15	포맷 스트링 삽입	prinf( ), ftprintf( ), sprintf( )와 같이 포맷 스트링을 사용하는 함수를 사용하는 경우, 외부로부터 입력된 값을 검증하지 않고 입·출력 함수의 포맷 문자열을 그대로 사용하는 경우 발생할 수 있는 보안 약점

② 보안기능

번호	보안 약점	설명
1	적절한 인증 없는 중요기능 허용	적절한 인증 없이 중요 정보(계좌이체 정보, 개인정보 등)를 열람(또는 변경)할 수 있게 하는 보안 약점
2	부적절한 인가	적절한 접근제어 없이 외부 입력 값을 포함한 문자열로 서버자원에 접근(혹은 서버실행 인가)할 수 있게 하는 보안 약점
3	중요한 자원에 대한 잘못된 권한 설정	중요 자원(프로그램 설정, 민감한 사용자 데이터 등)에 대한 적절한 접근권한을 부여하지 않아, 의도하지 않는 사용자에 의해 중요 정보가 노출·수정되는 보안 약점
4	취약한 암호화 알고리즘 사용	중요 정보(패스워드, 개인정보 등)의 기밀성을 보장할 수 없는 취약한 암호화 알고리즘을 사용하여 정보가 노출될 수 있는 보안 약점
5	중요 정보 평문저장	중요 정보(패스워드, 개인정보, 사용자 권한정보 등)를 암호화하여 저장하지 않아 발생될 수 있는 보안 약점
6	중요 정보 평문전송	중요 정보(패스워드, 개인정보, 사용자 권한정보 등) 전송 시 암호화하거나 암호화 채널을 통하지 않는 경우 발생될 수 있는 보안 약점
7	하드코드된 비밀번호	소스코드 내에 비밀번호를 하드코딩함에 따라 관리자 비밀번호가 노출되거나, 주기적 변경 등 수정(관리자 변경 등)이 용이하지 않는 보안 약점
8	충분하지 않은 키 길이 사용	데이터의 기밀성, 무결성 보장을 위해 사용되는 키의 길이가 충분하지 않아 기밀정보 누출, 무결성이 깨지는 보안 약점

번호	보안 약점	설명
9	적절하지 않은 난수 값 사용	예측 가능한 난수사용으로 공격자로 하여금 다음 숫자 등을 예상하여 시스템 공격이 가능한 보안 약점
10	하드코드된 암호화 키	소스코드 내에 암호화 키를 하드코딩하는 경우, 향후 노출될 수 있으며, 키 변경 등 수정이 용이하지 않는 보안 약점
11	취약한 비밀번호 허용	비밀번호 조합규칙(영문, 숫자, 특수문자 등) 및 길이가 충분하지 않아 노출될 수 있는 보안 약점
12	사용자 하드디스크에 저장되는 쿠키를 통한 정보 노출	쿠키(세션 ID, 사용자 권한정보 등 중요 정보)를 사용자 하드디스크에 저장함으로써 개인정보 등 기밀정보가 노출될 수 있는 보안 약점
13	주석문 안에 포함된 패스워드 등 시스템 주요 정보	소스코드 내의 주석문에 비밀번호가 하드코딩되어 비밀번호가 노출될 수 있는 보안 약점
14	솔트 없이 일방향 해시함수 사용	공격자가 솔트 없이 생성된 해시 값을 얻게 된 경우, 미리 계산된 레인보우 테이블을 이용하여 원문을 찾을 수 있는 보안 약점
15	무결성 검사 없는 코드 다운로드	원격으로부터 소스코드 또는 실행파일을 무결성 검사 없이 다운로드 받고 이를 실행하는 경우 공격자가 악의적인 코드를 실행할 수 있는 보안 약점
16	반복된 인증시도 제한 기능 부재	프로그램 내에서 로그인과 같은 인증시도를 하는 수를 제한하지 않거나 인증시도에 대한 측정을 구현하지 않아서 발생하는 보안 약점

③ 시간 및 상태

동시 또는 거의 동시 수행을 지원하는 병렬 시스템, 하나 이상의 프로세스가 동작되는 환경에서 시간 및 상태를 부적절하게 관리하여 발생할 수 있는 보안 약점

번호	보안 약점	설명
1	경쟁조건: 검사시점과 사용시점(TOCTOU)	멀티프로세스상에서 자원을 검사하는 시점과 사용하는 시점이 달라서 발생하는 보안 약점
2	제어문을 사용하지 않는 재귀함수	적절한 제어문 사용이 없는 재귀함수에서 무한재귀가 발생하는 보안 약점

④ 에러 처리

에러를 처리하지 않거나 불충분하게 처리하여 에러정보에 중요 정보(시스템 등)가 포함될 때 발생할 수 있는 보안 약점

번호	보안 약점	설명
1	오류메시지를 통한 정보 노출	개발 시 활용을 위한 오류정보의 출력메시지를 배포될 버전의 S/W에 포함시킬 때 발생하는 보안 약점
2	오류상황 대응 부재	시스템에서 발생하는 오류상황을 처리하지 않아 프로그램 다운 등 의도하지 않은 상황이 발생할 수 있는 보안 약점
3	적절하지 않은 예외처리	예외에 대한 부적절한 처리로 인해 의도하지 않은 상황이 발생될 수 있는 보안 약점

⑤ 코드 오류 ★

타입변환 오류, 자원(메모리 등)의 부적절한 반환 등과 같이 개발자가 범할 수 있는 코딩오류로 인해 유발되는 보안 약점

번호	보안 약점	설명
1	널(Null) 포인터 역참조	Null로 설정된 변수의 주소 값을 참조했을 때 발생하는 보안 약점
2	부적절한 자원 해제	사용된 자원을 적절히 해제하지 않으면 자원의 누수 등이 발생하고, 자원이 모자라 새로운 입력에 처리를 못하는 보안 약점
3	해제된 자원 사용	메모리를 해제한 자원을 참조할 경우, 예기치 않은 오류가 발생될 수 있는 보안 약점
4	초기화되지 않은 변수 사용	변수를 초기화하지 않고 사용하는 경우 예기치 않은 오류가 발생될 수 있는 보안 약점

⑥ 캡슐화 ★

중요한 데이터 또는 기능성을 불충분하게 캡슐화하였을 때 인가되지 않은 사용자에게 데이터 누출이 가능해지는 보안 약점

번호	보안 약점	설명
1	잘못된 세션에 의한 데이터 정보 노출	잘못된 세션에 의해 권한 없는 사용자에게 데이터 노출이 일어날 수 있는 보안 약점
2	제거되지 않고 남은 디버그 코드	디버깅을 위해 작성된 코드를 통해 권한 없는 사용자 인증우회(또는 중요 중보)접근이 가능해지는 보안 약점
3	시스템 데이터 정보 노출	사용자가 볼 수 있는 오류 메시지나 스택정보에 시스템 내부 데이터나 디버깅 관련 정보가 공개되는 보안 약점
4	Public 메소드부터 반환된 Private 배열	private로 선언된 배열을 public으로 선언된 메소드를 통해 반환(return)하면, 그 배열의 레퍼런스가 외부에 공개되어 외부에서 배열이 수정될 수 있는 보안 약점
5	Private 배열에 Public 데이터 할당	public으로 선언된 데이터 또는 메소드의 인자가 private 선언된 배열에 저장되면, private 배열을 외부에서 접근할 수 있게 되는 보안 약점

⑦ API 오용

의도된 사용에 반하는 방법으로 API를 사용하거나 보안에 취약한 API를 사용하여 발생할 수 있는 보안 약점

번호	보안 약점	설명
1	DNS lookup에 의존한 보안 결정	DNS는 공격자에 의해 DNS 스푸핑 공격 등이 가능함으로 보안결정을 DNS 이름에 의존할 경우, 보안 결정 등이 노출되는 보안 약점
2	취약한 API 사용	취약하다고 알려진 함수를 사용할 경우 예기치 않은 오류가 발생될 수 있는 보안 약점

2) SQL Injection

구분	내용
개념	• 사용자가 서버에 제출한 데이터가 SQL Query로 사용되어 데이터베이스 및 응용시스템에 영향을 주는 공격기법 • SQL문을 조작하거나 오류를 발생시켜 정보를 유출하거나 변조 • OWASP TOP 10에서 가장 위험한 공격기법의 하나
발생원인	• 공격자의 입력 값이 데이터베이스의 쿼리 작성에 이용되는 환경에서 입력 값을 미검증 또는 부적절한 검증 • 동적으로 Query구문이 완성되는 어플리케이션
결과	• 쿼리 조작을 통한 데이터베이스 노출 및 변조 • 웹 어플리케이션 인증우회 • 데이터베이스 덤프, 파괴 • 시스템 커맨드의 실행(주로 MS-SQL에서 발생) • 시스템 주요 파일 노출 • DDoS공격
공격도구	Havij, Pangolin, HDSL
대응방안	• 입력 값 필터링 • 입력 값 크기 제한 • Dynamic SQL 지양 • ORM(Object Relationship Mapping) 사용 지향 • Prepared Statement 사용 • 데이터 타입 패턴 체크 • 데이터베이스 권한관리 • 공통 오류페이지 사용(오류반환 설정) • WAF(Web Application Firewall)/IDS(Instruction Detection System) • Stored Procedure 사용

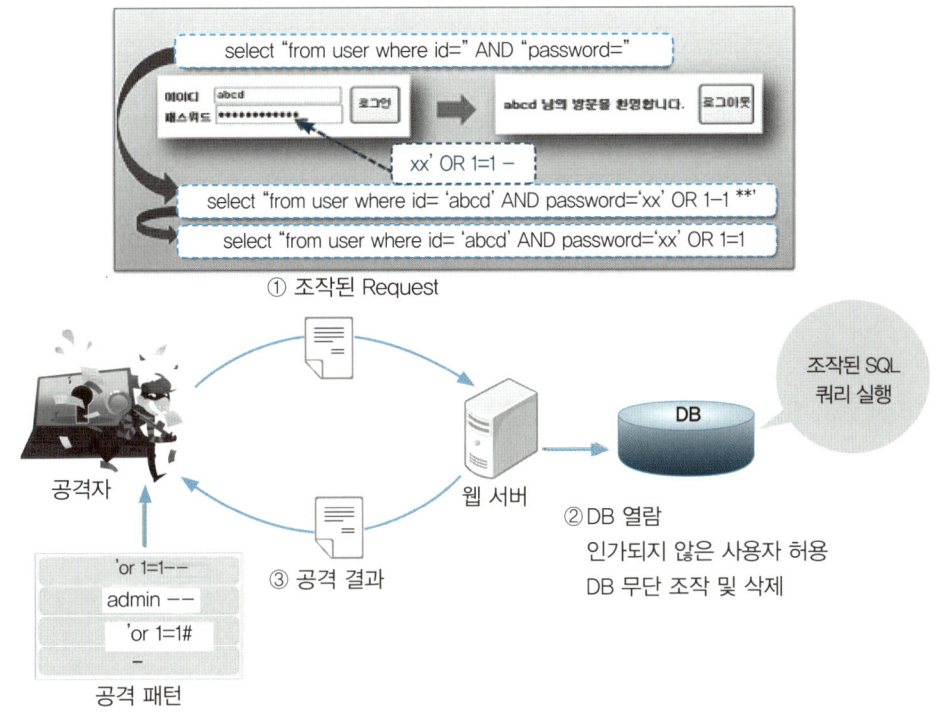

▲ SQL INJECTION의 개념도

★★★
• SQL INJECTION의 유형

구분	내용

인증우회	• 취약한 방식의 인증방식(ID/PW를 입력받아 ID와 PW가 일치하는 레코드가 존재하는지 검사하는 방식)에서 SQL문을 조작하여 PW를 무력화시킴
	• WHERE 절 이하의 조건이 항상 참이 되도록 하고, 쿼리 문에 에러가 없어야 함
	  – 인증용 SQL문: SELECT * FROM USER WHERE ID="입력 값" AND PW="입력 값";
	  – 변조된 SQL문: SELECT * FROM USER WHERE id="OR '1'='1' AND PW=" OR '1'='1';
	  – 변조된 SQL문: SELECT * FROM USER WHERE ID='name'; Delete from 'user';

Blind Sql Injection	• SQL Injection에 대응하기 위해 내부 데이터베이스 오류를 보여주지 않도록 설정한 경우, 참과 거짓을 구분할 수 있는 구문을 만들어 데이터를 알아내는 방법 • 숫자형태의 데이터까지도 파악할 수 있음 • 프록시 도구를 이용하거나 소스를 수정하여 SQL INJECTION 대응체계(SQL 사이즈 제한 등)를 우회 • SQL INJECTION에서 데이터 삽입 및 수정하려면 DB 스키마를 먼저 파악해야 함(Database이름, 테이블명, 컬럼명, 컬럼타입 순으로 파악함) – 변조된 SQL문: jay' and substring(db_name( ),1,1)='w' --db이름 알아내기

Mass Sql Injection	• 한 번의 공격으로 대량의 DB값이 변조되어 서비스에 치명적인 악영향을 끼치는 확장된 개념의 SQL Injection 공격기법 • IDS/IPS/WAF를 우회하기 위해 공격을 수행할 때 사용되는 값들을 인코딩함 • DB의 값을 변조할 때 악성 스크립트가 삽입됨 • 변조된 사이트 방문 시 봇이 설치되어 계정해킹 및 DDOS공격을 위한 좀비가 되기도 함 • Mass Sql Injection에 사용되는 구문은 Get/Post가 아닌 Cookie를 통해 전달됨 • Cookie Injection : Get/Post가 아닌 Cookie를 통해 데이터가 전달되는 방식으로, 대부분의 WAF에서 조차 Get/Post방식만을 검사하기 때문에 우회할 수 있는 통로로 활용되어 Mass Sql Injection공격에 활용될 수 있음

3) XSS(Cross Site Scripting)

① XSS(Cross Site Scripting)

- 공격자가 제공한 실행 가능한 코드를 재전송하도록 하는 공격기법이다.
- 서버를 장악하지 않고도 사용자 정보가 유출될 수 있으며, 필터링을 우회할 수 있는 다양한 방법이 존재한다.

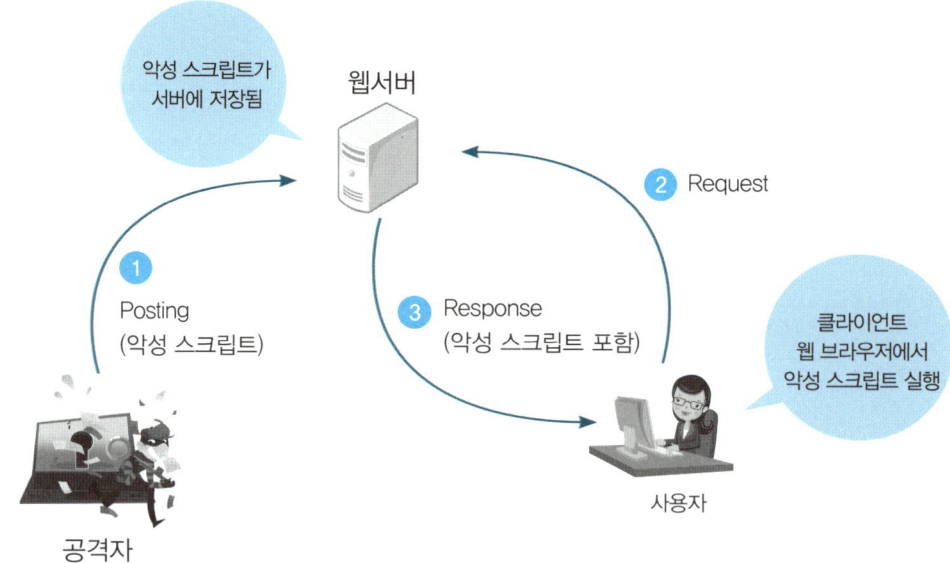

★★★

구분	내용
발생원인	• 사용자로부터 입력된 데이터에 대한 부적절한 검증을 통해 웹 다큐먼트로 출력 • 서버를 경유하여 조작된 웹 페이지 및 URL을 열람하는 클라이언트를 공격
결과	• 개인정보 유출 • Cookie Access • DOM(Document Object Mode) Access를 통한 페이지 조작 • Clipboard Access • Key logging • 악성코드 실행 및 세션 하이제킹
대응방안	<table><tr><th>구분</th><th>내용</th></tr><tr><td>서버측면</td><td>– 입력 값 검증 – 서버에서 White List방식 필터링 – 출력 값 인코딩 – HTML 인코딩 출력(utf8, iso8859-1등) – Html 포맷 입력 페이지 최소화 – 중요 정보 쿠키 저장 지양 – 인증강화 – 세션과 IP를 통합하여 서버에서 인증 – 스크립트에 의한 쿠키 접근 제한</td></tr><tr><td>클라이언트측면</td><td>– 주기적 패스워드 변경 – 브라우저 최신 패치 – 링크 클릭 대신 URL 직접 입력 – 브라우저 보안 옵션 등급 상향(쿠키 사용 금지)</td></tr></table> • 사용자 입력 문자열에서 〈 , 〉, &, " 등을 replaceAll과 같은 문자변환 함수나 메소드로 &lt, &gt, &amp, &quot 치환 • HTML tag 리스트 선정과 해당 태그만 허용(White list) • 보안성이 검증된 API를 사용해 위험한 문자열 제거(OWASP의 ESAPI 활용)

★★★
• XSS의 유형

구분	내용
C2C 방식(Client to Client 또는 Stored XSS)	• Persistent • 공격자는 악성 스크립트를 XSS에 취약한 웹서버에 저장(웹 게시판, 방명록 등) • 공격자는 해당 게시물을 Victim에 노출시킴

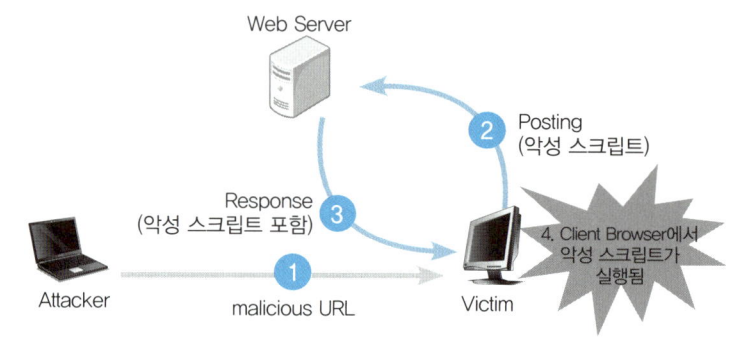

- Non persistent
- 공격자는 악성 스크립트를 포함한 URL을 Victim에 노출(e메일, 메신저, 웹 게시판 등)
- 악성 스크립트는 서버에 저장되지 않음

Client to Itself (Reflective XSS)

★★★
- XSS의 공격 대상

업무	내용
XSS에 취약한 웹 페이지	• HTML을 지원하는 게시판 • Search Page • Personalize Page • Join Form Page • Referer를 이용하는 Page • 기타 사용자로부터 입력받아 화면에 출력하는 모든 페이지에서 발생 가능
공격대상	• 이용HTML Tag: 예 〈script〉, 〈object〉, 〈applet〉, 〈embed〉, 〈img〉 태그 • 대상 스크립트 언어/스크립트: Java Script, VB Script, Active X, HTML, Flash • 대상 코드의 위치: URL parameter, Form elements, Cookie, DB Query 등
사례	• 〈script〉 ... 〈/script〉 • 〈img src="javascript:......"〉 • 〈div style="background-image:url(javascript...)"〉〈/div〉 • 〈embed〉....... 〈/embed〉 • 〈iframe〉〈/iframe〉

4) CSRF(Cross Site Request Forgery)

① CSRF(Cross Site Request Forgery)

- VICTIM(피해자)에 대해 사용자가 인식하지 못한 상황에서 의도하지 않은 공격행위를 수행하게 하는 공격이다.
- 세션쿠키, SSL인증서 등 자동으로 입력된 신뢰정보를 기반으로 사용자의 요청을 변조하여 해당 사용자의 권한으로 악의적 공격을 수행한다.

- 공격이 사용자를 통해 이루어지기 때문에 공격자 추적이 불가능
- 세션 라이딩, 원 클릭 공격, 악의적 연결, 자동화된 공격, SEA SURF, IFRAME EXPLOIT 등으로 불리기도 한다.

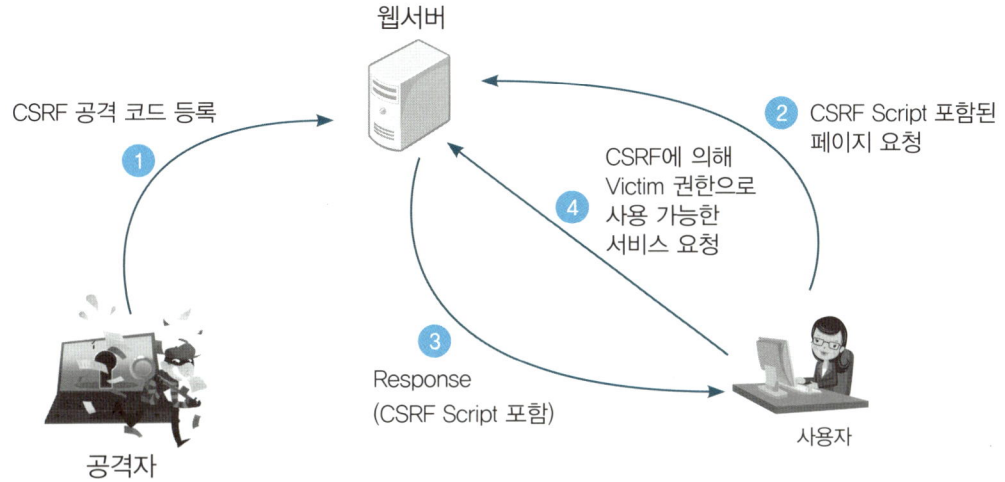

- **CSRF의 주요 특징**

구분	내용
발생원인	• 웹서버에 외부의 입력 값에 대한 검증 없이 저장하여 해당 내용을 열람하게 할 경우 발생 • e메일, 특정 웹사이트 접속 사용자 등이 웹사이트 정보를 로딩하는 과정에서 다른 URL을 요청하게 함
결과	• 관리자 계정인 경우 권한 관리, 게시물 삭제, 사용자 등록 및 삭제
대응방안	• 입력 폼 작성 시 POST방식을 사용 • 입력 폼과 해당 입력 처리 프로그램 간에 토큰을 사용 • 중요한 기능에 대해 세션 검증과 재인증 처리 또는 트랜잭션 서명을 수행

5) OWASP Top 10

① OWASP(The Open Web Application Security Project)

신뢰성 있는 웹 애플리케이션 개발 및 운영을 위한 웹 취약점의 우선순위와 위험도 기준의 정보보안 가이드라인을 제시하는 프로젝트

- **OWASP Top 10**

Top 10	주요 내용
Injection	SQL 삽입, 명령어 삽입, LDAP 삽입과 같은 취약점이 포함되며, 주요 원인은 신뢰할 수 없는 외부 값에 의해 발생되며, 명령어 실행 또는 접근이 불가능한 데이터에 대한 접근 등의 취약점을 발생시킴
Broken Authentication and Session Management	인증 및 세션관리와 관련된 애플리케이션의 비정상적인 동작으로 인해 패스워드, 키, 세션 토큰 및 사용자 도용과 같은 취약점을 발생시킴
XSS	신뢰할 수 없는 외부 값을 적절한 검증 없이 웹 브라우저로 전송하는 경우 발생되는 취약점으로 사용자 세션을 가로채거나 홈페이지 변조, 악의적인 사이트 이동 등의 공격을 수행
Insecure Direct Object References	파일, 디렉터리, 데이터베이스 키와 같은 내부적으로 처리되는 오브젝트가 노출되는 경우, 다운로드 취약점 등을 이용해 시스템 파일에 접근하는 취약점을 의미함
Security Misconfiguration	애플리케이션, 프레임워크, 애플리케이션 서버, 데이터베이스 서버, 플랫폼 등에 보안설정을 적절하게 설정하고 최적화된 값으로 유지하며, 또한 소프트웨어는 최신 업데이트 상태로 유지해야 함
Sensitive Data Exposure	대다수의 웹 애플리케이션은 카드번호 등과 같은 개인정보를 적절하게 보호하고 있지 않기 때문에 개인정보 유출과 같은 취약점이 발생되고 있음. 이를 보완하기 위해서 데이터 저장 시 암호화 및 데이터 전송 시에 SSL 등을 이용해야 함
Missing Function Level Access Control	• 가상적으로 UI에서 보여지는 특정 기능을 수행 전에 기능 접근제한 권한을 검증해야 하나, 애플리케이션은 각 기능에 대한 접근 시 동일한 접근통제 검사수행이 요구됨 • 공격자는 비인가된 기능에 접근하기 위해 정상적인 요청을 변조할 수 있음
CSRF	로그온 된 피해자의 웹 브라우저를 통해 세션쿠키 및 기타 다른 인증정보가 포함되어 변조된 HTTP 요청을 전송시켜 정상적인 요청처럼 보이게 하는 기법으로 물품구매, 사이트 글 변조 등의 악의적인 행동을 취하는 공격
Using Components with Know Vulnerabilities	슈퍼유저 권한으로 운영되는 취약한 라이브러리, 프레임워크 및 기타 다른 소프트웨어 모듈로 데이터 유실 및 서버 권한획득과 같은 취약점이 존재함
Unvalidated Redirects and Forwards	웹 애플리케이션에 접속한 사용자를 다른 페이지로 분기시키는 경우, 이동되는 목적지에 대한 검증부재 시, 피싱, 악성코드 사이트 등의 접속 및 인가되지 않는 페이지 접근 등의 문제점을 일으킬 수 있음

CHAPTER 7. BCP와 DRS

Information Security Managemant System

BCP에서 BCP절차와 BIA의 RPO, RTO의 용어를 분명히 알아두고 DRS의 유형인 Mirror Site, Hot Site를 학습해야 한다.

1 BCP 및 DRS

업무연속성계획은 기업의 존속에 필요한 제반 자원을 대상으로 장애 및 재해에 대비하여 조직의 생존을 보장하기 위해 예방 및 복구활동을 포함한 광범위한 계획이다. BCP는 위험개념 정립을 위한 위험분석(Risk Analysis), 재해로 발생가능한 피해종류를 파악하는 피해분석(Impact Analysis), 장기적 재해 시 우선복구 업무대상산정 및 산정기준 수립 등의 업무중요도 산정이 필요하다.

BCP수행절차는 예산일정을 고려한 범위규정과 관리업무를 포함한 **프로젝트 계획수립단계**, 재해환경을 고려한 잠재적 손실 최소화와 방지를 위한 업무영향도 분석과 주요 업무 프로세스의 식별, 우선 순위화, 업무별 복구 목표시간 산출 등의 **업무분석 및 영향평가단계**, 복구대책 업무 및 운영, 복구 전략수립 등의 복구전략개발, 업무연속성계획 승인 및 대응책 구현, 이행관리, 기술향상 등의 승인 및 훈련단계, 업무프로세스 변경 시 업무연속성계획 변경, 비상사태 대비 평가, 모의훈련, 모니터링 및 비상체계 준비 등의 **테스트와 유지보수 단계**를 거친다.

업무영향도 평가는 주요업무 프로세스를 식별하여 재해유형 식별 및 재해발생 가능성과 업무중단의 지속적 평가, 업무프로세스별 중요도 평가, 정성적 및 정량적 영향도를 분석하는 **업무프로세스 우선순위 결정단계**와 업무 프로세스별 지연감내 시간을 산정하여 업무복구목표시간(RTO) 및 업무복구목표시점(RPO) 산정을 통하여 **중단가능시간 산정단계**, 연속성 보장을 위한 필요자원을 산정하는 **자원요건 산정단계**를 거치면서 분석을 수행한다.

업무영향도 평가의 가장 핵심적 분석인 정성적 정량적 위험분석방법을 비교해보면, **정량적 위험분석** 위험발생확률과 손실크기의 곱을 통해 기대 위험가치를 분석하는 것으로, 수학공식 접근법 및 확률분포 추정법 등을 이용하여 분석하는데, 비용/가치분석, 예산계획, 자료분석이 용이하고, 수리적 계산으로 논리적이고 객관적인 정보획득이 가능한 장점이 있고, 분석 및 시간, 노력, 비용이 크고 정확한 정량화 수치를 얻기 어려운 단점이 있다. **정성적 위험분석**은 손실크기를 화폐가치로 표현하기는 어려우나 위험크기는 기술변수로 표현 가능한 분석방법으로, 델파이법이나 시나리오법 등을 이용하고, 금액화 하기 어려운 정보평가가 가능하며 분석시간이 짧고 이해가 용이한 장점이 있으나, 평가 결과가 주관적이고 비용효과 분석이 어려운 단점이 있다.

• BCP 절차(NIST 권장) – 모든 단계마다 경영진의 승인을 얻어야 함

단계	설명
1. 연속성계획 정책선언서 개발	• BCP 개발, 임무수행 역할에 관한 권한 할당을 위한 가이드라인을 제공할 정책을 기술 • 법규 요구사항 통합, 영역/목표/역할 정의, 관리진의 정책 승인
2. BIA(Business Impact Analysis) 수행	• 핵심 기능/시스템 식별, 핵심 기능 관련 요구자산 식별 • 중단 영향과 허용 가능한 정지시간 확인 → 복구우선 순위개발 • 자원의 RTO 계산, 위협식별, 위험 계량화, 백업솔루션 확인
3. 예방통제식별	• 위협이 식별되면 경제적 방법으로 조직 내 위험 level을 감소하기 위한 통제와 대응책을 식별하고 구현한다. • 통제 구현, 위험 완화
4. 복구전략 개발	• 시스템과 중대한 기능들이 Online으로 즉시 옮겨질 것을 보장하는 방법들을 공식화 한다 • 업무프로세스, 시설, 지원과 기술, 사용자 및 사용자 환경, 데이터
5. 연속성 계획 개발	• 장애상황에서의 업무기능 수행방법에 관한 절차와 가이드라인을 기술한다. • 절차, 복구 솔루션, 임무와 역할, 비상 대응
6. 계획 및 테스트 및 훈련	• BCP 내의 부족한 것을 발견하기 위하여 계획을 테스트하고 기대된 임무상의 개별 요소를 적절히 준비시키기 위한 훈련 수행 • 테스트 계획, 계획 개선, 직원 훈련
7. 계획의 유지 관리	• BCP는 살아있는 문서이며 정규적으로 업데이트 된다는 것을 보장 • 변화 통제 프로세스에 통합, 책임할당, 계획 업데이트

1) BIA(Busines Impact Analysis)

BIA는 BCP에서 가장 중요한 활동이다. BIA의 궁극적인 목표는 비즈니스별로 위험을 분석해서 복구(Recovery)목표를 수립하는 것이다.

① BIA 복구목표 수립

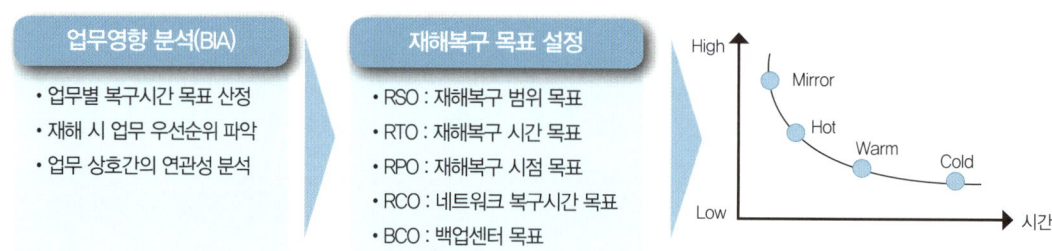

위의 도표가 BIA의 모든 것을 이야기하고 있다. 즉, 업무영향 분석을 통해서 업무별 복구시간 목표산정, 재해 시에 업무 우선순위 파악, 업무 간 상호 연관성 파악을 수행해서 재해복구 목표를 설정하는 것이다. 이러한 설정을 달성하기 위해서 정보시스템으로 재해복구시스템(DRS)을 구축할 수 있고 재해복구시스템의 유형도 결정되는 것이다.

② BIA 개념

업무 중단이 사업에 미치는 영향에 대한 정성적/정량적 분석 및 평가

• BIA 특징 ★★

목적	주요 내용
업무 프로세스 우선순위 결정	• 주요 업무 프로세스의 식별 • 재해 유형 식별 및 재해 발생 가능성과 업무 중단의 지속시간 평가 • 업무 프로세스별 중요도 평가 • 정성적 정량적 영향도 분석
중단가능시간 산정	• 업무 프로세스별 지연 감내 시간 산정 • 업무복구목표시간 RTO, 업무복구목표시점 RPO 산정
자원 요건 산정	• 연속성 보장을 위해 어떤 자원이 필요한지 산정

③ BIA 주요 과제

- 핵심 업무 프로세스와 workflow 식별(설문조사, 사용자 참여를 통해)
- 자원 요구사항 식별: 핵심 프로세스에 필요한 자원 식별
- 업무 중단으로 인한 영향의 정성적, 정량적 평가: 위험분석
- 최대허용유휴시간(MTD: Maximum Tolerable Downtime) 산정
- 우선순위 결정(고위 경영진이 결정하며, 복구전략 개발 시 참조된다.)
- 위원회는 식별된 위협을 아래 사항과 매핑해야 함: 최대허용유휴시간, 운영중단과 생산력, 재정적인 고려사항, 법적인 책임 및 서명
- 고위 경영진과 사용자의 참여가 중요

• BIA 단계

단계	주요 활동
1	데이터 수집을 위한 인터뷰 대상자 선정
2	데이터 수집방법 결정(조사, 설명, 워크숍 등, 정성적/정량적 접근 방법)
3	회사의 핵심 업무 기능 식별

4	핵심 업무 기능이 의존하는 IT 자원의 식별
5	IT 자원이 없을 경우의 핵심 업무 기능 생존기간 산정
6	핵심 업무 기능에 관련된 취약점과 위협 식별
7	개별적 업무 기능에 대한 위험 산정
8	발견사항을 문서화하고 경영자에게 제출

④ 복구전략 수립

- BIA는 모든 구성요소들의 복구전략 청사진 제공한다.
- BCP위원회는 BIA에서 식별된 위험에 대한 복구전략을 비용효과분석을 통해 발견해야 한다.
- 사업 지속을 위한 복구전략의 정의 및 문서화, 장애 시 대체 운영을 위한 대응 전략이다.
- 세분화: 업무프로세스 복구, 시설 복구, 지원 및 기술 복구, 사용자 환경 복구, 데이터 복구

2) 재해별 수준별 복구 유형

★★★
• 재해복구 수준별 유형 핵심 지표

지표	설명
RPO	• Recovery Point Objective(복구목표시점) • 재해시점으로부터의 Data Backup을 해야 하는 시점까지의 시간 • RPO = 0의 의미: Mirroring, 고장시점 복구전략
RTO	• Recovery Time Objective(복구목표시간) • 재해 후 시스템, 응용, 기능들이 반드시 복구되어야 하는 시간
RP	Recovery Period(실제복구기간): 실제 업무기능 복구까지 걸린 시간
MTD	• Maximum Tolerable Downtime(용인가능 최대 정지시간) • 치명적인 손실 없이 조직이 중단/재해 영향을 견딜 수 있는 최대 시간 • MTD = RTO + WRT(Work Recovery Time, 업무 복구 시간) • "MTD가 짧다"의 의미: 중요 자산, 빠른 복구 필요, 높은 비용
SDO	Service Delivery Objective: 2차 사이트에서 제공하는 업무 용량

① RTO

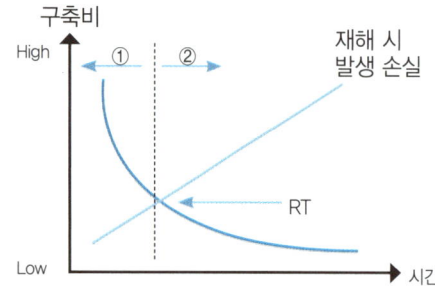

RTO는 재해 시에 목표복구 시간의 선정이다. RTO는 구축비용에 반비례 하며, 재해 시 발생손실에 비례한다.

② RPO

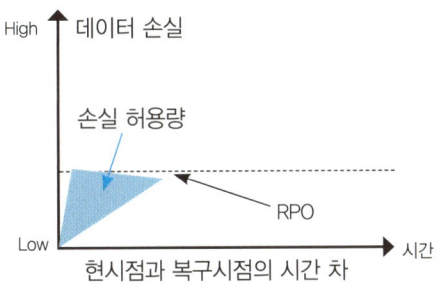

RPO는 업무중단시점부터 데이터가 복구되어 다시 정상 가동될 때까지의 시간이다. 즉, 데이터가 복구되어야 하는 시점이다.

3) 재해복구 방법

백업을 위해서 1차 사이트(운영 시스템)에서 변경된 하드웨어 및 소프트웨어, 데이터, 조직을 2차 사이트에도 반영해야 한다. 특히 하드웨어 구매 시에 2차 사이트도 같이 구매되어야 하고 소프트웨어 라이선스도 마찬가지다. 조직의 경우 2차 사이트를 운영하기 위한 비상조직을 두고 모의훈련을 통해서 2차 사이트 운영훈련이 필요하다.

또한 완전한 이중화를 위해서는 변경되는 데이터를 실시간으로 2차 사이트 데이터베이스에 적재해야 하는 문제가 발생하는데, 여기에는 데이터베이스 동기화 기법이 필요하게 된다. 즉, 1차 사이트에서 트랜잭션이 발생하면 변경된 내용을 데이터베이스 로그 파일에 기록하게 된다. 2차 사이트는 해당 로그를 감시하다가 변경이 되면 실시간으로 자신의 데이터베이스 로그에 이것을 기록하여 데이터베이스 동기화를 수행한다.

① Alternative Site와 Off-Site 관계

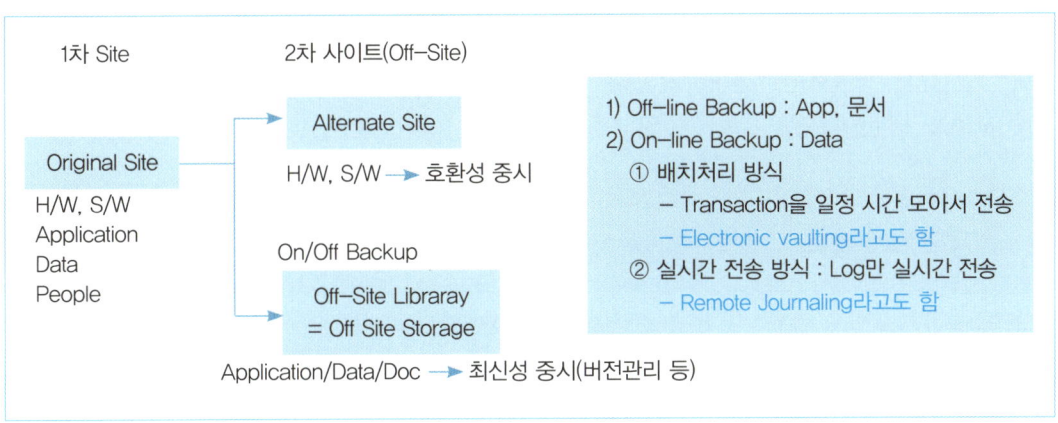

② 2차 사이트의 가용성 및 상호비교

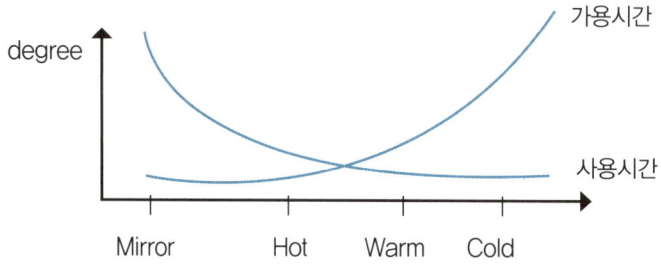

가장 좋은 사이트는 Mirror 사이트이다. 이것은 1차 사이트와 완전 이중화를 수행하고 데이터베이스도 실시간으로 동기화를 수행한다. 하지만 Mirror 사이트는 많은 구축 비용뿐만 아니라 운영비용도 많이 발생한다. 하지만 국내 대부분의 금융권은 Mirror 사이트 형태를 구성하고 사용하고 있다.

Hot 사이트는 중요 업무에 대해서만 이중화를 수행하는 것이다. 하지만 이것은 복구 시간이 Mirror 사이트에 비해서는 증가하게 된다.

• 재해복구 시스템 종류

사이트	목표 복구	장점	단점
Mirror	0~수분	1차와 동일, 동기화 가능	고비용, 상시 검토
Hot	24시간 내	고가용성, 데이터 최신성	DB복구 필요
Warm	수 일 내	핫사이트로 전환 용이	시스템 확보 필요
Cold	수 주 내	저렴, 데이터만 백업	시간이 가장 오래 걸림

Cold 사이트는 재해복구시스템이라고 볼 수는 없다. 이것은 전기시설만 완비하고 재해 발생 시에 서버와 소프트웨어를 구매해서 복구하는 것으로 실질적으로 복구가 되지 않을 수도 있다.

PART 3 실력 점검 문제

Information Security Managemant System

01 ★★ 인터넷 보안 프로토콜 중에서 IPSEC에 대한 설명이다. 이 중 그 내용이 틀린 것을 선택하시오?

1) IPSEC는 각 Packet마다 인증을 처리는 Authentication Header가 수행한다.
2) IPSEC는 IP Header에 대해서 암호화를 수행하여 Sniffer를 통해 Packet을 훔쳐보아서 그 내용을 확인할 수 없다. IPSEC의 암호화는 이러한 장점으로 인하여 일방향 암호화를 수행한다.
3) IPSEC는 IPv6에 탑재되어서 IPv6의 보안성을 강화하고 VPN(Virtual Private Network)에서 터널링 기술로 활용된다.
4) IPSEC의 운영모드는 터널링 모드와 트랜스포트 모드로 분류된다.

IPSEC은 Packet마다 암호화하고 복호화하는 양방향 암호화를 수행한다.

02 ★★★ 파일을 업로드하거나 다운로드할 때 사용할 수 있는 FTP(File Transfer Protocol)에 대한 설명이다. 그 내용이 틀린 것을 선택하시오?

1) FTP는 TCP 프로토콜을 사용하여 파일을 업로드하거나 다운로드한다.
2) FTP의 파일 보안을 위해서 sFTP를 사용하면 암호화 기능을 사용할 수 있고, 빠르게 업로드 및 다운로드를 위해서 UDP를 활용하는 tFTP를 사용할 수 있다.
3) FTP는 데이터를 전송할 때 데이터 채널과 명령채널이 존재하고 명령채널의 서버는 21번 Port를 사용하고 클라이언트는 1024번 이상의 Port를 사용한다.
4) FTP가 데이터 채널을 설정할 때 일반모드와 수동모드가 존재하고 일반모드는 데이터 채널로 28번 Port를 사용한다.

FTP의 데이터 채널은 일반모드 및 수동모드가 있다. 일반모드는 20번 Port를 데이터 채널로 사용하고 수동모드는 1024 이상의 Port를 사용한다. 또 클라이언트는 항상 1024번 이상의 Port를 사용한다.

정답 1. 2) 2. 4)

03 아래의 ARP Table의 내용을 보고 그 설명이 가장 올바르지 않는 것은 무엇인가?

> #arp -v
> Address HWtype HWaddress Flag Mask Iface
> 192.168.0.3 ether 00:C0:26:65:93:5C C eth1
> linux.sis.net ether 00:C0:9F:03:AD:11 C eth0
> Entries : 2 Skipped : 0

1) arp -v 명령을 통해서 ARP Cache 테이블의 정보를 보여주고 있다.
2) ARP Redirect 공격은 ARP Cache 테이블을 변조하고 그것을 Sniffer를 통해서 훔쳐보는 기법이다.
3) 위의 예에서 eth1과 eth0이 물리적으로 한 개만 존재한다면 그것은 VLAN(Virtual Lan)기술을 사용한 것이다.
4) ARP Spoofing을 방지하기 위해서는 ARP Cache Table을 암호화하고 ARP Broadcasting을 차단한다.

물론, ARP Spoofing을 방지하기 위해서 암호화를 수행하고 Broadcasting을 차단하면 될 수 있다. 하지만 이것을 차단하면 ARP를 사용할 수 없는 것이기 때문에 가장 틀린 것이다.

04 보안상의 취약점을 해소하기 위해서 ftp, telnet과 같은 원격접속을 제한하려고 한다. 이에 대한 설명으로 틀린 것을 선택하시오?

1) 침입차단 시스템에 Access Control List를 설정하여 접근을 제어한다.
2) TCP Wrapper를 사용하여 호스트의 접근제어를 실행한다.
3) 침입탐지 시스템에 접근제어를 설정한다.
4) Network device에 Access Control을 설정한다.

침입탐지 시스템(IDS)은 이상탐지 및 오용탐지를 수행하여 침입자의 침입패턴을 탐지한다. 침입탐지는 별도의 접근제어는 수행하지 않는다.

05 아래는 tFTP에 대한 inetd.conf 파일이다. 그 설명으로 틀린 것을 선택하시오?

> tftp dgram udp wait root /usr/sbin/in.tftpd -s /home/limbest

1) tftp를 사용하지 않으면 inetd.conf 파일에서 위의 내용을 삭제하는 것이 좋다. 즉, 삭제를 하면 클라이언트는 tftp를 통해서 연결할 수 없다.
2) inetd.conf 파일에서 -s 옵션을 삭제하면 모든 디렉터리를 다운로드할 수 있다.
3) -s 옵션은 tftp 사용자에게 디렉터리 변경을 가능하게 해서 편의성 있게 자료를 다운로드할 수 있게 한다.
4) xinetd를 사용하면 tftp에 대한 설정은 /etc/xinetd.d/tftp 파일이다.

해설
-s 옵션은 지정한 디렉터리의 상위 디렉터리로 접근할 수 없게 한다.

06 DNS를 사용하는 해킹기법은 무엇인가?
   1) 피싱   2) 파밍
   3) 스미싱   4) 비싱

해설
파밍은 DNS를 해킹하여 불법적인 사이트로 연결하게 만드는 기법이다.

07 아래의 내용은 SSL에 대한 설명이다. 그 내용이 틀린 것은 무엇인가?
   1) SSL은 무선에서 WTLS로 활용된다.
   2) SSL은 전송구간 암호화 기법과 저장소 암호화 기법으로 사용될 수 있다.
   3) SSL은 양방향 암호화를 수행한다.
   4) SSL은 https로 실행된다.

해설
SSL은 전송구간에 대해서 양방향 암호화를 수행한다.

정답 3. 4) 4. 3) 5. 3) 6. 2) 7. 2)

08 아래의 그림은 SSL Handshaking 과정이다. ( )은 무엇인가?

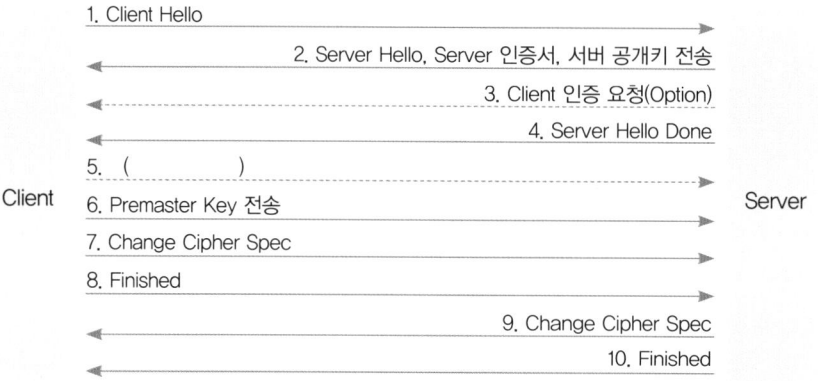

1) Client 암호화　　　　　　2) Client Key 전송
3) Client 식별자 전송　　　　4) Client 인증서 전달

1. Client Hello
   Hand Shake Protocol의 첫 단계로 클라이언트의 브라우저에서 지원하는 암호 알고리즘, 키교환 알고리즘, MAC 암호화, HASH 알고리즘을 클라이언트에게 전송한다.
2. Server Hello
   Client Hello 메시지 내용 중 서버가 지원할 수 있는 알고리즘들을 클라이언트에게 전송한다.
3. Client 인증 요청
   클라이언트가 서버의 자원을 요청하는 트랜잭션이 있다면 클라이언트의 인증을 요청한다.
4. Server Hello Done
   클라이언트에게 서버의 요청이 완료되었음을 공지한다.
5. Client 인증서
   서버에서 클라이언트의 인증 요청 발생 시 클라이언트의 인증서를 전달한다.
6. Premaster Key 전송
   전달받은 서버의 인증서를 통해 신뢰할 수 있는 서버인지 확인 후 암호 통신에 사용할 Session Key를 생성하고, 이것을 서버의 공개키로 암호화 해 Premaster Key를 만들어 서버로 전송한다.
7. Change Cipher Spec
   앞의 단계에서 협의된 암호 알고리즘들을 이후부터 사용한다는 것을 서버에게 알린다.
8. Finished
   서버에게 협의의 종료를 전달한다.
9. Change Cipher Spec
   서버 또한 클라이언트의 응답에 동의하고 협의된 알고리즘들의 적용을 공지한다.
10. Finished
    클라이언트에게 협의에 대한 종료를 선언한다.

09 RSA사가 개발했고 X.509 인증서를 지원하는 전자우편 보안 프로토콜은 무엇인가?

1) PGP
2) PEM
3) S/MIME
4) X.400

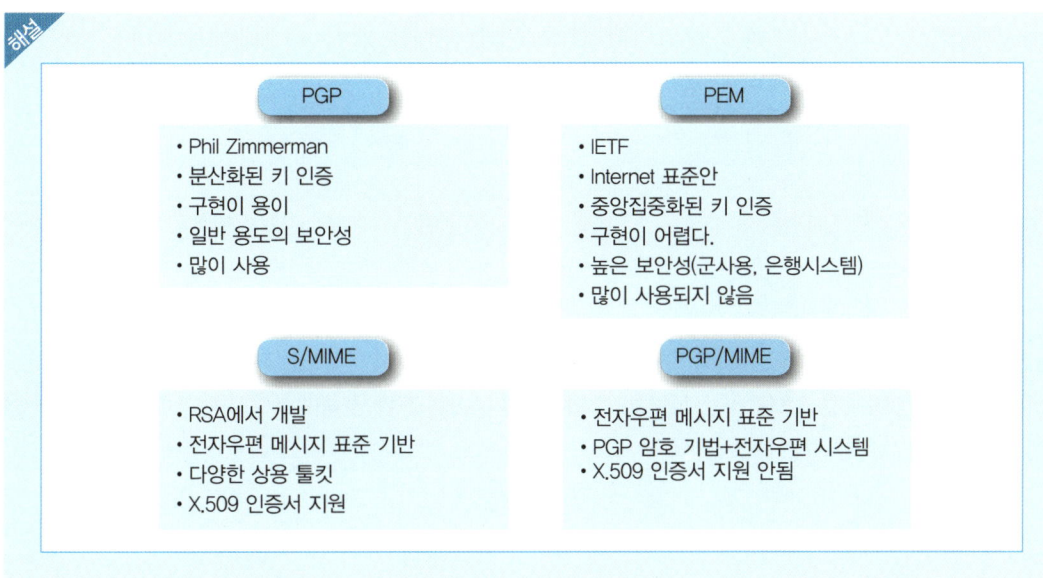

10 데이터베이스 보안과 관련해서 틀린 것은 무엇인가?

1) Gateway방식은 접근통제 및 DB 접근에 대한 Log도 관리할 수 있고 성능도 우수해서 많이 활용된다.
2) DB 암호화는 Plug-In 방식과 모듈을 사용하는 방식이 있다.
3) 스니핑 기법은 데이터베이스에서 실행되는 SQL Log를 기록한다.
4) DB 암호화는 양방향 및 일방향 암호화를 지원한다.

Gateway 방식은 접근통제 및 DB 접근에 대한 Log 관리가 가능하지만 성능이 우수하지 않는 문제를 가진다.

정답 8. 4) 9. 3) 10. 1)

11 애플리케이션의 취약점을 이용한 공격기법 중에서 Buffer Overflow를 유발할 수 있는 것은 무엇인가?

1) strncpy( )
2) snprint( )
3) gets( )
4) getwd( )

> **해설**
> gets( )는 읽어 들이는 길이를 제한하지 않기 때문에 Buffer Overflow가 발생될 수 있다.

12 기밀성은 암호화를 통해서 메시지를 암호화하여 원본의 노출을 막고, 무결성은 임의적 메시지에 대한 변경하는 것을 차단하는 정보보안의 특성이다. 아래의 내용 중에서 기밀성과 무결성 측면에서 위협요소가 아닌 것은 무엇인가?

1) 위조
2) 차단
3) 변조
4) 가로채기

> **해설**
> 정보보안의 위험요소는 위조(Fabrication), 변조(Modification), 가로채기(Interception), 차단(Interruption)이 있다. 이 중 차단은 가용성의 위험요소이다.

13 사용자 인증방법 중에서 Challenge/Response 방식이란 서버에서 보내 온 (   )와 클라이언트 정보를 (   )한 값을 서버의 기대 값과 비교하는 인증 방식으로 (   )에서 사용된다.

1) 메시지, 대칭, 스마트 카드
2) 메시시, 비대칭, 클라우드 컴퓨팅
3) 난수, 해시, OTP
4) PIN번호, 해시, Web Service

> **해설**
> 사용자 인증방법 중에서 Challenge/Response 방식이란 서버에서 보내 온 난수와 클라이언트 정보를, 해시한 값을 서버의 기대 값과 비교하는 인증 방식으로 OTP에서 사용된다.

14 접근통제에서 주체와 권한을 선형 순차리스트 형태로 연결하는 접근통제 방식은 무엇인가?

1) Access Control List
2) Capability List
3) BIBA
4) MAC

해설
접근통제에서 주체와 객체를 순차형 리스트로 연결한 것은 Capability List이고, 이것은 객체가 많아지면 탐색 속도가 떨어지는 문제점이 있다.

15 아래의 내용으로 가장 알맞은 것은 무엇인지 선택하시오? (Access Control List)

	(2번)				
(1번)		(3번)			

1) 그룹, 권한리스트, 권한
2) 주체, 권한리스트, 속성
3) 주체, 권한리스트, Security Label
4) 주체, 객체, 권한

해설
Access Control List는 주체와 객체 간의 권한을 행열로 나타낸다.

정답 11. 3) 12. 2) 13. 3) 14. 2) 15. 4)

16 아래의 시나리오에 알맞은 것은 무엇인가?

> 관리자는 A라는 사용자에게 Object 1번에 대한 Read 권한을 부여했다.

1) DAC
2) MAC
3) RBAC
4) Access Control List

해설
관리자에 의해서 객체의 권한을 부여할 수 있는 것은 강제적 접근통제 모델 MAC이다.

17 아래의 시나리오에 알맞은 것은 무엇인가?

> 관리자는 Object 1번부터 10번까지의 Read 권한을 Tester라는 권한의 묶음을 만들었다. 그리고 관리자는 Tester를 A라는 사람에게 권한을 부여했다.

1) DAC
2) MAC
3) RBAC
4) Access Control List

해설
권한의 묶음인 Role을 만들고, Role단위 권한 할당을 RBAC라도 한다.

18 BCP는 비즈니스 측면에서 기업의 연속성을 보장하기 위한 계획이다. 이러한 BCP는 건설업체를 중심으로 재난 및 화재 등에 대한 보호체계를 수립하였고 BS25999라는 국제표준을 가지고 있다. BCP에서 업무 복구목표, 위험분석, 복구 우선순위를 수행하는 단계는 무엇인가?

1) RPO
2) RTO
3) BIA
4) RSO

해설
BIA(Business Impact Assessment)는 BCP에서 가장 핵심적인 활동으로 업무 복구목표, 위험분석, 복구 우선순위를 결정하고, 이를 위해서 목표복구범위(RSO), 목표복구시간(RTO), 목표복구시점(RPO)을 결정한다.

19 2002년 미국 테러공격 이후 국내 금융권에서 DRS 구축이 이슈화되었다. 아래의 DRS에 대한 설명으로 그 내용이 틀린 것을 선택하시오?

1) DRS에서 가장 완벽한 이중화를 위해서 Mirror 사이트를 구축한다. 하지만 Mirror 사이트는 초기 구축비용이 과다하게 발생한다. 또한 유지보수 비용도 지속적으로 증가하는 특성이 있다.
2) BCP를 수립하는 기업은 DRS를 구축한다.
3) DRP는 재해복구에 대한 IT 서비스 연속성 계획으로 DRP는 일반적으로 DRS 구축을 유발한다. 그리고 DRP 수립 시에 DRS를 어떤 유형으로 할지도 포함되어야 한다.
4) 국내 금융권은 대부분 DRS를 이미 구축했다. 메인 시스템과 DRS 시스템 간에 데이터 동기화를 위해서 Replication, CDC 등의 기술이 사용된다.

DRS는 DRP와 관계되고, BCP를 수립했다고 꼭 DRS를 구축해야 하는 것은 아니다.

20 BCP에서 위험발생 시에 영향을 최소화 하는 행위는 무엇인가?

1) 위험평가   2) 위험분석
3) 위험대응   4) 위험전가

위험대응은 위험발생 시에 영향을 최소화 하는 행위이다.

21 WEP에서 무결성을 확인하기 위해서 만든 것은 무엇인가?

1) CRC   2) Hamming Code
3) Parity Bit   4) Block Sum

- 무선 LAN에서 무결성은 CRC로 확인한다. CRC는 다항식을 통해서 추가 비트를 더하고, Check Sum 값으로 나누어 변조여부를 확인한다.
- Hamming Code는 에러 탐지 및 정정까지 가능한 방법이다.

정답 16. 2) 17. 3) 18. 3) 19. 2) 20. 3) 21. 1)

22 패스워드를 생성할 때 임의의 솔트 값을 추가하는 방법은 무엇인가?

1) Salt Password
2) Random Password
3) One Time Pad
4) John the Ripper

> 해설
> Salt Password는 사용자가 입력한 패스워드에 임의의 값을 추가하여 패스워드를 생성하는 방법이다.

23 DAC에 대한 설명으로 올바르지 않은 것은 무엇인가?

1) 신분에 의한 접근통제를 수행한다.
2) 자신이 만든 파일을 다른 사용자에게 권한을 부여할 수 있다.
3) 유닉스에서 사용자가 만든 파일의 권한을 관리자가 변경할 수 있는 것은 DAC의 특징 중 하나이다.
4) DAC는 읽기, 쓰기, 실행 권한을 자신의 파일에 대해서 부여할 수 있다.

> 해설
> 관리자(Root)에 의해서 권한을 변경하는 것은 MAC의 특징이다.

24 해시(Hash)함수의 기본 성질이 아닌 것은?

1) 임의 길이의 평문 입력에 항상 고정 길이의 출력 값을 출력한다.
2) 다른 문장을 사용하였는데도 동일한 결과는 절대 나오지 않는다.
3) 역방향 계산은 불가능하다.
4) 암호화 키가 없는 암호화 기법이다.

> 해설
> • 해시 충돌(Hash Collision)
>
> 해시 충돌은 다른 입력 값을 넣었는데 동일한 결과가 나오는 문제이다. 이러한 충돌은 해시함수의 문제점이며, 이러한 문제 때문에 충돌이 발생되지 않은 해시함수를 권고한다.

- 해시함수 특징

조건	설명
압축	임의의 길이의 평문을 고정된 길이의 출력 값으로 변환함
일방향	메시지에서 해시값(Hash Code)를 구하는 것은 쉽지만 반대로 해시값에서 원래의 메시지를 구하는 것은 매우 어려움(역방향 계산 불가능)
효율성	메시지로부터 h(메시지)를 구하는데 많은 자원과 노력이 소요되지 않아야 함
충돌회피 (Collision free)	• 다른 문장을 사용하였는데도 동일한 암호문이 나오는 현상 • h(M1) = h(M2)인 서로 다른 M1과 M2를 구하기는 계산상 불가능해야 한다.

25. 다음 중에 Feistel 구조와 SPN(Substitution Permutation Network) 구조를 올바르게 묶은 것은?

1) Feiste – DES
2) Feistel – CAST 128
3) SPN – BLOWFISH
4) SPN – AES

해설

Feistel 구조는 암호화 후에 역변환이 가능한 암호화 기법이고, SPN은 역변환이 불가능한 암호화 기법이다.

▼ 블록 암호 알고리즘 종류

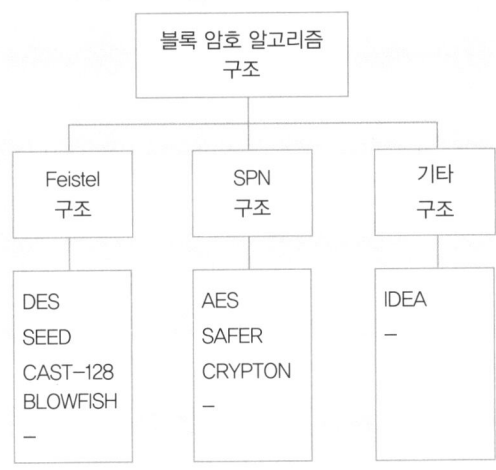

정답 22. 1) 23. 3) 24. 2) 25. 3)

26 무선 LAN 보안기법에서 무선 LAN을 통해 전송되는 패킷(Packet)의 헤더에 붙여지는 32비트 고유 식별자가 무엇인가?

1) Wi-Fi ID
2) WEP
3) SSID
4) WPA

- SSID(Service Set ID)

  - 무선 LAN을 통해서 전송되는 패킷(Packet)의 헤더에 붙여지는 32비트 고유 식별자
  - 무선 LAN 네트워크에 접속할 때 네트워크 식별자로 사용됨
  - 무선 LAN에 접속하려는 모든 AP나 무선장치들은 반드시 동일한 SSID를 사용해야 함
  - 무선 LAN 서비스 영역을 구분하기 위한 식별자로 AP(Access Point)는 동일한 SSID를 가진 클라이언트만 접속을 허용하는 방법

Feistel 구조는 암호화 후에 역변환이 가능한 암호화 기법이고, SPN은 역변환이 불가능한 암호화 기법이다.

27 데이터베이스 보안 유형과 거리가 먼 것은 무엇인가?

1) Grant
2) Revoke
3) Rollback
4) Create View

Grant는 권한을 할당하고 Revoke는 권한을 해제한다. 또한 View는 특정 컬럼만 조회할 수 있도록 하여 보안기능을 제공한다.

28 SSL에서 암호화 메커니즘 정보 교환 및 세션키를 생성하는 것은 무엇인가?

1) Client 인증서
2) Premaster Key 전송
3) Change Cipher Spec
4) Server Hello

- SSL Handshaking 과정

진행과정	세부 내용
Client Hello	HandShake Protocol의 첫 단계로 클라이언트의 브라우저에서 지원하는 암호 알고리즘, 키 교환 알고리즘, MAC 암호화, HASH 알고리즘을 서버에 전송
Server Hello	Client Hello 메시지 내용 중 서버가 지원할 수 있는 알고리즘들을 클라이언트에게 전송
Server Hello Done	클라이언트에게 서버의 요청이 완료되었음을 공지
Client 인증서	서버에서 클라이언트의 인증 요청 발생 시 클라이언트의 인증서를 전달
Premaster Key 전송	전달받은 서버의 인증서를 통해 신뢰할 수 있는 서버인지 확인 후 암호 통신에 사용할 Session Key를 생성하고, 이것을 서버의 공개키로 암호화 해 Premaster Key를 만들어 서버로 전송
Change Cipher Spec	앞의 단계에서 협의된 암호 알고리즘들을 이후부터 사용한다는 것을 서버에게 알림
Finished	서버에게 협의의 종료를 전달
Change Cipher Spec	서버 또한 클라이언트의 응답에 동의하고 협의된 알고리즘들의 적용을 공지
Finished	클라이언트에게 협의에 대한 종료를 선언

29. 입력 값을 검증하지 않아 발생하는 취약점이 아닌 것은 무엇인가?

1) SQL Injection
2) XSS
3) 예외처리
4) 버퍼 오버플로우

- 입력 데이터 검증 및 표현(시큐어 코딩 가이드)

> 프로그램 입력 값에 대한 검증 누락 및 부적절한 검증이나 사용되는 데이터의 잘못된 형식 지정으로 인해 발생할 수 있는 보안 취약점으로 SQL Injection, XSS, 버퍼 오버플로우, 운영체제 명령어 삽입 공격 등이 존재함

정답 26. 3) 27. 3) 28. 2) 29. 3)

30 SSH가 제공하는 기능이 아닌 것은 무엇인가?

1) 서버에 원격으로 접속을 시도
2) 원격에서 암호화된 메시지를 전송
3) 대칭키 방식의 암호화를 사용
4) 접속을 할 때 22번 포트를 사용

- SSH(Secure Shell)

원격으로 접속할 때 공개키 기반 암호화를 수행하여 안전하게 데이터를 송·수신 할 수 있고, 데이터 접속 시에 22번 포트를 사용

31 암호 알고리즘의 안전성 평가에 대한 설명으로 가장 옳지 않은 것은 무엇인가?

1) 암호화 알고리즘은 128Bit 이상의 키를 사용하여 안전성을 확보한다.
2) 암호화를 통한 충돌, 복잡도 등에 대한 안전성 확보가 필요하다.
3) 국가사이버안전센터 및 한국인터넷진흥원에서 권고하는 암호기법을 사용하는 것이 안전하다.
4) 암호모듈 안정성 평가는 CC(Common Criteria)에 평가기준 및 방법이 정의되어 있다.

CC(Common Criteria) 인증은 CCRA 가입국 간에 정보보호제품에 대한 상호인증제도이다. CC는 Firewall, IDS, VPN 등과 같은 보안제품에 대해서 인증을 수행하지만 암호화 알고리즘에 대한 평가를 수행하지 않는다.

32 다음 공격방법에 대한 설명으로 올바른 것은 무엇인가?

가. printf문을 사용하여 출력할 때 취약점을 이용
나. 네트워크 패킷을 가로채어 정보를 획득

1) 가. 포맷 스트링, 나. 스니핑
2) 가. 포맷 스트링, 나. 채널공격
3) 가. 스니핑, 나. 포맷 스트링
4) 가. 버퍼 오버플로우, 나. 포맷 스트링

> 포맷 스트링 취약점은 데이터 형태를 명확하게 정의하지 않아서 발생하는 취약점이고, 니핑은 네트워크의 패킷을 가로채는 수동적 공격이다.

33. 다음은 유닉스 그룹에 대한 설명이다. 올바르지 않은 것은?

```
/user/home rw- rw-
```

```
/etc/group
```

```
Security:504:user1, user2, user3
```

1) user1은 /user/home으로 디렉터리를 이동할 수 없다.
2) user2는 /user/home 디렉터리의 파일을 삭제할 수 없다.
3) user2는 /user/home 디렉터리를 읽을 수 있다.
3) user3은 /user/home으로 디렉터리를 이동할 수 없다.

> 유닉스 권한은 소유자, 그룹, 다른 사용자로 분류되고 home 디렉터리의 소유자와 그룹은 r(read), w(write) 권한을 가진다. 또한 Security 그룹명에 user1, user2, user3을 같은 그룹으로 한 것이다.

34. 다음 공격에 대해서 올바른 것을 넣으시오?

```
DDoS 공격을 위해서 클라이언트와 서버 간의 SYN/ACK 신호에 대해서 1000개 이상의
(    ) 신호를 생성하여 서비스 거부를 발생하는 것이다.
```

1) ICMP
2) ACK
3) SYN
4) RECV

> TCP SYN Flooding 문제는 필기와 실기 단답형으로 출제된 것으로 점수를 주는 문제이다. 클라이언트(Client, 공격자)는 SYN 신호를 만들어 서버(Server)에 전송하여 서버의 부하를 발생시키는 방법으로 서비스 거부 공격을 수행한다.

정답 30. 3) 31. 4) 32. 1) 33. 2) 34. 3)

35. 다음에서 설명하고 있는 것은 무엇인가?

> 네트워크 연결을 제한하는 것으로 IP 주소, MAC 주소를 사용하여 네트워크 연결을 허용 및 거부하는 것으로 무결성 확인도 수행한다.

1) NAC
2) DLP
3) IDS
4) Firewall

NAC(Network Access Control)는 네트워크 접속 시 접속의 타당성을 확인하는 것으로 Network Device Security Control Architecture라고도 한다.

• NAC 특징

특징	내용
801.1x 기반	Switch 등 네트워크 장비를 연동한 인증체계 구현
DHCP 기반	IP 주소 배부 시에 NAC 구현
무결성 검증	IP 주소와 MAC 변조 여부를 확인

정답 35.1)

MEMO

PART 4 정보보호 관련 법규

Chapter 01 정보보호 관련 법규

Information Security Managemant System

ISMS 인증심사원

정보보호 관련 법규는 정보보호 관리체계의 근간이 되는 정보통신망법에 대해서 학습하고 고객의 개인정보를 보호하기 위한 개인정보보호법을 학습해야 한다. 또한 정보통신망법과 개인정보보호법의 차이점을 분명히 이해하여 신청기관별로 적용받는 법률에 대한 조항이 무엇인지 학습해야 한다.

※ 법률이 계속 개정되므로 항상 국가법령정보센터(www.law.go.kr)에서 확인해야 한다.

정보보호 관련 법규

본 장에서는 정보보호관리체계 관련 법률에 대해서 알아보자.

1 정보통신망법

1) 정보통신망 이용촉진 및 정보보호 등에 관한 법률 시행령

제13조(개인정보 보호책임자의 자격요건 등)

① 정보통신서비스 제공자와 그로부터 이용자의 개인정보를 제공받은 자(이하 "정보통신서비스 제공자등"이라 한다)가 법 제27조제1항 본문에 따라 지정하는 개인정보 보호책임자는 다음 각 호의 어느 하나에 해당하는 지위에 있는 자로 하여야 한다.

1. 임원
2. 개인정보와 관련하여 이용자의 고충처리를 담당하는 부서의 장

② 법 제27조제1항 단서에서 "대통령령으로 정하는 기준에 해당하는 정보통신서비스 제공자등"이란 상시 종업원 수가 5명 미만인 정보통신서비스 제공자등을 말한다. 다만, 인터넷으로 정보통신서비스를 제공하는 것을 주된 업으로 하는 정보통신서비스 제공자등의 경우에는 상시 종업원 수가 5명 미만으로서 전년도 말 기준으로 직전 3개월간의 일일평균이용자가 1천명 이하인 자를 말한다.

제37조(집적정보통신시설사업자의 보호조치)

① 타인의 정보통신서비스 제공을 위하여 집적된 정보통신시설을 운영·관리하는 사업자(이하 "집적정보통신시설사업자"라 한다)가 법 제46조제1항에 따라 정보통신시설의 안정적 운영을 위한 보호조치는 다음 각 호와 같다.

1. 정보통신시설에 대한 접근 권한이 없는 자의 접근 통제 및 감시를 위한 기술적·관리적 조치
2. 정보통신시설의 지속적·안정적 운영을 확보하고 화재·지진·수해 등의 각종 재해와 테러 등의 각종 위협으로부터 정보통신시설을 보호하기 위한 물리적·기술적 조치
3. 정보통신시설의 안정적 관리를 위한 관리인원 선발·배치 등의 조치

4. 정보통신시설의 안정적 운영을 위한 내부관리계획(비상시 계획을 포함한다)의 수립 및 시행

5. 침해사고의 확산을 차단하기 위한 기술적·관리적 조치의 마련 및 시행

② 과학기술정보통신부장관은 관련 사업자의 의견을 수렴하여 제1항에 따른 보호조치의 구체적인 기준을 정하여 고시한다.

③ 과학기술정보통신부장관은 제1항에 따른 보호조치의 이행확인을 하는 과정에서 다른 기관이 수행하는 업무와 관계되는 때에는 해당 기관과 미리 협의하여야 한다.

제47조(정보보호 관리체계 인증의 방법·절차·범위 등)

① 법 제47조제1항 또는 제2항에 따라 정보보호 관리체계의 인증을 받으려는 자는 정보보호 관리체계 인증신청서(전자문서로 된 신청서를 포함한다)에 다음 각 호의 사항에 대한 설명이 포함된 정보보호 관리체계 명세서(전자문서를 포함한다)를 첨부하여 인터넷진흥원, 법 제47조제6항에 따라 지정된 기관(이하 "정보보호 관리체계 인증기관"이라 한다) 또는 법 제47조제7항에 따라 지정된 기관(이하 "정보보호 관리체계 심사기관"이라 한다)에 제출하여야 한다.

1. 정보보호 관리체계의 범위
2. 정보보호 관리체계의 범위에 포함되어 있는 주요 정보통신설비의 목록과 시스템 구성도
3. 정보보호 관리체계를 수립·운영하는 방법과 절차
4. 정보보호 관리체계와 관련된 주요 문서의 목록

제49조(정보보호 관리체계 인증 대상자의 범위)

① 법 제47조제2항제1호에서 "대통령령으로 정하는 바에 따라 정보통신망서비스를 제공하는 자"란 서울특별시 및 모든 광역시에서 정보통신망서비스를 제공하는 자를 말한다.

② 법 제47조제2항제3호에서 "대통령령으로 정하는 기준에 해당하는 자"란 다음 각 호의 어느 하나에 해당하는 자를 말한다.

1. 연간 매출액 또는 세입이 1,500억 원 이상인 자로서 다음 각 목의 어느 하나에 해당하는 자

    가. 「의료법」 제3조의4에 따른 상급종합병원

    나. 직전연도 12월 31일 기준으로 재학생 수가 1만 명 이상인 「고등교육법」 제2조에 따른 학교

2. 정보통신서비스 부문 전년도(법인인 경우에는 전 사업연도를 말한다) 매출액이 100억 원 이상인 자. 다만, 「전자금융거래법」 제2조제3호에 따른 금융회사는 제외한다.

3. 전년도 말 기준 직전 3개월간의 일일평균 이용자 수가 100만 명 이상인 자. 다만, 「전자금융거래법」 제2조제3호에 따른 금융회사는 제외한다.

2) 개인정보 기술적 관리적 보호조치

제1조(목적)

① 이 기준은 「정보통신망 이용촉진 및 정보보호 등에 관한 법률」(이하 "법"이라 한다) 제28조제1항 및 같은 법 시행령 제15조제6항에 따라 정보통신서비스 제공자등(법 제67조에 따라 준용되는 자를 포함한다. 이하 같다)이 이용자의 개인정보를 취급함에 있어서 개인정보가 분실·도난·누출·변조·훼손 등이 되지 아니하도록 안전성을 확보하기 위하여 취하여야 하는 기술적·관리적 보호조치의 최소한의 기준을 정하는 것을 목적으로 한다.

② 정보통신서비스 제공자등은 사업규모, 개인정보 보유 수 등을 고려하여 스스로의 환경에 맞는 개인정보 보호조치 기준을 수립하여 시행하여야 한다.

제2조(정의)

이 기준에서 사용하는 용어의 뜻은 다음과 같다.

1. "개인정보관리책임자"란 이용자의 개인정보보호 업무를 총괄하거나 업무처리를 최종 결정하는 임직원을 말한다.
2. "개인정보취급자"란 이용자의 개인정보를 수집, 보관, 처리, 이용, 제공, 관리 또는 파기 등의 업무를 하는 자를 말한다.
3. "내부관리계획"이라 함은 정보통신서비스 제공자등이 개인정보의 안전한 취급을 위하여 개인정보보호 조직의 구성, 개인정보취급자의 교육, 개인정보 보호조치 등을 규정한 계획을 말한다.
4. "개인정보처리시스템"이라 함은 개인정보를 처리할 수 있도록 체계적으로 구성한 데이터베이스시스템을 말한다.
5. "망분리"라 함은 외부 인터넷망을 통한 불법적인 접근과 내부정보 유출을 차단하기 위해 업무망과 외부 인터넷망을 분리하는 망 차단조치를 말한다.
6. "비밀번호"라 함은 이용자 및 개인정보취급자 등이 시스템 또는 정보통신망에 접속할 때 식별자와 함께 입력하여 정당한 접속 권한을 가진자라는 것을 식별할 수 있도록 시스템에 전달해야 하는 고유의 문자열로서 타인에게 공개되지 않는 정보를 말한다.
7. "접속기록"이라 함은 이용자 또는 개인정보취급자 등이 개인정보처리시스템에 접속하여 수행한 업무 내역에 대하여 식별자, 접속일시, 접속지를 알 수 있는 정보, 수행업무 등 접속한 사실을 전자적으로 기록한 것을 말한다.
8. "바이오정보"라 함은 지문, 얼굴, 홍채, 정맥, 음성, 필적 등 개인을 식별할 수 있는 신체적 또는 행동적 특징에 관한 정보로서 그로부터 가공되거나 생성된 정보를 포함한다.
9. "P2P(Peer to Peer)"라 함은 정보통신망을 통해 서버의 도움 없이 개인과 개인이 직접 연결되어 파일을 공유하는 것을 말한다.
10. "공유설정"이라 함은 컴퓨터 소유자의 파일을 타인이 조회·변경·복사 등을 할 수 있도록

설정하는 것을 말한다.
11. "보안서버"라 함은 정보통신망에서 송·수신하는 정보를 암호화하여 전송하는 웹서버를 말한다.
12. "인증정보"라 함은 개인정보처리시스템 또는 정보통신망을 관리하는 시스템 등이 요구한 식별자의 신원을 검증하는데 사용되는 정보를 말한다.
13. "모바일 기기"란 스마트폰, 태블릿PC 등 무선망을 이용할 수 있는 휴대용 기기를 말한다.
14. "보조저장매체"란 이동형 하드디스크(HDD), USB메모리, CD(Compact Disk) 등 자료를 저장할 수 있는 매체로써 개인정보처리 시스템 또는 개인용 컴퓨터 등과 쉽게 분리·접속할 수 있는 저장 매체를 말한다.

제3조(내부관리계획의 수립·시행)

① 정보통신서비스 제공자등은 다음 각 호의 사항을 정하여 개인정보 보호 조직을 구성·운영하여야 한다.
 1. 개인정보관리책임자의 자격요건 및 지정에 관한 사항
 2. 개인정보관리책임자와 개인정보취급자의 역할 및 책임에 관한 사항
 3. 개인정보 내부관리계획의 수립 및 승인에 관한 사항
 4. 개인정보의 기술적·관리적 보호조치 이행 여부의 내부 점검에 관한 사항
 5. 개인정보 처리업무를 위탁하는 경우 수탁자에 대한 관리 및 감독에 관한 사항
 6. 개인정보의 분실·도난·누출·변조·훼손 등이 발생한 경우의 대응절차 및 방법에 관한 사항
 7. 그 밖에 개인정보보호를 위해 필요한 사항

② 정보통신서비스 제공자등은 다음 각 호의 사항을 정하여 개인정보관리 책임자 및 개인정보취급자를 대상으로 사업규모, 개인정보 보유 수 등을 고려하여 필요한 교육을 정기적으로 실시하여야 한다.
 1. 교육목적 및 대상
 2. 교육 내용
 3. 교육 일정 및 방법

③ 정보통신서비스 제공자등은 제1항 및 제2항에 대한 세부 계획, 제4조부터 제8조까지의 보호조치 이행을 위한 세부적인 추진방안을 포함한 내부관리계획을 수립·시행하여야 한다.

제4조(접근통제)

① 정보통신서비스 제공자등은 개인정보처리시스템에 대한 접근권한을 서비스 제공을 위하여 필요한 개인정보관리책임자 또는 개인정보취급자에게만 부여한다.

② 정보통신서비스 제공자등은 전보 또는 퇴직 등 인사이동이 발생하여 개인정보취급자가 변경되었을 경우 지체 없이 개인정보처리시스템의 접근권한을 변경 또는 말소한다.

③ 정보통신서비스 제공자등은 제1항 및 제2항에 의한 권한 부여, 변경 또는 말소에 대한 내역을 기록하고, 그 기록을 최소 5년간 보관한다.

④ 정보통신서비스 제공자등은 개인정보취급자가 정보통신망을 통해 외부에서 개인정보처리시스템에 접속이 필요한 경우에는 안전한 인증수단을 적용하여야 한다.

⑤ 정보통신서비스 제공자등은 정보통신망을 통한 불법적인 접근 및 침해사고 방지를 위해 다음 각 호의 기능을 포함한 시스템을 설치·운영하여야 한다.

　1. 개인정보처리시스템에 대한 접속 권한을 IP주소 등으로 제한하여 인가 받지 않은 접근을 제한

　2. 개인정보처리시스템에 접속한 IP주소 등을 재분석하여 불법적인 개인정보 유출 시도를 탐지

⑥ 전년도 말 기준 직전 3개월간 그 개인정보가 저장·관리되고 있는 이용자수가 일일평균 100만 명 이상이거나 정보통신서비스 부문 전년도(법인인 경우에는 전 사업연도를 말한다) 매출액이 100억 원 이상인 정보통신서비스 제공자등은 개인정보처리시스템에서 개인정보를 다운로드 또는 파기할 수 있거나 개인정보처리시스템에 대한 접근권한을 설정할 수 있는 개인정보취급자의 컴퓨터 등을 물리적 또는 논리적으로 망분리 하여야 한다.

⑦ 정보통신서비스 제공자등은 이용자가 안전한 비밀번호를 이용할 수 있도록 비밀번호 작성규칙을 수립하고, 이행한다.

⑧ 정보통신서비스 제공자등은 개인정보취급자를 대상으로 다음 각 호의 사항을 포함하는 비밀번호 작성규칙을 수립하고, 이를 적용·운용하여야 한다.

　1. 영문, 숫자, 특수문자 중 2종류 이상을 조합하여 최소 10자리 이상 또는 3종류 이상을 조합하여 최소 8자리 이상의 길이로 구성

　2. 연속적인 숫자나 생일, 전화번호 등 추측하기 쉬운 개인정보 및 아이디와 비슷한 비밀번호는 사용하지 않는 것을 권고

　3. 비밀번호에 유효기간을 설정하여 반기별 1회 이상 변경

⑨ 정보통신서비스 제공자등은 취급중인 개인정보가 인터넷 홈페이지, P2P, 공유설정 등을 통하여 열람권한이 없는 자에게 공개되거나 외부에 유출되지 않도록 개인정보처리시스템 및 개인정보취급자의 컴퓨터와 모바일 기기에 조치를 취하여야 한다.

⑩ 정보통신서비스 제공자등은 개인정보처리시스템에 대한 개인정보취급자의 접속이 필요한 시간 동안만 최대 접속시간 제한 등의 조치를 취하여야 한다.

제5조(접속기록의 위·변조방지)

① 정보통신서비스 제공자등은 개인정보취급자가 개인정보처리시스템에 접속한 기록을 월 1회

이상 정기적으로 확인·감독하여야 하며, 시스템 이상 유무의 확인 등을 위해 최소 6개월 이상 접속기록을 보존·관리하여야 한다.

② 단, 제1항의 규정에도 불구하고 「전기통신사업법」 제5조의 규정에 따른 기간통신사업자의 경우에는 보존·관리해야 할 최소 기간을 2년으로 한다.

③ 정보통신서비스 제공자등은 개인정보취급자의 접속기록이 위·변조되지 않도록 별도의 물리적인 저장 장치에 보관하여야 하며 정기적인 백업을 수행하여야 한다.

제6조(개인정보의 암호화)

① 정보통신서비스 제공자등은 비밀번호는 복호화 되지 아니하도록 일방향 암호화하여 저장한다.

② 정보통신서비스 제공자등은 다음 각 호의 정보에 대해서는 안전한 암호알고리즘으로 암호화하여 저장한다.

1. 주민등록번호
2. 여권번호
3. 운전면허번호
4. 외국인등록번호
5. 신용카드번호
6. 계좌번호
7. 바이오정보

③ 정보통신서비스 제공자등은 정보통신망을 통해 이용자의 개인정보 및 인증정보를 송·수신할 때에는 안전한 보안서버 구축 등의 조치를 통해 이를 암호화해야 한다. 보안서버는 다음 각 호 중 하나의 기능을 갖추어야 한다.

1. 웹서버에 SSL(Secure Socket Layer) 인증서를 설치하여 전송하는 정보를 암호화하여 송·수신하는 기능
2. 웹서버에 암호화 응용프로그램을 설치하여 전송하는 정보를 암호화하여 송·수신하는 기능

④ 정보통신서비스 제공자등은 이용자의 개인정보를 컴퓨터, 모바일 기기 및 보조저장매체 등에 저장할 때에는 이를 암호화해야 한다.

제7조(악성프로그램 방지)

정보통신서비스 제공자등은 악성프로그램 등을 방지·치료할 수 있는 백신 소프트웨어 등의 보안 프로그램을 설치·운영하여야 하며, 다음 각호의 사항을 준수하여야 한다.

1. 보안 프로그램의 자동 업데이트 기능을 사용하거나, 또는 일 1회 이상 업데이트를 실시하여 최신의 상태로 유지
2. 악성프로그램 관련 경보가 발령된 경우 또는 사용 중인 응용 프로그램이나 운영체제 소프트웨어의 제작업체에서 보안 업데이트 공지가 있는 경우, 즉시 이에 따른 업데이트를 실시

제8조(물리적 접근 방지)

① 정보통신서비스 제공자등은 전산실, 자료보관실 등 개인정보를 보관하고 있는 물리적 보관 장소에 대한 출입통제 절차를 수립·운영하여야 한다.

② 정보통신서비스 제공자등은 개인정보가 포함된 서류, 보조저장매체 등을 잠금장치가 있는 안전한 장소에 보관하여야 한다.

③ 정보통신서비스 제공자등은 개인정보가 포함된 보조저장매체의 반·출입 통제를 위한 보안대책을 마련하여야 한다.

제9조(출력·복사 시 보호조치)

① 정보통신서비스 제공자등은 개인정보처리시스템에서 개인정보의 출력 시(인쇄, 화면표시, 파일생성 등) 용도를 특정하여야 하며, 용도에 따라 출력 항목을 최소화 한다.

② 정보통신서비스 제공자등은 개인정보가 포함된 종이 인쇄물, 개인정보가 복사된 외부 저장매체 등 개인정보의 출력·복사물을 안전하게 관리하기 위해 출력·복사 기록 등 필요한 보호조치를 갖추어야 한다.

제10조(개인정보 표시 제한 보호조치)

정보통신서비스 제공자 등은 개인정보 업무처리를 목적으로 개인정보의 조회, 출력 등의 업무를 수행하는 과정에서 개인정보보호를 위하여 개인정보를 마스킹하여 표시제한 조치를 취할 수 있다.

제11조(규제의 재검토)

방송통신위원회는 행정규제기본법 제8조 및 훈령·예규 등의 발령 및 관리에 관한 규정(대통령훈령 제334호)에 따라 이 고시에 대하여 2015년 1월 1일을 기준으로 매 3년이 되는 시점(매 3년째의 12월 31일까지를 말한다)마다 그 타당성을 검토하여 개선 등의 조치를 하여야 한다.

2 개인정보보호법

1) 개인정보보호법

제1조(목적)

이 법은 개인정보의 처리 및 보호에 관한 사항을 정함으로써 개인의 자유와 권리를 보호하고, 나아가 개인의 존엄과 가치를 구현함을 목적으로 한다.

제2조(정의)

이 법에서 사용하는 용어의 뜻은 다음과 같다.

1. "개인정보"란 살아 있는 개인에 관한 정보로서 성명, 주민등록번호 및 영상 등을 통하여 개인을 알아볼 수 있는 정보(해당 정보만으로는 특정 개인을 알아볼 수 없더라도 다른 정보와 쉽게 결합하여 알아볼 수 있는 것을 포함한다)를 말한다.
2. "처리"란 개인정보의 수집, 생성, 연계, 연동, 기록, 저장, 보유, 가공, 편집, 검색, 출력, 정정(訂正), 복구, 이용, 제공, 공개, 파기(破棄), 그 밖에 이와 유사한 행위를 말한다.
3. "정보주체"란 처리되는 정보에 의하여 알아볼 수 있는 사람으로서 그 정보의 주체가 되는 사람을 말한다.
4. "개인정보파일"이란 개인정보를 쉽게 검색할 수 있도록 일정한 규칙에 따라 체계적으로 배열하거나 구성한 개인정보의 집합물(集合物)을 말한다.
5. "개인정보처리자"란 업무를 목적으로 개인정보파일을 운용하기 위하여 스스로 또는 다른 사람을 통하여 개인정보를 처리하는 공공기관, 법인, 단체 및 개인 등을 말한다.
6. "공공기관"이란 다음 각 목의 기관을 말한다.

    가. 국회, 법원, 헌법재판소, 중앙선거관리위원회의 행정사무를 처리하는 기관, 중앙행정기관(대통령 소속 기관과 국무총리 소속 기관을 포함한다) 및 그 소속 기관, 지방자치단체

    나. 그 밖의 국가기관 및 공공단체 중 대통령령으로 정하는 기관
7. "영상정보처리기기"란 일정한 공간에 지속적으로 설치되어 사람 또는 사물의 영상 등을 촬영하거나 이를 유·무선망을 통하여 전송하는 장치로서 대통령령으로 정하는 장치를 말한다.

제15조(개인정보의 수집·이용)

① 개인정보처리자는 다음 각 호의 어느 하나에 해당하는 경우에는 개인정보를 수집할 수 있으며 그 수집 목적의 범위에서 이용할 수 있다.

   1. 정보주체의 동의를 받은 경우
   2. 법률에 특별한 규정이 있거나 법령상 의무를 준수하기 위하여 불가피한 경우
   3. 공공기관이 법령 등에서 정하는 소관 업무의 수행을 위하여 불가피한 경우
   4. 정보주체와의 계약 체결 및 이행을 위하여 불가피하게 필요한 경우
   5. 정보주체 또는 그 법정대리인이 의사표시를 할 수 없는 상태에 있거나 주소불명 등으로 사전 동의를 받을 수 없는 경우로서 명백히 정보주체 또는 제3자의 급박한 생명, 신체, 재산의 이익을 위하여 필요하다고 인정되는 경우

6. 개인정보처리자의 정당한 이익을 달성하기 위하여 필요한 경우로서 명백하게 정보주체의 권리보다 우선하는 경우. 이 경우 개인정보처리자의 정당한 이익과 상당한 관련이 있고 합리적인 범위를 초과하지 아니하는 경우에 한한다.

② 개인정보처리자는 제1항제1호에 따른 동의를 받을 때에는 다음 각 호의 사항을 정보주체에게 알려야 한다. 다음 각 호의 어느 하나의 사항을 변경하는 경우에도 이를 알리고 동의를 받아야 한다.

1. 개인정보의 수집·이용 목적
2. 수집하려는 개인정보의 항목
3. 개인정보의 보유 및 이용 기간
4. 동의를 거부할 권리가 있다는 사실 및 동의 거부에 따른 불이익이 있는 경우에는 그 불이익의 내용

16조(개인정보의 수집 제한)

① 개인정보처리자는 제15조제1항 각 호의 어느 하나에 해당하여 개인정보를 수집하는 경우에는 그 목적에 필요한 최소한의 개인정보를 수집하여야 한다. 이 경우 최소한의 개인정보 수집이라는 입증책임은 개인정보처리자가 부담한다.

② 개인정보처리자는 정보주체의 동의를 받아 개인정보를 수집하는 경우 필요한 최소한의 정보 외의 개인정보 수집에는 동의하지 아니할 수 있다는 사실을 구체적으로 알리고 개인정보를 수집하여야 한다.

③ 개인정보처리자는 정보주체가 필요한 최소한의 정보 외의 개인정보 수집에 동의하지 아니한다는 이유로 정보주체에게 재화 또는 서비스의 제공을 거부하여서는 아니 된다.

제18조(개인정보의 목적 외 이용·제공 제한)

① 개인정보처리자는 개인정보를 제15조제1항에 따른 범위를 초과하여 이용하거나 제17조제1항 및 제3항에 따른 범위를 초과하여 제3자에게 제공하여서는 아니 된다.

② 제1항에도 불구하고 개인정보처리자는 다음 각 호의 어느 하나에 해당하는 경우에는 정보주체 또는 제3자의 이익을 부당하게 침해할 우려가 있을 때를 제외하고는 개인정보를 목적 외의 용도로 이용하거나 이를 제3자에게 제공할 수 있다. 다만, 제5호부터 제9호까지의 경우는 공공기관의 경우로 한정한다.

1. 정보주체로부터 별도의 동의를 받은 경우
2. 다른 법률에 특별한 규정이 있는 경우
3. 정보주체 또는 그 법정대리인이 의사표시를 할 수 없는 상태에 있거나 주소불명 등으로 사전 동의를 받을 수 없는 경우로서 명백히 정보주체 또는 제3자의 급박한 생명, 신체, 재산의 이익을 위하여 필요하다고 인정되는 경우

4. 통계작성 및 학술연구 등의 목적을 위하여 필요한 경우로서 특정 개인을 알아볼 수 없는 형태로 개인정보를 제공하는 경우
5. 개인정보를 목적 외의 용도로 이용하거나 이를 제3자에게 제공하지 아니하면 다른 법률에서 정하는 소관 업무를 수행할 수 없는 경우로서 보호위원회의 심의·의결을 거친 경우
6. 조약, 그 밖의 국제협정의 이행을 위하여 외국정부 또는 국제기구에 제공하기 위하여 필요한 경우
7. 범죄의 수사와 공소의 제기 및 유지를 위하여 필요한 경우
8. 법원의 재판업무 수행을 위하여 필요한 경우
9. 형(刑) 및 감호, 보호처분의 집행을 위하여 필요한 경우

제21조(개인정보의 파기)

① 개인정보처리자는 보유기간의 경과, 개인정보의 처리 목적 달성 등 그 개인정보가 불필요하게 되었을 때에는 지체 없이 그 개인정보를 파기하여야 한다. 다만, 다른 법령에 따라 보존하여야 하는 경우에는 그러하지 아니하다.

② 개인정보처리자가 제1항에 따라 개인정보를 파기할 때에는 복구 또는 재생되지 아니하도록 조치하여야 한다.

③ 개인정보처리자가 제1항 단서에 따라 개인정보를 파기하지 아니하고 보존하여야 하는 경우에는 해당 개인정보 또는 개인정보파일을 다른 개인정보와 분리하여서 저장·관리하여야 한다.

④ 개인정보의 파기방법 및 절차 등에 필요한 사항은 대통령령으로 정한다.

제23조(민감정보의 처리 제한)

① 개인정보처리자는 사상·신념, 노동조합·정당의 가입·탈퇴, 정치적 견해, 건강, 성생활 등에 관한 정보, 그 밖에 정보주체의 사생활을 현저히 침해할 우려가 있는 개인정보로서 대통령령으로 정하는 정보(이하 "민감정보"라 한다)를 처리하여서는 아니 된다.

제24조(고유식별정보의 처리 제한)

① 개인정보처리자는 다음 각 호의 경우를 제외하고는 법령에 따라 개인을 고유하게 구별하기 위하여 부여된 식별정보로서 대통령령으로 정하는 정보(이하 "고유식별정보"라 한다)를 처리할 수 없다.

1. 정보주체에게 제15조제2항 각 호 또는 제17조제2항 각 호의 사항을 알리고 다른 개인정보의 처리에 대한 동의와 별도로 동의를 받은 경우
2. 법령에서 구체적으로 고유식별정보의 처리를 요구하거나 허용하는 경우

② 개인정보처리자가 제1항 각 호에 따라 고유식별정보를 처리하는 경우에는 그 고유식별정보가 분실·도난·유출·위조·변조 또는 훼손되지 아니하도록 대통령령으로 정하는 바에 따라 암호화 등 안전성 확보에 필요한 조치를 하여야 한다

제24조의2(주민등록번호 처리의 제한)

① 제24조제1항에도 불구하고 개인정보처리자는 다음 각 호의 어느 하나에 해당하는 경우를 제외하고는 주민등록번호를 처리할 수 없다.

　1. 법령에서 구체적으로 주민등록번호의 처리를 요구하거나 허용한 경우

　2. 정보주체 또는 제3자의 급박한 생명, 신체, 재산의 이익을 위하여 명백히 필요하다고 인정되는 경우

　3. 제1호 및 제2호에 준하여 주민등록번호 처리가 불가피한 경우로서 안전행정부령으로 정하는 경우

② 개인정보처리자는 제24조제3항에도 불구하고 주민등록번호가 분실·도난·유출·위조·변조 또는 훼손되지 아니하도록 암호화 조치를 통하여 안전하게 보관하여야 한다. 이 경우 암호화 적용 대상 및 대상별 적용 시기 등에 관하여 필요한 사항은 개인정보의 처리 규모와 유출 시 영향 등을 고려하여 대통령령으로 정한다.

③ 개인정보처리자는 제1항 각 호에 따라 주민등록번호를 처리하는 경우에도 정보주체가 인터넷 홈페이지를 통하여 회원으로 가입하는 단계에서는 주민등록번호를 사용하지 아니하고도 회원으로 가입할 수 있는 방법을 제공하여야 한다.

④ 안전행정부장관은 개인정보처리자가 제3항에 따른 방법을 제공할 수 있도록 관계 법령의 정비, 계획의 수립, 필요한 시설 및 시스템의 구축 등 제반 조치를 마련·지원할 수 있다.

제24조의2(주민등록번호 처리의 제한)

① 제24조제1항에도 불구하고 개인정보처리자는 다음 각 호의 어느 하나에 해당하는 경우를 제외하고는 주민등록번호를 처리할 수 없다.

　1. 법률·대통령령·국회규칙·대법원규칙·헌법재판소규칙·중앙선거관리위원회규칙 및 감사원규칙에서 구체적으로 주민등록번호의 처리를 요구하거나 허용한 경우

　2. 정보주체 또는 제3자의 급박한 생명, 신체, 재산의 이익을 위하여 명백히 필요하다고 인정되는 경우

　3. 제1호 및 제2호에 준하여 주민등록번호 처리가 불가피한 경우로서 안전행정부령으로 정하는 경우

② 개인정보처리자는 제24조제3항에도 불구하고 주민등록번호가 분실·도난·유출·위조·변조 또는 훼손되지 아니하도록 암호화 조치를 통하여 안전하게 보관하여야 한다. 이 경우 암호화 적용 대상 및 대상별 적용 시기 등에 관하여 필요한 사항은 개인정보의 처리 규모와 유출 시 영향 등을 고려하여 대통령령으로 정한다.

③ 개인정보처리자는 제1항 각 호에 따라 주민등록번호를 처리하는 경우에도 정보주체가 인터넷 홈페이지를 통하여 회원으로 가입하는 단계에서는 주민등록번호를 사용하지 아니하고도 회원으로 가입할 수 있는 방법을 제공하여야 한다. 〈개정 2014.3.24.〉

④ 안전행정부장관은 개인정보처리자가 제3항에 따른 방법을 제공할 수 있도록 관계 법령의 정비, 계획의 수립, 필요한 시설 및 시스템의 구축 등 제반 조치를 마련·지원할 수 있다.

[본조신설 2013.8.6.]

[시행일 : 2017.3.30.] 제24조의2제1항제1호

제25조(영상정보처리기기의 설치·운영 제한)

① 누구든지 다음 각 호의 경우를 제외하고는 공개된 장소에 영상정보처리기기를 설치·운영하여서는 아니 된다.

1. 법령에서 구체적으로 허용하고 있는 경우
2. 범죄의 예방 및 수사를 위하여 필요한 경우
3. 시설안전 및 화재 예방을 위하여 필요한 경우
4. 교통단속을 위하여 필요한 경우
5. 교통정보의 수집·분석 및 제공을 위하여 필요한 경우

② 누구든지 불특정 다수가 이용하는 목욕실, 화장실, 발한실(發汗室), 탈의실 등 개인의 사생활을 현저히 침해할 우려가 있는 장소의 내부를 볼 수 있도록 영상정보처리기기를 설치·운영하여서는 아니 된다. 다만, 교도소, 정신보건 시설 등 법령에 근거하여 사람을 구금하거나 보호하는 시설로서 대통령령으로 정하는 시설에 대하여는 그러하지 아니하다.

③ 제1항 각 호에 따라 영상정보처리기기를 설치·운영하려는 공공기관의 장과 제2항 단서에 따라 영상정보처리기기를 설치·운영하려는 자는 공청회·설명회의 개최 등 대통령령으로 정하는 절차를 거쳐 관계 전문가 및 이해관계인의 의견을 수렴하여야 한다.

④ 제1항 각 호에 따라 영상정보처리기기를 설치·운영하는 자(이하 "영상정보처리기기 운영자"라 한다)는 정보주체가 쉽게 인식할 수 있도록 다음 각 호의 사항이 포함된 안내판을 설치하는 등 필요한 조치를 하여야 한다. 다만, 「군사기지 및 군사시설 보호법」 제2조제2호에 따른 군사시설, 「통합방위법」 제2조제13호에 따른 국가중요시설, 그 밖에 대통령령으로 정하는 시설에 대하여는 그러하지 아니하다.

1. 설치 목적 및 장소
2. 촬영 범위 및 시간
3. 관리책임자 성명 및 연락처
4. 그 밖에 대통령령으로 정하는 사항

⑤ 영상정보처리기기운영자는 영상정보처리기기의 설치 목적과 다른 목적으로 영상정보처리기기를 임의로 조작하거나 다른 곳을 비춰서는 아니 되며, 녹음기능은 사용할 수 없다.

제26조(업무위탁에 따른 개인정보의 처리 제한)

① 개인정보처리자가 제3자에게 개인정보의 처리 업무를 위탁하는 경우에는 다음 각 호의 내용이 포함된 문서에 의하여야 한다.

1. 위탁업무 수행 목적 외 개인정보의 처리 금지에 관한 사항
2. 개인정보의 기술적·관리적 보호조치에 관한 사항
3. 그 밖에 개인정보의 안전한 관리를 위하여 대통령령으로 정한 사항

② 제1항에 따라 개인정보의 처리 업무를 위탁하는 개인정보처리자(이하 "위탁자"라 한다)는 위탁하는 업무의 내용과 개인정보 처리 업무를 위탁받아 처리하는 자(이하 "수탁자"라 한다)를 정보주체가 언제든지 쉽게 확인할 수 있도록 대통령령으로 정하는 방법에 따라 공개하여야 한다.

③ 위탁자가 재화 또는 서비스를 홍보하거나 판매를 권유하는 업무를 위탁하는 경우에는 대통령령으로 정하는 방법에 따라 위탁하는 업무의 내용과 수탁자를 정보주체에게 알려야 한다. 위탁하는 업무의 내용이나 수탁자가 변경된 경우에도 또한 같다.

④ 위탁자는 업무 위탁으로 인하여 정보주체의 개인정보가 분실·도난·유출·위조·변조 또는 훼손되지 아니하도록 수탁자를 교육하고, 처리 현황 점검 등 대통령령으로 정하는 바에 따라 수탁자가 개인정보를 안전하게 처리하는지를 감독하여야 한다.

⑤ 수탁자는 개인정보처리자로부터 위탁받은 해당 업무 범위를 초과하여 개인정보를 이용하거나 제3자에게 제공하여서는 아니 된다.

⑥ 수탁자가 위탁받은 업무와 관련하여 개인정보를 처리하는 과정에서 이 법을 위반하여 발생한 손해배상책임에 대하여는 수탁자를 개인정보처리자의 소속 직원으로 본다.

제30조(개인정보 처리방침의 수립 및 공개)

① 개인정보처리자는 다음 각 호의 사항이 포함된 개인정보의 처리 방침(이하 "개인정보 처리방침"이라 한다)을 정하여야 한다. 이 경우 공공기관은 제32조에 따라 등록대상이 되는 개인정보파일에 대하여 개인정보 처리방침을 정한다.

1. 개인정보의 처리 목적
2. 개인정보의 처리 및 보유 기간
3. 개인정보의 제3자 제공에 관한 사항(해당되는 경우에만 정한다)
4. 개인정보처리의 위탁에 관한 사항(해당되는 경우에만 정한다)
5. 정보주체와 법정대리인의 권리·의무 및 그 행사방법에 관한 사항

6. 제31조에 따른 개인정보 보호책임자의 성명 또는 개인정보 보호업무 및 관련 고충사항을 처리하는 부서의 명칭과 전화번호 등 연락처
   7. 인터넷 접속정보파일 등 개인정보를 자동으로 수집하는 장치의 설치·운영 및 그 거부에 관한 사항(해당하는 경우에만 정한다)
   8. 그 밖에 개인정보의 처리에 관하여 대통령령으로 정한 사항
② 개인정보처리자가 개인정보 처리방침을 수립하거나 변경하는 경우에는 정보주체가 쉽게 확인할 수 있도록 대통령령으로 정하는 방법에 따라 공개하여야 한다.
③ 개인정보 처리방침의 내용과 개인정보처리자와 정보주체 간에 체결한 계약의 내용이 다른 경우에는 정보주체에게 유리한 것을 적용한다.
④ 행정안전부장관은 개인정보 처리방침의 작성지침을 정하여 개인정보처리자에게 그 준수를 권장할 수 있다.

제31조(개인정보 보호책임자의 지정)

① 개인정보처리자는 개인정보의 처리에 관한 업무를 총괄해서 책임질 개인정보 보호책임자를 지정하여야 한다.
② 개인정보 보호책임자는 다음 각 호의 업무를 수행한다.
   1. 개인정보 보호 계획의 수립 및 시행
   2. 개인정보 처리 실태 및 관행의 정기적인 조사 및 개선
   3. 개인정보 처리와 관련한 불만의 처리 및 피해 구제
   4. 개인정보 유출 및 오용·남용 방지를 위한 내부통제시스템의 구축
   5. 개인정보 보호 교육 계획의 수립 및 시행
   6. 개인정보파일의 보호 및 관리·감독
   7. 그 밖에 개인정보의 적절한 처리를 위하여 대통령령으로 정한 업무

제32조(개인정보파일의 등록 및 공개)

① 공공기관의 장이 개인정보파일을 운용하는 경우에는 다음 각 호의 사항을 행정안전부장관에게 등록하여야 한다. 등록한 사항이 변경된 경우에도 또한 같다.
   1. 개인정보파일의 명칭
   2. 개인정보파일의 운영 근거 및 목적
   3. 개인정보파일에 기록되는 개인정보의 항목
   4. 개인정보의 처리방법
   5. 개인정보의 보유기간
   6. 개인정보를 통상적 또는 반복적으로 제공하는 경우에는 그 제공받는 자
   7. 그 밖에 대통령령으로 정하는 사항

제33조(개인정보 영향평가)

① 공공기관의 장은 대통령령으로 정하는 기준에 해당하는 개인정보파일의 운용으로 인하여 정보주체의 개인정보 침해가 우려되는 경우에는 그 위험요인의 분석과 개선 사항 도출을 위한 평가(이하 "영향평가"라 한다)를 하고 그 결과를 행정안전부장관에게 제출하여야 한다. 이 경우 공공기관의 장은 영향평가를 행정안전부장관이 지정하는 기관(이하 "평가기관"이라 한다) 중에서 의뢰하여야 한다.

② 영향평가를 하는 경우에는 다음 각 호의 사항을 고려하여야 한다.

1. 처리하는 개인정보의 수
2. 개인정보의 제3자 제공 여부
3. 정보주체의 권리를 해할 가능성 및 그 위험 정도
4. 그 밖에 대통령령으로 정한 사항

③ 행정안전부장관은 제1항에 따라 제출받은 영향평가 결과에 대하여 보호위원회의 심의·의결을 거쳐 의견을 제시할 수 있다.

④ 공공기관의 장은 제1항에 따라 영향평가를 한 개인정보파일을 제32조제1항에 따라 등록할 때에는 영향평가 결과를 함께 첨부하여야 한다.

⑤ 행정안전부장관은 영향평가의 활성화를 위하여 관계 전문가의 육성, 영향평가 기준의 개발·보급 등 필요한 조치를 마련하여야 한다.

⑥ 제1항에 따른 평가기관의 지정기준 및 지정취소, 평가기준, 영향평가의 방법·절차 등에 관하여 필요한 사항은 대통령령으로 정한다.

⑦ 국회, 법원, 헌법재판소, 중앙선거관리위원회(그 소속 기관을 포함한다)의 영향평가에 관한 사항은 국회규칙, 대법원규칙, 헌법재판소규칙 및 중앙선거관리위원회규칙으로 정하는 바에 따른다.

⑧ 공공기관 외의 개인정보처리자는 개인정보파일 운용으로 인하여 정보주체의 개인정보 침해가 우려되는 경우에는 영향평가를 하기 위하여 적극 노력하여야 한다.

■ 개인정보보호법 시행령, 개인정보영향평가 대상

제35조(개인정보 영향평가의 대상)

법 제33조제1항에서 "대통령령으로 정하는 기준에 해당하는 개인정보파일"이란 개인정보를 전자적으로 처리할 수 있는 개인정보파일로서 다음 각 호의 어느 하나에 해당하는 개인정보파일을 말한다.

1. 구축·운용 또는 변경하려는 개인정보파일로서 5만 명 이상의 정보주체에 관한 민감정보 또는 고유식별정보의 처리가 수반되는 개인정보파일

2. 구축·운용하고 있는 개인정보파일을 해당 공공기관 내부 또는 외부에서 구축·운용하고 있는 다른 개인정보파일과 연계하려는 경우로서 연계 결과 50만 명 이상의 정보주체에 관한 개인정보가 포함되는 개인정보파일
3. 구축·운용 또는 변경하려는 개인정보파일로서 100만 명 이상의 정보주체에 관한 개인정보파일
4. 법 제33조제1항에 따른 개인정보 영향평가(이하 "영향평가"라 한다)를 받은 후에 개인정보 검색체계 등 개인정보파일의 운용체계를 변경하려는 경우 그 개인정보파일. 이 경우 영향평가 대상은 변경된 부분으로 한정한다.

제39조(손해배상책임)

① 정보주체는 개인정보처리자가 이 법을 위반한 행위로 손해를 입으면 개인정보처리자에게 손해배상을 청구할 수 있다. 이 경우 그 개인정보처리자는 고의 또는 과실이 없음을 입증하지 아니하면 책임을 면할 수 없다.

③ 개인정보처리자의 고의 또는 중대한 과실로 인하여 개인정보가 분실·도난·유출·위조·변조 또는 훼손된 경우로서 정보주체에게 손해가 발생한 때에는 법원은 그 손해액의 3배를 넘지 아니하는 범위에서 손해배상액을 정할 수 있다. 다만, 개인정보처리자가 고의 또는 중대한 과실이 없음을 증명한 경우에는 그러하지 아니하다.

④ 법원은 제3항의 배상액을 정할 때에는 다음 각 호의 사항을 고려하여야 한다.
  1. 고의 또는 손해 발생의 우려를 인식한 정도
  2. 위반행위로 인하여 입은 피해 규모
  3. 위법행위로 인하여 개인정보처리자가 취득한 경제적 이익
  4. 위반행위에 따른 벌금 및 과징금
  5. 위반행위의 기간·횟수 등
  6. 개인정보처리자의 재산상태
  7. 개인정보처리자가 정보주체의 개인정보 분실·도난·유출 후 해당 개인정보를 회수하기 위하여 노력한 정도
  8. 개인정보처리자가 정보주체의 피해구제를 위하여 노력한 정도

> **[확인문제]** 다음 중 공공기관의 장이 행정안전부장관에게 등록하여야 하는 개인정보파일 등록대상이 아닌 것은?
>
> 1) 개인정보파일의 명칭
> 2) 개인정보의 처리방법
> 3) 개인정보를 일상적 또는 반복적으로 제공하는 경우에는 그 제공받는 자
> 4) 개인정보의 보유기간
>
> | 정답 및 풀이 |
> 『개인정보보호법』 제32조에 따라 개인정보파일을 등록대상이 아닌 것은 보기 3) 개인정보를 일상적 또는 반복적으로 제공하는 경우에는 그 제공받는 자에 해당한다.
>
> 정답 : 3)번

2) 개인정보 안전성 확보조치

제1조(목적)

이 기준은 「개인정보 보호법」(이하 "법"이라 한다) 제23조제2항, 제24조제3항 및 제29조와 같은 법 시행령(이하 "영"이라 한다) 제21조 및 제30조에 따라 개인정보처리자가 개인정보를 처리함에 있어서 개인정보가 분실·도난·유출·위조·변조 또는 훼손되지 아니하도록 안전성 확보에 필요한 기술적·관리적 및 물리적 안전조치에 관한 최소한의 기준을 정하는 것을 목적으로 한다.

제2조(정의)

이 기준에서 사용하는 용어의 뜻은 다음과 같다.

1. "정보주체"란 처리되는 정보에 의하여 알아볼 수 있는 사람으로서 그 정보의 주체가 되는 사람을 말한다.
2. "개인정보파일"이란 개인정보를 쉽게 검색할 수 있도록 일정한 규칙에 따라 체계적으로 배열하거나 구성한 개인정보의 집합물(集合物)을 말한다.
3. "개인정보처리자"란 업무를 목적으로 개인정보파일을 운용하기 위하여 스스로 또는 다른 사람을 통하여 개인정보를 처리하는 공공기관, 법인, 단체 및 개인 등을 말한다.
4. "대기업"이란 「독점규제 및 공정거래에 관한 법률」 제14조에 따라 공정거래위원회가 지정한 기업집단을 말한다.
5. "중견기업"이란 「중견기업 성장촉진 및 경쟁력 강화에 관한 특별법」 제2조에 해당하는 기업을 말한다.
6. "중소기업"이란 「중소기업기본법」 제2조 및 동법 시행령 제3조에 해당하는 기업을 말한다.

7. "소상공인"이란 「소상공인 보호 및 지원에 관한 법률」 제2조에 해당하는 자를 말한다.
8. "개인정보 보호책임자"란 개인정보처리자의 개인정보 처리에 관한 업무를 총괄해서 책임지는 자로서 영 제32조제2항에 해당하는 자를 말한다.
9. "개인정보취급자"란 개인정보처리자의 지휘·감독을 받아 개인정보를 처리하는 업무를 담당하는 자로서 임직원, 파견근로자, 시간제근로자 등을 말한다.
10. "개인정보처리시스템"이란 데이터베이스시스템 등 개인정보를 처리할 수 있도록 체계적으로 구성한 시스템을 말한다.
11. "위험도 분석"이란 개인정보 유출에 영향을 미칠 수 있는 다양한 위험요소를 식별·평가하고 해당 위험요소를 적절하게 통제할 수 있는 방안 마련을 위한 종합적으로 분석하는 행위를 말한다.
12. "비밀번호"란 정보주체 또는 개인정보취급자 등이 개인정보처리시스템, 업무용 컴퓨터 또는 정보통신망 등에 접속할 때 식별자와 함께 입력하여 정당한 접속 권한을 가진 자라는 것을 식별할 수 있도록 시스템에 전달해야 하는 고유의 문자열로서 타인에게 공개되지 않는 정보를 말한다.
13. "정보통신망"이란 「전기통신기본법」 제2조제2호에 따른 전기통신설비를 이용하거나 전기통신설비와 컴퓨터 및 컴퓨터의 이용기술을 활용하여 정보를 수집·가공·저장·검색·송신 또는 수신하는 정보통신체계를 말한다.
14. "공개된 무선망"이란 불특정 다수가 무선접속장치(AP)를 통하여 인터넷을 이용할 수 있는 망을 말한다.
15. "모바일 기기"란 무선망을 이용할 수 있는 PDA, 스마트폰, 태블릿PC 등 개인정보 처리에 이용되는 휴대용 기기를 말한다.
16. "바이오정보"란 지문, 얼굴, 홍채, 정맥, 음성, 필적 등 개인을 식별할 수 있는 신체적 또는 행동적 특징에 관한 정보로서 그로부터 가공되거나 생성된 정보를 포함한다.
17. "보조저장매체"란 이동형 하드디스크, USB메모리, CD(Compact Disk), DVD(Digital Versatile Disk) 등 자료를 저장할 수 있는 매체로서 개인정보처리시스템 또는 개인용 컴퓨터 등과 용이하게 연결·분리할 수 있는 저장매체를 말한다.
18. "내부망"이란 물리적 망분리, 접근 통제시스템 등에 의해 인터넷 구간에서의 접근이 통제 또는 차단되는 구간을 말한다.
19. "접속기록"이란 개인정보취급자 등이 개인정보처리시스템에 접속한 사실을 알 수 있는 계정, 접속일시, 접속자 정보, 수행업무 등을 전자적으로 기록한 것을 말한다. 이 경우 "접속"이란 개인정보처리시스템과 연결되어 데이터 송신 또는 수신이 가능한 상태를 말한다.
20. "관리용 단말기"란 개인정보처리시스템의 관리, 운영, 개발, 보안 등의 목적으로 개인정보처리시스템에 직접 접속하는 단말기를 말한다.

제3조(안전조치 기준 적용)

개인정보처리자가 개인정보의 안전성 확보에 필요한 조치를 하는 경우에는 [별표] 개인정보처리자 유형 및 개인정보 보유량에 따른 안전조치 기준을 적용하여야 한다. 이 경우 개인정보처리자가 어느 유형에 해당하는지에 대한 입증책임은 당해 개인정보처리자가 부담한다.

제4조(내부 관리계획의 수립·시행)

① 개인정보처리자는 개인정보의 분실·도난·유출·위조·변조 또는 훼손되지 아니하도록 내부 의사결정 절차를 통하여 다음 각 호의 사항을 포함하는 내부 관리계획을 수립·시행하여야 한다.

   1. 개인정보 보호책임자의 지정에 관한 사항
   2. 개인정보 보호책임자 및 개인정보취급자의 역할 및 책임에 관한 사항
   3. 개인정보취급자에 대한 교육에 관한 사항
   4. 접근 권한의 관리에 관한 사항
   5. 접근 통제에 관한 사항
   6. 개인정보의 암호화 조치에 관한 사항
   7. 접속기록 보관 및 점검에 관한 사항
   8. 악성프로그램 등 방지에 관한 사항
   9. 물리적 안전조치에 관한 사항
   10. 개인정보 보호조직에 관한 구성 및 운영에 관한 사항
   11. 개인정보 유출사고 대응 계획 수립·시행에 관한 사항
   12. 위험도 분석 및 대응방안 마련에 관한 사항
   13. 재해 및 재난 대비 개인정보처리시스템의 물리적 안전조치에 관한 사항
   14. 개인정보 처리업무를 위탁하는 경우 수탁자에 대한 관리 및 감독에 관한 사항
   15. 그 밖에 개인정보 보호를 위하여 필요한 사항

② [별표]의 유형1에 해당하는 개인정보처리자는 제1항에 따른 내부 관리계획을 수립하지 아니할 수 있고, [별표]의 유형2에 해당하는 개인정보처리자는 제1항제11호부터 제14호까지를 내부 관리계획에 포함하지 아니할 수 있다.

③ 개인정보처리자는 제1항 각 호의 사항에 중요한 변경이 있는 경우에는 이를 즉시 반영하여 내부 관리계획을 수정하여 시행하고, 그 수정 이력을 관리하여야 한다.

④ 개인정보 보호책임자는 연 1회 이상으로 내부 관리계획의 이행 실태를 점검·관리 하여야 한다.

제5조(접근 권한의 관리)

① 개인정보처리자는 개인정보처리시스템에 대한 접근 권한을 업무 수행에 필요한 최소한의 범위로 업무 담당자에 따라 차등 부여하여야 한다.

② 개인정보처리자는 전보 또는 퇴직 등 인사이동이 발생하여 개인정보취급자가 변경되었을 경우 지체없이 개인정보처리시스템의 접근 권한을 변경 또는 말소하여야 한다.

③ 개인정보처리자는 제1항 및 제2항에 의한 권한 부여, 변경 또는 말소에 대한 내역을 기록하고, 그 기록을 최소 3년간 보관하여야 한다.

④ 개인정보처리자는 개인정보처리시스템에 접속할 수 있는 사용자계정을 발급하는 경우 개인정보취급자별로 사용자계정을 발급하여야 하며, 다른 개인정보취급자와 공유되지 않도록 하여야 한다.

⑤ 개인정보처리자는 개인정보취급자 또는 정보주체가 안전한 비밀번호를 설정하여 이행할 수 있도록 비밀번호 작성규칙을 수립하여 적용하여야 한다.

⑥ 개인정보취급자가 계정정보 또는 비밀번호를 일정 횟수 이상 잘못 입력한 경우 개인정보처리시스템에 대한 접근을 제한하여야 한다.

⑦ [별표]의 유형1에 해당하는 개인정보처리자는 제1항 및 제6항을 아니할 수 있다.

제6조(접근통제)

① 개인정보처리자는 정보통신망을 통한 불법적인 접근 및 침해사고 방지를 위해 다음 각 호의 기능을 포함한 조치를 하여야 한다.

  1. 개인정보처리시스템에 대한 접속 권한을 IP(Internet Protocol) 주소 등으로 제한하여 인가받지 않은 접근을 제한

  2. 개인정보처리시스템에 접속한 IP(Internet Protocol) 주소 등을 분석하여 불법적인 개인정보 유출 시도 탐지 및 대응

② 개인정보처리자는 개인정보취급자가 정보통신망을 통해 외부에서 개인정보처리시스템에 접속하려는 경우 가상사설망(VPN: Virtual Private Network) 또는 전용선 등 안전한 접속수단을 적용하거나 안전한 인증수단을 적용하여야 한다.

③ 개인정보처리자는 취급중인 개인정보가 인터넷 홈페이지, P2P, 공유설정, 공개된 무선망 이용 등을 통하여 열람권한이 없는 자에게 공개되거나 유출되지 않도록 개인정보처리시스템, 업무용 컴퓨터, 모바일 기기 및 관리용 단말기 등 접근 통제 등에 관한 조치를 하여야 한다.

④ 고유식별정보를 처리하는 개인정보처리자는 인터넷 홈페이지를 통해 고유식별정보가 유출·변조·훼손되지 않도록 연 1회 이상 취약점을 점검하고 필요한 보완 조치를 하여야 한다.

⑤ 개인정보처리자는 개인정보처리시스템에 대한 불법적인 접근 및 침해사고 방지를 위하여 개인정보취급자가 일정시간 이상 업무처리를 하지 않는 경우에는 자동으로 시스템 접속이 차단되도록 하여야 한다.

⑥ 개인정보처리자가 별도의 개인정보처리시스템을 이용하지 아니하고 업무용 컴퓨터 또는 모바일 기기를 이용하여 개인정보를 처리하는 경우에는 제1항을 적용하지 아니할 수 있으며, 이 경우 업무용 컴퓨터 또는 모바일 기기의 운영체제(OS : Operating System)나 보안프로그램 등에서 제공하는 접근 통제 기능을 이용할 수 있다.

⑦ 개인정보처리자는 업무용 모바일 기기의 분실 · 도난 등으로 개인정보가 유출되지 않도록 해당 모바일 기기에 비밀번호 설정 등의 보호조치를 하여야 한다.

⑧ [별표]의 유형1에 해당하는 개인정보처리자는 제2항, 제4항부터 제5항까지의 조치를 이행하지 아니할 수 있다.

제7조(개인정보의 암호화)

① 개인정보처리자는 고유식별정보, 비밀번호, 바이오정보를 정보통신망을 통하여 송신하거나 보조저장매체 등을 통하여 전달하는 경우에는 이를 암호화하여야 한다.

② 개인정보처리자는 비밀번호 및 바이오정보는 암호화하여 저장하여야 한다. 단 비밀번호를 저장하는 경우에는 복호화되지 아니하도록 일방향 암호화하여 저장하여야 한다.

③ 개인정보처리자는 인터넷 구간 및 인터넷 구간과 내부망의 중간 지점(DMZ : Demilitarized Zone)에 고유식별정보를 저장하는 경우에는 이를 암호화하여야 한다.

④ 개인정보처리자가 내부망에 고유식별정보를 저장하는 경우에는 다음 각 호의 기준에 따라 암호화의 적용여부 및 적용범위를 정하여 시행할 수 있다.

   1. 법 제33조에 따른 개인정보 영향평가의 대상이 되는 공공기관의 경우에는 해당 개인정보 영향평가의 결과
   2. 암호화 미적용 시 위험도 분석에 따른 결과

⑤ 개인정보처리자는 제1항, 제2항, 제3항, 또는 제4항에 따라 개인정보를 암호화하는 경우 안전한 암호알고리즘으로 암호화하여 저장하여야 한다.

⑥ 개인정보처리자는 암호화된 개인정보를 안전하게 보관하기 위하여 안전한 암호 키 생성, 이용, 보관, 배포 및 파기 등에 관한 절차를 수립 · 시행하여야 한다.

⑦ 개인정보처리자는 업무용 컴퓨터 또는 모바일 기기에 고유식별정보를 저장하여 관리하는 경우 상용 암호화 소프트웨어 또는 안전한 암호화 알고리즘을 사용하여 암호화한 후 저장하여야 한다.

⑧ [별표]의 유형1 및 유형2에 해당하는 개인정보처리자는 제6항을 아니할 수 있다.

제8조(접속기록의 보관 및 점검)

① 개인정보처리자는 개인정보취급자가 개인정보처리시스템에 접속한 기록을 6개월 이상 보관 · 관리하여야 한다.

② 개인정보처리자는 개인정보의 분실·도난·유출·위조·변조 또는 훼손 등에 대응하기 위하여 개인정보처리시스템의 접속기록 등을 반기별로 1회 이상 점검하여야 한다.

③ 개인정보처리자는 개인정보취급자의 접속기록이 위·변조 및 도난, 분실되지 않도록 해당 접속기록을 안전하게 보관하여야 한다.

제9조(악성프로그램 등 방지)

개인정보처리자는 악성프로그램 등을 방지·치료할 수 있는 백신 소프트웨어 등의 보안 프로그램을 설치·운영하여야 하며, 다음 각 호의 사항을 준수하여야 한다.

1. 보안 프로그램의 자동 업데이트 기능을 사용하거나, 또는 일 1회 이상 업데이트를 실시하여 최신의 상태로 유지
2. 악성프로그램 관련 경보가 발령된 경우 또는 사용 중인 응용 프로그램이나 운영체제 소프트웨어의 제작업체에서 보안 업데이트 공지가 있는 경우 즉시 이에 따른 업데이트를 실시
3. 발견된 악성프로그램 등에 대해 삭제 등 대응 조치

제10조(관리용 단말기의 안전조치)

개인정보처리자는 개인정보 유출 등 개인정보 침해사고 방지를 위하여 관리용 단말기에 대해 다음 각 호의 안전조치를 하여야 한다.

1. 인가 받지 않은 사람이 관리용 단말기에 접근하여 임의로 조작하지 못하도록 조치
2. 본래 목적 외로 사용되지 않도록 조치
3. 악성프로그램 감염 방지 등을 위한 보안조치 적용

제11조(물리적 안전조치)

① 개인정보처리자는 전산실, 자료보관실 등 개인정보를 보관하고 있는 물리적 보관 장소를 별도로 두고 있는 경우에는 이에 대한 출입통제 절차를 수립·운영하여야 한다.

② 개인정보처리자는 개인정보가 포함된 서류, 보조저장매체 등을 잠금장치가 있는 안전한 장소에 보관하여야 한다.

③ 개인정보처리자는 개인정보가 포함된 보조저장매체의 반·출입 통제를 위한 보안대책을 마련하여야 한다. 다만, 별도의 개인정보처리시스템을 운영하지 아니하고 업무용 컴퓨터 또는 모바일 기기를 이용하여 개인정보를 처리하는 경우에는 이를 적용하지 아니할 수 있다.

제12조(재해·재난 대비 안전조치)

① 개인정보처리자는 화재, 홍수, 단전 등의 재해·재난 발생 시 개인정보처리시스템 보호를 위한 위기대응 매뉴얼 등 대응절차를 마련하고 정기적으로 점검하여야 한다.

② 개인정보처리자는 재해·재난 발생 시 개인정보처리시스템 백업 및 복구를 위한 계획을 마련하여야 한다.

③ [별표]의 유형1 및 유형2에 해당하는 개인정보처리자는 제1항부터 제2항까지 조치를 이행하지 아니할 수 있다.

제13조(개인정보의 파기)

① 개인정보처리자는 개인정보를 파기할 경우 다음 각 호 중 어느 하나의 조치를 하여야 한다.

1. 완전파괴(소각·파쇄 등)
2. 전용 소자장비를 이용하여 삭제
3. 데이터가 복원되지 않도록 초기화 또는 덮어쓰기 수행

② 개인정보처리자가 개인정보의 일부만을 파기하는 경우, 제1항의 방법으로 파기하는 것이 어려울 때에는 다음 각 호의 조치를 하여야 한다.

1. 전자적 파일 형태인 경우: 개인정보를 삭제한 후 복구 및 재생되지 않도록 관리 및 감독
2. 제1호 외의 기록물, 인쇄물, 서면, 그 밖의 기록매체인 경우 : 해당 부분을 마스킹, 천공 등으로 삭제

❖ [별첨] 개인정보처리자 유형 및 개인정보 보유량에 따른 안전조치 기준

유형	적용 대상	안전조치 기준
유형1 (완화)	1만 명 미만의 정보주체에 관한 개인정보를 보유한 소상공인, 단체, 개인	• 제5조: 제2항부터 제5항까지 • 제6조: 제1항, 제3항, 제6항 및 제7항 • 제7조: 제1항부터 제5항까지, 제7항 • 제8조 • 제9조 • 제10조 • 제11조 • 제13조
유형2 (표준)	• 100만 명 미만의 정보주체에 관한 개인정보를 보유한 중소기업 • 10만 명 미만의 정보주체에 관한 개인정보를 보유한 대기업, 중견기업, 공공기관 • 1만 명 이상의 정보주체에 관한 개인정보를 보유한 소상공인, 단체, 개인	• 제4조: 제1항제1호부터 제10호까지 및 제15호, 제3항부터 제4항까지 • 제5조 • 제6조: 제1항부터 제7항까지 • 제7조: 제1항부터 제5항까지, 제7항 • 제8조 • 제9조 • 제10조 • 제11조 • 제13조

유형3 (강화)	• 10만 명 이상의 정보주체에 관한 개인정보를 보유한 대기업, 중견기업, 공공기관 • 100만 명 이상의 정보주체에 관한 개인정보를 보유한 중소기업	제4조부터 제13조까지

3 정보통신기반 보호법(시행령)

제9조(정보보호책임자의 지정 등)
① 법 제5조제4항 본문에 따라 관리기관의 장은 소관 주요정보통신기반시설의 보호 업무를 담당하는 4급·4급상당 공무원, 5급·5급상당 공무원, 영관급장교 또는 임원급 관리·운영자를 정보보호책임자로 지정하여야 한다.

제17조(취약점 분석·평가의 시기)
① 관리기관의 장은 소관 정보통신기반시설이 주요정보통신기반시설로 지정된 때에는 지정 후 6월 이내에 법 제9조제1항의 규정에 의한 취약점의 분석·평가를 실시하여야 한다. 다만, 관리기관의 장은 소관 주요정보통신기반시설 지정 후 6월 이내에 동 시설에 대한 취약점의 분석·평가를 시행하지 못할 특별한 사유가 있다고 판단되는 경우에는 관할 중앙행정기관의 장의 승인을 얻어 지정 후 9월 이내에 이를 실시하여야 한다.

② 관리기관의 장은 제1항에 따라 소관 주요정보통신기반시설이 지정된 후 당해 주요정보통신기반시설에 대한 최초의 취약점 분석·평가를 한 후에는 매년 취약점의 분석·평가를 실시한다. 다만, 소관 주요정보통신기반시설에 중대한 변화가 발생하였거나 관리기관의 장이 취약점 분석·평가가 필요하다고 판단하는 경우에는 1년이 되지 아니한 때에도 취약점의 분석·평가를 실시할 수 있다.

제18조(취약점 분석·평가 방법 및 절차)
④ 법 제9조제4항의 규정에 의한 취약점 분석·평가 기준에는 다음 각호의 사항이 포함되어야 한다.
   1. 취약점 분석·평가의 절차
   2. 취약점 분석·평가의 범위 및 항목
   3. 취약점 분석·평가의 방법

제21조(침해사고의 통지)

① 법 제13조제1항 전단의 규정에 의한 침해사고의 통지에는 다음 각 호의 사항이 포함되어야 한다.

  1. 침해사고발생 일시 및 시설
  2. 침해사고로 인한 피해내역
  3. 기타 신속한 대응·복구를 위하여 필요한 사항

[확인문제] 다음 중 「정보통신기반 보호법」에 따라 주요정보통신기반시설의 취약점의 분석·평가에 대한 설명으로 틀린 것은 무엇인가?

1) 관리기관의 장은 소관 정보통신기반시설이 주요정보통신기반시설로 지정된 때에는 지정 후 1년 이내에 취약점의 분석·평가를 실시하여야 한다.

2) 관리기관의 장은 소관 주요정보통신기반시설 지정 후 취약점의 분석·평가를 시행하지 못할 특별한 사유가 있다고 판단되는 경우에는 관할 중앙행정기관의 장의 승인을 얻어 지정 후 9월 이내에 이를 실시하여야 한다.

3) 관리기관의 장은 소관 주요정보통신기반시설이 지정된 후 주요정보통신기반시설에 대한 최초의 취약점 분석·평가를 한 후에는 매년 취약점의 분석·평가를 실시한다.

4) 소관 주요정보통신기반시설에 중대한 변화가 발생하였거나 관리기관의 장이 취약점 분석·평가가 필요하다고 판단하는 경우에는 1년이 되지 아니한 때에도 취약점의 분석·평가를 실시할 수 있다.

| 정답 및 풀이 |
관리기관의 장은 소관 정보통신기반시설이 주요정보통신기반시설로 지정된 때에는 지정 후 6월 이내에 취약점의 분석·평가를 실시하여야 한다.

정답 : 1번

PART 4 실력 점검 문제

01 정보통신서비스 제공자가 개인정보를 수집하거나 이용 또는 제3자에게 제공하고자 할 때 (   )세 미만의 아동은 법정대리인의 동의를 얻어야 한다.

1) 만 13세 2) 만 14세
3) 만 18세 4) 만 19세

만14세 미만은 법정대리인의 동의를 얻어야 한다.

02 개인정보의 가치산정을 위해서 익명성, 반복성, 통제된 Feedback, 합의도출을 기본 원칙으로 하는 방법은 무엇인가?

1) 가상가치 산정법 2) 개인정보 영향평가
3) Delphi 기법 4) 가치역산정법

Delphi는 익명성, 반복성, 통제된 Feedback, 합의도출을 원칙으로 하는 결정방법이다.

03 기업에서 직원의 퇴사 시에 근무기록 등은 퇴사 후 몇 년간 보관해야 하는가?

1) 1년 이내 2) 2년 이내
3) 3년 이내 4) 5년 이내

퇴사직원의 근무기록은 3년 이내 보관해야 한다.

 정답 1. 2)   2. 3)   3. 3)

04 정보통신망법과 개인정보보호법이 상충될 경우 (　　)을 적용한다.

　　1) 동일하게　　　　　　　　2) 각각 적용
　　3) 개인정보보호법　　　　　4) 정보통신망법

> **해설**
> 개인정보보호법 제6조(다른 법률과의 관계) 개인정보보호에 관여하는 「정보통신망 이용촉진 및 정보보호 등에 관한 법률」, 「신용정보의 이용 및 보호에 관한 법률」 등 다른 법률에 특별한 규정이 있는 경우를 제외하고는 이 법에서 정하는 바에 따른다.

 05 개인정보를 취급하는 기관은 중요 개인정보를 암호화(전송구간)해야 한다. 중요 개인정보에 해당되지 않은 것은 무엇인가?

　　1) 주민번호　　　　　　　　2) 계좌번호
　　3) 신용카드 번호　　　　　4) 이름

> **해설**
> 이름은 중요 개인정보가 아니라 일반 개인정보를 의미한다.

06 양방향 암호화 알고리즘으로 합당하지 않는 것은 무엇인가?

　　1) AES　　　　　　　　　　2) ARIA
　　3) SEED　　　　　　　　　4) SHA-256

> **해설**
> SHA-256은 일방향 알고리즘이다.

 07 대한민국 정보통신기반 보호법에서 정의하고 있는 "정보통신기반시설을 대상으로 해킹, 컴퓨터 바이러스, 논리·메일폭탄, 서비스 거부 또는 고출력 전자기파 등에 의하여 정보통신기반시설을 공격하는 행위"를 무엇이라 하는가?

　　1) 전자금융거래 침해　　　　2) 전자거래 침해
　　3) 전자적 침해　　　　　　　4) 침해사고

- 제1조 (목적) 이 법은 전자적 침해행위에 대비하여 주요정보통신기반시설의 보호에 관한 대책을 수립·시행함으로써 동 시설을 안정적으로 운용하도록 하여 국가의 안전과 국민생활의 안정을 보장하는 것을 목적으로 한다.
- 제2조 (정의) 이 법에서 사용하는 용어의 정의는 다음과 같다.
  1. "정보통신기반시설"이라 함은 국가안전보장·행정·국방·치안·금융·통신·운송·에너지 등의 업무와 관련된 전자적 제어·관리시스템 및 「정보통신망 이용촉진 및 정보보호 등에 관한 법률」 제2조 제1항 제1호의 규정에 의한 정보통신망을 말한다.
  2. "전자적 침해행위"라 함은 정보통신기반시설을 대상으로 해킹, 컴퓨터바이러스, 논리·메일폭탄, 서비스 거부 또는 고출력 전자기파 등에 의하여 정보통신기반시설을 공격하는 행위를 말한다.
  3. "침해사고"란 전자적 침해행위로 인하여 발생한 사태를 말한다.

08 금융기관에서 정보보호에 대한 정책을 개정하고자 한다. 이때 고려할 사항과 거리가 먼 것은 무엇인가?

1) 업무적·기술적·관리적 특성을 고려한다.
2) 정책 적용의 대상이 되는 조직을 충분히 파악해야 한다.
3) 개인정보보호법은 전자금융거래법보다 우선하여 적용한다.
4) 자회사는 지주회사의 정보보호 정책을 준수하면서 세분화 한다.

전자금융거래법을 우선 적용한다.

09 정보통신망 이용촉진 및 정보보호 등에 관한 법률에서 다루는 분야가 아닌 것은 무엇인가?

1) 개인정보의 보호
2) 정보통신에서 이용자의 보호
3) 정보통신망의 안전성 확보
4) 인적 보안

정보보호 관련 법령은 정보 자체의 안전성 및 무결성 보호, 정보의 내용 보호, 불건전 정보 유통 방지 분야로 나뉜다.

정답 4. 4) 5. 4) 6. 4) 7. 3) 8. 3) 9. 4)

10 다음 정보보호 교육에 대한 설명으로 옳지 않은 것은 무엇인가?

1) 정보보호 교육은 정기적으로 실시하며, 교육은 온라인과 오프라인으로 진행할 수 있다.
2) 정보보호 교육 담당자는 교육과정 개발, 교육 실시를 주관하며 교육완료 후 교육효과에 대한 내용을 관리해야 한다.
3) 훈련 받는 대상자는 정보보호에 관련된 업무를 수행하는 직원만 교육을 평가하여 다음 교육에 반영할 수 있도록 노력해야 한다.
4) 교육은 수시교육, 정기교육, 정보공유 형태로 1년 2회 이상 실시한다.

> **해설**
> 정보보호 교육은 정보보안 관련 업무 담당자만을 대상으로 하는 것이 아니고, 정보보호 관련 업무 담당자는 전문교육, 개인정보 취급자는 개인정보보호 관리체계, 전 직원을 대상으로 하는 전사교육 형태로 구분되어서 실시된다.

11 정보통신망 이용촉진 및 정보보호 등에 관한 법률에서 침해사고가 아닌 것은 무엇인가?

1) 고출력 전자기파
2) 상업용 이메일 발송
3) 컴퓨터 바이러스
4) 논리폭탄

> **해설**
> • 정보통신망 이용촉진 및 정보보호 등에 관한 법률에서 침해사고
>
> '침해사고'란 해킹, 컴퓨터바이러스, 논리폭탄, 메일폭탄, 서비스 거부 또는 고출력 전자기파 등의 방법으로 정보통신망 또는 이와 관련된 정보시스템을 공격하는 행위를 하여 발생한 사태를 말한다.

12 개인정보보호법상 개인정보 처리기준 및 정보주체의 권리에 대한 설명으로 올바르지 않은 것은 무엇인가?

1) 정보주체는 개인정보처리자가 처리하는 자신의 개인정보에 대한 열람을 공공기관에 직접 열람을 요구하거나 행정안전부장관을 통하여 열람을 요구할 수 있다.
2) 정보주체는 개인정보처리자에 대해 개인정보 정정, 삭제를 요구할 수 있다.
3) 다른 법령에서 그 개인정보가 수집대상으로 명시되어 있는 경우에는 삭제를 요구할 수 없다.
4) 개인정보처리자는 개인정보 정정, 삭제 요구에 대해서 5일 이내에 정보주체에게 그 결과를 알려야 한다.

- **정보주체 권리보장**

1. 개인정보 열람요구권 개요 및 대응 조치
   ○ 정보주체는 개인정보처리자가 처리하는 자신의 개인정보에 대한 열람을 공공기관에 직접 열람을 요구하거나 또는 행정안전부장관을 통하여 열람을 요구할 수 있다.
   ○ 개인정보처리자는 10일 이내에 정보주체가 개인정보를 열람할 수 있도록 조치해야 한다.
   ○ 다음의 경우 정보주체에게 그 사유를 알리고 열람을 제한하거나 거절할 수 있다.
      ▷ 법률에 따라 열람이 금지되거나 제한되는 경우
      ▷ 다른 사람의 생명·신체를 해할 우려가 있거나 다른 사람의 재산과 그 밖의 이익을 부당하게 침해할 우려가 있는 경우
      ▷ 공공기관이 다음 업무를 수행할 때 중대한 지장을 초래하는 경우
         - 조세의 부과·징수 또는 환급에 관한 업무
         - 각급 학교, 평생교육시설, 그 밖의 다른 법률에 따라 설치된 고등교육기관에서의 성적 평가 또는 입학자 선발에 관한 업무
      ▷ 학력·기능 및 채용에 관한 시험, 자격 심사에 관한 업무
      ▷ 보상금·급부금 산정 등에 대하여 진행 중인 평가 또는 판단에 관한 업무
      ▷ 다른 법률에 따라 진행 중인 감사 및 조사에 관한 업무

2. 개인정보 정정·삭제 요구권 개요 및 대응 조치
   ○ 정보주체는 개인정보처리자에 대해 개인정보 정정·삭제를 요구할 수 있다.
   ○ 다른 법령에서 그 개인정보가 수집 대상으로 명시되어 있는 경우에는 삭제 요구를 할 수 없다.
   ○ 개인정보처리자는 10일 이내에 정보주체에게 결과를 알려야 한다.

3. 정보주체의 처리정지 요구권 개요 및 대응 조치
   ○ '처리의 정지 요구'란 개인정보는 그대로 보유하되 그 이용·제공 등 처리행위만을 정지하는 것
   ○ 정보주체는 개인정보처리자에 대하여 자신의 개인정보 처리의 정지를 요구할 수 있다.
   ○ 정보주체의 처리정지 요구를 거절할 수 있는 경우
      ▷ 법률에 특별한 규정이 있거나 법령상 의무를 준수하기 위하여 불가피한 경우
      ▷ 다른 사람의 생명·신체를 해할 우려가 있거나 다른 사람의 재산과 그 밖의 이익을 부당하게 침해할 우려가 있는 경우
      ▷ 공공기관이 개인정보를 처리하지 아니하면 다른 법률에서 정하는 소관 업무를 수행할 수 없는 경우
      ▷ 개인정보를 처리하지 아니하면 정보주체와 약정한 서비스를 제공하지 못하는 등 계약의 이행이 곤란한 경우로서 정보주체가 그 계약의 해지 의사를 명확하게 밝히지 아니한 경우
   ○ 개인정보처리자는 10일 이내에 정보주체에게 결과를 알려야 함

4. 권리행사의 방법과 절차
   ○ 정보주체는 개인정보 열람 등 요구를 대리인을 통하여 할 수 있다.
   ○ 개인정보처리자는 열람 등 요구를 하는 자에게 수수료 및 우송료를 청구할 수 있다.

5. 손해배상 책임
   ○ 정보주체는 개인정보처리자가 이 법을 위반한 행위로 손해를 입은 경우 손해배상을 청구할 수 있다.
   ○ 이때 개인정보처리자는 고의 또는 과실이 없음을 입증해야 한다.

정답 10. ③ 11. ② 12. ④

13 개인정보보호법상 개인정보처리 위탁에 관한 설명이다. 그 내용으로 올바르지 않은 것을 고르시오?

1) 개인정보의 처리 업무를 위탁하는 개인정보처리자는 위탁하는 업무의 내용과 수탁자를 정보주체가 언제든지 쉽게 확인할 수 있도록 위탁자의 인터넷 홈페이지에 위탁하는 업무의 내용과 수탁자를 지속적으로 기재해야 한다.
2) 정보주체란 처리되는 정보에 의하여 알아볼 수 있는 사람으로 그 정보의 주체가 되는 사람이다.
3) 위탁자가 재화 또는 서비스를 홍보하거나 판매를 권유하는 업무를 위하는 경우에는 서면, 전자우편, 팩스, 전화, 문자전송 또는 이에 상당하는 방법으로 위탁하는 업무의 내용과 수탁자를 개인정보처리자에게 알려야 한다.
4) 위탁자는 수탁자가 개인정보 처리 업무를 수행하는 경우 개인정보 처리자가 준수해야 하는 사항, 기술적·관리적 보호 조치에 관한 사항 등에 대해서 감독해야 한다.

- **개인정보 위탁**

위탁자가 재화 또는 서비스를 홍보하거나 판매를 권유하는 업무를 위하는 경우에는 서면, 전자우편, 팩스, 전화, 문자전송 또는 이에 상당하는 방법으로 위탁하는 업무의 내용과 수탁자를 정보주체에게 알려야 한다.

14 아래의 지문을 보고 올바른 것을 고르시오?

정보통신망 이동통신 및 정보보호 등에 관하여는 다른 법률에서 특별히 규정된 경우 외에는 이법으로 정하는 바에 따른다. 다만 제7장의 통신과금서비스에 관하여 이법과 '전자금융거래법'의 적용이 경합하는 때에는 (　　)법을 우선으로 적용한다.

1) 개인정보보호에 관한 법률
2) 정보통신망 이용촉진 및 정보보호 등에 관한 법률
3) 정보보호기반시설에 관한 법률
4) 신용보호법에 관한 법률

정보통신망법을 우선 적용한다.

15 정보보호를 위하여 정보통신 서비스 제공자 등이 따라야 할 조치사항으로 올바르지 않은 것을 고르시오?

1) "정보통신서비스제공자등"이라 함은 정보통신 서비스 제공자와 그로부터 이용자의 개인정보를 제공받은 자를 말한다.
2) "주요정보통신서비스제공자"라 함은 전기통신사업법에 따른 전기통신사업자로서 전국적으로 정보통신망 서비스를 제공하는 자를 말한다.
3) 정보통신망에서 이용자 보호를 위해서 청소년 유해 매체물의 표시, 정보 삭제요청 등에 대한 조치를 수행해야 한다.
4) 정보통신망 안전성 확보 조치는 이용자의 정보보호, 정보통신망 침해행위 등의 금지, 비밀 등의 보호를 수행하고 영리목적의 광고는 다른 법률을 적용한다.

> 해설
> 정보통신망 안전성 확보 조치는 이용자의 정보보호, 정보통신망 침해행위 등의 금지, 비밀 등의 보호, 영리목적의 광고성 정보 전송제한을 수행한다.

16 '정보통신망 이용촉진 및 정보보호 등에 관한 법률' 제47조에서 정의하고 있는 '정보보호 관리체계'의 정의에 대한 것으로 올바른 것을 고르시오?

1) 방송통신위원회에서 정보보호 관리체계를 정의한다.
2) 정보통신망의 관리적, 기술적, 물리적 보안지침이다.
3) 과학기술정보통신부장관은 관리적, 기술적, 물리적 보호 조치를 포함하는 종합적 관리체계를 수립한다.
4) 인터넷진흥원장은 관리적, 기술적, 물리적 보호 조치를 포함하는 종합적 관리체계를 수립한다.

> 해설
> 과학기술정보통신부장관은 정보통신망의 안정성·신뢰성 확보를 위하여 관리적·기술적·물리적 보호 조치를 포함한 종합적 관리체계(이하 "정보보호 관리체계"라 한다)를 수립·운영하고 있는 자에 대하여 제3항에 따른 기준에 적합한지에 관하여 인증을 할 수 있다.

정답 13. 3) 14. 2) 15. 4) 16. 3)

17 개인정보를 취급할 때에는 개인정보의 분실, 도난, 누출, 변조 또는 훼손을 방지하기 위해서 기술적, 관리적 보호 조치를 취해야 하는 사항이 아닌 것은 무엇인가?

1) 정보의 주체가 언제든지 쉽게 확인할 수 있는 조치
2) 개인정보처리에 대한 감독
3) 업무범위를 초과하여 개인정보를 이용하면 안 된다.
4) 개인정보 동의를 안전하게 받을 수 있는 보호 조치

제26조(업무위탁에 따른 개인정보의 처리 제한) ① 개인정보처리자가 제3자에게 개인정보의 처리 업무를 위탁하는 경우에는 다음 각 호의 내용이 포함된 문서에 의해야 한다.
1. 위탁업무 수행 목적 외 개인정보의 처리 금지에 관한 사항
2. 개인정보의 기술적·관리적 보호 조치에 관한 사항
3. 그 밖에 개인정보의 안전한 관리를 위하여 대통령령으로 정한 사항

② 제1항에 따라 개인정보의 처리 업무를 위탁하는 개인정보처리자(이하 "위탁자"라 한다)는 위탁하는 업무의 내용과 개인정보 처리 업무를 위탁받아 처리하는 자(이하 "수탁자"라 한다)를 정보주체가 언제든지 쉽게 확인할 수 있도록 대통령령으로 정하는 방법에 따라 공개해야 한다.

③ 위탁자가 재화 또는 서비스를 홍보하거나 판매를 권유하는 업무를 위탁하는 경우에는 대통령령으로 정하는 방법에 따라 위탁하는 업무의 내용과 수탁자를 정보주체에게 알려야 한다. 위탁하는 업무의 내용이나 수탁자가 변경된 경우에도 또한 같다.

④ 위탁자는 업무 위탁으로 인하여 정보주체의 개인정보가 분실·도난·유출·변조 또는 훼손되지 아니하도록 수탁자를 교육하고, 처리현황 점검 등 대통령령으로 정하는 바에 따라 수탁자가 개인정보를 안전하게 처리하는지를 감독해야 한다.

⑤ 수탁자는 개인정보처리자로부터 위탁받은 해당 업무 범위를 초과하여 개인정보를 이용하거나 제3자에게 제공하여서는 아니 된다.

⑥ 수탁자가 위탁받은 업무와 관련하여 개인정보를 처리하는 과정에서 이 법을 위반하여 발생한 손해배상책임에 대하여는 수탁자를 개인정보처리자의 소속 직원으로 본다.

⑦ 수탁자에 관하여는 제15조부터 제25조까지, 제27조부터 제31조까지, 제33조부터 제38조까지 및 제59조를 준용한다.

18 다음과 같은 개인정보보호에 대한 시책 마련은 어느 법률에서 규정하고 있는가?

> 과학기술정보통신부장관 또는 방송통신위원회는 정보통신망의 이용촉진 및 안정적 관리·운영과 이용자의 개인정보보호 등을 통하여 정보사회의 기반을 조성하기 위한 시책을 마련해야 한다

1) 개인정보보호법
2) 전자서명법
3) 정보통신망 이용촉진 및 정보보호 등에 관한 법률
4) 정보통신기반 보호법

• 제4조 정보통신 이용촉진 및 정보보호 등에 관한 시책의 마련

> ① 과학기술정보통신부장관 또는 방송통신위원회는 정보통신망의 이용촉진 및 안정적 관리·운영과 이용자의 개인정보보호 등(이하 "정보통신망 이용촉진 및 정보보호등"이라 한다)을 통하여 정보사회의 기반을 조성하기 위한 시책을 마련해야 한다. 〈개정 2011.3.29, 2013.3.23〉
>
> ② 제1항에 따른 시책에는 다음 각 호의 사항이 포함되어야 한다.
> 1. 정보통신망에 관련된 기술의 개발·보급
> 2. 정보통신망의 표준화
> 3. 정보내용물 및 제11조에 따른 정보통신망 응용서비스의 개발 등 정보통신망의 이용 활성화
> 4. 정보통신망을 이용한 정보의 공동활용 촉진
> 5. 인터넷 이용의 활성화
> 6. 정보통신망을 통하여 수집·처리·보관·이용되는 개인정보의 보호 및 그와 관련된 기술의 개발·보급
> 7. 정보통신망에서의 청소년 보호
> 8. 정보통신망의 안전성 및 신뢰성 제고
> 9. 그 밖에 정보통신망 이용촉진 및 정보보호 등을 위하여 필요한 사항
>
> ② 과학기술정보통신부장관 또는 방송통신위원회는 제1항에 따른 시책을 마련할 때에는 「국가정보화 기본법」 제6조에 따른 국가정보화 기본계획과 연계되도록 해야 한다. 〈개정 2011.3.29, 2013.3.23〉

정답 17. 4) 18. 3)

19 다음 중 정보통신서비스 제공자 등이 전보 또는 퇴직 등 인사이동이 발생하여 개인정보취급자가 변경되었을 경우 지체 없이 개인정보처리 시스템의 접근권한을 변경 또는 말소하기 위한 방법 중 가장 적합한 것은 무엇인가?

1) 개인정보처리 시스템의 접근권한은 변경일자를 정해서 해당 일자에만 변경처리를 한다.
2) 인사DB와 개인정보처리 시스템을 실시간 연동시켜 개인정보취급자가 자동적으로 전보 또는 퇴직 시스템의 계정도 동시 삭제한다.
3) 개인정보처리 시스템에서 권한관리는 담당자를 지정해서 담당자에 의해서만 관리하고 담당자는 보안상 반드시 1인으로 한다.
4) 접근권한에 대한 말소는 개인정보취급자가 퇴사 이후에도 업무인수인계 측면에서 일정한 기간 동안 권한을 유지해야 한다.

본 문제는 상식에 의해서 풀어야 하며, 가장 일반적인 것이 2번으로 판단된다.

20 다음은 정보통서비스 제공자가 정보통신망법의 규정을 위한하여 부담하게 되는 손해배상책임에 관한 규정이다. (　)에 적합한 것을 선택하시오?

> 공인인증기관은 인증업무 수행과 관련하여 가입자 또는 공인인증서를 신뢰한 이용자에게 (A)를 입힌 때에는 그 (A)를 배상해야 한다. 다만, 공인인증기관이 (B) 없음을 입증하면 그 배상책임이 면제된다.

1) 피해, 책임
2) 피해, 과실
3) 손해, 책임
4) 손해, 과실

- **정보통신망법 제26조(배상책임)**

> ① 공인인증기관은 인증업무 수행과 관련하여 가입자 또는 공인인증서를 신뢰한 이용자에게 손해를 입힌 때에는 그 손해를 배상해야 한다. 다만, 공인인증기관이 과실 없음을 입증하면 그 배상책임이 면제된다.
> ② 공인인증기관은 제1항의 규정에 따른 손해를 배상하기 위한 보험에 가입해야 한다.

21 다음 중 정보통신망법에 의하여 개인정보를 제3자에게 제공하기 위하여 동의를 받을 경우에 제3자에게 알려야 하는 사항이 아닌 것은 무엇인가?

1) 개인정보 제공계약의 내용
2) 개인정보에 대한 수탁자의 이용목적
3) 개인정보에 대한 제3자 제공여부
4) 개인정보 취급을 위탁하는 업무

• 제25조 개인정보의 취급위탁

> ① 정보통신서비스 제공자와 그로부터 제24조의2 제1항에 따라 이용자의 개인정보를 제공받은 자(이하 "정보통신서비스 제공자등"이라 한다)는 제3자에게 이용자의 개인정보를 수집·보관·처리·이용·제공·관리·파기 등(이하 "취급"이라 한다)을 할 수 있도록 업무를 위탁(이하 "개인정보 취급위탁"이라 한다)하는 경우에는 다음 각 호의 사항 모두를 이용자에게 알리고 동의를 받아야 한다. 다음 각 호의 어느 하나의 사항이 변경되는 경우에도 또한 같다.
> 1. 개인정보 취급위탁을 받는 자(이하 "수탁자"라 한다)
> 2. 개인정보 취급위탁을 하는 업무의 내용
> ② 정보통신서비스 제공자 등은 정보통신서비스의 제공에 관한 계약을 이행하기 위하여 필요한 경우로서 제1항 각 호의 사항 모두를 제27조의2 제1항에 따라 공개하거나 전자우편 등 대통령령으로 정하는 방법에 따라 이용자에게 알린 경우에는 개인정보 취급위탁에 따른 제1항의 고지절차와 동의절차를 거치지 아니할 수 있다. 제1항 각 호의 어느 하나의 사항이 변경되는 경우에도 또한 같다.
> ③ 정보통신서비스 제공자 등은 개인정보 취급위탁을 하는 경우에는 수탁자가 이용자의 개인정보를 취급할 수 있는 목적을 미리 정하여야 하며, 수탁자는 이 목적을 벗어나서 이용자의 개인정보를 취급하여서는 아니된다.
> ④ 정보통신서비스 제공자 등은 수탁자가 이 장의 규정을 위반하지 아니하도록 관리·감독해야 한다.
> ⑤ 수탁자가 개인정보 취급위탁을 받은 업무와 관련하여 이 장의 규정을 위반하여 이용자에게 손해를 발생시키면 그 수탁자를 손해배상책임에 있어서 정보통신서비스 제공자 등의 소속 직원으로 본다.

정답 19. 2) 20. 4) 21. 1)

22 정보통신망 이용촉진 및 정보보호 등에 관한 법률에서 사용하는 용어 설명이 틀린 것은?

1) 이용자: 정보통신서비스 제공자가 제공하는 정보통신서비스를 이용하는 자를 말한다.
2) 전자문서: 컴퓨터 등 정보처리능력을 가진 장치에 의하여 전자적인 형태로 작성되어 송·수신되거나 저장된 논리적 형태의 자료를 말한다.
3) 개인정보: 생존하는 개인에 관한 정보로서 성명·주민등록번호 등에 의하여 특정한 개인을 알아볼 수 있는 부호·문자·음성·음향 및 영상 등의 정보(해당 정보만으로는 특정 개인을 알아볼 수 없어도 다른 정보와 쉽게 결합하여 알아볼 수 있는 경우에는 그 정보를 포함한다)를 말한다.
4) 침해사고: 해킹, 컴퓨터바이러스, 논리폭탄, 메일폭탄, 서비스 거부 또는 고출력 전자기파 등의 방법으로 정보통신망 또는 이와 관련된 정보시스템을 공격하는 행위를 하여 발생한 사태를 말한다.

정보통신망 이용촉진 및 정보보호 등에 관한 법률(제2조 정의)
전자문서: 컴퓨터 등 정보처리능력을 가진 장치에 의하여 전자적인 형태로 작성되어 송·수신되거나 저장된 문서형식의 자료로서 표준화된 것을 말한다.

23 개인정보보호법에서 최소한의 개인정보 수집이라는 입증책임은 누가 부담하는가?

1) 개인정보처리자
2) 개인정보취급자
3) 개인정보보호책임자
4) 정보주체

개인정보를 수집하는 경우는 그 목적에 필요한 최소한의 개인정보를 수집하여야 하며, 최소한의 개인정보 수집이라는 입증책임은 개인정보처리자가 부담한다.

- **개인정보보호법 제16조(개인정보의 수집 제한)**

① 개인정보처리자는 제15조 제1항 각 호의 어느 하나에 해당하여 개인정보를 수집하는 경우에는 그 목적에 필요한 최소한의 개인정보를 수집해야 한다. 이 경우 최소한의 개인정보 수집이라는 입증책임은 개인정보처리자가 부담한다.
② 개인정보처리자는 정보주체의 동의를 받아 개인정보를 수집하는 경우 필요한 최소한의 정보 외의 개인정보 수집에는 동의하지 아니할 수 있다는 사실을 구체적으로 알리고 개인정보를 수집해야 한다. 〈신설 2013.8.6.〉
③ 개인정보처리자는 정보주체가 필요한 최소한의 정보 외의 개인정보 수집에 동의하지 아니한다는 이유로 정보주체에게 재화 또는 서비스의 제공을 거부하여서는 아니 된다.

24 개인정보처리자는 정보주체의 개인정보를 제3자에게 제공 시 고지 및 이용자 동의를 받아야 하는 사항이 아닌 것은?

1) 개인정보를 제공받는 자
2) 개인정보 이용 목적
3) 개인정보의 경제적 가치
4) 제공하는 개인정보의 항목

> 해설
>
> 개인정보보호법 제25조(개인정보의 제공)
> ① 개인정보처리자는 다음 각 호의 어느 하나에 해당되는 경우에는 정보주체의 개인정보를 제3자에게 제공(공유를 포함한다. 이하 같다)할 수 있다.
> 1. 정보주체의 동의를 받은 경우
> 2. 제15조 제1항 제2호 제3호 및 제5호에 따라 개인정보를 수집한 목적 범위에서 개인정보를 제공하는 경우
> ② 개인정보처리자는 제1항 제1호에 따른 동의를 받을 때에는 다음 각 호의 사항을 정보주체에게 알려야 한다. 다음 각 호의 어느 하나의 사항을 변경하는 경우에도 이를 알리고 동의를 받아야 한다.
> 1. 개인정보를 제공받는 자
> 2. 개인정보를 제공받는 자의 개인정보 이용 목적
> 3. 제공하는 개인정보의 항목
> 4. 개인정보를 제공받는 자의 개인정보 보유 및 이용 기간
> 5. 동의를 거부할 권리가 있다는 사실 및 동의 거부에 따른 불이익이 있는 경우에는 그 불이익의 내용
> ③ 개인정보처리자가 개인정보를 국외의 제3자에게 제공할 때에는 제2항 각 호에 따른 사항을 정보주체에게 알리고 동의를 받아야 하며, 이 법을 위반하는 내용으로 개인정보의 국외 이전에 관한 계약을 체결하여서는 아니 된다.

정답 22. 2) 23. 1) 24. 3)

PART 5 ISMS 구축

Chapter 01　ISMS 구축
Chapter 02　취약점 점검 가이드
Chapter 03　취약점 산정

Information Security Managemant System

인증심사원
ISMS

정보보호 관리체계 구축은 정보보호 관리체계 13개의 통제 항목을 실현하기 위한 정보보안 지침 및 취약점 분석방법을 제공하여 실질적으로 정보보호 관리체계 구축 방법을 제시하고 통제 항목에 대한 결함을 판단하는 방법을 학습하게 된다.

CHAPTER 1 ISMS 구축

정보보호 관리체계 구축은 정보보호 관리체계 구축 시에 보호대책 요구사항을 실현하기 위한 과목으로 구체적으로 정보보안 지침서 및 취약점 점검을 어떻게 수행하는지 학습한다.

1 정보보안 지침 구조

정보보안 지침은 기업에서 정보보호 관리체계(ISMS: Information System Management System)를 구현하기 위해서 조직에서 준수해야 하는 "약속"을 정의한 것이다. 정보보안 지침은 ISMS 관리적 통제 항목과 보호대책 통제 항목을 고려하여 작성되어야 한다. 예를 들어, 암호 통제의 경우 암호화에 대해 조직에서 수행할 활동을 정의하는 것이다.

● 정보보안 지침 구조(예시적)

제1장 보안조직
제2장 인적 보안
제3장 보안교육 및 인식제고
제4장 정보 자산 관리
제5장 업무 연속성 관리
제6장 보안사고 대응
제7장 보안점검 및 준수관리
제8장 정보유출 방지
제9장 개인정보보호
제10장 물리적 보안
제11장 인증 및 권한 관리
제12장 인터넷 및 네트워크 보안
제13장 서버 보안
제14장 어플리케이션 보안
제15장 데이터베이스 보안
제16장 보안 장비 및 보안 솔루션 관리
제17장 사용자 PC 보안

위의 정보보안 지침의 구조에서 제1장 보안조직의 구성을 상세히 보면 목적, 범위, 조직구성, 운영방법, 정보보호위원회, 실무위원회 보안조직의 책임 및 역할 등의 활동을 정의하는 것이다.

- **제1조 (목적)**

  본 보안조직 지침은 임베스트 홈페이지 운영에 필요한 보안업무를 수행하기 위한 보안조직과 각 구성원의 역할 및 책임을 규정하는데 그 목적이 있다.

- **제2조 (범위)**

  본 지침은 임베스트 홈페이지 운영 조직원이 조직의 보안정책을 준수하기 위한 업무 및 활동에 적용한다.

- **제3조 (보안조직 구성)**

  1) 임베스트 홈페이지 시스템의 보안 총괄을 두고, 관리적 · 물리적 · 기술적 보안활동의 조정 및 관리를 위하여 보안 담당자를 지정한다.
  2) 임베스트 홈페이지 시스템은 보안수준 제고를 위해 보안협의체인 보안위원회 및 보안 실무위원회를 구성해야 한다.

- **제4조 (정보보호위원회)**

  3) 보안 관련 중요사항의 의결 및 조정을 위하여 보안 총괄과 보안조직 간에 보안위원회를 구성하여 운영한다.
  5) 보안위원회는 최소 년 1회 개최한다.
  6) 보안위원회는 다음과 같은 역할을 수행한다.
     1. 중요사항 의결
     2. 예산, 인력 등 보안정책의 이행에 필요한 자원 사용 의결

- **제5조 (실무위원회)**

  7) 보안위원회의 의결사항에 대한 실무적인 검토, 이행 방안 수립, 보안활동의 조정을 위하여 보안 실무위원회를 구성하여 운영한다.
  8) 실무위원회의 위원장은 보안 총괄 임원으로 하고, 위원은 보안 담당자, 간사는 보안 담당자가 수행한다.

9) 실무위원회는 최소 분기 1회 개최한다.
10) 실무위원회는 다음과 같은 역할을 수행한다.
    1. 보안위원회의 의결사항에 대한 이행 방안 수립
    2. 보안정책의 수립 및 검토
    3. 보안계획, 인식, 이행, 침해사고 대응 활동 등의 검토
    4. 보안 요구사항 수렴 및 전달
    5. 보안활동의 독려 및 준거 관리
    6. 기타 위원장이 필요하다고 인정하는 사항

- **제6조 (책임과 역할)**

1) 보안 총괄 임원
    1. 보안 총괄 임원은 다음과 같은 역할을 수행한다.
        가. 보안활동의 총괄적인 지휘
        나. 보안계획 승인
        다. 보안위원회의 간사 및 보안 실무위원회의 주재
2) 보안 담당자
    1. 보안 총괄의 위임을 받아 전반의 보안 업무를 계획하고 진행한다.
    2. 보안정책이 실무에 적용될 수 있도록 조정한다.
    3. 보안 담당자는 다음과 같은 역할을 수행한다.
        가. 보안활동 계획 수립 및 이행 관리
        나. 보안위험과 대응 현황을 정기적으로 보안 총괄에게 보고
        다. 보안정책, 기준 수립 및 유지관리
        라. 보안인식 제고를 위한 교육 및 홍보 계획과 수행
        마. 보안수준 측정과 관리를 위한 모델의 수립 및 유지관리
        바. 보안점검 및 준수관리
        사. 보안과제 도출 및 이행계획 수립
        아. 보안 실무위원회의 간사
    4. 보안 담당자는 전산 보안 실무를 위해 협조 체계를 유지한다.

위와 같은 구성의 예시로 정보보호 관리지침을 구성한다.

2 개인정보보호 지침

1) 개인정보관리책임자

개인정보관리책임자는 개인정보보호 업무를 총괄하거나 업무처리를 최종 결정하는 임직원을 말한다. 개인정보관리책임자의 지정범위는 임원, 개인정보와 관련하여 이용자의 고충처리를 담당하는 부서의 장 또는 대표자로 제한된다.

- **개인정보관리책임자의 역할 및 책임**

  1. 개인정보보호 조직 구성, 운영의 총괄
  2. 내부관리계획의 수립 및 승인
  3. 개인정보의 기술적, 관리적 보호 조치 기준 이행 총괄
  4. 소속 지원 또는 제3자에 의한 위법, 부당한 개인정보 침해행위에 대한 점검
  5. 정보주체로부터 제기되는 개인정보에 관한 고충이나 의견의 처리 및 감독
  6. 임직원, 개인정보취급자 및 수탁자, 대리점 등에 대한 교육 등 인식제고
  7. 그 밖에 정보주체의 개인정보보호에 필요한 사항

2) 개인정보취급자

개인정보취급자는 이용자의 개인정보를 수집, 보관, 처리, 이용, 제공, 관리 또는 파기 등의 업무를 하는 자를 말한다. 개인정보처리 시스템에 접속하여 이용자의 개인정보를 조회할 수 있는 권한만 갖고 있다고 하더라도 개인정보취급자에 포함된다.

- **개인정보취급자의 역할 및 책임**

  1. 개인정보보호 활동 참여
  2. 내부관리계획의 준수 및 이행
  3. 개인정보의 기술적, 관리적 보호 조치 기준 이행
  4. 소속 직원 또는 제3자에 의한 위법, 부당한 개인정보 침해행위에 대한 점검 등

3) 내부관리계획

내부관리계획은 개인정보의 안전한 취급을 위하여 개인정보보호 조직의 구성, 개인정보취급자 교육, 개인정보보호 조치 등을 규정한 계획을 말한다. 개인정보의 분실, 도난, 누출, 변조 또는 훼손을 방지하기 위해 내부관리계획을 수립해야 한다. 내부관리계획에는 개인정보보호 조직의 구성, 개인정보취급자 교육, 개인정보보호 조치 등에 대한 내용을 포함한다.

- **내부관리계획 수립**

  1. 개인정보관리책임자의 자격요건 및 지정에 관한 사항
  2. 개인정보관리책임자와 개인정보취급자의 역할 및 책임에 관한 사항
  3. 개인정보 내부관리계획의 수립 및 승인에 관한 사항
  4. 개인정보의 기술적, 관리적 보호 조치 이행 여부의 내부 점검에 관한 사항
  5. 그 밖에 개인정보를 위해서 필요한 사항
  6. 개인정보취급자를 대상으로 매년 2회 이상 교육
     - 교육목적 및 대상
     - 교육내용
     - 교육일정 및 방법

내부관리계획은 목적, 범위, 용어, 내부관리계획의 수립 및 승인, 공표, 개인정보 책임자 지정, 개인정보 책임자의 역할과 책임, 개인정보취급자의 범위, 역할과 책임, 개인정보 수집 및 수집제한, 개인정보 수집 고시, 개인정보 이용 및 이용제한, 개인정보취급자 제한, 개인정보처리 위탁, 개인정보 안전성 확보조치 등으로 구성된다.

- **내부관리계획(예시적)**

  제1조(목적)
  개인정보보호 내부관리계획(이하 '본 계획' 또는 '내부관리계획'이라 한다)은 개인정보보호법 제29조(안전조치의무) 내부관리계획의 수립 및 시행 의무에 따라 제정된 것으로 임베스트가 취급하는 개인정보를 체계적으로 관리하여 개인정보가 분실, 도난, 누출, 변조, 훼손, 오남용 등이 되지 아니하도록 함을 목적으로 한다.

  제2조(적용범위)
  본 계획은 정보통신망을 통하여 수집, 이용, 제공 또는 관리되는 개인정보뿐만 아니라 서면 등 정보통신망 이외의 수단을 통해서 수집, 이용, 제공 또는 관리되는 개인정보 및 개인영상정보기기(CCTV)에 대해서도 적용되며, 이러한 개인정보를 취급하는 내부 직원 및 외부위탁업체에 대해 적용된다.

  제3조(용어 정의)
  본 계획에서 사용하는 용어의 정의는 다음 각 호와 같다.
  1. "개인정보"라 함은 생존하는 개인에 관한 정보로서 성명/주민등록번호 등에 의하여 특정한 개인을 알아볼 수 있는 부호/문자/음성/음향 및 영상 등의 정보(해당 정보만으로 특정 개인을 알아볼 수 없어도 다른 정보와 쉽게 결합하여 알아볼 수 있는 경우에는 그 정보를 포함한다)를 말한다.
  2. "개인정보보호책임자"라 함은 관할기관의 개인정보보호 업무 및 조직을 총괄하여 지휘·감독하는 자를 말한다.

3. "개인정보보호담당자"라 함은 개인정보보호책임자를 보좌하여 개인정보보호업무에 대한 실무를 총괄하고 관리하는 자를 말한다.
4. "개인정보 분야별책임자"라 함은 관할기관 각 부서의 개인정보 업무를 지휘·감독하는 자를 말한다.
5. "개인정보취급자"라 함은 관할기관 내에서 정보주체의 개인정보를 수집, 보관, 처리, 이용, 제공, 관리 또는 파기 등의 업무를 하는 자를 말한다.
6. "개인정보처리 시스템"이라 함은 개인정보를 처리할 수 있도록 체계적으로 구성한 데이터베이스시스템을 말한다.

제4조(내부관리계획의 수립 및 승인)

① 개인정보보호담당자는 개인정보보호를 위한 전반적인 사항을 포함하여 내부관리계획을 수립해야 한다.

② 개인정보보호담당자는 개인정보보호를 위한 내부관리계획의 수립 시 개인정보보호와 관련한 법령 및 관련 규정을 준수하도록 내부관리계획을 수립해야 한다.

③ 개인정보보호책임자는 개인정보보호담당자가 수립한 내부관리계획의 타당성을 검토하여 개인정보보호를 위한 내부관리계획을 승인해야 한다.

④ 개인정보보호담당자는 개인정보보호 관련 법령의 제·개정 사항 등을 반영하기 위하여 매년 11월말까지 내부관리계획의 타당성과 개정 필요성을 검토해야 한다.

⑤ 개인정보보호담당자는 모든 항목의 타당성을 검토한 후 개정할 필요가 있다고 판단되는 경우 12월말까지 내부관리계획의 개정안을 작성하여 개인정보보호책임자에게 보고하고 개인정보보호책임자의 승인을 받아야 한다.

제5조(내부관리계획의 공표)

① 개인정보보호책임자는 제4조에 따라 승인한 내부관리계획을 매년 1월말까지 공표한다.

② 내부관리계획은 직원이 언제든지 열람할 수 있는 방법으로 비치하여야 하며, 변경사항이 있는 경우에는 이를 공지해야 한다.

제6조(개인정보보호책임자의 지정)

① "개인정보보호법시행령 제32조 제2항의 마항"에 의하여 3급 이상의 공무원 또는 그에 상당하는 공무원을 개인정보보호책임자로 임명하며, 개인정보를 처리하는 부서의 장을 개인정보 분야별책임자로 임명한다.

4) 개인정보처리 시스템

개인정보처리 시스템은 개인정보를 처리할 수 있도록 체계적으로 구성한 데이터베이스 시스템을 말한다. 또한 이용자의 개인정보 보관, 처리를 위해 파일처리시스템 등으로 구성하는 경우 개인정보처리 시스템에 포함시킨다.

- 접속관리

  1. 개인정보처리 시스템에 대한 접속권한을 IP주소 등으로 제한하여 인가 받지 않는 접근을 제한
  2. 개인정보처리 시스템에 접속한 IP 등을 재분석하여 불법적인 개인정보 유출 시도를 탐지

5) 망분리

외부 인터넷망을 통한 불법적인 접근과 내부정보 유출을 차단하기 위해 업무망과 외부 인터넷망을 분리하는 망 차단조치를 말한다. 망분리 방법은 물리적 망분리와 논리적 망분리가 있다. 물리적 망분리는 통신망, 장비 등을 이원화하여 업무망과 외부 인터넷망의 접근 경로를 단절시키는 것을 말한다. 논리적 망분리는 물리적으로 하나의 통신망, 장비 등을 사용하지만 가상화 등의 방법으로 서로 접근할 수 없도록 분리하는 것이다.

6) 비밀번호

비밀번호는 이용자 및 개인정보취급자 등이 시스템 또는 정보통신망에 접속할 때 식별자와 함께 입력하여 정당한 접속 권한을 가진 자라는 것을 식별할 수 있도록 시스템에 전달해야 하는 고유의 문자열로서 타인에게 공개되지 않는 정보를 말한다.

- 비밀번호 작성규칙

  1. 다음 각 목의 문자 종류 중 2종류 이상을 조립하여 최소 10자리 이상 또는 3종류 이상을 조합하여 최소 8자리 이상의 길이로 구성
     - 가. 영문 대문자(26개)
     - 나. 영문 소문자(26개)
     - 다. 숫자(10개)
     - 라. 특수문자(32개)
  2. 연속적인 숫자나 생일, 전화번호 등 추측하기 쉬운 개인정보 및 아이디와 비슷한 비밀번호는 사용하지 않는 것을 권고
  3. 비밀번호에 유효기간을 설정하여 반기별 1회 이상 변경

7) 접속 기록

접속 기록은 이용자 또는 개인정보취급자 등이 개인정보처리 시스템에 접속하여 수행한 업무 내역에 대하여 식별자, 접속일시, 접속지를 알 수 있는 정보, 수행업무 등 접속한 사실을 전자적으로 기록한 것을 말한다.

- 접속 기록의 위·변조 방지

> 1. 개인정보처리 시스템에 접속한 기록을 월1회 이상 정기적으로 확인·감독하여야 하며, 시스템 이상 유·무의 확인 등을 위해 최소 6개월 이상 접속 기록을 보존·관리해야 한다.
> 2. 개인정보취급자의 접속 기록이 위·변조되지 않도록 별도의 물리적인 저장장치에 보관하여야 하며, 정기적인 백업을 수행해야 한다.

8) 바이오 정보

바이오 정보는 지문, 얼굴, 홍채, 정맥, 음성, 필적 등 개인을 식별할 수 있는 신체적 또는 행동적 특징에 관한 정보로서 그로부터 가공되거나 생성된 정보를 포함한다. 바이오 정보에 대한 암호화를 수행해야 한다.

9) 공유 설정

공유 설정이라 함은 컴퓨터 소유자의 파일을 타인이 조회, 변경, 복사 등을 할 수 있도록 설정하는 것을 말한다. 윈도우에서 공유 설정을 제한해야 한다.

10) 보안서버

보안서버라 함은 정보통신망에서 송·수신하는 정보를 암호화하여 전송하는 서버를 말한다.

- 개인정보 암호화

> 1. 웹서버에 SSL(Secure Socket Layer) 인증서를 설치하여 전송하는 정보를 암호화하여 송·수신하는 기능
> 2. 웹서버에 암호화 응용프로그램을 설치하여 전송하는 정보를 암호화하여 송·수신하는 기능

※ 보안강도는 해시함수 128비트 이상으로 암호화 및 대칭키 암호화 128비트 이상의 키를 사용해야 함

11) 출력 및 복사 시 보호 조치

개인정보처리 시스템에서 개인정보의 출력 시(인쇄, 화면표시, 파일생성 등) 용도를 특정하여야 하며, 용도에 따라 출력 항목을 최소화 한다. 또한 개인정보가 포함된 종이 인쇄물, 개인정보가 복사된 외부 저장매체 등 개인정보의 출력, 복사물을 안전하게 관리하기 위한 출력, 복사 기록 등 필요한 보호 조치를 수행해야 한다.

12) 악성 프로그램 방지

백신 소프트웨어를 월1회 이상 주기적으로 갱신, 점검하고 악성 프로그램 관련 정보가 발령된 경우 및 백신 소프트웨어 또는 운영체제 제작업체에서 업데이트 공지가 있는 경우에는 응용 프로그램과 정합성을 고려하여 최신 소프트웨어로 갱신, 점검해야 한다.

13) 개인정보 표시제한 보호 조치

개인정보 업무처리를 목적으로 개인정보의 조회, 출력 등의 업무를 수행하는 과정에서 개인정보보호를 위하여 개인정보를 마스킹하여 표시제한 조치를 취하는 경우에는 다음의 원칙으로 적용할 수 있다.

- 개인정보 표시제한

1. 성명 중 이름의 첫 번째 글자 이상
2. 생년월일
3. 전화번호 또는 휴대폰 전화번호의 국번
4. 주소의 읍, 면, 동
5. 인터넷 주소는 버전4의 경우 17~24비트 영역, 버전6의 경우 113~128비트 영역

성명	홍*동	생년월일	****년 *월 *일
전화번호	02-****-1234	핸드폰	010-****-1234
주소	서울 종로구 ***동 12-3	접속지 IP	123.123.***.123

Information Security Managemant System

CHAPTER 2 취약점 점검 가이드

정보보호 정책은 가장 원론적인 정보보호의 목적, 범위, 정보보안 활동 등을 정의하며, 지침은 정보보호 정책의 원칙을 구체적으로 이행하기 위해서 수행해야 하는 활동을 정의한다. 정보보호 관리체계의 통제 항목 중에서 기술적 통제 항목 위배를 식별하기 위해서 반드시 취약점 점검 방법을 학습해야 한다.

1 PC 점검 가이드

업무용 PC에서 윈도우 XP 사용은 전면 금지한다. 즉, XP는 더 이상 마이크로소프트사에서 패치(Patch)를 하지 않기 때문에 보안 취약점이 발생해도 그것에 대한 패치(Patch)가 없다. 따라서 XP를 사용한다는 것은 보안 취약점을 인정한다는 것과 같은 의미가 된다. 또한 윈도우 시스템 보안점검 전에 반드시 백신설치 여부를 확인해야 하며, 백신이 설치되어 있으면 백신 업데이트가 언제 이루어지는지 확인해야 한다.

① NTFS 파일 시스템 설정

항목번호	01	위험도	중	해당 OS	Window 7/8/10
취약점	윈도우에서 지원하는 NTFS(NT File System)는 기존의 FAT(File Allocation Table)에 없는 보안기능을 제공한다. 즉, 파일에 대한 감사 및 소유권 설정, 접근제어목록, 암호화 등을 제어하려면 NTFS이어야 한다.					
점검 방법	![로컬 디스크 (C:) 속성 창]					
권고사항	사용자 파일시스템이 FAT로 설정되어 있다면, cmd.exe에서 convert d:/fs:ntfs를 입력하고 엔터를 치면 NTFS로 파일 시스템이 변경된다. 단, FAT에서 NTFS로 변경은 가능하지만 NTFS에서 FAT로 변경할 수는 없다. 만약에 독점적(Exclusive) 접근을 할 수 없기 때문에 지금 변경할 수 없다는 메시지가 나오면 'Y'를 입력하고 재부팅하면 D 드라이브가 NTFS로 변경된다.					

② Everyone 권한 제거

항목번호	02	위험도	중	해당 OS	Window 7/8/10
취약점	사용자 계정에 대한 홈 디렉터리 및 관련 파일에 Everyone 권한이 부여되어 있으면 누구나 해당 디렉터리와 파일에 접근이 가능하므로 Everyone 권한을 제거해야 한다.					
점검 방법	1) 해당 폴더에서 속성 확인 2) 고급 공유 확인 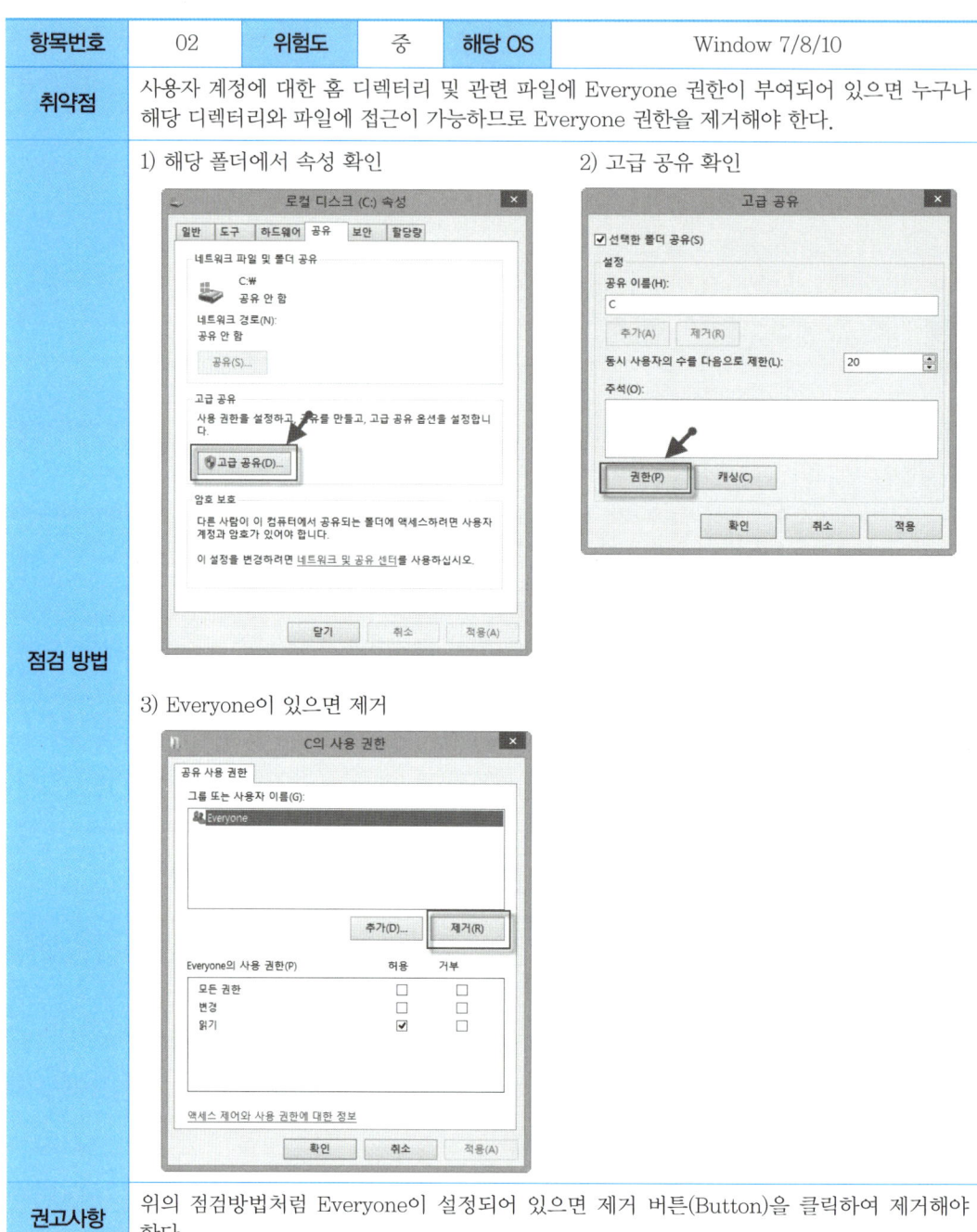 3) Everyone이 있으면 제거					
권고사항	위의 점검방법처럼 Everyone이 설정되어 있으면 제거 버튼(Button)을 클릭하여 제거해야 한다.					

③ 불필요한 ODBC 데이터 소스 제거

항목번호	04	위험도	하	해당 OS	Window 7/8/10
취약점	ODBC는 네트워크를 통해서 데이터베이스에 연결할 수 있는 방법을 제공하는 드라이버(Driver)이다. 즉, 사용자 PC에서 ODBC를 통해서 직접 데이터베이스(Database)에 접근할 필요가 없으면 ODBC 드라이버를 제거해야 한다. ODBC를 사용해서 임의의 명령어 실행, 임의의 파일 수정, 시스템 관리자 권한 획득이 가능하다.					
점검 방법	제어판 관리도구에서 ODBC 드라이버가 설치되어 있는지 확인해야 한다. 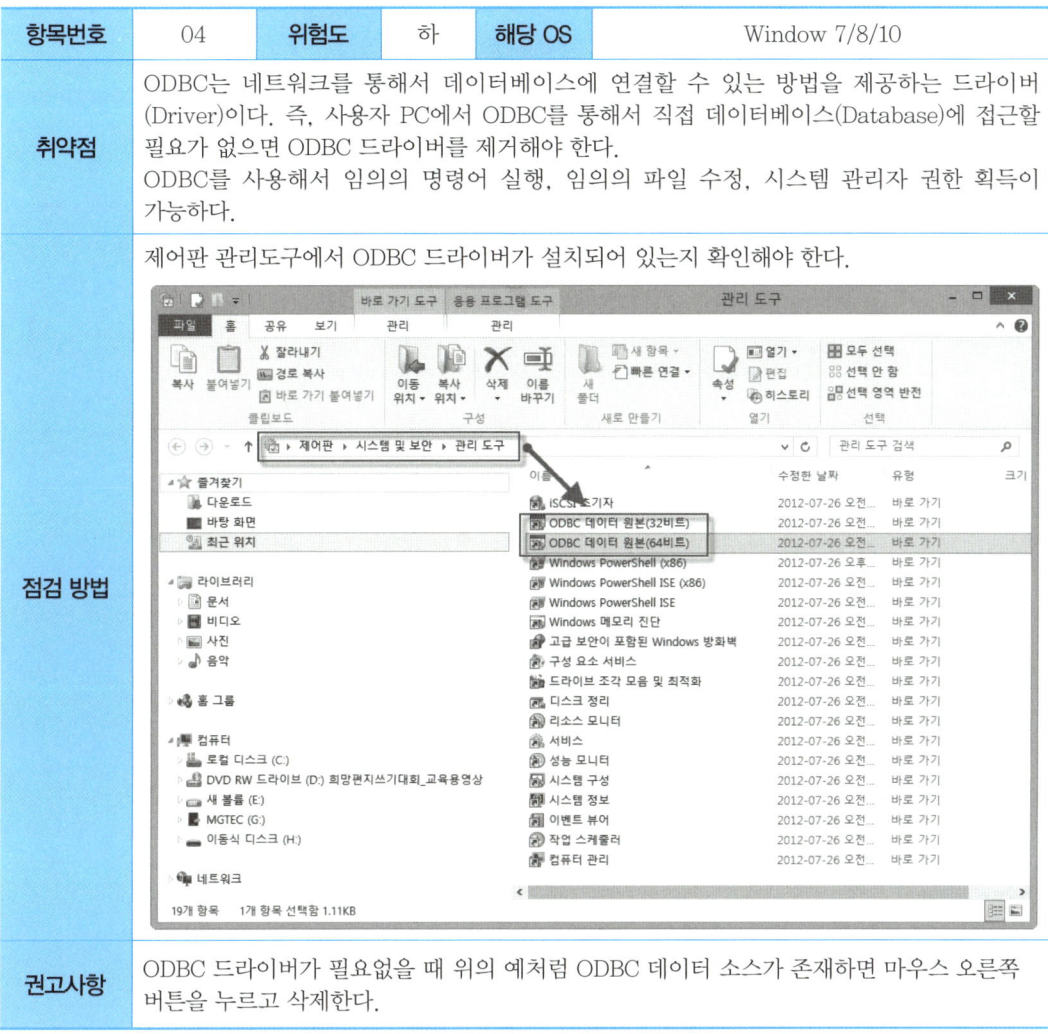					
권고사항	ODBC 드라이버가 필요없을 때 위의 예처럼 ODBC 데이터 소스가 존재하면 마우스 오른쪽 버튼을 누르고 삭제한다.					

★★★
④ 하드디스크 기본 공유 제거

항목번호	05	위험도	상	해당 OS	Window 7/8/10
취약점	윈도우 운영체제(Window Operating System)를 설치(Install)하면 기본공유 폴더가 생성된다. 하지만 공유폴더를 통해서 접근하는 취약점이 존재하므로 공유폴더를 확인하여 제거한다. 공유폴더 접근으로 임의적 명령 실행, 파일 수정, 시스템 관리자 권한 획득 등의 문제점이 발생할 수가 있다.					

점검 방법

1) 명령 프롬프트로 공유 폴더를 확인

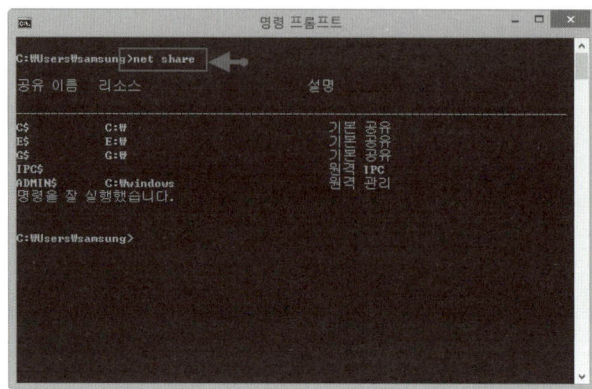

2) 컴퓨터 관리로 공유폴더 확인

권고사항	1) 공유폴더 제거는 C$, E$와 같은 기본 공유폴더를 제외함(IPC$, 일반공유 제외)
	   – 명령 프롬프트에서 net share "공유폴더명" /delete
	2) 윈도우 레지스트리에서 공유폴더 완전 제거
	   – HKEY_LOCAL_MANCHINE₩SYSTEM₩CurrentControlSet₩Services₩LanmanServer₩Parameters에서 마우스 오른쪽 버튼을 누르고 AutoShareWKs와 AutoShareServer를 추가(DWORD(32))하고 0 값을 넣음
	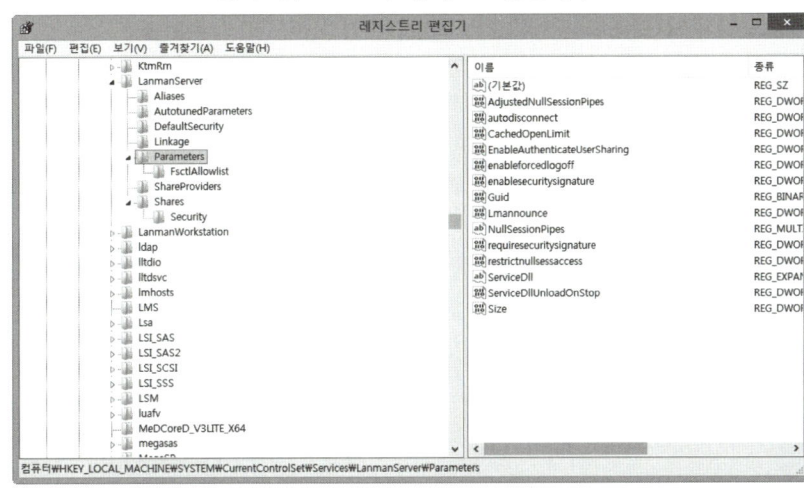

⑤ 불필요한 서비스 제거

항목번호	06	위험도	상	해당 OS	Window 7/8/10
취약점	윈도우에서 서비스(Service)는 유닉스에서의 데몬 프로세스(Daemon Process)와 비슷한 프로세스이다. 즉, 화면이 없고 기동되어 있다가 요청이 오면 바로 처리를 수행하는 백그라운드 프로세스이다. 그러므로 불필요한 서비스를 정지 혹은 제거함으로써 임의적 명령 실행, 파일 수정, 시스템 관리자 권한 획득 등의 문제점을 제거할 수가 있다.					
점검 방법	불필요한 서비스(Alerter, Clipbook, Messenger, Simple TCP/IP Services 등) 사용하지 않을 경우 • 윈도우 서비스 확인(1)					

- 윈도우 서비스 확인(2)

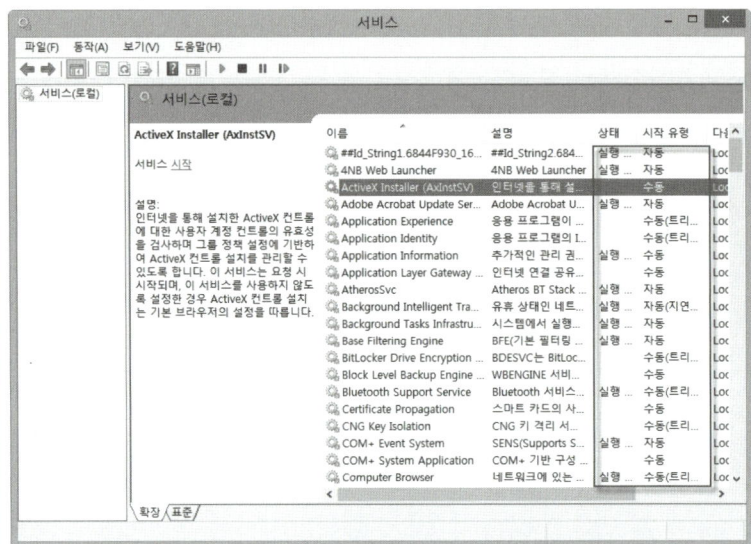

각 서비스마다 옵션을 설정할 수 있으며 해당 서비스를 선택하고 더블클릭하게 되면 시작 유형을 선택할 수 있으며, 시작 시 로그온 계정을 별도로 설정할 수 있음. 만약, 시스템 시작 시 자동으로 시작하게 하려면 [자동], 수동으로 서비스를 시작하려면 [수동], 서비스 자체를 사용하지 않으려면 [사용안함]을 선택한 후 [확인]을 클릭.

권고사항	1) 일반적으로 불필요한 서비스 - Alerter - Clipbook - Computer Browser - DHCP Client - FTP Publishing Service - Internet Connection Sharing Service - Indexing Service - Infared Monitor Service - Messenger - NetLogon - Network DDE - Network DDE DSDM - NetMeeting Remote Desktop Sharing Service - Print spooler - Remote Registry Service - Routing and Remote Access Service - Simple TCP/IP Service - SMTP Service - Task Scheduler Service - TCPIP NetBIOS Helper - Terminal Service - Telnet Service - Windows Media Services

2) 윈도우를 위한 최소한의 서비스
- Logical Logging Manager
- Network Connections
- NTLM Security Support Provider
- Plug and Play
- Server
- Workstation
- Removeable Strage
- Security Accounts Manager
- Windows Management Instrumentation
- Windows Management Instrumentation driver extensions
- WMDM PMSP Service
- Application Management

3) 서비스 시작 유형

서비스 시작 유형	설명
자동	설치되어 있으나 실행되지 않음
수동	다른 서비스나 응용프로그램에서 해당 기능을 필요로 할 때만 시작됨
사용안함	부팅 시에 해당 장치 드라이버가 로드된 후에 운영체제에 의해 시작됨

⑥ 원격연결 제한

항목번호	07	위험도	상	해당 OS	Window 7/8/10
취약점	윈도우의 장점이면서 단점인 네트워크를 통해서 원격으로 사용자 컴퓨터를 제어할 수 있다. 원격제어는 악성코드 배포 및 DDoS 공격과 같은 취약점이 존재하므로 원격관리 기능을 사용하지 않으면 제거한다.					
점검 방법	1) 제어판에서 시스템 확인 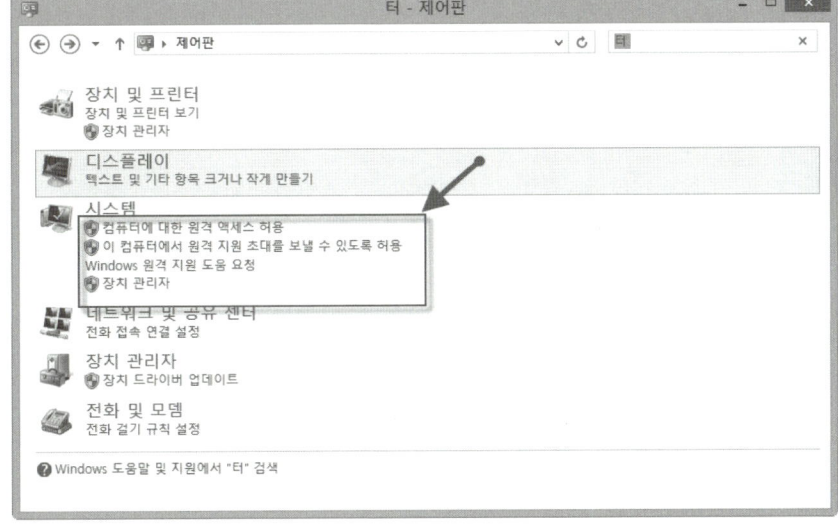					

	2) 원격접속 여부 확인 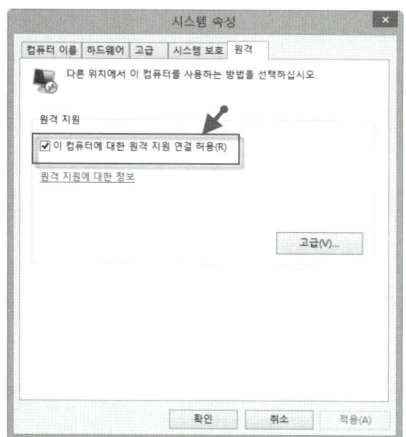				
권고사항	위의 화면에서 원격지원 연결 허용을 제거한다.				

⑦ 이벤트 로그 설정 ★★

항목번호	08	위험도	상	해당 OS	Window 7/8/10
취약점	윈도우 운영체제에서 발생하는 모든 활동은 이벤트 로그 관리를 통해서 기록된다. 이벤트 로그는 최대 10Mbytes 이상으로 설정해야 한다. 즉, 이벤트 로그는 용량 임계치에 달하며 이벤트 겹쳐쓰기를 하므로 용량 사이즈를 늘리고 "이벤트 겹쳐 쓰지 않음"을 설정하여 책임추적성을 확보할 수 있게 해야 한다. 이를 통해서 불법적인 접근자를 확인 및 추적할 수 있다.				
점검 방법	1) 제어판에서 이벤트 뷰어 확인 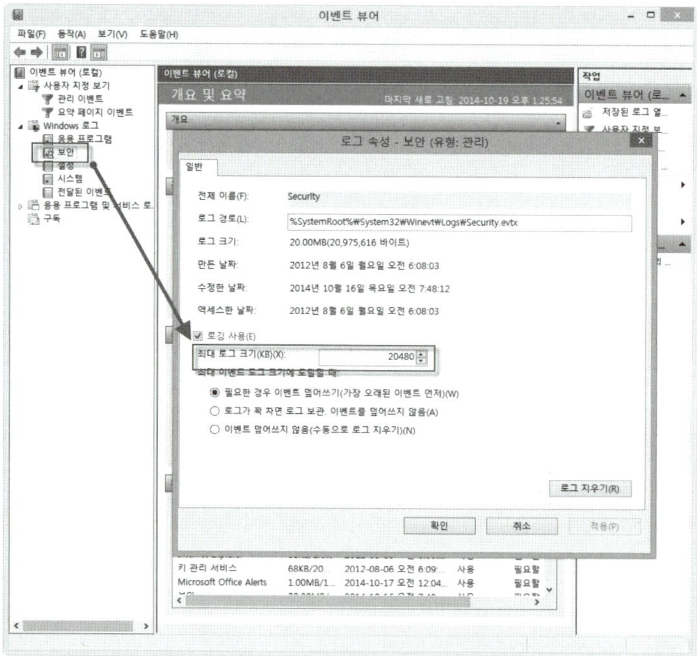				
권고사항	최소 로그 크기를 10240KB 이상으로 설정해야 한다.				

⑧ 시스템 잠김 기능 설정

항목번호	09	위험도	상	해당 OS	Window 7/8/10
취약점	사용자가 컴퓨터를 사용 중에 일정한 시간 동안 자리를 비우면 자동으로 로그오프 하거나 잠김 설정이 실행되게 하여 정보유출 가능성을 최소화 해야 한다.					
점검 방법	1) 화면 보호기 설정 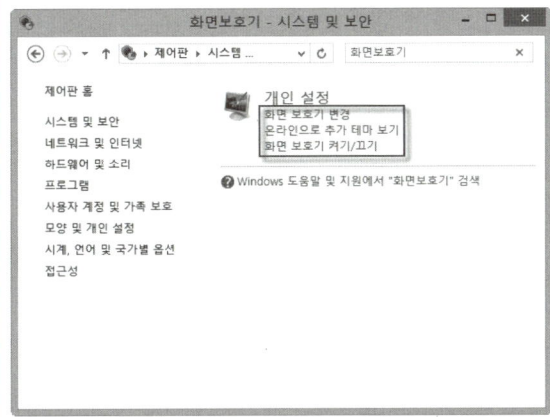 2) 대기시간 5분으로 설정 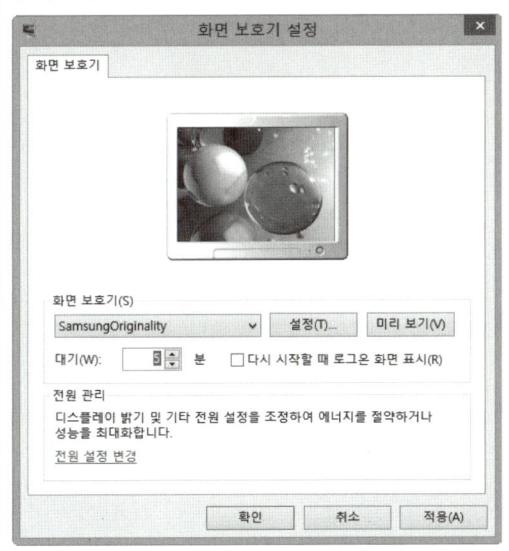					
권고사항	화면보호기를 사용하고 대기시간을 5분으로 설정한다. 또한 다시 시작할 때 로그온 화면 표시를 체크하여 암호를 입력하게 한다.					

⑨ 윈도우 방화벽 사용

항목번호	10	위험도	상	해당 OS	Window 7/8/10
취약점	윈도우 방화벽(Firewall)은 인바운드(Inbound)와 아웃바운드(Outbound) 패킷(Packet)을 필터링하여 시스템의 보안성을 향상시킨다. 인바운드라는 것은 외부에서 내부로 유입되는 패킷이고 아웃바운드는 내부에서 외부로 전송되는 패킷이다.				
점검 방법	1) 제어판, 관리자도구, 윈도우 방화벽 설정 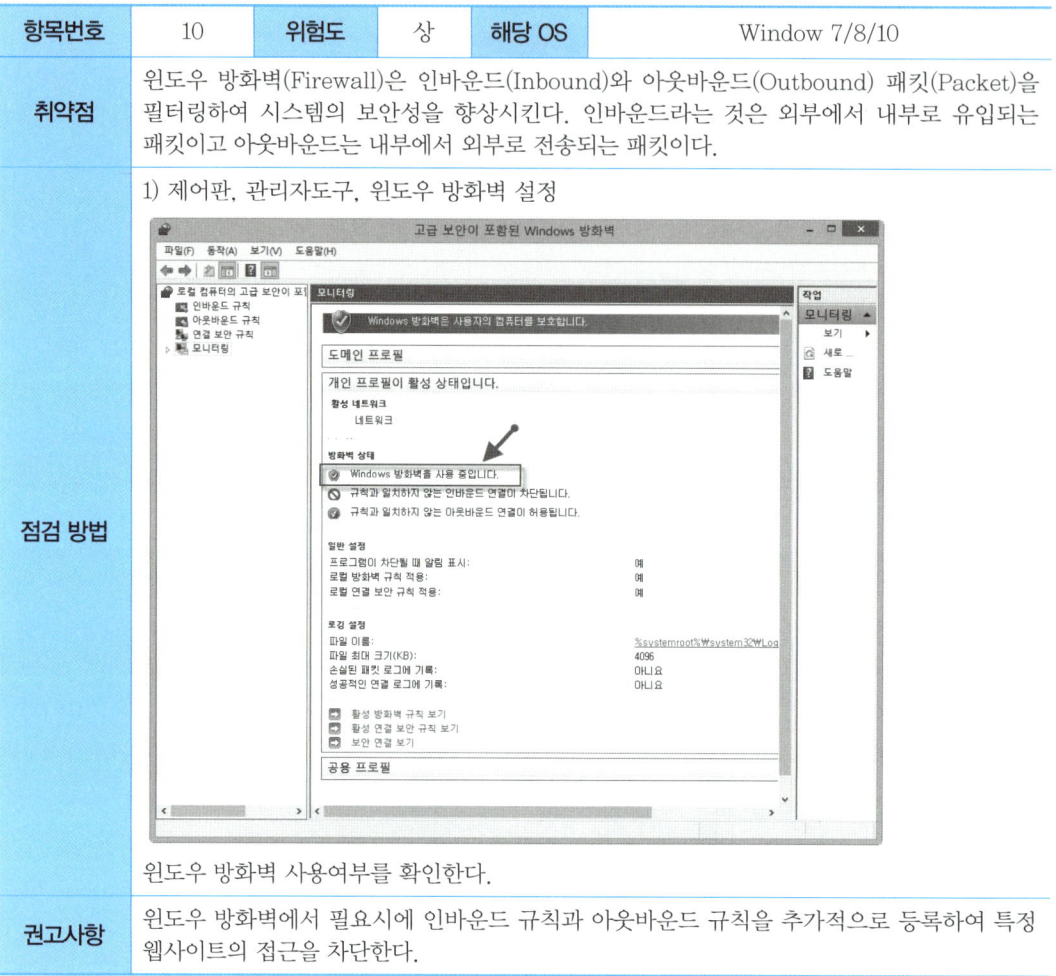 윈도우 방화벽 사용여부를 확인한다.				
권고사항	윈도우 방화벽에서 필요시에 인바운드 규칙과 아웃바운드 규칙을 추가적으로 등록하여 특정 웹사이트의 접근을 차단한다.				

⑩ ★ 윈도우 자동 업데이트

항목번호	11	위험도	상	해당 OS	Window 7/8/10
취약점	Zero day 공격은 소프트웨어 배포 이후에 발생한 취약점을 이용한 공격으로 패치(Patch) 전의 보안 약점을 이용한 공격이다. 그러므로 자동 패치를 설정함으로써 이를 어느정도 예방할 수가 있다.				

점검 방법	1) 윈도우 자동 업데이트가 설정되어 있는지 확인한다. 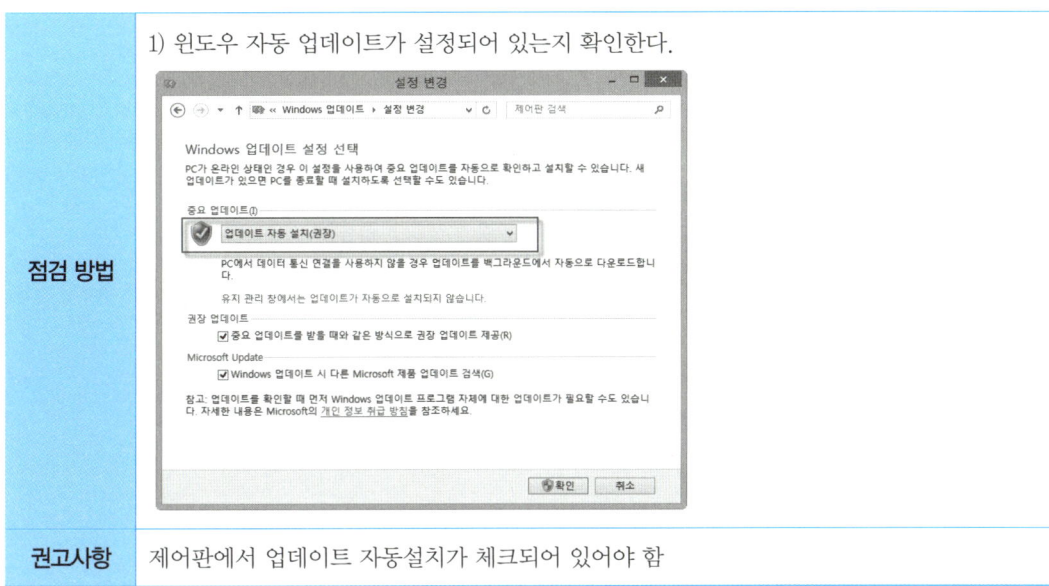
권고사항	제어판에서 업데이트 자동설치가 체크되어 있어야 함

⑪ 계정 이름 변경과 Guest User 제한

항목번호	12	위험도	상	해당 OS	Window 7/8/10
취약점	윈도우 운영체제를 설치하면 기본적으로 Administrator와 Guest 사용자 ID가 만들어진다. Administrator 계정 ID를 사용자 ID로 변경하고 Guest 사용자 ID를 삭제하여 계정을 보호해야 한다.					
점검 방법	1) Administrator 계정명이 사용자 ID로 변경되었는지 확인 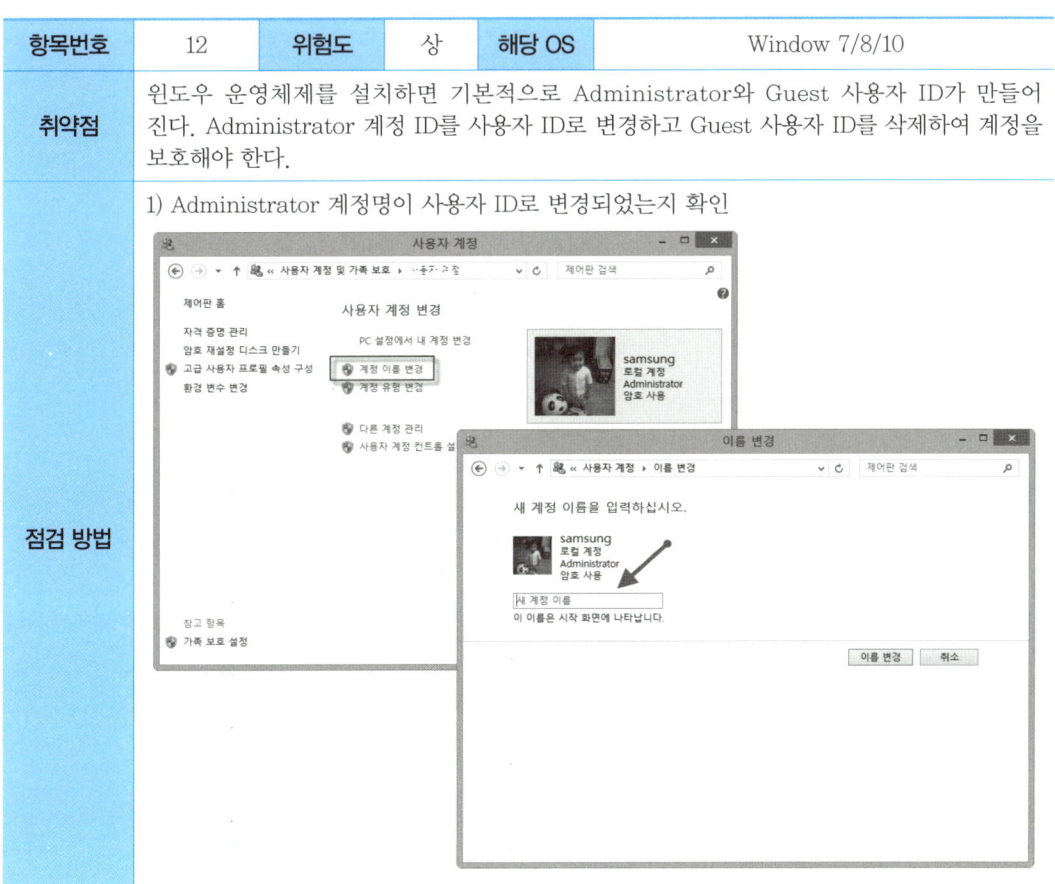					

2) Guest 사용자 제한이 설정되어야 함

권고사항	계정 이름을 사용자 ID로 변경하고 Guest User에 대해서 사용을 제한한다.

⑫ 비밀번호 길이 제한 및 변경 ★★

항목번호	13	위험도	상	해당 OS	Window 7/8/10
취약점	사용자 패스워드 관리는 개인정보의 기술적, 관리적 보호 조치를 준수하여 3가지 조합으로는 8자 이상, 2가지 조합으로는 10자 이상의 규칙을 준수하고 패스워드를 3개월에서 6개월마다 변경하도록 해야 한다.					
점검 방법	1) 사용자 비밀번호는 3가지 이상(영문 대문자, 영문 소문자, 숫자, 특수문자를 사용해서 8자 이상 혹은 2가지 이상 조합 10자로 비밀번호를 설정 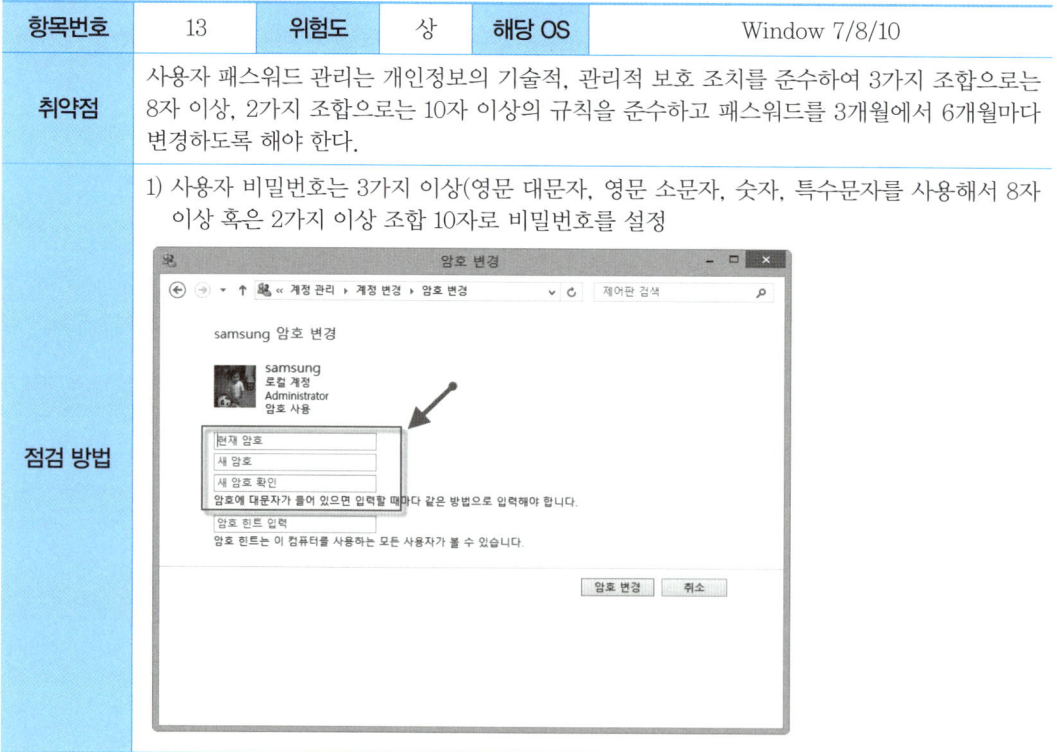					

	2) 비밀번호 변경 날짜 확인(3개월에 한 번씩은 변경되어야 함) 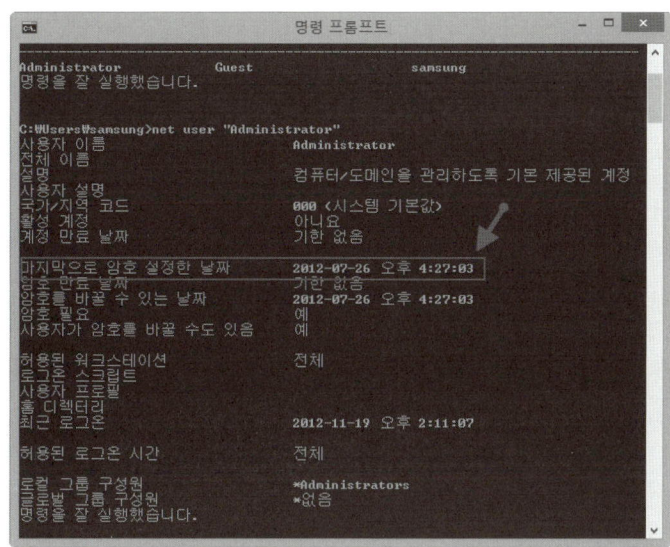 암호 사용기간 제한 컴퓨터 관리에서 로컬 사용자 및 그룹, 사용자, 속성에서 "암호 사용기간 제한 없음" 체크를 제거한다.

권고사항	비밀번호의 사용기한을 최대 3개월까지로 제한한다. 그래서 비밀번호 변경여부를 확인한다. 또한 Administrator 계정명을 사용자 아이디로 변경한다.
	1) "암호는 복잡성을 만족해야 함"을 선택하여 사용하게 되면 다음과 같은 사항으로 패스워드를 설정해야 한다.
	2) 사용자 계정 이름의 전부 또는 일부를 포함하지 않아야 한다.
	3) 최소 8자리 이상의 문자
	4) 다음 네 범주 중 세 범주의 문자를 포함한다.
	  ① 영어 대문자(A-Z)
	  ② 영어 소문자(a-z)
	  ③ 기본 숫자(0-9)
	  ④ 기호(특수) 문자(예 !, $, #, %)

⑬ 시스템 파일과 폴더 보호

항목번호	14	위험도	상	해당 OS	Window 7/8/10

취약점	윈도우 운영체제 구성 및 관리를 위한 핵심 폴더는 c:\Windows 폴더이다. 본 폴더에 임의적 사용자가 접근하여 변경할 수 있다면 시스템 사용에 문제를 발생시킬 수가 있다. 그러므로 윈도우 시스템이 관리하는 시스템 폴더에 대해서는 최소한의 접근권한을 부여해야 하며 관리자만 사용하게 해야 한다. 접근권한의 설정은 해당 폴더에서 마우스 오른쪽 버튼을 누르고 속성을 선택한 후에 보안 탭(Tab)을 클릭해서 설정할 수 있다.

점검 방법	1) 폴더에 대한 접근제어: 해당 폴더에서 마우스 오른쪽 버튼을 눌러 속성 확인  2) 접근제어관리

Directory or File \ Authority	Administ-rators	CREATOR OWNER	Everyone	System
\Windows	모든권한	모든권한	읽기	모든권한
\Windows\System	모든권한	모든권한	읽기	모든권한
\Windows\System32	모든권한	모든권한	읽기	모든권한
\Windows\System32\Drivers	모든권한	모든권한	읽기	모든권한
\Windows\System32\RAS	본 디렉터리는 삭제한다.			
\Windows\System32\Spool	모든권한	모든권한	읽기	모든권한
\Autoexec.bat	모든권한	-	읽기	모든권한

권고사항	시스템 폴더에 대한 최소한의 권한을 설정한다.

⑭ CMOS 패스워드 설정

항목번호	15	위험도	상	해당 OS	Window 7/8/10
취약점	CMOS는 시스템 하드웨어를 설정할 수 있는 것으로 PROM(Programmable Read Only Memory)에 기억되어 있는 정보이다. COMS의 설정을 변경하면 시스템 부팅 순서를 변경할 수 있고, 이것을 통해서 CD-ROM 및 USB로 부팅 후에 윈도우 시스템을 조작할 수 있게 된다. 따라서 CMOS에 패스워드를 설정하여 임의의 사용자가 부팅할 수 없도록 해야 한다.					
점검 방법	윈도우 부팅 시에 [F12]를 눌러서 CMOS로 접근하고 패스워드를 설정한다.					
권고사항	비밀번호의 사용기한을 최대 3개월까지로 제한한다. 그래서 비밀번호 변경여부를 확인한다.					

⑮ 시스템 날짜와 시간

항목번호	16	위험도	하	해당 OS	Window 7/8/10
취약점	침해사고 발생 시에 침해사고의 추적성 확보를 위해서 윈도우 시스템의 날짜와 시각을 정확하게 설정해야 한다. 때로는 NTP(Network Time Protocol)로 연계하여 시스템의 시작으로 실시간으로 설정할 수도 있다.					
점검 방법	날짜와 시간을 확인 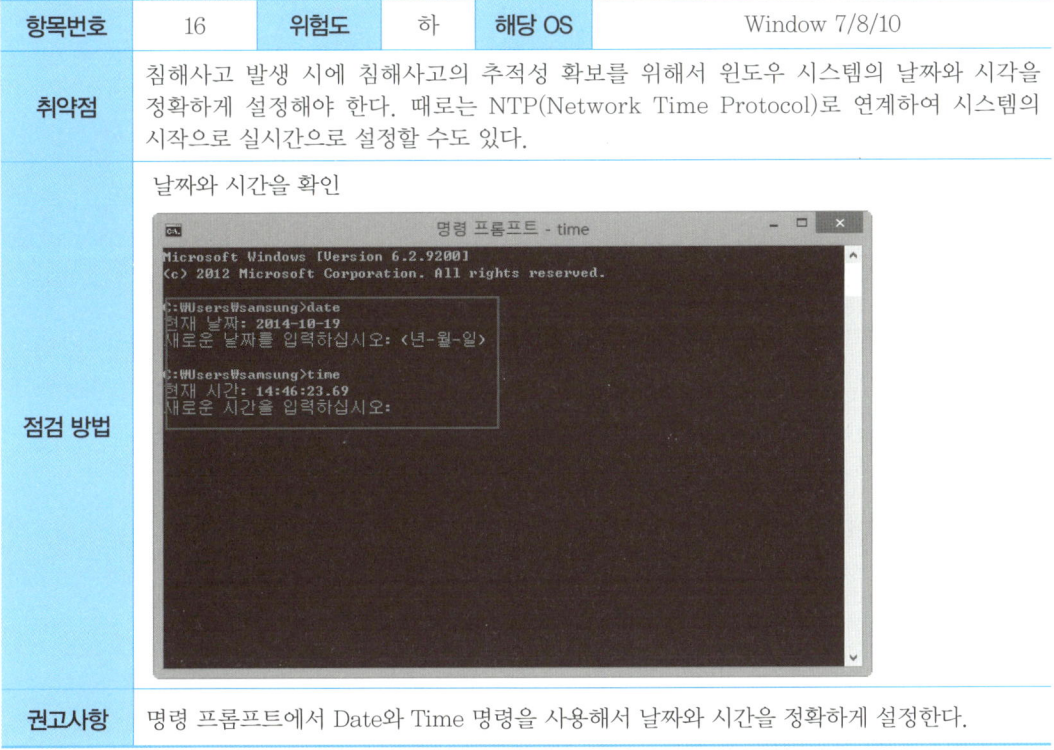					
권고사항	명령 프롬프트에서 Date와 Time 명령을 사용해서 날짜와 시간을 정확하게 설정한다.					

⑯ 익명 로그인 비활성화

항목번호	17	위험도	중	해당 OS	Window 7/8/10
취약점	널 세션(Null Session)이라는 것은 인증과정 없이 특정 포트로 접근하면 연결해주는 것이다. 그러므로 인증받지 않은 사용자가 컴퓨터에 접근하는 것을 차단하기 위해서 널 세션을 차단해야 한다. 널 세션을 차단하지 않으면 원격에서 사용자 컴퓨터의 권한 획득이 가능하여 DDoS 공격 대상이 될 수 있다.					
점검 방법	• 익명 로그인 확인 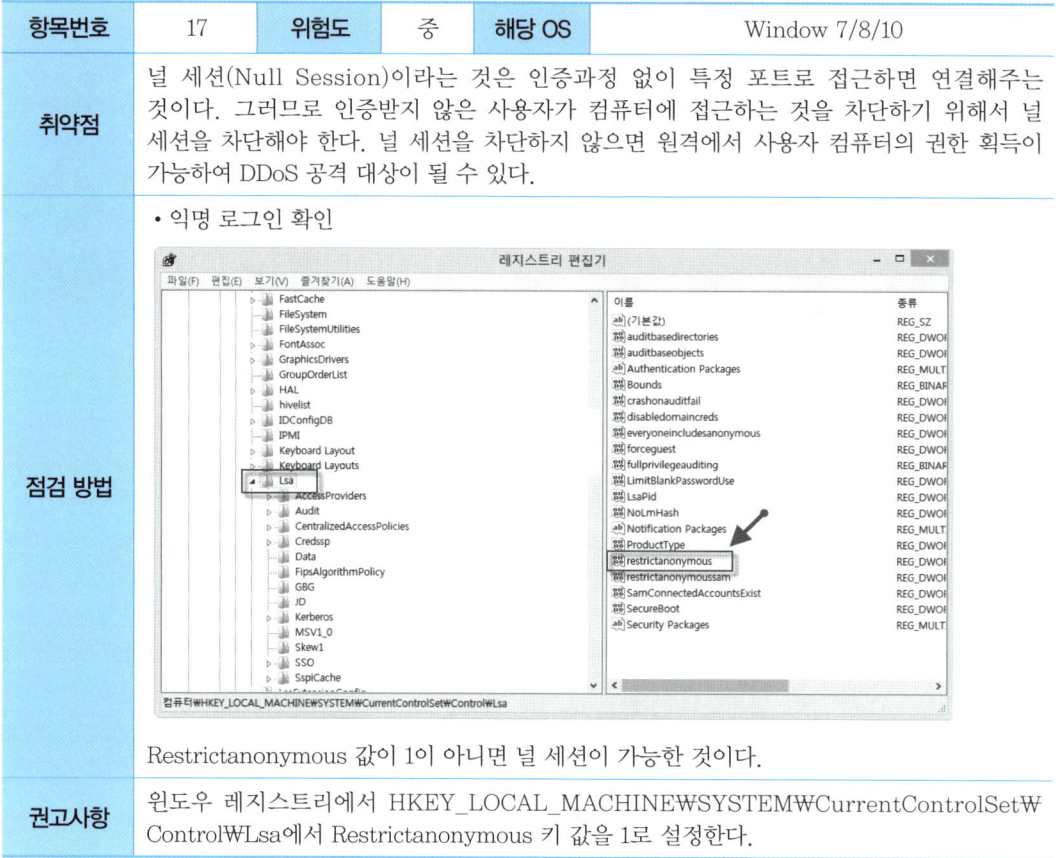 Restrictanonymous 값이 1이 아니면 널 세션이 가능한 것이다.					
권고사항	윈도우 레지스트리에서 HKEY_LOCAL_MACHINE\SYSTEM\CurrentControlSet\Control\Lsa에서 Restrictanonymous 키 값을 1로 설정한다.					

⑰ 시스템 실행 명령어 권한 설정 ★★

항목번호	18	위험도	하	해당 OS	Window 7/8/10
취약점	cmd.exe는 윈도우 시스템의 시스템 명령어를 실행할 수 있다. 그러므로 Administrator만 실행할 수 있도록 권한을 제한한다.					

점검 방법	• cmd.exe에서 속성 값을 확인 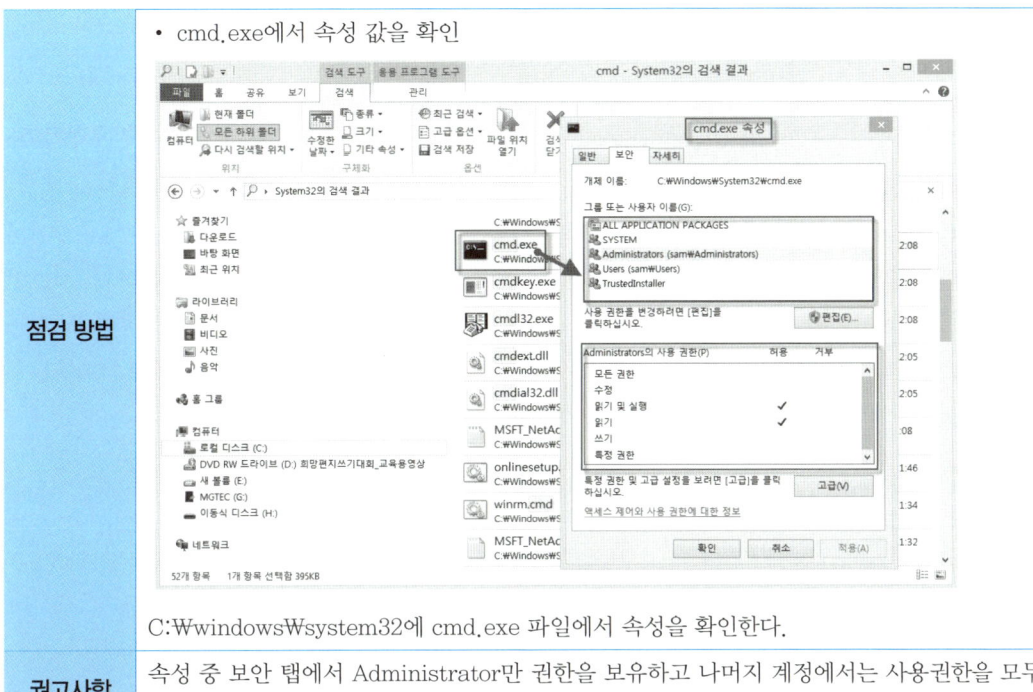 C:\windows\system32에 cmd.exe 파일에서 속성을 확인한다.
권고사항	속성 중 보안 탭에서 Administrator만 권한을 보유하고 나머지 계정에서는 사용권한을 모두 제거한다.

⑱ 원격 터미널 포트 변경

항목번호	19	위험도	하	해당 OS	Window 7/8/10
취약점	업무상 원격 터미널을 사용하는 경우 알려진 포트번호인 3389 포트를 사용하지 말고 임의적 포트를 지정해서 사용해야 한다. 물론 포트(Port) 번호 변경만으로는 별다는 효과는 없다. 그것은 NMAP와 같은 포트 스캔 도구를 사용하면 윈도우 시스템에서 열려 있는 포트를 모두 알 수가 있다. 하지만, 기본적인 취약점을 모두 점검해서 제거한다면 윈도우 시스템의 안전성은 향상 될 것이다.					
점검 방법	• 원격 접속 포트번호 확인 HKEY_LOCAL_MACHINE\SYSTEM\CurrentControlSet\Control\TerminalServer\Wds\rdpwd\Tds\tcp에서 해당 PortNumber가 3389로 되어 있으면 변경한다.					

| 권고사항 | 레지스트리 수정모드에서 10진수를 선택한 후 해당 포트번호를 입력하고 리부팅한다. |

지금까지 윈도우 운영체제(Window Operating System)의 취약점 점검 방법에 대해서 알아보았다. 현재 제시된 취약점 이외에도 더 많은 취약점이 존재하고 있다. 특히 윈도우 운영체제의 가장 큰 장점인 Plug & Play 기능을 활용하여 악성 USB를 통한 악성코드 감염이 지속적으로 문제가 되고 있다. 그러므로 윈도우 운영체제에서 USB 사용을 제한하거나 보안 USB를 사용하는 식의 기술적·관리적 보호 조치가 필요하다. USB에 대한 기술적 보호는 DLP(Data Loss Prevention) 솔루션을 사용하여 할 수가 있다.

2 Unix(Linux) 점검 가이드

1) 계정관리

① 로그인 ★★★

분류	계정관리	보안항목	계정 권한
대상 OS	UNIX/LINUX	중요도	중
내용 및 적용방법			

운영체제에서 사용하지 않은 기본(Default) 계정을 파악하여 불필요한 계정을 삭제해야 한다. 즉, 계정 중에 로그인이 필요하지 않은 것은 로그인 금지를 시켜야 한다.

운영체제 및 패치 설치는 기본적으로 설치되는 계정을 파악해야 하며, 기본 패스워드가 설정된 경우는 이를 변경하거나 해당 계정을 삭제해야 한다.

- /etc/passwd 파일에 lp, uucp, nuucp 계정이 모두 존재하지 않으면 양호

• 패스워드 파일의 구조
root : x : 0 : 0 : root : /root : /bin/bash
 (1)   (2) (3) (4) (5)   (6)   (7)

(1) Login Name: 사용자 계정을 의미한다.
(2) Password: 사용자 암호가 들어갈 자리이나, x로 되어 있으면 /etc/shadow 파일에 패스워드가 저장된다.
(3) User ID: 사용자 ID를 의미하며, root의 경우 0이 된다.
(4) User Group ID: 사용자가 속한 그룹 ID를 의미하며, root 그룹의 경우 0이다.
(5) Comments: 사용자의 코멘트 정보를 적는 곳이다.
(6) Home Directory: 사용자의 홈 디렉터리를 지정한다.
(7) Shell: 사용자가 기본으로 사용하는 셸 종류가 지정된다.

② Root 계정

분류	설정	보안항목	Root 계정의 UID관리
대상 OS	UNIX/LINUX	중요도	중
내용 및 적용방법			

root 계정 및 의심스러운 모든 계정과 디렉터리, 파일을 확인하여 불필요한 계정, 디렉터리, 파일은 삭제되어야 한다.
- root 권한을 가진 일반 계정이 존재하는지 확인
- UID와 같은 다른 사용자를 확인해야 함. 즉, UID가 중복되면 사용자 권한이 중복되는 것이고, 사용자 추적이 어려운 문제가 있음
- UID 값 0은 오직 root만 가지고 있어야 하고, 다른 계정이 UID 0을 가지고 있는지 확인
- 시스템 계정(daemon, bin, adm, uucp, nuucp, lp 등)은 제외

(확인 방법)
root 계정만이 UID가 0이면 양호

root:x:0:0:root:/root:/bin/bash
bin:x:1:1:bin:/bin:/sbin/nologin
daemon:x:2:2:daemon:/sbin:/sbin/nologin
adm:x:3:4:adm:/var/adm:/sbin/nologin
lp:x:4:7:lp:/var/spool/lpd:/sbin/nologin
sync:x:5:0:sync:/sbin:/bin/sync
shutdown:x:6:0:shutdown:/sbin:/sbin/shutdown
halt:x:7:0:halt:/sbin:/sbin/halt
mail:x:8:12:mail:/var/spool/mail:/sbin/nologin
uucp:x:10:14:uucp:/var/spool/uucp:/sbin/nologin
operator:x:11:0:operator:/root:/sbin/nologin
games:x:12:100:games:/usr/games:/sbin/nologin
gopher:x:13:30:gopher:/var/gopher:/sbin/nologin
nobody:x:99:99:Nobody:/:/sbin/nologin
vcsa:x:69:69:virtual console memory owner:/dev:/sbin/nologin
saslauth:x:499:76:"Saslauthd user":/var/empty/saslauth:/sbin/nologin
postfix:x:89:89::/var/spool/postfix:/sbin/nologin
sshd:x:74:74:Privilege-separated SSH:/var/empty/sshd:/sbin/nologin
dbus:x:81:81:System message bus:/:/sbin/nologin
avahi:x:70:70:Avahi mDNS/DNS-SD Stack:/var/run/avahi-daemon:/sbin/nologin
haldaemon:x:68:68:HAL daemon:/:/sbin/nologin

위의 예에서 UID가 0은 root만 존재함.

③ 패스워드 파일

분류	계정관리	보안항목	Group 파일 권한 확인
대상 OS	UNIX/LINUX	중요도	중
내용 및 적용방법			

그룹(/etc/group) 파일을 일반 사용자가 변경하면, 권한이 없는 사용자를 root 그룹에 등록시켜 root 권한을 획득할 수 있으므로 그룹 파일은 일반 사용자가 수정할 수 없도록 제한해야 한다.

/etc/group 파일의 권한을 root 소유의 "644"로 설정하면 같은 그룹에 있는 사용자와 다른 사용자는 읽을 수는 있지만 쓰기 권한이 없게 된다.

(확인 방법)
/etc/passwd 파일의 권한이 444 또는 644이면 양호
-rw-r--r-- 1 root root 1710 aug 16 15:10 /etc/passwd

④ 패스워드 길이 관리 ★★

분류	계정관리	보안항목	Password 최소 길이 설정
대상 OS	UNIX/LINUX	중요도	중
내용 및 적용방법			

패스워드를 추측하기 어렵도록 최소 길이를 설정해야 한다. 즉, 개인정보의 기술적·관리적 보호 조치 및 개인정보 안전성 확보 조치에는 최소 패스워드의 길이를 8로 지정하고 있다.
패스워드 길이 설정은 /etc/login.defs 파일에서 설정할 수가 있다.

(확인 방법)
패스워드 최소 길이가 8자로 설정되어 있으면 양호
PASS_MIN_LEN 5

(조치 방법)
취약으로 판단되어 /etc/login.defs, PASS_MIN_LEN 8 변경

⑤ 패스워드 사용기간 ★★

분류	계정관리	보안항목	Passwd 사용기간 설정
대상 OS	UNIX/LINUX	중요도	중
내용 및 적용방법			

패스워드는 강제적으로 사용기간을 한정하여 사용자가 패스워드를 변경하도록 유도해야 한다. 그래서 패스워드의 최대 사용기간은 3개월로 지정하여 설정한다. 패스워드 사용기간 설정은 /etc/login.defs 파일에서 PASS_MAX_DAYS 필드에 설정한다.

(확인 방법)
패스워드 최대 사용기간이 90일로 설정되어 있으면 양호
PASS_MAX_DAYS   99999

(조치 방법)
취약으로 판단되어 /etc/login.defs, PASS_MAX_DAYS 90 변경

⑥ shadow 파일 ★★★

분류	계정관리	보안항목	shadow 파일권한 설정
대상 OS	UNIX/LINUX	중요도	중

내용 및 적용방법

/etc/passwd 파일의 패스워드를 /etc/shadow 파일에 저장하는 경우 shadow 파일에 대한 접근권한을 설정해야 한다. 즉, shadow 파일은 모든 사용자 패스워드 정보를 보유하고 있으므로 해당 파일은 root 사용자만 읽을 수 있도록 설정해야 한다.

su 명령의 실행 로그는 sulog 파일에 기록한다.

(확인 방법)
/etc/shadow 파일의 권한이 400 또는 600이면 양호

-r-------- 1 root root 1022 aug 16 15:10 /etc/shadow

⑦ SU 권한관리 ★

분류	계정관리	보안항목	SU 권한 제한
대상 OS	UNIX/LINUX	중요도	중

내용 및 적용방법

su(switch user) 명령은 사용자를 변경할 수 있는 명령어로 일반 사용자는 su 명령을 사용하여 root 권한을 획득하기 위해 시도한다. 즉, 일반 사용자는 su 명령 사용을 제한해서 패스워드 추측을 통한 공격을 예방해야 한다.

(확인 방법)
/etc/pam.d/su 파일의 설정이 아래와 같을 경우 양호, 아래 설정이 없을 경우 /bin/su 파일 권한이 4750 이면 양호
auth   required   /lib/security/pam_wheel.so debug group=wheel 또는
auth   required   /lib/security/$ISA/pam_wheel.so use_uid

① /etc/pam.d/su 파일
#auth
required   pam_wheel.so use_uid

② /bin/su 파일
-rwsr-xr-x. 1 root root 34904 Oct 6 2016 /bin/su

③ /etc/group 파일
root:x:0:root
bin:x:1:root,bin,daemon
daemon:x:2:root,bin,daemon
sys:x:3:root,bin,adm
adm:x:4:root,adm,daemon
tty:x:5:
disk:x:6:root
lp:x:7:daemon,lp
mem:x:8:
kmem:x:9:
wheel:x:10:root
mail:x:12:mail,postfix
uucp:x:14:uucp
man:x:15: 등

⑧ Shell

분류	계정관리	보안항목	Shell 제한
대상 OS	UNIX/LINUX	중요도	중
내용 및 적용방법			

사용하지 않는 사용자에게 셀 사용을 제한해서 비인가자의 침해 가능성을 방지해야 함.

(확인 방법)
로그인이 필요없는 계정에 /bin/false(nologin) 셸을 부여함.

bin:x:1:1:bin:/bin:/sbin/nologin
daemon:x:2:2:daemon:/sbin:/sbin/nologin
gopher:x:13:30:gopher:/var/gopher:/sbin/nologin
nobody:x:99:99:Nobody:/:/sbin/nologin

⑨ umask 설정 ★★★

분류	파일시스템	보안항목	UMASK 설정
대상 OS	UNIX/LINUX	중요도	하
내용 및 적용방법			

umask는 유닉스(리눅스) 시스템의 기본 접근권한을 설정하기 때문에 022 값으로 설정할 것을 권고함.

umask: 파일이나 디렉터리 생성 시에 파일과 디렉터리에 권한을 설정하기 위한 마스크 값으로 모든 사용자의 umask의 기본 값은 022이다. 022이면 생성되는 파일의 접근권은 644가 된다. 644라는 것을 이해하기 위해서는 유닉스 파일의 권한구조를 알아야 한다.(파일은 666-022를 빼고 디렉터리는 002-022를 뺀다.)

```
-rw-rw-rw-  1 root root       0 Oct 27 16:34 file000
-rw-r--r--  1 root root       0 Oct 27 16:36 file022
```

위의 rw-rw-rw-의 구조는 순서대로 소유자, 그룹, 다른 사용자가 file000에 대해서 접근할 수 있는 권한을 나타낸다. 모두 rw이므로 읽고 쓰기가 가능하다라는 의미이다. 즉, r: 읽기권한 숫자 4, 쓰기권한 숫자 2, 실행권한 숫자 1, 권한 없음은 숫자 0이다.

그러면 소유자에 대해서 읽기, 쓰기, 실행 권한을 부여하려면 읽기 + 쓰기 + 실행이므로 4 + 2 + 1 = 7이 된다. 그러므로 권한을 부여하기 위해서 사용하는 명령인 chmod 명령을 활용하여 chmod 777 file000으로 주면 소유자, 그룹, 다른 사용자 모두가 file000에 대해서 읽기, 쓰기, 실행이 가능하게 된다.

이러한 값 권한을 기본적으로 결정하기 위해서 사용되는 것이 umask이고 644라는 것은 소유자와 그룹은 읽기, 쓰기가 가능하고 다른 사용자는 읽기만 가능하다는 의미이다. umask 값을 022로 하면 기본 권한은 644, 001로 하면 기본 권한이 665가 된다.
결론적으로 umask와 chmod 명령은 유닉스에서 생성되는 파일과 디렉터리에 대한 기본 권한을 설정하거나, 권한을 변경하는데 사용되는 명령어이다.
(확인 방법)
shutdown 5 File system recovery needed

```
/etc/profile 파일
# By default, we want umask to get set. This sets it for login shell
    umask 002
    umask 022
```

⑩ 특수권한 설정

분류	파일시스템	보안항목	setuid, setgid 설정
대상 OS	UNIX/LINUX	중요도	중
내용 및 적용방법			

특정 슈퍼 유저의 권한을 위임 받아 일반 사용자가 SUID, SGID 설정을 통해 특정 명령을 실행함. 즉, 특수한 파일 권한 설정 비트로 SUID(Set UID), SGID(Set GID)는 실행 파일이 슈퍼유저(root)나 다른 상위 사용자의 권한으로 수행될 수 있도록 규정하고 있음.

SUID(Set User-ID)와 SGID(Set Group-ID)가 설정된 파일의 경우, 특히 root 소유의 파일인 경우, BufferOverflow 공격과 Local 공격에 많이 사용되는 보안상 관리가 매우 필요한 파일들로 이들 파일들의 주기적인 관리가 필요함.

(확인방법)

구분	특수권한 설정	특수권한 파일 검색
4 = setuid	# chmod 4755 setuid_program	#find / -perm 4000 -print
2 = setgid	# chmod 2755 segid_program	#find / -perm 2000 -print
1 = sticky bit	# chmod 1777 sticky bit_directory	#find / -perm 1000 -print

2) 서비스 관리

① 네트워크 데몬 프로세스

분류	파일시스템	보안항목	inetd.conf 파일 권한 설정
대상 OS	UNIX/LINUX	중요도	상
내용 및 적용방법			

inetd.conf 혹은 xinetd.d 파일은 인터넷 수퍼 데몬 서비스를 설정하는 파일임. 그러므로 본 파일에 대한 접근권한을 관리해야 하고 점검해야 함. 만약 이 파일의 권한이 잘못되어 비인가자가 접근할 수 있게 되면 서비스 호출을 통해서 악의적 서비스를 실행하게 됨.

- /etc/inetd.conf 파일

> 데몬(Daemon) 프로그램이 초기화 시 사용될 프로세스를 정의하고, 인터넷 환경을 관리(외부서비스, 데몬관리 등)

(확인방법)
/etc/xinetd.conf 및 /etc/xinetd.d/ 하위 모든 파일이 타 사용자에게 쓰기권한이 없어야 함.

```
-rw-r--r-- 1 root root 1145 Jul 15 12:08 /etc/xinetd.d/chargen-dgram
-rw-r--r-- 1 root root 1147 Jul 15 12:08 /etc/xinetd.d/chargen-stream
-rw-r--r-- 1 root root  521 Jul 15 12:08 /etc/xinetd.d/cvs
-rw-r--r-- 1 root root 1145 Jul 15 12:08 /etc/xinetd.d/daytime-dgram
-rw-r--r-- 1 root root 1147 Jul 15 12:08 /etc/xinetd.d/daytime-stream
-rw-r--r-- 1 root root 1145 Jul 15 12:08 /etc/xinetd.d/discard-dgram
-rw-r--r-- 1 root root 1147 Jul 15 12:08 /etc/xinetd.d/discard-stream
-rw-r--r-- 1 root root 1136 Jul 15 12:08 /etc/xinetd.d/echo-dgram
-rw-r--r-- 1 root root 1138 Jul 15 12:08 /etc/xinetd.d/echo-stream
-rw-r--r-- 1 root root  332 Jul 15 12:08 /etc/xinetd.d/rsync
-rw-r--r-- 1 root root 1200 Jul 15 12:08 /etc/xinetd.d/tcpmux-server
-rw-r--r-- 1 root root  302 Jul 15 12:08 /etc/xinetd.d/telnet
```

② Cron 데몬관리 ★★

분류	파일시스템	보안항목	Crontab 관리
대상 OS	UNIX/LINUX	중요도	하
내용 및 적용방법			

crontab 파일은 특정 시간이 되면 자동으로 실행되는 서비스를 등록하는 파일이므로 crontab에 root 권한으로 실행되는 파일이 있는지 확인하고 root 권한으로 실행되는 파일이 있으면 744로 권한을 변경해야 함.

- 배치파일

파일명	내용
/usr/etc/cron/crontab	주기적 자동 수행 배치 프로그램과 관련된 내용 기록
/usr/etc/at/at	일회성 수행 배치 프로그램과 관련된 내용 기록

- at와 crontab 설정

설정 명령어	내용
at 설정	- 특정한 job(shell_script_file)을 수행하도록 처리 예 #at 1100: 11시 00분에 특정한 job(shell_script_file)을 수행 및 처리 - #/var/spool/cron/crontabs 파일을 수정하여 주기적으로 job을 수행하고, 명령어는 full path를 지정

cron 설정	- crontab 파일 구문(syntax)은 "minute hour day_of_month month weekday command"
	- minute(분): 0 ~ 59 / hour(시): 0 ~ 23 / day_of_month (일): 1 ~ 31/ month(월): 1 ~ 12 weekday(요일): 일요일부터 토요일까지(0 ~ 6) /command(명령): 실행 명령
	- crontab 사용 예제(구조: 분 시 일 월 요일 명령어)
	- 30 * * * * /home/user/limbest
	  (무조건 30분에 맞추어 limbest를 실행)
	- */10 * * * * /home/user/limbest
	  (무조건 10분마다 limbest를 실행)
	- 10 2-5 * * * /home/user/limbest
	  (2시부터 5시까지 10분마다 실행)

(확인방법)
no crontab for root

③ Crontab 설정

분류	파일시스템	보안항목	Crontab 파일 권한 설정
대상 OS	UNIX/LINUX	중요도	중
내용 및 적용방법			

/etc/crontab, /etc/cron.daily/*, /etc/cron.hourly/*, /etc/cron.monthly/*, /etc/cron.weekly/, /var/spool/cron/* 에서 타 사용자 쓰기 권한이 부여되어 있는지 확인하여 권한을 제거함.

(확인방법)
crontab 관련 파일에 타 사용자에게 쓰기권한이 없으면 양호

-rw-r--r--. 1 root root 457 Jun 3 2014 /etc/crontab
-rwxr-xr-x. 1 root root 118 Oct 19 2014 /etc/cron.daily/cups
-rwxr-xr-x. 1 root root 196 Mar 17 2014 /etc/cron.daily/logrotate
-rwxr-xr-x. 1 root root 905 Jun 24 2014 /etc/cron.daily/makewhatis.cron
-rwxr-xr-x. 1 root root 2126 Apr 23 2014 /etc/cron.daily/prelink
-rwxr-xr-x. 1 root root 563 Mar 25 2014 /etc/cron.daily/readahead.cron
-rwxr-xr-x. 1 root root 256 Oct 26 2014 /etc/cron.daily/rhsmd
-rwxr-xr-x. 1 root root 365 Oct 16 2014 /etc/cron.daily/tmpwatch
-rwxr-xr-x. 1 root root 424 Mar 4 2014 /etc/cron.hourly/0anacron
-rwxr-xr-x. 1 root root 111 Mar 25 2014 /etc/cron.monthly/readahead-monthly.cron

④ 호스트 파일

분류	파일시스템	보안항목	Host 파일 권한 설정
대상 OS	UNIX/LINUX	중요도	중
내용 및 적용방법			

/etc/hosts 파일에 접근권한을 제한해야 함. root를 제외하고 타 사용자의 쓰기 권한을 제한해야 함.

- /etc/hosts

  > DNS를 사용 전에 호스트(host) 이름과 IP 주소를 자체적으로 정의해 놓은 파일

- 신뢰관계 설정 파일

파일명	내용
/etc/hosts.deny	TCP Wrapper가 설치되어 있는 경우, 특정 host의 접속 거부 내용을 정의
/etc/hosts.allow	TCP Wrapper가 설치되어 있는 경우, 특정 host의 접속 허용 내용을 정의
/etc/hosts.equiv	특정 호스트의 모든 사용자를 신뢰하게 만들어 로컬 호스트로 접근이 허용된 원격 호스트를 설정
$HOME/.rhosts	외부에서 사용자의 인증(Authentication) 절차 없이 접속 가능한 사용자를 정의

(확인방법)
/etc/hosts의 권한이 타 사용자에게 쓰기권한이 없으면 양호
-rw-r--r-- 1 root root 168 Jul 16 12:20 /etc/hosts

⑤ Profile 설정

분류	파일시스템	보안항목	profile 파일 권한 설정
대상 OS	UNIX/LINUX	중요도	중
내용 및 적용방법			

/etc/profile 파일은 로그인 하는 모든 사용자의 기본 환경을 위한 설정 파일이며 스크립트임. 본 파일은 root를 제외하고 다른 사용자의 쓰기 권한이 모두 제거되어야 함.

(확인방법)
/etc/profile의 권한이 타 사용자에게 쓰기권한이 없으면 됨.
-rw-r--r-- 1 root root 1836 Jul 14 12:12 /etc/profile

⑥ 홈 디렉터리 설정

분류	파일시스템	보안항목	홈디렉터리 권한 설정
대상 OS	UNIX/LINUX	중요도	하
내용 및 적용방법			

홈 디렉터리 내에서 비인가자가 접근하여 설정 파일을 변조할 수 있으면 문제가 발생할 수 있다. 해당 홈 디렉터리의 계정 이외에는 홈 디렉터리를 수정할 수 없도록 권한을 제한해야 함.

권한의 변경은 chmod 명령을 사용해서 권한을 변경함.

(확인방법)
- 사용자별 홈디렉터리의 타 사용자 쓰기권한을 제거함.

dr-xr-xr-x. 38 root root 4096 Jul 15 15:52 /
dr-xr-xr-x. 2 root root 4096 Jul 15 03:48 /bin
drwxr-xr-x 18 root root 10700 Jul 15 15:52 /dev
drwxr-xr-x. 3 root root 4096 Jul 12 21:35 /etc/abrt
drwxr-xr-x. 3 root root 4096 Jul 11 21:39 /etc/ntp
drwxr-xr-x 5 oracle dba 4096 Jul 11 15:21 /oracle
dr-xr-xr-x 342 root root 0 Jul 13 10:53 /proc
dr-xr-x---. 23 root root 4096 Jul 11 16:23 /root
dr-xr-xr-x. 2 root root 12288 Jul 11 03:48 /sbin

⑦ 디렉터리 권한 설정

분류	파일시스템	보안항목	Host 파일 권한 설정
대상 OS	UNIX/LINUX	중요도	중
내용 및 적용방법			

시스템의 주요 디렉터리 권한을 확인하여 비인가자가 수정할 수 있는지 확인함. 비인가자의 쓰기를 제한해야 함.

(확인방법)
- /sbin, /etc/, /bin, /usr/bin, /usr/sbin, /usr/lbin 디렉터리의 권한을 root 소유의 타 사용자 쓰기권한 제거를 설정해야 함.

dr-xr-xr-x 2 root root 12288 Jul 14 02:48 /sbin
drwxr-xr-x 109 root root 12288 Jul 15 16:17 /etc
dr-xr-xr-x 2 root root 4096 Jul 14 02:48 /bin
dr-xr-xr-x 2 root root 40960 Jul 14 14:13 /usr/bin
dr-xr-xr-x 2 root root 12288 Jul 14 04:48 /usr/sbin

⑧ FTP 설정 ★★★

분류	파일시스템	보안항목	FTP 접근제어 파일 권한 설정
대상 OS	UNIX/LINUX	중요도	중
내용 및 적용방법			

FTP 접근제어 파일을 일반 사용자가 변경할 수 있으면 이것을 변조하여 FTP로 연결할 수 있으므로 FTP 접근제어 파일은 관리자만 변경할 수 있게 해야 함.

• FTP 접근제어 파일

파일명	내용
/etc/ftpusers	파일에 적용된 사용자에 대한 FTP 접근을 제한함
/etc/hosts.deny	특정 IP의 접근을 제한
/etc/hosts.allow	특정 IP의 접근을 허용

(확인방법)
- ftpusers 파일이 타 사용자에게 쓰기권한이 없으면 양호

⑨ 원격 접근제어

분류	파일시스템	보안항목	root 원격 접근제어
대상 OS	UNIX/LINUX	중요도	중
내용 및 적용방법			

root 접근제어 파일을 관리자가 아닌 일반 사용자가 변경할 수 있으면 이를 변조하여 원격에서 root에 접근할 수 있으므로 일반 사용자들은 수정할 수 없어야 함.

(확인방법)
/etc/pam.d/login 파일이 타 사용자에게 쓰기권한이 없어야 함.

-rw-r--r-- 1 root root 228 Sep 16 2016 /etc/pam.d/login

⑩ NFS 접근제어 ★★

분류	파일시스템	보안항목	NFS 접근제어 파일 권한 설정
대상 OS	UNIX/LINUX	중요도	중
내용 및 적용방법			

NFS 접근제어 설정파일을 관리자가 아닌 일반 사용자들이 접근 및 변경가능하면 이를 통해 비인가된 사용자를 등록하고 파일시스템을 마운트하여 불법적인 변조를 시도할 수 있음. NFS접근제어 설정파일을 일반 사용자들이 수정할 수 없도록 제한하고 있는지 점검.

(확인방법)
/etc/exports 파일이 타 사용자에게 쓰기 권한이 없으면 양호

-rw-r--r-- 1 root root 0 Jan 12 2010 /etc/exports

(조치 방법)
정상적으로 설정되어 있어 조치하지 않음

⑪ NFS 설정 ★★

분류	파일시스템	보안항목	NFS 서비스
대상 OS	LINUX	중요도	중
내용 및 적용방법			

NFS(Network File System)는 네트워크를 사용해서 시스템 간의 파일을 공유하기 위해서 사용되는 파일 시스템임. 따라서 NFS를 사용하지 않는 경우 이를 제거하고 NFS를 사용할 경우 Everyone 공유가 없어야 함.

(확인방법)
NFS가 중지되어 있거나 NFS 설정파일에 Everyone 공유가 없을 경우에 양호

lrwxrwxrwx 1 root root   18 Jul 14 22:29 /etc/rc3.d/S24nfslock -> ../init.d/nfslock
lrwxrwxrwx 1 root root   18 Jul 14 22:29 /etc/rc4.d/S24nfslock -> ../init.d/nfslock
lrwxrwxrwx 1 root root   18 Jul 14 12:08 /etc/rc5.d/S14nfslock -> ../init.d/nfslock

⑫ 원격 마운트 확인

분류	파일시스템	보안항목	원격 마운트 시스템 확인
대상 OS	UNIX/LINUX	중요도	중
내용 및 적용방법			

비인가자가 NFS를 마운트(Mount)하여 시스템에 접근할 수 있으므로 불필요하면 NFS를 제거해야 함.

(확인방법)
NFS 서비스가 비실행중이거나 showmount값이 없으면 양호NFS 서비스가 비실행중임.

⑬ RPC 설정

분류	파일시스템	보안항목	RPC 서비스 제거
대상 OS	UNIX/LINUX	중요도	중
내용 및 적용방법			

RPC(Remote Procedure Call)는 네트워크를 통해서 원격으로 서버 응용프로그램에 접근하여 작업을 실행시킴. 이러한 서비스는 원격 Buffer Overflow 공격과 악의적 명령 실행에 취약한 문제점이 있으므로 사용하지 않는 RPC 서비스를 제거해야 함.

(확인방법)
불필요한 RPC 관련 서비스가 존재하지 않으면 양호

/etc/xinetd.d 디렉터리에 불필요한 서비스가 없음
/etc/xinetd.d 내용
----
xinetd.d에 파일이 없습니다.
/etc/inetd.conf 파일이 존재하지 않음

⑭ R-Command 설정 ★★★

분류	파일시스템	보안항목	'r' commands 설정
대상 OS	UNIX/LINUX	중요도	상
내용 및 적용방법			

r-command는 인증 없이 해당 IP만 동일하여 원격에서 접속하거나 명령을 실행할 수 있는 rlogin, rexec, rsh 서버가 존재함. r-command는 IP 주소만 변조되면 인증과정 자체를 수행하지 않기 때문에 보안에 매우 취약함. 따라서 r-command 사용을 제한해야 함.

• 신뢰관계 설정파일

파일명	내용
/etc/hosts.deny	TCP Wrapper가 설치되어 있는 경우, 특정 host의 접속 거부 내용을 정의
/etc/hosts.allow	TCP Wrapper가 설치되어 있는 경우, 특정 host의 접속 허용 내용을 정의
/etc/hosts.equiv	특정 호스트의 모든 사용자를 신뢰하게 만들어 로컬 호스트로 접근이 허용된 원격 호스트를 설정
$HOME/.rhosts	외부에서 사용자의 인증(Authentication) 절차 없이 접속 가능한 사용자를 정의

(확인방법)
rsh, rlogin, rexec(shell, login, exec) 서비스가 구동 중이지 않아야 함.

⑮ telnet 설정

분류	파일시스템	보안항목	root 계정의 telnet 제한
대상 OS	UNIX/LINUX	중요도	상
내용 및 적용방법			

/etc/security/user 파일을 사용해서 root에 대한 접속을 제한해야 하고 근본적으로는 telnet 서비스를 inetd 서비스에 제거하고 ssh를 사용하여 암호화된 서비스를 지원해야 함. Console 옵션을 수정하여 root는 콘솔에서만 접속할 수 있도록 함.

(확인방법)
/etc/pam.d/login에서 auth required /lib/security/pam_securetty.so 라인에 주석(#)이 없으면 이상 없음.
auth [user_unknown=ignore success=ok ignore=ignore default=bad] pam_securetty.so

3) 로그 파일

① 로그 파일 설정 ★★★

분류	로그관리	보안항목	SU 로그설정
대상 OS	UNIX/LINUX	중요도	상
내용 및 적용방법			

운영체제의 로그는 정보보안의 책임 추적성을 달성하거나 침입을 탐지하기 위해서 유용하게 사용됨. 따라서 로그 파일에 대한 변경과 읽기는 관리자만 할 수 있게 해야 함.

• 주요 로그 파일

로그 파일명	내용
a.cct / pacct	모든 명령어를 기록
.history	- 사용자별 명령어를 기록하는 파일 - csh, tcsh, ksh, bash 등 사용하는 쉘에 따라 .history, bash_history 파일 등으로 기록
Last log	최종 로그인 정보를 기록
btmp	로그인 실패 시도 기록
messages	- 시스템의 콘솔에서 출력된 Boot 메시지 등의 결과를 기록 - syslogd에 의해 생성된 메시지 또한 기록
sulog	SU(Switch User) 명령어와 관련 기록
syslog	application 및 OS의 주요 동작내역을 기록
utmp	현재 로그인 한 사용자의 정보를 기록
wtmp	사용자의 시스템 시작 및 종료 시간, 로그인, 로그아웃 시간 등을 기록

(확인방법)
로그 파일의 권한 중 타 사용자에 쓰기권한이 부여되어 있지 않을 경우

```
-rw-rw-r-- 1 root utmp 86384 Jul 16 16:15 /var/log/wtmp
-rw-rw-r-- 1 root utmp 6913 Jul 16 16:15 /var/run/utmp
-rw------- 1 root utmp 6228 Jul 16 15:47 /var/log/btmp
-rw------- 1 root root 428273 Jul 16 15:58 /var/log/messages
-rw-r--r-- 1 root root 133292 Jul 16 15:47 /var/log/lastlog
-rw------- 1 root root 3256 Jul 16 16:11 /var/log/secure
```

② syslog 설정 ★★★

분류	로그관리	보안항목	Syslog 설정
대상 OS	UNIX/LINUX	중요도	상
내용 및 적용방법			

로그에 대한 메시지 표준으로 다양한 프로그램들이 생성하는 메시지를 저장하고 이 메시지를 사용해서 분석 기능을 제공하는 로그 메시지임. Syslog는 프로그램, 장비(Device) 등의 문제점과 성능을 확인할 수 있음. 또한 시스템 관리, 보안, 시스템 정보, 디버깅 메시지 등의 정보를 제공함.

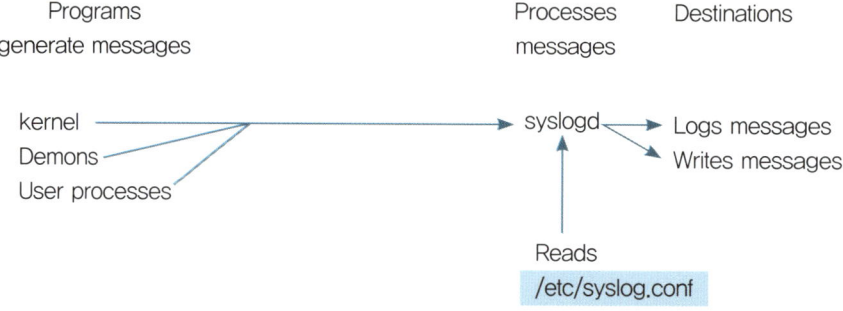

Syslog는 시스템 로그 기록(/var/adm/message), 시스템 콘솔에 로그 출력, 사용자들에게 메시지 전송 같은 역할을 수행함.

```
/ #ps -ef |grep syslogd
  root   550   1  0 11:10:09 ?        0:00 /usr/sbin/syslogd
```

- 유닉스에서 syslogd를 확인하려면 위와 같이 수행하면 됨.
- 또한 syslogd의 설정 파일인 syslog.conf를 수정하면 syslogd를 재실행해야 적용할 수가 있음.

• syslog 주체별 분류

종류	내용
kern	kernel에서 요청한 경우
mail	mail subsystem 요청

	lpr	printing subsystem에서 요청
	daemon	system server processes에서 요청
	auth	login authentication system에서 요청

• syslog 단계

위험강도	내용
emerg	가장 위험성이 높고, 긴급하고 심각한 상황을 모든 사용자에게 경보하는 메시지
alert	변조된 시스템 데이터베이스 등과 같이 곧바로 정정해야만 하는 것으로, 즉시 주의를 요하는 심각한 에러가 발생한 경우의 메시지
crit	H/W나 디바이스와 관련하여 critical 한 오류 메시지
err	일상적으로 발생할 수 있는 에러 메시지
warn	시스템 수행 시 주의사항 및 경고(Warning) 메시지
notice	에러 상태는 아니나 특수한 방법으로 수행해야 할 메시지
info	도움말 등의 정보가 담겨진 메시지
debug	오류를 검출하거나 해결 시, 도움이 될 만한 외부 정보들을 표시하는 메시지
none	로깅 주체(Facility)에서 무시하는 정보 메시지
mark	메시지 생성 시간을 결정하는 메시지 (참 디폴트 값은 15분)

(확인방법)
syslog에 중요 로그 정보에 대한 설정이 되어 있을 경우 양호

syslog 프로세스
root   11723   1 0 11:08 ?   00:00:00 /sbin/rsyslogd -i /var/run/syslogd.pid -c 4

CHAPTER 3 취약점 산정

정보보호 관리체계 구축 시에 인증범위에 있는 모든 정보자산에 대해서 취약점 점검을 수행해야 하며, 취약점 점검은 매년 1회 이상 수행해야 한다. 본 장에서는 취약점 점검 방법에 대해서 학습한다.

1 취약점 점검 방법

1) 취약점 점검 조직

- 취약점 점검 조직

구성원	역할
정보보호책임자	취약점 분석·평가 시행의 총괄
관리기술 담당	관리적·물리적 정보보호 등 조직의 정보보호 관리체계의 관리·운영경력 소유자, 정보시스템 감리 경력자
응용프로그램 담당	해당기관의 주요 정보통신 기반시설에 대한 핵심 프로그램 개발·유지보수 경력자
서버 담당	유닉스, 리눅스, 윈도우 등 각종 서버관련 기술 보유자
정보보호 담당	정보보호시스템 평가 및 운영자, 정보보호 정책 위험분석 또는 취약점 점검·평가 등의 보안관리기술 경력자
네트워크 담당	WAN, LAN, NMS 및 무선통신 등에 관한 기술 및 각종 통신 프로토콜 기술 보유자

2) 취약점 점검 항목

① 관리적 분야

(행정안전부 보안 취약점 점검방법 참조)

분류	취약점 점검 항목	등급
정보 보호정책	조직 전반에 적용하고 있는 정보보호 정책/지침 또는 규정이 수립되었는가?	상
	정기적으로 정보보호 정책의 타당성을 검토, 평가하여 수정 보완하고 있는가?	상
	연도별 정보보안업무 세부추진 계획을 수립·시행하고 그 추진결과에 대한 심사분석·평가를 실시하는가?	상
	최근 1년간 기관장에게 연간 보호대책 등의 주요 정보보안 관련 사항을 보고하였는가?	상

정보 보호조직	보안활동을 계획, 실행, 검토하는 보안 전담조직 및 전담 보안 담당자가 구성되어 있는가?	상
인적 보안	신원조회(민간기관 제외)가 수행되고 비밀유지서약서를 작성하고 있으며 주기적으로 갱신되고 있는가?	상
	계약직 및 임시직원은 물론 정식직원 채용 시 신원, 업무능력, 교육정도, 경력 등에 대한 적격심사가 이루어지고 있는가?	상
외부자 보안	제3자(외부 유지보수직원, 외부 용역자 포함)에 의한 정보 자산 접근과 관련한 보안 요구사항을 계약에 포함하고 있는가?	상
	위탁 기관(업체) 또는 용역사업 참여 업체의 보안관련사항 위반이나 침해사고 발생 시 조치를 수행하는가?	상
자산 분류	조직의 중요한 자산(인력, 시설, 장비 등)에 대한 자산분류 기준이 있는가?	상
	정보자산을 보안등급과 중요도 등에 따라 분류하여 관리하고 있는가?	상
	정보 자산별로 책임자가 지정되어 있으며 소유자, 관리자, 사용자들이 확인되고 있는가?	상
매체 관리	미디어 장치의 사용 및 반·출입에 대한 관리절차나 문서가 있는가?	상
	정보나 매체가 용도 폐기되기 위한 폐기 방법이 수립되고 적절하게 이행되는가?	상
교육 및 훈련	교육훈련 대상은 관련된 모든 내·외 임직원 및 외부 인력을 포함하고 있으며, 정보 자산에 간접적으로 접근하는 일반 외부 용역 직원에 대해서도 정보보호 교육훈련을 수행하는가?	상
접근 통제	업무 요구사항에 따라 접근 통제의 방법과 범위 등을 정의하고 문서화하고 있는가?	상
	허가된 원격작업내용, 작업시간, 접근 허가된 내부 시스템 및 서비스 등의 내용을 포함한 재택근무 등의 원격작업에 대한 정책, 절차가 존재하는가?	상
	스마트폰·개인휴대단말기(PDA)·전자제어장비 등 첨단 정보통신기기를 활용하는 경우, 업무자료 등 중요 정보보호 및 안전한 전송을 위한 방안이 마련되어 있는가?	상
	정보통신망에 비인가 PC·노트북 등을 연결 시 차단하는가?	상
	정보시스템 및 정보보호시스템 접근기록의 비인가 열람, 훼손 등을 방지하기 위한 대책이 있는가?	상
	무선랜(Wi-Fi 등)은 국가정보원장의 보안성 검토를 필하거나 암호키 설정 등의 적절한 보안조치를 적용하였는가?	상
	무선랜 무단 사용 여부, 비인가 무선 중계기(AP) 설치 여부, 우회 정보통신망 사용 차단 여부 등을 주기적으로 점검하는가?	상
운영 관리	개발 테스트 설비는 실제 운영설비와 분리되어 있는가?	상
	시스템을 도입하기 전에 보안성 검토 및 호환성 검토를 실시하는가?	상
	시스템 및 사용 장비의 보안 취약점에 대한 주기적 검토 및 보완 프로세스가 있는가?	상
	바이러스, 악성코드 등에 대한 대비책을 가지고 있는가?	상

분류	취약점 점검 항목	등급
운영 관리	보안규정의 이행여부를 확인하는 주기적인 보안점검 및 불시 보안점검이 이루어지고 있는가?	상
	시스템 및 패스워드 관리지침을 제공하고 시스템 및 패스워드 관리책임을 주지시키고 있는가?	상
	전자기록 보관을 위한 별도의 방법(아카이빙)이 존재하고, 이를 통한 관리를 하고 있는가?	상
	'사이버보안진단의 날' 등과 같이 월별 보안 중점점검사항에 대해 매월 점검하고 조치하는가?	상
	비밀(대외비 포함)을 비밀관리기록부에 등재하여 관리하는가?	상
	출력된 비밀문서의 경우 비밀합동보관소 등에 안전하게 보관되어 있는가?	상
	비밀 등 중요 정보의 안전한 처리를 위한 시스템을 도입하여 사용하고 있거나 이를 계획하고 있는가?	상
	정보통신망 세부 구성현황 등을 대외비 이상으로 관리하는가?	상
	정보보호시스템은 국내용 CC인증을 받았거나, 보안적합성 검증을 받았는가?	상
업무 연속성	업무복구 목표와 요구사항에 적합한 업무연속성 전략을 수립하였는가?	상
사고 대응	침해사고 발생 시 신속한 보안사고 보고를 위한 절차가 문서화되어 있고, 이에 따라 신속한 보고가 이루어지고 있는가?	상
	DDoS 대응체계를 수립하고 주기적인 훈련을 실시하고 있는가?	상
	개인정보보호를 위해 DB암호화 등 개인정보 유출에 대한 방안이 마련되어 있는가?	상

② 물리적 분야

분류	취약점 점검 항목	등급
접근 통제	주요 시스템에 대한 별도의 출입통제를 실시하거나 이중의 보호장치를 설치하고 있는가?	상
	보호구역의 출입에 관한 정책과 절차가 수립되어 있으며, 이에 따라 출입통제가 되고 있는가?	상
감시 통제	주요시설의 출입구와 전산실 및 통신장비실 내부에 CCTV를 설치하고 있는가?	상
	CCTV 운용 시 중계·관제서버, 관리용 PC, 정보통신망 등에 대해 보안대책을 수립하는가?	상
	주요시설에 대한 출입기록은 출입일로부터 일정기간 이상 보관하고 있는가?	상
	외부인에 대해서 출입증을 발급하고, 출입권한은 출입목적이 필요한 구역 내로 한정하는가?	상
전력 보호	전원공급 이상이나 기타 전기관련 사고로부터 장비가 보호되고 있는가? (UPS, 비상발전기, 이중전원선 등의 설비)	상

③ 기술적 분야

• 유닉스 시스템 ★★

점검 분류	취약점 점검 항목	등급
계정 관리	Administrator 계정 이름 바꾸기	상
	Guest 계정 상태	상
	불필요한 계정 제거	상
	계정 잠금 임계값 설정	상
	해독 가능한 암호화를 사용하여 암호 저장	상
	관리자 그룹에 최소한의 사용자 포함	상
서비스 관리	공유 권한 및 사용자 그룹 설정	상
	하드디스크 기본 공유 제거	상
	불필요한 서비스 제거	상
	IIS 서비스 구동 점검	상
	IIS 디렉터리 리스팅 제거	상
	IIS CGI 실행 제한	상
	IIS 상위 디렉터리 접근 금지	상
	IIS 불필요한 파일 제거	상
	IIS 웹 프로세스 권한 제한	상
	IIS 링크 사용금지	상
	IIS 파일 업로드 및 다운로드 제한	상
	IIS DB 연결 취약점 점검	상
	IIS 가상 디렉터리 삭제	상
	IIS 데이터 파일 ACL 적용	상
	IIS 미사용 스크립트 매핑 제거	상
	IIS Exec 명령어 셸 호출 진단	상
	IIS WebDAV 비활성화	상
	NetBIOS 바인딩 서비스 구동 점검	상
	FTP 서비스 구동 점검	상
	FTP 디렉터리 접근권한 설정	상
	Anonymouse FTP 금지	상
	FTP 접근제어 설정	상

점검 분류	취약점 점검 항목	등급
	DNS Zone Transfer 설정	상
	RDS(RemoteDataServices) 제거	상
	최신 서비스팩 적용	상
패치 관리	최신 HOT FIX 적용	상
	백신 프로그램 업데이트	상
로그 관리	로그의 정기적 검토 및 보고	상
	원격으로 액세스할 수 있는 레지스트리 경로	상
보안 관리	백신 프로그램 설치	상
	SAM 파일 접근 통제 설정	상
	화면보호기 설정	상
	로그온하지 않고 시스템 종료 허용	상
	원격 시스템에서 강제로 시스템 종료	상
	보안 감사를 로그할 수 없는 경우 즉시 시스템 종료	상
	SAM 계정과 공유의 익명 열거 허용 안 함	상
	Autologon 기능 제어	상
	이동식 미디어 포맷 및 꺼내기 허용	상
	디스크볼륨 암호화 설정	상

- **윈도우**

점검 분류	취약점 점검 항목	등급
계정 관리	Administrator 계정 이름 바꾸기	상
	Guest 계정 상태	상
	불필요한 계정 제거	상
	계정 잠금 임계값 설정	상
	해독 가능한 암호화를 사용하여 암호 저장	상
	관리자 그룹에 최소한의 사용자 포함	상
서비스 관리	공유 권한 및 사용자 그룹 설정	상
	하드디스크 기본 공유 제거	상
	불필요한 서비스 제거	상
	IIS 서비스 구동 점검	상
	IIS 디렉터리 리스팅 제거	상

서비스 관리	IIS CGI 실행 제한	상
	IIS 상위 디렉터리 접근 금지	상
	IIS 불필요한 파일 제거	상
	IIS 웹 프로세스 권한 제한	상
	IIS 링크 사용금지	상
	IIS 파일 업로드 및 다운로드 제한	상
	IIS DB 연결 취약점 점검	상
	IIS 가상 디렉터리 삭제	상
	IIS 데이터 파일 ACL 적용	상
	IIS 미사용 스크립트 매핑 제거	상
	IIS Exec 명령어 셸 호출 진단	상
	IIS WebDAV 비활성화	상
	NetBIOS 바인딩 서비스 구동 점검	상
	FTP 서비스 구동 점검	상
	FTP 디렉터리 접근권한 설정	상
	Anonymouse FTP 금지	상
	FTP 접근제어 설정	상
	DNS Zone Transfer 설정	상
	RDS(RemoteDataServices) 제거	상
패치 관리	최신 서비스팩 적용	상
	최신 HOT FIX 적용	상
	백신 프로그램 업데이트	상
로그 관리	로그의 정기적 검토 및 보고	상
	원격으로 액세스할 수 있는 레지스트리 경로	상
보안 관리	백신 프로그램 설치	상
	SAM 파일 접근 통제 설정	상
	화면보호기 설정	상
	로그온하지 않고 시스템 종료 허용	상
	원격 시스템에서 강제로 시스템 종료	상
	보안 감사를 로그할 수 없는 경우 즉시 시스템 종료	상
	SAM 계정과 공유의 익명 열거 허용 안 함	상

	Autologon 기능 제어	상
	이동식 미디어 포맷 및 꺼내기 허용	상
	디스크볼륨 암호화 설정	상

★ 보안장비

점검 분류	취약점 점검 항목	등급
계정 관리	보안장비 Default 계정 변경	상
	보안장비 Default 패스워드 변경	상
	보안장비 계정별 권한 설정	상
	보안장비 계정 관리	상
접근 관리	보안장비 원격 관리 접근 통제	상
	보안장비 보안 접속	상
	Session Timeout 설정	상
패치관리	벤더에서 제공하는 최신 업데이트 적용	상
기능 관리	정책 관리	상
	NAT 설정	상
	DMZ 설정	상
	최소한의 서비스만 제공	상
	이상징후 탐지 경고 기능 설정	상
	장비 사용량 검토	상
	SNMP 서비스 확인	상
	SNMP community string 복잡성 설정	상

★★ 네트워크 장비

점검 분류	취약점 점검 항목	등급
계정 관리	패스워드 설정	상
	패스워드 복잡성 설정	상
	암호화된 패스워드 사용	상
접근 관리	VTY 접근(ACL) 설정	상
	Session Timeout 설정	상
패치 관리	최신 보안패치 및 벤더 권고사항 적용	상

기능 관리	SNMP 서비스 확인	상
	SNMP community string 복잡성 설정	상
	SNMP ACL 설정	상
	SNMP 커뮤니티 권한 설정	상
	TFTP 서비스 차단	상
	Spoofing 방지 필터링 적용	상
	DDoS 공격 방어 설정	상
	사용하지 않는 인터페이스의 shutdown 설정	상

• 제어시스템

점검 분류	취약점 점검 항목	등급
계정 관리	제어시스템 운영, 관리를 위한 계정이 타 사용자와 공유되지 않음	상
	ID/PW, 접속경로, 인증서 등이 하드코딩되지 않음	상
	제어시스템 운영, 관리를 위한 계정의 로그인, 사용 기록 저장	상
패치 관리	제어시스템에 대한 최신 업데이트, 보안패치를 안전하게 적용하기 위한 테스트 등의 절차 수립	상
접근 통제	제어시스템 운영자의 운영 권한은 제한된 범위 및 명령으로 제한	상
	제어시스템은 업무망, 인터넷망과 물리적으로 분리	상
	제어 네트워크 외부와 자료연계 시 물리적 일방향 환경을 구축하여 제어 네트워크로의 침입을 근본적으로 차단	상
	제어 네트워크에 무선인터넷, 테더링, 외부 유선망 연결 등의 외부망 연결을 제한하고 점검	상
	제어 네트워크에 비인가된 시스템에 대한 연결 및 접속 차단	상
보안 관리	제어시스템 구성도, 운용 매뉴얼, 비상조치 절차서 등을 작성하고 최신으로 관리	상
	제어시스템에서의 USB 사용을 금지하고, 사용시 USB 등의 이동형 저장매체 사용 통제	상
	제어명령에 대한 위·변조 방지대책 적용	상
	제어명령 replay 공격에 대한 방지대책 적용	상
	제어시스템 개발자, 운영자, 관리자에 대한 접근권한 분리	상
	제어시스템, 제어기기에 (vendor default) 은닉서비스 및 취약한 서비스가 없도록 설정	상
	제어프로그램의 입력창에 비정상적인 특정값을 입력할 시 사전에 정의한 에러 메시지가 출력되도록 하여 시스템의 중요 정보가 노출되지 않도록 설정	상

• PC ★★

점검 분류	취약점 점검 항목	등급
계정 관리	패스워드의 주기적 변경	상
	패스워드 정책이 해당 기관의 보안정책에 적합하게 설정	상
서비스 관리	공유폴더 제거	상
	불필요한 서비스 제거	상
	Windows Messenger(MSN, .NET 메신저 등)와 같은 상용 메신저의 사용 금지	상
패치 관리	HOT FIX 등 최신 보안패치 적용	상
	최신 서비스팩 적용	상
	MS-Office, 어도비 아크로뱃 등의 응용프로그램에 대한 최신 보안패치 및 벤더 권고사항 적용	상
보안 관리	바이러스 백신 프로그램 설치 및 주기적 업데이트	상
	바이러스 백신 프로그램에서 제공하는 실시간 감시 기능 활성화	상
	OS에서 제공하는 침입차단 기능 활성화	상
	화면보호기 대기 시간을 5~10분으로 설정 및 재시작 시 암호로 보호하도록 설정	상
	CD, DVD, USB메모리 등과 같은 미디어의 자동실행 방지 등 이동식 미디어에 대한 보안대책 수립	상
	PC 내부의 미사용(3개월) ActiveX 제거	상

• 데이터베이스 ★★

점검 분류	취약점 점검 항목	등급
계정 관리	기본 계정의 패스워드, 정책 등을 변경하여 사용	상
	scott 등 Demonstration 및 불필요 계정을 제거하거나 잠금설정 후 사용	상
	패스워드의 사용기간 및 복잡도를 기관의 정책에 맞도록 설정	상
	데이터베이스 관리자 권한을 꼭 필요한 계정 및 그룹에 대해서만 허용	상
접근 관리	원격에서 DB 서버로의 접속 제한	상
	DBA이외의 인가되지 않은 사용자가 시스템 테이블에 접근할 수 없도록 설정	상
	오라클 데이터베이스의 경우 리스너의 패스워드를 설정하여 사용	상
옵션 관리	응용프로그램 또는 DBA 계정의 Role이 Public으로 설정되지 않도록 조정	상
	OS_ROLES, REMOTE_OS_AUTHENTICATION, REMOTE_OS_ROLES를 FALSE로 설정	상

패치 관리	데이터베이스에 대해 최신 보안패치와 벤더 권고사항을 모두 적용	상
	데이터베이스의 접근, 변경, 삭제 등의 감사기록이 기관의 감사기록 정책에 적합하도록 설정	상

• 웹(Web)

코드	취약점명	설명	등급
BO	버퍼 오버플로우	메모리나 버퍼의 블록 크기보다 더 많은 데이터를 넣음으로써 결함을 발생시키는 취약점	상
FS	포맷스트링	스트링을 처리하는 부분에서 메모리 공간에 접근할 수 있는 문제를 이용하는 취약점	상
LI	LDAP 인젝션	LDAP(Lightweight Directory Access Protocol) 쿼리를 주입함으로써 개인정보 등의 내용이 유출될 수 있는 문제를 이용하는 취약점	상
OC	운영체제 명령실행	웹사이트의 인터페이스를 통해 웹서버를 운영하는 운영체제 명령을 실행하는 취약점	상
SI	SQL 인젝션	SQL문으로 해석될 수 있는 입력을 시도하여 데이터베이스에 접근할 수 있는 취약점	상
SS	SSI 인젝션	SSI(Server-side Include)는 "Last Modified"와 같이 서버가 HTML 문서에 입력하는 변수 값으로, 웹서버상에 있는 파일을 include 시키고, 명령문이 실행되게 하여 데이터에 접근할 수 있는 취약점	상
XI	XPath 인젝션	조작된 XPath(XML Path Language) 쿼리를 보냄으로써 비정상적인 데이터를 쿼리해 올 수 있는 취약점	상
DI	디렉터리 인덱싱	요청 파일이 존재하지 않을 때 자동적으로 디렉터리 리스트를 출력하는 취약점	상
IL	정보 누출	웹사이트 데이터가 노출되는 것으로 개발과정의 코멘트나 오류 메시지 등에서 중요한 정보가 노출되어 공격자에게 2차 공격을 하기 위한 중요한 정보를 제공할 수 있는 취약점	상
CS	악성 콘텐츠	웹애플리케이션에 정상적인 콘텐츠 대신에 악성 콘텐츠를 주입하여 사용자에게 악의적인 영향을 미치는 취약점	상
XS	크로스사이트 스크립팅	웹애플리케이션을 사용하여 다른 최종 사용자의 클라이언트에서 임의의 스크립트가 실행되는 취약점	상
BF	약한 문자열 강도	사용자의 이름이나 패스워드, 신용카드 정보나 암호화 키 등을 자동으로 대입하여 여러 시행착오 후에 맞는 값이 발견되는 취약점	상
IA	불충분한 인증	민감한 데이터에 접근할 수 있는 곳에 취약한 인증 메커니즘으로 구현된 취약점	상
PR	취약한 패스워드 복구	취약한 패스워드 복구 메커니즘(패스워드 찾기 등)에 대해 공격자가 불법적으로 다른 사용자의 패스워드를 획득, 변경, 복구할 수 있는 취약점	상

CF	크로스사이트 리퀘스트 변조 (CSRF)	CSRF 공격은 로그온한 사용자 브라우저로 하여금 사용자의 세션 쿠키와 기타 인증 정보를 포함하는 위조된 HTTP 요청을 취약한 웹애플리케이션에 전송하는 취약점	상
SE	세션 예측	단순히 숫자가 증가하는 방법 등의 취약한 특정 세션의 식별자(ID)를 예측하여 세션을 가로챌 수 있는 취약점	상
IN	불충분한 인가	민감한 데이터 또는 기능에 대한 접근권한 제한을 두지 않은 취약점	상
SC	불충분한 세션 만료	세션의 만료 기간을 정하지 않거나, 만료일자를 너무 길게 설정하여 공격자가 만료되지 않은 세션 활용이 가능하게 되는 취약점	상
SF	세션 고정	세션값을 고정하여 명확한 세션 식별자(ID) 값으로 사용자가 로그인하여 정의된 세션 식별자(ID)가 사용 가능하게 되는 취약점	상
AU	자동화 공격	웹애플리케이션에 정해진 프로세스에 자동화된 공격을 수행함으로써 자동으로 수많은 프로세스가 진행되는 취약점	상
PV	프로세스 검증 누락	공격자가 응용의 계획된 플로우 통제를 우회하는 것을 허가하는 취약점	상
FU	파일 업로드	파일을 업로드할 수 있는 기능을 이용하여 시스템 명령어를 실행할 수 있는 웹 프로그램을 업로드할 수 있는 취약점	상
FD	파일 다운로드	파일 다운로드 스크립트를 이용하여 첨부된 주요 파일을 다운로드할 수 있는 취약점	상
AE	관리자페이지 노출	단순한 관리자 페이지 이름(admin, manager 등)이나 설정, 프로그램 설계상의 오류로 인해 관리자 메뉴에 직접 접근할 수 있는 취약점	상
PT	경로 추적	공격자에게 외부에서 디렉터리에 접근할 수 있는 것이 허가되는 문제점으로 웹 루트 디렉터리에서 외부의 파일까지 접근하고 실행할 수 있는 취약점	상
PL	위치 공개	예측 가능한 디렉터리나 파일명을 사용하여 해당 위치가 쉽게 노출되고, 공격자가 이를 악용하여 대상에 대한 정보와 민감한 정보가 담긴 데이터에 접근이 가능하게 되는 취약점	상
SN	데이터 평문전송	서버와 클라이언트 간 통신 시 암호화하여 전송을 하지 않아 중요 정보 등이 평문으로 전송되는 취약점	상
CC	쿠키 변조	적절히 보호되지 않은 쿠키를 사용하여 쿠키 인젝션 등과 같은 쿠키 값 변조를 통한 다른 사용자로의 위장 및 권한 상승 등이 가능한 취약점	상

3) 취약점 점검 확인

- **취약점 분석/평가 점수 산출**

  - 각 취약점 점검항목에 대한 취약점 점수 지정 및 진단 결과값 산출
  - 관리적·물리적·기술적 취약점 점수 계산: 단, 기술적 취약점 점수는 각 자산별 점수의 평균으로 계산
  - 관리적·물리적·기술적 취약점 점수를 합산
  - 망분리 현황에 따른 비율 지정
  - 합산된 관리적·물리적·기술적 취약점 점수에 망분리 비율을 적용하여 종합점수 산출

- 각 취약점 점검항목의 중요도에 따라 점수 지정: '상'(필수항목)-10점, '중'(추가항목)-8점, '하'(추가항목)-6점

- 각 취약점 점검항목에 대해 진단결과값 산출

진단결과	평가항목의 중요도		
	상	중	하
○ (취약점 발견)	10점	8점	6점
× (취약점 제거)	0점	0점	0점
P (일부 취약점만 제거)	5점	4점	3점

- **관리적, 물리적 취약점 점수**

  - 관리적·물리적 취약점 점검항목에 따라 취약점 점수를 각각 계산

- **점수 계산 방법**

  - 모든 취약점이 식별되었을 경우의 점수 합:A
  - 식별된 취약점들의 점수 합:B
  - 계산식: $\dfrac{A-B}{A} \times 100$

• **기술적 취약점 점수**

- 기술적 취약점 점검항목에 따라 자산별로 취약점 점수를 계산

> - 모든 취약점이 식별되었을 경우의 점수 합:A
> - 식별된 취약점들의 점수 합:B
> - 계산식: $\dfrac{A-B}{A} \times 100$

- 자산별 점수를 합산하여 전체 자산 점수의 평균을 계산

> - 자산의 수: N
> - 자산별 점수: S1, S2, ..., Sn
> - 계산식: $\sum_{n=1}^{N} S_n \div N$

• **취약점 점수 합산**

> - A : (관리적 취약점 점수 × 관리적 취약점 점검 항목수)
> - ;B : (물리적 취약점 점수 × 물리적 취약점 점검 항목수)
> - C : (기술적 취약점 점수 × 기술적 취약점 점검 항목수)
>
> $\dfrac{A+B+C}{\text{전체 취약점 점검 항목수}}$

• **망분리 비율지정**

구분	설명	적용 비율
물리적 분리	내부 네트워크와 외부 네트워크를 별도로 구축하였으며, 접점이 존재하지 않음	100%
논리적 분리	가상화 기술 등을 이용해 소프트웨어적으로 망 분리 또는 내부 네트워크와 외부 네트워크가 분리되어 있으나 접점이 존재하는 경우	95%
미분리	내부 네트워크와 외부 네트워크가 분리되지 않음	90%

※ 해당 시설에 인터넷 연결이 반드시 필요한 경우에는 망 분리 비율을 적용하지 않음

• **종합점수 산출**

취약점 점수 합산값에 망분리 비율을 적용하여 최종 계산
- 전체 취약점 점수: A
- 지정된 망분리 비율: B
- 종합점수 계산식: A × B

PART 6 ISMS 유사기출문제

Chapter 01 ISMS 기출문제 분석
Chapter 02 ISMS 유사기출문제
Chapter 03 ISMS 시험 응시자 후기

Information Security Managemant System

인증심사원
ISMS

정보보호 관리체계 시험에 대해서 실제 시험에 응시한 사람들의 후기와 실제 기출문제가 어떤 형식으로 출제되고, 시험 시 유의사항 등을 파악하여 인증심사원 시험에 대비할 수 있다. 또한 실제 기출문제와 유사한 문제를 학습하여 실전 감각을 익힐 수가 있다.

(※ 기출문제는 실제 기출문제와 동일하지 않습니다.)

ISMS 기출문제 분석

본 장은 실제 시험에 대한 정보 및 문제를 제공한다. 본 장을 통해서 실제 시험에 대한 학습 방법과 실전 문제를 통한 실력을 진단한다. 실제 시험에서 평균 60점 이상인 분은 모두 교육 대상자로 선발된 것으로 보인다.

1 실제 ISMS 시험 현황

1) 실제 시험 현황 [제1회 및 2회 약 800명 응시]

제1회 ISMS 인증심사원 시험이 2015년 9월 12일 시행되었다. 한국인터넷진흥원은 시험 전 언론을 통해서 시험문제가 굉장히 어렵다고 이야기 했다. 그 말처럼 실제 시험문제는 문제수준과 지문의 양으로 인하여 쉽지 않은 문제가 출제되었다. 하지만, 아무리 어려워도 보안이다. 즉, 어렵게 출제하는 것에도 한계가 있다는 뜻이다. 그러므로 충실히만 공부한다면 누구나 쉽게 합격할 수 있다. 단, 실제 문제는 80문제 객관식이지만, 시험지의 페이지가 53페이지라서 지문이 너무 길다. 즉, 한 문제를 1분 30초 내에 풀어야 모든 문제를 다 풀 수가 있다는 것이다. 그러므로 확실히 알고 있는 문제부터 풀거나 혹은 뒤에서부터 문제를 풀면서 바로 답안에 마킹하는 방법으로 접근해야 제한된 시간 내에 모든 문제를 풀 수 있을 것이다. 또, 본 책 ISMS 기출문제는 실제 시험 문제를 그대로 제공하는 것이 아니라 실제 시험문제를 바탕으로 필자가 변조하여 그 의미만 동일하게 하여 만들어졌다. 그러므로 본 문제형태가 실제 시험문제와 같다고 생각해도 좋다.

시험장소는 도곡역 근처의 개포 고등학교에서 치러졌고, 오후 2시부터 시작해서 2시간 동안 시험이 진행됐다.

- 시험 전 준비물

  - 수험표
  - 컴퓨터용 사인펜
  - 볼펜

2) 시험 응시자

실제 시험 응시는 700명이 접수하여 694명이 응시한 것으로 보인다. 즉, 실제 시험 전에 한국인터넷진흥원은 500명이 시험 대상이라고 이야기 했는데, 수험표 기준으로 실제 694명이 시험에 응시한 것으로 보인다.

3) 시험 전 주의사항

당초 ISMS 1차 필기시험은 심사원의 소양을 평가하는 시험을 그 목적으로 했다. 하지만, 많은 보안전문가들이 이 시험에 응시하다 보니, 시험의 목적이 교육 대상자 선발 인원 제한으로 변경된 것으로 보인다. 즉, 1차 시험 합격자를 대상으로 ISMS 인증심사원 교육을 받고 그 교육을 통해서 심사원이 심사를 어떻게 하고 결함 보고서를 어떻게 작성하는지를 배우게 되는 것이다. 하지만, 이미 1차 시험에서 통제항목별 결함을 도출하라는 문제가 출제되었고, 그 문제가 전체 문제에서 50%가 넘었기 때문에 ISMS를 준비하는 수험생들은 이미 결함을 식별하고 결함 보고서를 쓸 수 있는 능력이 있어야 한다는 것이다.

2 실제 출제된 ISMS 문제 분석

ISMS 인증심사원 시험은 실제 상황에 따른 결함을 발견하는 것이 대부분의 문제이다. 또한 결함 발견에서 답이 2개 이상인 문제가 10문제 정도 출제된다. 즉, 10문제는 올바른 것을 모두 고르라는 형태이다.

결론적으로 이 시험의 핵심은 ISMS 통제항목에서 결함을 찾는 것이다. 물론 실제 시험을 볼 때 문제지에 ISMS 통제항목을 모두 제공한다. 그러면 제공된 통제항목을 보고 시험문제를 풀면 될 것이다. 하지만 실제는 그럴 수가 없다. 제공된 통제항목에서 무엇인가를 찾는다면 그 수험생은 절대로 문제를 다 풀 수가 없다. 시험 합격을 위해서든 능력향상을 위해서든 통제항목은 어느 정도 암기가 되어 있어야 한다.

물론 단순하게 암기만 하는 것이 아니라, 각 통제항목 간의 중복 부분까지 고려되어야 할 것이다. 즉, VPN(Virtual Private Network) 접속은 과연 어떤 통제항목이 올바른 것일까? VPN 접근 통제에도 관련 있고 운영 보안에도 관련 있다. 만약 VPN을 통해서 외부자가 유지보수를 하고 있다면 외부자 보안에 관련이 있을 것이다. 이러한 것을 생각해서 답을 쓸려면 기본적으로 통제항목은 완전히 암기되어야 한다. 그 다음 그 내용의 의미까지 파악해야 할 것이다. 실제 시험에서 좀 아쉬운 것은 이 시험은 심사원 자질을 검증하기 위해서 만들어진 것이다.

심사원 자질을 기준으로 시험을 본다면 문제가 쉬워도 ISMS 심사원의 역할, ISMS 심사원 보안위배에 대한 처벌 등의 내용이 시험문제에 맞다. 하지만 실질적으로는 ISMS 인증심사원의 능력을 보는 형태로 그 의미가 달라졌다. 이렇게 되면 1차 시험이 끝나고 2차 교육을 받을 때 심사원들은 더 이상 그 교육에서 배울 것이 없을 것이다.

• ISMS 인증심사원 시험 실제 출제 배분

과목	실제시험	문항 수	실제 출제된 문제 배분
ISMS 제도	ISMS 제도 및 법률	1~5번	- 인증제도 관련 법적 근거 - 정보통신망법과 개인정보보호법과의 차이
정보보호 관련 법규			
ISMS 인증 기준	ISMS 인증 기준	6~60번	시나리오에 따른 결함 발견
정보보호 이론 및 기술	정보보호 이론 및 기술	61~80번	- 정보보호 기본 이론 - 취약점 점검 관련 문제

※ 응시자로부터 청취한 것이므로 이것은 한국인터넷진흥원의 공식 입장이 아닙니다.

CHAPTER 2 ISMS 유사기출문제

정보보호 관리체계 인증심사 시험 이후에 여러 사람들의 후기를 참조하여 실전 수준의 문제를 제공하고 있으므로 본 문제를 통해서 실전 시험에 대해 준비해야 한다.

※ 본 문제는 저자가 만든 문제로 실전 감각을 익힐 수 있도록 하였습니다.

01 직원정보는 다음의 법률 중에서 어느 법률을 준수해야 하는가?
1) 정보통신 이용촉진 및 정보보호 등에 관한 법률
2) 개인정보보호법
3) 신용정보보호법
4) 전자금융거래법

정보통신 이용촉진 및 정보보호 등에 관한 법률에서 직원정보에 대한 조항이 없다. 그러므로 일반법(보통법)인 개인정보보호법을 준용해야 한다.

02 ISMS(Information Security Management System)의 정의로 잘못된 것을 고르시오?
1) 정보통신망법 제47조부터 제53조 2의 규정에 따라 정보보호 관리체계 인증에 관하여 필요한 사항에 대해서 정하는 것을 목적으로 한다.
2) 정보보호 관리체계 인증기관(이하 "인증기관"이라 한다)이란 법 제47조 제5항에 따라 안전행정부장관이 인증에 관한 업무를 수행할 수 있도록 지정한 기관을 말한다.
3) 과학기술정보통신부는 법제도 개선 및 정책 결정, 심사기관 지정을 수행한다.
4) 심사기관은 인증 심사를 수행하고 인증 심사 결과보고서를 작성하는 것이 그 역할이다.

정보보호 관리체계 인증기관(이하 "인증기관"이라 한다)이란 법 제47조 제5항에 따라 과학기술정보통신부가 인증에 관한 업무를 수행할 수 있도록 지정한 기관을 말한다.

정답 1. 2) 2. 2)

03 정보통신망법과 개인정보보호법에서 권한변경 로그 보관 주기로 올바른 것을 고르시오?

1) 정보통신망법 3년, 개인정보보호법 3년
2) 정보통신망법 3년, 개인정보보호법 1년
3) 정보통신망법 5년, 개인정보보호법 3년
4) 정보통신망법 5년, 개인정보보호법 1년

개인정보의 기술적 · 관리적 보호 조치(정보통신망법)의 제4조(접근 통제)를 보면 정보통신서비스 제공자 등은 제1항 및 제2항에 의한 권한부여, 변경 또는 말소에 대한 내역을 기록하고 그 기록을 최소 5년간 보관해야 한다.

- **개인정보의 기술적 · 관리적 보호 조치(제4조 접근 통제 제1항과 제2항)**

> ① 정보통신서비스 제공자 등은 개인정보처리 시스템에 대한 접근권한을 서비스 제공을 위하여 필요한 개인정보관리책임자 또는 개인정보취급자에게만 부여한다.
> ② 정보통신서비스 제공자 등은 전보 또는 퇴직 등 인사이동이 발생하여 개인정보취급자가 변경되었을 경우 지체 없이 개인정보처리 시스템의 접근권한을 변경 또는 말소한다.

개인정보안전성 확보 조치(개인정보보호법) 제4조(접근 권한의 관리) 제3항에 개인정보취급자가 변경되었을 때 권한부여, 변경, 말소에 대한 로그를 최소 3년간 보관해야 한다.

04 정보통신망법에 의거한 정보보호 관리체계 의무인증 대상자인 것을 모두 고르시오?

1) 전기통신사업법의 전기통신사업자로 전국적으로 정보통신망 서비스를 제공하는 사업자
2) 서버 호스팅 사업자 및 코로케이션 서비스를 제공하는 집적된 정보통신시설을 운영, 관리하는 사업자
3) 게임업에 종사하면 일일평균 이용자가 10만 명 이상인 사업자
4) Cable-So 사업자로 매출액이 100억이 넘는 사업자

- **ISMS 의무인증 대상자**

대상자 기준	정보통신서비스 제공자	비고
(ISP) 전기통신사업법의 전기 통신 사업자로 전국적으로 정보통신망 서비스를 제공하는 사업자	인터넷 접속 서비스, 인터넷 전화 서비스 등	서울 및 모든 광역시에서 정보통신망 제공
(IDC) 타인의 정보통신 서비스 제공을 위하여 집적된 정보통신 시설을 운영, 관리하는 사업자	서버 호스팅, 코로케이션 서비스 등	정보통신서비스 부문 전년도 매출액 100억 이하 영세 VIDC 제외

(정보통신서비스제공자) 정보통신서비스 매출액 100억 또는 이용자 수 100만 명 이상인 사업자	인터넷 쇼핑몰, 포털, 게임, 예약, Cable-SO 등	정보통신서비스 부문 전년도 매출액 100억 이상 또는 전년도 말 기준 직전 3개월간 일일 평균 이용자 수 100만 명 이상 사업자

※ 2016년부터 매출액 기준 1,500억 이상인 상급종합병원과 재학생 수가 1만 명 이상의 학교가 포함됨.

05 정보보호 관리체계 인증은 최초심사, 사후심사, 갱신심사로 나누어진다. 정보보호 관리체계 인증의 유효기간은 3년이며, 3년이 되면 갱신심사를 받아야 한다. 다음은 인증심사에 대한 설명으로 그 내용이 올바르지 않은 것은 무엇인가?

1) 갱신심사란 정보보호 관리체계 인증을 받은 기업이 유효기간을 연장하기 위한 목적으로 수행하는 심사이다.
2) 정보보호 관리체계 인증 이후에 범위 변경과 같은 주요한 변경사항이 발생하면, 사후심사가 아니라 갱신심사를 받아야 한다.
3) 최초심사는 정보보호 관리체계 인증 취득을 목적으로 하는 신청기관이 받는 것이다.
4) 정보보호 관리체계에 대해서 지속적으로 유지하고 있는지를 확인하는 것은 사후심사이며, 1년에 1회 이상 할 수 있다.

해설

범위 변경 등과 같은 중요한 변경사항이 발생하면 갱신심사가 아니라 최초심사를 받아야 한다.

• 인증 심사 종류

종류	특징
최초심사	• 정보보호 관리체계 인증 취득을 위한 심사 • 범위 변경 등 중요한 변경사항 발생 시에도 최초 심사
사후심사	정보보호 관리체계를 지속적으로 유지하고 있는지에 대한 심사(연 1회 이상)
갱신심사	유효기간(3년) 만료일 이전에 유효기간 연장을 목적으로 하는 심사

정답 3. 2) 4. 1), 2), 4) 5. 2)

06 ISMS 인증위원회에 대한 설명이다. 그 내용으로 올바르지 않은 것을 고르시오?

1) 인터넷진흥원 또는 인증기관의 장은 인증위원회 심의안건을 검토하여 위원회 개최 5일 전까지 인증위원회에게 제출한다.
2) 인증위원회장은 심의, 의결 결과를 과학기술정보통신부장관에게 제출한다.
3) 심사 이후 결함에 대해서 보완 조치가 완료되어야만 인증위원회에 인증을 의뢰할 수가 있다.
4) 인증위원회는 5인 이상 10인 이내의 위원으로 구성된다.

인증위원회장은 심의, 의결 결과를 인터넷진흥원 또는 인증기관의 장에게 제출한다.

- **정보보호 관리체계 인증 등에 관한 고시**

> 제22조(인증위원회의 운영)
> ① 인터넷진흥원 또는 인증기관의 장은 인증위원회의 심의안건을 검토하여 위원회 개최 5일 전까지 인증위원회에 제출한다.
> ② 인증위원회 위원장은 제21조 제1항 각 호의 사항에 대한 심의 · 의결 결과를 인터넷진흥원 또는 인증기관의 장에게 제출한다.

ISMS 인증 심사

07 외주업체 담당자가 팀장의 승인을 받고 DLP와 DRM, PC백신 소프트웨어가 설치된 PC에서 원격작업을 수행하는 경우 ISMS 통제항목 중에서 어떤 결함에 해당되는가?

1) 접근 통제
2) 원격 운영관리
3) 변경관리
4) 없음

외부자의 원격지에서 정보시스템에 접근하는 것을 원칙적으로 금지해야 하지만, 부득이한 사유로 인해 허용하는 경우는 책임자 승인, 접속 단말, 사용자 인증, 구간 암호화, 접속 단말 보안 등의 보호대책을 수립해야 한다. 즉, 통제항목 11.2.5 원격 운영관리이다.

하지만 본 문제는 외주업체 담당자가 팀장의 승인을 받고 보안 프로그램이 설치된 PC로 작업을 했다. 단, 본 시나리오에서는 구간 암호화와 사용자 인증 부분을 확인할 수가 없다. 만약, 직원의 ID로 작업을 했고 암호화를 하지 않고, 로그도 기록하지 않았으면 결함이다. 하지만 이것은 가정이다. 또 원격지 작업에 대해서 작업자와 작업 이유, 승인자, 기간(일자, 시간) 등을 모두 기록해야 한다.

실제 문제에서는 현황 정보를 더 제공했을 것이고, 그것을 보면 원격 운영관리가 결함이 되게 했을 것이다.

08 네트워크가 망분리되어 있다. 모든 서버는 IDC 센터에 위치하고 있고 일부 몇 대의 서버는 서버룸에 존재한다. 정보보안을 위해서 DLP 서버를 사용하고 있으며 DLP 서버는 서버룸에 위치하고 있다. 또 업무용 PC와 서버는 망분리가 되어 있다. 그런데 심사 도중 심사원 PC로 DLP 서버에 접속을 시도했는데 정상적으로 접속이 이루어지는 것을 확인했다. 이런 경우 ISMS 통제항목 중에서 어떤 결함에 해당되는가? (모두 선택하시오)

1) 운영 보안
2) 네트워크 접근
3) 보안시스템 운영
4) 사용자 인증

먼저, 기본지식인 DLP와 망분리에 대해서 알아보면, 아래와 같다.

DLP(Data Loss Prevetion)란, 기업 구성원, 프로세스, 기술의 결합을 통해서 직원, 고객 등의 개인정보 및 기업정보, 지적재산을 포함하는 기밀정보가 외부로 유출되는 것을 방지하는 보안 솔루션이다. DLP는 통제정책을 통해서 메일, Web, 메신저 차단, 첨부파일 차단, 일반 USB 등록관리 및 암·복호화, USB 차단 등을 수행한다.

망분리는 정보통신망 이용촉진 및 정보보호 등에 관한 법률 시행령에 망분리가 추가되었으며, 정보통신 제공자는 일반 사업자들도 망분리 의무화 대상이 된다. 즉, 망분리는 개인정보취급자의 컴퓨터 등은 업무망과 인터넷망을 분리하여 운영하도록 규정한 것이다. 여기서 개인정보취급자란 개인정보를 다운로드 가능한 자, 개인정보 파기가 가능한 자, 개인정보 접근권한 설정이 가능한 자이며, 사업자에 대한 망분리 의무화는 전년도말 기준 직전 3개월간 저장, 관리되고 있는 개인정보가 100만 명 이상이거나 정보통신 서비스 부문 전년도 매출액이 100억 원 이상인 사업자이다.

그럼, 문제를 보면 망분리가 되어 있고 업무용 PC는 IDC 센터에 연결할 수가 없다. 하지만, 일부 서버는 서버룸에 존재하고 있다. 위의 문제는 DLP 서버가 IDC 센터에 있는지 서버룸에 있는지 명확하지는 않지만 확실한 것은 업무PC로 DLP 서버가 연결된다는 것이다. 그럼 DLP 서버는 연결되면 안 되는 것인가? 답은 그렇다. 그 이유는 DLP 서버는 DLP 보안정책 정보를 보유하고 있는 서버이므로 임의자(심사원)의 접속을 차단해야 한다. 결론적으로 문제의 핵심은 두 가지로 요약될 수 있다.

1) 망분리 오류인지
  - 망분리를 제대로 하지 못해서 DLP 서버가 IDC 센터에 있는데 연결된 것인지

2) 접근권한 문제인지
  - DLP 서버에 접근권한 설정을 제대로 수행하지 않아서 임의의 심사원 PC가 연결할 수 있었던 것인지

위의 두 개 내용을 고려해보면 통제항목 11번 운영 보안에 11.2.2 보안시스템 운영에 결함이 있는 것으로 생각할 수 있다. 즉, 11.2.2 보안시스템 운영에는 사용자 인증, 관리자 단말 IP 또는 MAC 접근 통제 등의 보호대책을 적용하여 보안시스템 관리자 등 접근이 허용된 인원 이외의 비인가자 접근을 엄격히 통제하게 되어 있다. 하지만, 심사원이 DLP에 접근했기 때문에 보안시스템 운영이 결함이다.

또한 망분리에 문제가 있었기 때문에 통제항목 10.4.1 네트워크 접근은 외부자 사용자(심사원)에게 제공하는 네트워크는 내부 업무용 네트워크와 분리하게 되어 있지만, 심사원이 접근했기 때문에 10.4.1 네트워크 접근 부분도 결함이 된다.

정답 6. 2) 7. 4) 8. 1), 2), 3)

09 직원들의 업무 PC에는 PC백신 프로그램이 설치되어 있다. 그런데 업무 PC에 설치된 PC 백신 프로그램이 정상적으로 동작하지 않을 경우 DLP가 정상적으로 동작하지 않는 문제점이 있고 DLP가 정상적으로 동작하지 않기 때문에 업무PC의 USB를 써서 기업 내부의 문서를 기록할 수 있다. 이러한 상황을 신청기관이 이미 알고 있으며, 이를 보완하기 위해서 한 달에 한번 로그점검을 실시하고 있다. 이런 경우는 ISMS 통제항목 중 어떤 결함에 해당되는가?

1) 장애관리   2) 취약점 점검
3) 정보시스템 저장매체 관리   4) 없음

> **해설**
>
> 본 문제는 답이 애매한 문제이다. 그 이유는 결함이 아닐 수가 있기 때문이다. 즉, 본 시나리오에서 생각할 수 있는 것은 만약 PC 백신 프로그램을 작동시키지 않은 사용자가 있을 경우 결함이 될 수는 있지만, PC 백신 프로그램이 정상적으로 동작하지 않을 경우를 가정했다. ISMS는 가정을 기반으로 심사하는 것이 아니라 사실을 기반으로 심사한다. 이 가정은 권고로 할 수는 있지만 결함은 아니다. 또한 PC USB를 써서 문서를 기록할 수는 있지만, 실제 로그점검 결과 그런 일이 발생했는지 확인해야 한다. 만약 그런 일이 발생했다면 매체제어 문제가 있는 것이다. 하지만 이 또한 가정일 뿐이다.
> 결론적으로 ISMS는 가정을 기반으로 결함을 찾는 것이 아니고 사실을 기반으로 결함을 식별하는 것이다.
> 그리고 매체에 관련된 통제항목은 11.4.2 휴대용 저장매체 관리이고 이것은 업무용으로 개인 휴대용 저장매체를 사용하는 것을 원칙적으로 금지해야 하며, 업무 목적상 외장하드, USB 메모리, CD 등 휴대용 저장매체를 사용하여야 하는 경우 허가된 저장매체만 사용해야 하는 것으로 규정하고 있다.

10 신청기관은 정기적으로 교육을 실시하는데 교육 대상에 대해서 교육 수행여부를 확인한 결과 교육 수행률이 아래와 같은 상태이다. 이러한 경우 ISMS 통제항목 중에서 어떤 결함에 해당되는가? (모두 선택)

교육대상	수행률
보안담당자	100%
전사원(범용 교육)	65%

1) 실무조직 구성   2) 교육계획
3) 교육대상   4) 교육시행 및 평가

>
>
> 통제항목 5.1.1 교육계획에는 교육 시기, 기간, 대상, 방법 등을 계획하게 되어있는데, 본 계획이 실현 가능성이 없는 계획을 수립한 것 때문에 전사원 교육을 못 했다면 교육계획에 결함이 발생한다. 하지만, 이것은 가정이기 때문에 교육계획 통제항목에 결함은 없다.

위의 교육대상을 보면 보안 담당자와 전사원으로 되어 있다. 즉, 교육 대상에는 정보 자산이 위치한 장소에 접근할 수 있는 청소원과 경비원 모두를 포함해야 한다. 하지만, 임직원만을 대상으로 했으므로 통제항목 5.1.2 교육대상에 결함이 발생한다.

통제항목 5.2.1 교육시행 및 평가는 임직원 및 외부자를 대상으로 연 1회 이상, 개인정보 관리자 및 개인정보취급자를 대상으로 연 2회 이상, IT 및 정보보호 직무자는 연 1회 이상 교육을 실시하게 되어 있다. 하지만 직무별 교육 내용을 확인할 수 없고 교육 준수율이 65%이므로 교육시행 및 평가에 결함이 발생한다.

11 iptables의 내용을 보고 결함으로 올바른 것을 모두 고르시오?

- 시스템 별 IP 주소

구분	IP 주소
Web Server	210.1.1.1
Database Server	222.1.1.1
FTP Server(Passive 모드 사용)	233.1.1.1

- iptables 설정

(1) iptables −A OUTPUT −o eth0 −p tcp −m tcp −sport 1024:65535 −dport 80 −j ACCEPT

(2) iptables −A FORWARD −s 255.10.10.4/24 −d 222.1.1.1/24 −j ACCEPT

(3) iptables −A FORWARD −i eth0 −p tcp −sport 21 −dport 1024:65535 −dport 21 −j ACCEPT

1) (1)번은 웹서버에 대해서 Output을 허용하였으므로 결함이다. 즉, Input만 허용하면 되는데 Output까지 허용하고 있다.

2) (2)번은 IP 주소 오류로 −s가 Any로 되어야 한다. 그러므로 결함이다.

3) (3)번은 FTP 서버를 사용하면 안되는데 FTP의 21번 포트를 허용하고 있으므로 결함이다.

4) 답 없음

해설
모두 틀린 내용이다. 단, Database Server는 내부망에 있어야 하고 −s의 IP 주소가 인터넷망의 IP 주소라면 인터넷망에서 내부망의 데이터베이스에 접속하는 것이므로 결함이 된다.

정답 9. 4) 10. 3), 4) 11. 4)

12 교육훈련에서 백화점 점원이 수시로 변경되는 경우 어떤 결함이 발생하는가?

1) 직무순환
2) 교육시행 및 평가
3) 교육 프로그램 수립
4) 없음

ISMS 통제항목 5.2 교육시행 및 평가에 결함이 발생할 것으로 예상해 볼 수는 있지만, 지문의 글만으로는 어떤 것도 단정할 수가 없다. 즉, 백화점 점원의 수시 변경 자체가 결함이라고 할 수는 없기 때문이다.

13 다음은 신청기관의 정보보안 지침이다. 아래의 내용을 보고 ISMS 통제항목 중에서 어떤 결함인지 고르시오?

• 정보보안지침

구분	설명	관리 대장
관리자 비밀번호	영문자, 특수문자, 숫자를 조합한 최소 8자리 이상 사용	비밀번호 관리 대장
사용자 비밀번호	영문자, 특수문자, 숫자를 조합한 최소 6자리 이상 사용	비밀번호 관리 대장

1) 정보보안 정책
2) 사무실 보안
3) 암호정책
4) 사용자 인증 및 식별

ISMS 통제항목 7.3의 7.3.1 개인 환경보안에는 패스워드 노출 금지에 대한 보안대책을 수립하게 되어 있고, 통제항목 9.1의 9.1.1 암호정책에는 개인정보의 기술적·관리적 보호 조치를 준수하여 암호화를 수행해야 한다. 또한 통제항목 10 사용자 인증 및 식별의 10.3.3 사용자 인증자 패스워드 관리에는 법적 요구사항, 외부 위협 요인 등을 고려하여 패스워드 복잡도 기준, 초기 패스워드 변경, 변경 주기 등에 대한 보호대책을 수립하게 되어 있다.

14 무선 인터넷은 규정으로 사용하지 못하게 되어 있다. 하지만 3개의 무선 네트워크를 사용하고 있으며, 해당 무선 네트워크는 사전에 위험분석을 수행해서 안전한 방법으로 암호화를 수행하는 것을 확인했다. 이때 ISMS 통제항목 중에서 어떤 결함에 해당되는가? (단, 업무에서 무선 네트워크가 필요함)

1) 정책 문서관리
2) 외부자 보안
3) 시스템 및 서비스 운영보안
4) 전자상거래 및 정보 전송보안

해설

ISMS 통제항목 11.2 시스템 및 서비스 운영보안의 세부 통제항목 11.2.7 무선 네트워크 보안에는 충분한 보호대책이 적용될 경우 제한적으로 사용하게 되어 있다. 하지만 본 문제는 안전하게 사용한다고 가정했으므로 문제가 될 수 없다. 단, 신청기관이 수립한 무선 인터넷 규정에는 무선 인터넷을 사용하지 않는 것으로 되어 있으므로 무선 인터넷 규정에 대한 변경처리가 안된 것인지, 아니면 규정을 위배한 것인지 확인이 필요하다. 만약 규정이 잘못된 것이라면 1.3 정책 문서관리에 결함이 발생한다. 또 사용자가 규정을 위배했다고 가정하면, 11.2.7 무선 네트워크 보안에 결함이 발생한다.

15 A기업은 ISMS 인증 심사를 의뢰해서 ISMS 인증 심사가 시작되었다. A 회사는 전산실, IDC 그리고 고객센터가 있고 모두 인증 범위이다. 당신은 ISMS 심사원으로 고객센터를 방문했고 방문결과 다음과 같은 내용을 인터뷰를 통해서 확인했다. 위의 인터뷰 내용을 보고 결함이 될 수 있는 것으로 올바르지 않은 것을 모두 고르시오?

- 고객센터 인터뷰 결과

> (1) 심사원: 고객센터에서 고객에게 전화가 오면 녹취하는데, 녹취된 데이터는 어디에 있나요?
> (2) 고객센터: 네 녹취서버는 IDC에 있으며, 관리하고 있습니다.
> (3) 심사원: 자산 관리 대장을 보니, 녹취서버명이 NK-001이네요. 담당자는 홍길동이구요. 그런데 자산등급은 어떻게 되나요?
> (4) 고객센터: 자산등급은 제가 담당이 아니라서 보안팀에 문의하세요.
> (5) 심사원: 녹취 파일을 청취하려면, 어떻게 하시나요?
> (6) 고객센터: 녹취 파일 청취는 CTI에 로그인 한 후에 고객정보를 입력하면 wma 파일이 다운로드 됩니다. 그것을 통해서 청취할 수가 있습니다.
> (7) 심사원: 녹취를 다운로드 받을 때 어떻게 로그인 하지요?
> (8) 고객센터: 고객센터 공용 ID가 있고, 공용 ID를 가지고 로그인하고 있습니다.
> (9) 심사원: 최근 3개월 간의 퇴직자 명단을 보니 갑순양이 퇴직했는데, 퇴직 이후에 공용 ID의 패스워드가 변경되었나요?
> (10) 고객센터: 저희는 6개월에 한 번씩 정기적으로 변경하고 있습니다.

1) 녹취서버에 대한 자산 ID를 부여했지만, 녹취서버가 콜 센터의 통제구역에 존재하지 않고 IDC 센터에 존재하므로 개인정보취급자의 자산관리에 결함이 발생할 수 있다.
2) 공용 ID를 통해서 로그인 하는 것은 결함이다.
3) 녹취 파일을 개인PC로 다운로드되어 녹취를 확인하면, 녹취 파일에 대한 통제가 제대로 이루지지 않은 것으로 볼 수 있다.
4) 퇴사자가 존재했는데 패스워드를 즉시 변경하지 않았기 때문에 결함이다.

정답 12. 4) 13. 4) 14. 1) 15. 1), 2)

16 심사팀은 IDC 센터를 방문하기로 했다. IDC 센터 방문 시에 점검해야 할 내용을 모두 고르시오?

1) 접견 구역은 신원이 확인된 사용자만 출입이 가능한지 확인한다.
2) IDC 센터 내에 있는 자산에 대해서 자산식별 번호, 자산명, 담당자 등이 기록되어 있는지 확인한다.
3) 접견구역과 제한구역으로 분리되어 있고 제한구역은 인가된 사용자만 출입이 가능하며, 제한구역은 모든 시스템이 위치해 있다.
4) IDC 센터 내에 물리적 배치도가 있는지 확인한다.

- 통제항목 7.1.1 보호구역

구분	특징
접견구역	외부인이 별다른 출입증 없이 출입이 가능한 구역 (예 접견장소)
제한구역	비인가된 접근을 방지하기 위하여 별도의 출입통제 장치 및 감시시스템이 설치된 장소로 출입 시 직원카드와 같은 출입증이 필요한 장소 (예 부서별 사무실 등)
통제구역	제한구역의 통제항목을 모두 포함하고 출입자격이 최소인원으로 유지되며 출입을 위하여 추가적인 절차가 필요한 곳 (예 전산실, 통신장비실, 관제실, 공조실, 발전실, 전원실)

정보보호 이론 및 기술

17 업로드 취약점으로 인하여 웹셸(Web Shell)로 같은 파일이 업로드 되었다. 이러한 취약점을 방지하기 위한 설명으로 그 내용이 올바르지 않은 것은?

1) 화이트리스트 방식으로 허용된 확장자(hwp, doc)만 업로드할 수 있도록 필터링을 수행한다.
2) 업로드 시에 파일명과 확장자를 추측할 수 없는 임의적 문자열로 변경한다.
3) 파일 실행여부에서 실행 속성을 제거한다.
4) 업로드되는 파일의 저장 경로는 "Web Document Root" 밖의 위치에 저장한다.

해설

파일을 실행할 수 없는 속성으로 변경한다는 것은 서버에서 rwx 권한을 조작한다는 것인데, 웹셸은 첨부파일로 업로드 되어서 사용자가 클릭하면 개인PC에서 실행된다. 개인 PC는 윈도우이고 윈도우의 실행여부는 확장자가 exe, com, vbs 등이면 실행하게 되는 것이다.

18 아래의 그림은 RAID의 한 종류이다. 아래의 그림에 해당되는 것은 무엇인가?

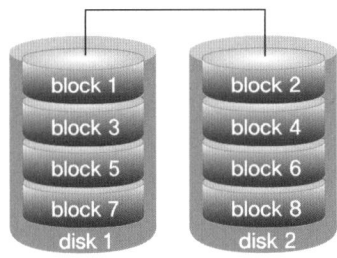

1) stripping
2) Mirroring
3) Hamming Code ECC
4) Parity ECC

▲ RAID 0 (Stripe, Concatenate)

- Stripping(구성 디스크에 고르게 분산 저장) 방식과 Concatenate(디스크 배열 순서로 채워짐) 방식 가능
- 최소 2개의 디스크로 구성
- 작은 디스크를 모아 하나의 큰 디스크로 만드는 기술로 장애 대응이나 복구 기능은 별도
- Disk Striping은 데이터를 나누어 저장하지만 중복되어서 저장하지는 않기 때문에 디스크 장애 발생 시에 복구할 수가 없다.

정답 16. 2), 3), 4) 17. 3) 18. 1)

19. 커버로스(Kerboros) 인증시스템은 미국 MIT에서 개발한 티켓(Ticket) 기반 인증시스템이다. 아래의 항목 중에서 커버로스에 대한 설명으로 올바르지 않은 것은?

1) 별도의 티켓서버와 인증서버가 존재한다.
2) 암호화를 위해서 공개키를 사용한 인증을 수행한다.
3) 재생공격(Replay Attack)에 취약한 문제점을 가지고 있다.
4) 발급된 티켓(Ticket)은 클라이언트가 보관한다.

해설

커버로스 인증시스템은 암호화를 위해서 대칭키 암호화 기법인 DES를 사용한다.

커버로스 인증은 미국 MIT에서 개발한 최초의 중앙집중적인 인증시스템이다. 커버로스 인증은 티켓을 발급하는 티켓서버와 인증을 수행하는 인증서버로 구성된다.

티켓서버는 사용자 정보를 확인해서 정당한 사용자에게 티켓을 발급하고 발급된 티켓은 사용자 클라이언트에 저장된다. 사용자는 발급된 티켓을 활용하여 인증서버에 접근하고 인증서버는 티켓을 통해서 최종 인증을 수행하는 것이다.

- 중앙 집중형 사용자 인증 프로토콜 / RFC1510
- 대칭키 암호화 기법에 바탕을 둔 티켓기반 인증 프로토콜
- 3A 지원: Authentication, Accounting, Auditing(AAA 서버라고 함)

20. 아래의 항목 중에서 재해복구와 관련이 없는 것을 고르시오?

1) RTO
2) RPO
3) MBO
4) BIA

해설

MBO, KPI, BSC는 성과평가에 관련된 것이다. 나머지는 모두 BCP와 관련된 것으로 RSO(Recovery Scope Objective)는 비즈니스 연속성 계획의 복구범위이며, RTO(Recovery Time Objective)는 비즈니스 복구 시간, RPO(Recovery Point Objective)는 비즈니스 복구 시점을 의미한다. 그리고 BIA(Business Impact Analysis)는 BCP의 핵심활동으로 위험분석을 수행하여 비즈니스 복구계획을 수립하는 것이다.

▲ BIA 수립

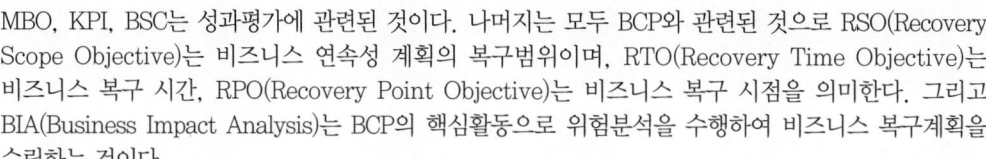

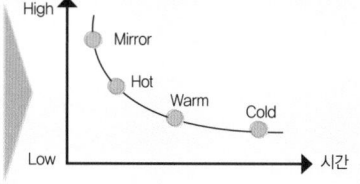

위의 도표가 BIA의 모든 것을 이야기하고 있다. 즉, 업무영향 분석을 통해서 업무별 복구시간 목표산정, 재해 시에 업무 우선순위 파악, 업무 간 상호 연관성 파악을 수행해서 재해복구 목표를 설정하는 것이다. 이러한 설정을 달성하기 위해서 정보시스템으로 재해복구시스템(DRS)을 구축할 수 있고 재해복구시스템의 유형도 결정되는 것이다.

21 다음은 윈도우의 net 명령에 대한 설명이다. 설명으로 올바르지 않은 것을 고르시오?

1) net user 명령을 사용해서 limbest 계정을 추가하려면 net user limbest /add 명령을 실행하고 계정을 삭제하려면 net user limbest /delete로 실행한다.
2) 윈도우 공유 폴더에 대한 확인 net share 명령을 실행해서 확인하고 C$ 공유를 해제하려면 net share C$ /delete 명령을 실행한다.
3) net start 명령은 GUI 환경 사용이 어려울 때 Command로 윈도우의 서비스를 실행하고 net stop은 서비스를 종료시킨다. 만약 dhcp client 서비스만 시작시키고 싶을 때는 net start "dhcp client"로 입력하면 된다.
4) net statistics은 PC에 대한 통계정보를 조회하는 것으로 윈도우 애플리케이션에 대한 CPU 사용정보를 확인한다.

해설

▼ net statistics 명령 실행

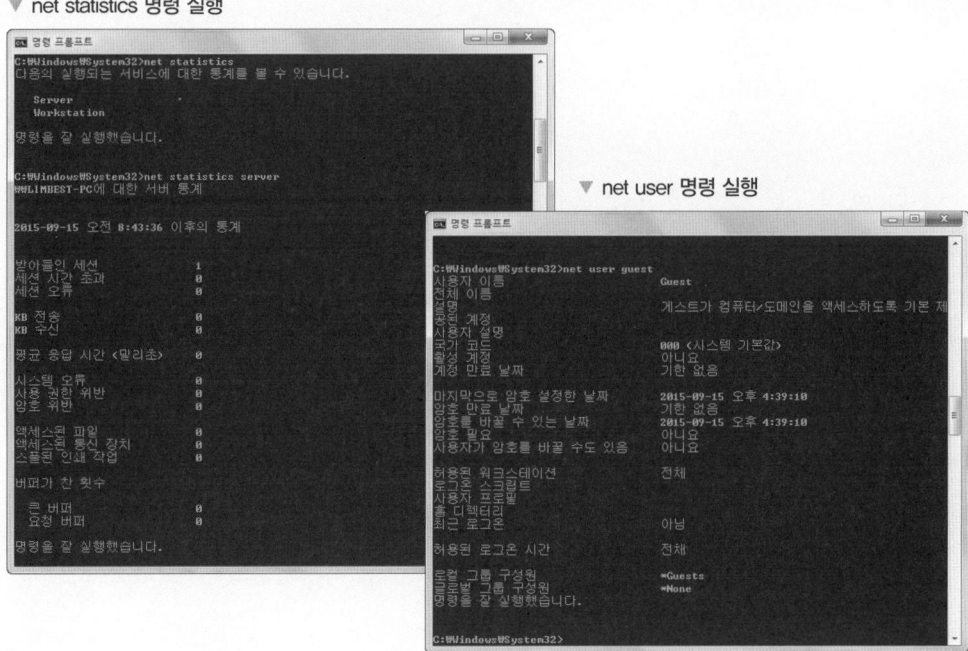

▼ net user 명령 실행

정답 19. 2) 20. 3) 21. 4)

22 아래의 그림에 해당되는 명령어가 무엇인지 고르시오?

```
최대 30홉 이상의
www.naver.com.nheos.com [202.179.177.22]<으>로 가는 경로 추적:

  1     3 ms     1 ms     1 ms  192.168.108.2
  2    <1 ms    <1 ms    <1 ms  192.168.109.2
  3     1 ms     1 ms     1 ms  203.254.179.130
  4     1 ms     1 ms     1 ms  192.168.168.99
  5     2 ms     2 ms     2 ms  192.168.168.66
  6     2 ms     2 ms     2 ms  192.168.168.13
  7     3 ms     1 ms     2 ms  192.168.168.2
  8     2 ms     2 ms     2 ms  210.110.206.1
  9     3 ms     2 ms     3 ms  134.75.5.45
 10     2 ms     3 ms     3 ms  175.114.166.157
 11     2 ms     2 ms     2 ms  118.217.108.45
 12     7 ms     7 ms     6 ms  118.217.109.69
 13    10 ms    10 ms    10 ms  58.229.119.245
 14     5 ms     6 ms     5 ms  1.255.23.250
```

1) netstat
2) ping
3) traceroute
4) tracert

해설

▼ tracert 실행

```
명령 프롬프트
C:\Windows\System32>tracert www.naver.com

최대 30홉 이상의
www.naver.com.nheos.com [202.179.177.22]<으>로 가는 경로 추적:

  1     3 ms     1 ms     1 ms  192.168.108.2
  2    <1 ms    <1 ms    <1 ms  192.168.109.2
  3     1 ms     1 ms     1 ms  203.254.179.130
  4     1 ms     1 ms     1 ms  192.168.168.99
  5     2 ms     2 ms     2 ms  192.168.168.66
  6     2 ms     2 ms     2 ms  192.168.168.13
  7     3 ms     1 ms     2 ms  192.168.168.2
  8     2 ms     2 ms     2 ms  210.110.206.1
  9     3 ms     2 ms     3 ms  134.75.5.45
 10     2 ms     3 ms     3 ms  175.114.166.157
 11     2 ms     2 ms     2 ms  118.217.108.45
 12     7 ms     7 ms     6 ms  118.217.109.69
 13    10 ms    10 ms    10 ms  58.229.119.245
 14     5 ms     6 ms     5 ms  1.255.23.250
 15     *        *        *     요청 시간이 만료되었습니다.
 16     *        *        *     요청 시간이 만료되었습니다.
 17  ^C
C:\Windows\System32>
C:\Windows\System32>
C:\Windows\System32>
C:\Windows\System32>
C:\Windows\System32>
C:\Windows\System32>
C:\Windows\System32>
C:\Windows\System32>
C:\Windows\System32>
C:\Windows\System32>
C:\Windows\System32>
C:\Windows\System32>
C:\Windows\System32>
C:\Windows\System32>
```

23 다음은 호스트에 대해 접근제어를 하기 위한 TCP Wrapper 설정이다. 해당 설정에 대한 설명으로 올바르지 않은 것은 무엇인가?

- hosts.allow 파일(1번)

```
rlogind: 210.5.2.1
```

- hosts.deny 파일(2번)

```
ALL: 201.1.1.1
```

- hosts.allow 파일(3번)

```
sshd: ALL
```

- hosts.deny 파일(4번)

```
ALL:ALL
```

1) (1번)은 210.5.2.1 서버에서 rloingd 서비스에 대한 접근만 허용한다.
2) (2번)은 201.1.1.1 서버의 모든 서비스의 접근을 거부하고 있다.
3) (3번)은 모든 호스트에 대해서 sshd 접근을 허용한다.
4) (4번) 모든 접속을 거부한다. 시스템 내부에서 Loop Back 주소의 접근도 거부된다.

해설

hosts.deny 파일로 ALL:ALL은 모든 접속을 거부하지만 Loop Back 주소인 127.0.0.1은 자기 자신이기 때문에 관련이 없다.
TCP Wrapper란 무엇인지 알아보자.
- 인터넷상에서 대부분의 연결은 TCP 프로토콜을 사용해서 이루어진다. 이러한 TCP 접속에 대한 Wrap를 씌워서 서버로 접속하는 불필요한 접속을 제어하는 것이 TCP Wrapper이다.
- 데몬 프로세스 및 IP Address별로 설정하여 접속허용과 접속거부를 설정할 수 있다.
- /etc/hosts.deny: 접속거부를 설정
  1) ALL: ALL (사실상 모든 접속이 차단됨)
- etc/hosts.allow: 접속허용을 설정
  1) Httpd: ALL (httpd 서비스로 모든 접근을 허용하고 IP에 제한이 없다.)
  2) sshd: 210.106.10. (SSH 보안 텔넷 서비스 접속은 210.106.10.XXX 만 허용)
- hosts.deny와 hosts.allow 파일은 [서비스: 접속대역] 형태로 선언한다.

정답 22. 4) 23. 4)

24 데이터베이스 서버는 인터넷 접속이 되지 않는다. 그런데 최근 운영체제에 취약점이 보고되어서 즉시 패치(Patch)를 수행해야 한다. 또한 백신 프로그램은 매일 패치를 수행해야 한다. 어떻게 진행하는 것이 올바른 것인가?

1) Outbound 서비스 Port를 오픈하여 데이터베이스 서버에 인터넷 패치서버를 연결하여 자동 업데이트를 수행한다.
2) 매일 정기적으로 패치 파일을 받은 후에 정기점검 수행 시에 패치를 수행한다.
3) 외부망 구간에 패치전용 서버를 설치하고 패치전용 서버를 통해서 패치 파일을 받은 후 내부망의 데이터베이스 서버에 자동으로 패치를 수행한다.
4) 외부망에 연결된 PC에 패치 파일을 받은 후 해시 값을 확인하고 보안 USB를 통해서 데이터베이스 서버 패치를 수행한다.

현실적으로는 모두 옳은 말이다. 하지만 가장 올바른 것을 찾아야 한다. 그래서 금감원 권고로 패치 파일은 수동으로 받고, 보안 USB를 통해서 내부망에 있는 시스템에 적용하게 되어 있다. 하지만, 이것은 권고일 뿐이다.

25 다음 공격기법은 어떤 공격인지 선택하시오?

> http://www.naver.com/test.jsp@id= limbest and substring(db_name( ), 6, 1)=0--

1) SQL Injection
2) Command Injection
3) Blind SQL Injection
4) LDAP Injection

Blind SQL Injection은 SQL Injection 내부 데이터베이스 오류를 보여주지 않도록 설정했을 경우, 참과 거짓을 구분할 수 있는 구문을 통해서 데이터 정보를 획득하는 방법이다. 프록시 도구를 사용하거나 프로그램 소스를 수정해서 SQL 사이즈 제한을 우회할 수가 있다.

26 아래의 웹 취약점은 어떤 취약점에 대한 사례인가?

```
String passwd = request.getParameter("usr");
String passwd = request.getParameter("passwd");
Connection con = DriverManager.getConnection(url, usr, passwd);
con.close( );
```

1) SQL Injection 2) XSS
3) CSRF 4) 취약한 패스워드 허용

해설

취약한 패스워드 허용은 강력한 패스워드 생성 규칙이 없거나 이를 준수하지 않을 경우 발생할 수가 있다.

• 안전한 코드(취약한 패스워드 허용)

```
5: try
6: {
7: request.getSession( ).invalidate( );
8: String passwd = request.getParameter("passwd");
9:
10: //
11: if (passwd == null || "".equals(passwd)) return;
12:
13: //
14: if (Password.validate(passwd) == false) return;
15:
16: InitialContext ctx = new InitialContext( );
17: DataSource datasource = (DataSource) ctx.lookup(CONNECT_STRING);
18: Connection con = datasource.getConnection( );
19:
20: con.
```

정답 24. 4) 25. 3) 26. 4)

27 다음은 웹서버에서 디렉터리 리스팅(Directory Listing) 공격을 막기 위한 방법이다. 올바르지 않은 것을 고르시오? (Apache Web Server, 답 2개)

1) httpd.conf 파일을 통해서 디렉터리 리스팅을 공격을 차단할 수가 있다.
2) 행정안전부 개발 보안 가이드를 확인하면 getstring 및 setstring 함수를 통해서 임의적 값을 화이트리스트 필터링을 수행한다.
3) DocumentRoot 환경 값이 디렉터리 리스팅을 제한한다.
4) Options Indexes FollowSymLists에서 Indexes 필드를 삭제하면 바로 적용된다.

Apache Web Server의 설정파일은 httpd.conf 파일이고, 해당 파일에서 DocumentRoot 환경 값에 Options Indexes FollowSymLists에서 Indexes를 삭제하여 제한할 수가 있다. 설정 이후에 Apache를 재시작해야 한다.

28 무선 LAN 보안 기술 WPA(Wi-Fi Protected Access)는 무선 LAN 보안 표준 중에 하나이다. 아래의 지문 중에서 WPA에 대한 설명으로 올바르지 않은 것은 무엇인가?

1) IEEE 802.11i 표준을 기반으로 하고 있다.
2) 인증 부문은 802.1x 및 EAP(Extensible Authentication Protocol)를 도입하여 인증 시에 성능과 보안성을 향상시켰다.
3) 패킷(Packet)별로 키 할당이 가능하고 키 값의 재설정을 지원한다.
4) AES 기반의 128비트 고정 키를 사용하는 블록 암호화 운영 모드이다.

AES는 128, 192, 255비트 등의 가변 키 크기를 가지는 블록 암호화 기법이다.

WPA는 WEP의 고정 암호화 방식의 취약점을 해결하기 위해서 개발된 것으로 대칭벡터(IV: Initialization Vector)가 추가되었다. 즉, 데이터 암호화 할 때 TKIP(Temporal Key Integrity Protocol) 및 AES(Advanced Encryption Standard)라는 IEEE 802.11i 보안 표준을 지원하고 있다. TKIP(Temporal Key Integrity Protocol)는 순서규칙이 있는 48비트 초기화 벡터(WEP 24비트 초기화 벡터)를 사용하고 이를 통해서 키 재사용과 재생 공격(Replay Attack)을 방지할 수 있다. 그리고 패킷당 키 혼합기능, 패킷 위조공격을 막기 위해서 암호 체크섬 키(Check Sum Key) 기능을 포함한다.

AES(Advanced Encryption Standard)는 128, 192, 256비트 등의 가변 키 크기를 가지는 수학적 암호화 알고리즘으로 이론상 키 길이를 무한대로 확장이 가능하다.

WPA는 암호키를 특정 시간이나 일정 크기의 패킷 전송 후에 자동으로 변경시키기 때문에 해킹이 불가능하다. 또한 WPA-PSK는 특정 모드로 인증서버 없이도 보안기능을 지원해주며, WPA2PSK는 WPA-PSK 보다 보안기능이 향상되었다.

29 정상적인 웹페이지에 공격자가 악의적으로 스크립트를 포함시켜 사용자측에서 실행을 요구할 때 정보유출과 같은 공격을 유발하는 취약점은 무엇인가?

1) SQL Injection
2) XSS
3) Drive by down load
4) CSRF

행정안전부 개발 보안 약점 입력 값 검증 부분에 XSS(Cross Site Scrpting)는 검증되지 않은 외부 입력 값에 의해서 브라우저에 악의적인 코드가 실행되는 보안 약점이다.

30 내부 주소체계가 유출되지 않도록 외부 네트워크와 연결지점에 설치(기능) 적용하여야 하는 것으로, 외부인이 공개되지 않은 자원에 접근하는 것을 막고 직원들이 접속해야 할 외부자원들을 통제하기 위해서 인트라넷과 인터넷 사이에 설치하는 것은?

1) Softswitch
2) VLAN
3) Firewall
4) L4

방화벽(Firewall)은 인증되지 않은 데이터가 네트워크로 유입되는 것을 방지하고, 어떤 종류의 데이터가 어떻게 외부로 송신되는지를 제한하는 액세스 제어를 하는 보안장비

31 아래의 지문에서 DNS에 대한 설명으로 올바르지 않은 것은?

1) DNS는 인터넷 네트워크상에서 컴퓨터 이름을 IP주소로 변환하거나 해석하는데 사용되는 네이밍 시스템이다.
2) Recursive Query는 Local DNS 서버에 Query를 보내 완성된 답을 요청한다.
3) Iterative Query는 Local DNS 서버가 다른 DNS 서버에게 Query를 보내어 답을 요청, 외부 도메인에서 개별적인 작업을 통해 정보를 얻어와 알려준다.
4) Zone Transfer는 Slave DNS가 Master DNS에서 자신의 Zone 정보를 알려준다.

Zone Transfer는 Master DNS의 Zone 정보를 Slave에게 전송하는 것이다.

32. 다음은 snort에 대한 설명이다. 그 내용이 올바른 것을 모두 고르시오?

1) Snort Signature는 Rules라는 확장자를 가진 파일에 기술되며, 룰 헤더와 룰 옵션의 두 개의 섹션으로 분류된다.
2) 룰 헤더는 처리방법(action), 프로토콜, 송신자 IP 주소와 Port 및 패킷방향(-〉, 〈 〉), 수신자 IP 및 Port, 옵션으로 이루어진다.
3) 처리방법(action)은 alert, log, pass, activate, dynamic으로 구분되며, activate는 alert를 발생시키고 dynamic signature를 유효하게 만든다.
4) activate Signature에 의해서 유효하게 되면 한 쪽의 패킷을 기록한다.

Snort는 IDS 보안탐지를 수행하는 도구로 위의 내용은 snort에 대한 올바른 설명이다.

- **snort 탐지 룰 지정**

> (1)번 alert tcp !192.110.1.0/24 any -〉 192.160.1.0/24 111 (content: "|00 01 86 a8|"; msg: "limbest";)
> (2)번 alert tcp ![192.110.1.0/24,10.1.1.0/24] any -〉 [192.160.1.0/24,10.1.1.0/24] 111 (content: "|00 01 86 a8|"; msg: "limbest";)

위의 예는 tcp 프로토콜이며 IP가 192.110.1.0의 송신자 주소가 192.160.1.0의 포트번호 111로 송신되는 패킷 중에서 그 내용이 00 01 86 a8이면 메시지로 limbest를 출력하라는 것이다. 위의 예에서 (2)번은 송신자의 IP가 10.1.1.0이 하나 더 있는 것이다. 그리고 192.110.1.0/24의 의미는 24가 1의 개수를 의미해서 3*8=24인 서브넷 주소, 즉 11111111.11111111.11111111.00000000(255.255.255.0)을 의미한다. 만약 송신자의 IP와 포트번호를 모르는 경우 any any로 지정하면 된다.

33. 아래의 공격 기법 중에서 그 기법이 다른 하나는 무엇인가?

1) 버퍼 오버플로우 2) 포맷 스트링
3) 스니핑 4) 랜섬웨어

공격기법은 수동적 공격과 능동적 공격으로 분류되며, 수동적 공격은 정보획득을 목적으로 하고 능동적 공격은 피해를 유발하는 공격이다.
- 스니핑(Sniffing): 유선 및 무선 데이터 통신의 내용을 몰래 도청하는 행위 및 소프트웨어로 수동적(Passive) 공격형태

34 FTP는 파일을 서버에 업로드 하거나 다운로드할 수 있는 인터넷 표준 프로토콜이다. FTP를 사용해서 파일을 다운로드 할 경우 그 내역을 로그로 기록하고 싶다면 FTP가 기록하는 로그 파일은 무엇인가?

1) xferlog
2) wtmp
3) utmp
4) sulog

- xferlog 파일구조

1. 송·수신 자료와 시간
2. 송·수신을 수행한 원격 호스트
3. 송·수신된 파일의 크기
4. 파일의 송·수신 모드
5. 특수 행위 플래그
6. 전송 방향
7. 로그인 한 사용자의 종류

- xferlog 파일구조

var/log/xferlog 로그
Thu Apr 10 14:43:54 2015 1 172.16.100.1 806748 /home/test/limbest.txt b _ i r test ftp 0 * c

- [Thu Apr 10 14.43.54 2015 1]: 접근 날짜와 시간
- [172.16.100.1]: 접속한 IP
- [/home/test/limbest.txt]: 전송한 파일
- [_]: 행동 분석
-〉 C: 압축파일
-〉 T: tar로 묶여져 있는 파일
-〉 i: 파일을 올릴 때 (incoming)
-〉 d: 파일을 지울 때 (delete)
-〉 r: 인증된 사용자 (real)
- [test]: 로그인 한 ID
- [0]: 인증에 사용된 방법
-〉 c: 전송 성공 (complete transfer)
- [806748]: 전송한 파일 크기
- [b]: 파일의 종류 (b: Binary, a: Ascii)
-〉 _ : 아무일도 발생하지 않음
-〉 U: 압축되지 않은 파일
- [i]: 서버에서 파일 행동 방식
-〉 o: 파일을 받을 때 (outgoing)
- [r]: 사용자의 접근 방식
-〉 a: 익명 유저 (anonymous)
- [ftp]: 서비스 방법, ftp 서비스 이용
- [*]: 전송 상태
-〉 i: 전송 실패 (incomplete transfer)

정답 32. 1), 2), 3), 4) 33. 3) 34. 1)

35 다음은 유닉스 시스템에 대한 로그 파일 설명이다. 그 내용으로 올바르지 않은 것을 고르시오?

1) /var/log/secure 로그로 ssh 및 telnet 사용자에 대한 인증 기록을 보유한다.

```
[root@localhost log]# cat secure | more
Nov 12 12:25:22 localhost sshd[8431]: pam_unix(sshd:session): session c
losed for user root
Nov 12 12:25:25 localhost sshd[7906]: Received signal 15; terminating.
Nov 12 20:32:23 localhost sshd[7900]: Server listening on :: port 22.
Nov 12 20:32:23 localhost sshd[7900]: error: Bind to port 22 on 0.0.0.0
 failed: Address already in use.
```

2) /var/log/dmesg로 부팅 시에 기록되는 로그이며, dmesg 명령어로 확인할 수가 있다.

```
[root@localhost log]# dmesg
Linux version 2.6.18-92.el5 (mockbuild@builder16.centos.org) (gcc vers
on 4.1.2 20071124 (Red Hat 4.1.2-42)) #1 SMP Tue Jun 10 18:49:47 EDT 2
08
BIOS-provided physical RAM map:
 BIOS-e820: 0000000000000000 - 000000000009f800 (usable)
 BIOS-e820: 000000000009f800 - 00000000000a0000 (reserved)
 BIOS-e820: 00000000000dc000 - 0000000000100000 (reserved)
 BIOS-e820: 0000000000100000 - 00000000fef0000 (usable)
 BIOS-e820: 00000000fef0000 - 00000000feff000 (ACPI data)
 BIOS-e820: 00000000feff000 - 00000000ff00000 (ACPI NVS)
 BIOS-e820: 00000000ff00000 - 0000000010000000 (usable)
 BIOS-e820: 00000000fec00000 - 00000000fec10000 (reserved)
 BIOS-e820: 00000000fee00000 - 00000000fee01000 (reserved)
 BIOS-e820: 00000000fffe0000 - 0000000100000000 (reserved)
0MB HIGHMEM available.
256MB LOWMEM available.
found SMP MP-table at 000f6c90
Memory for crash kernel (0x0 to 0x0) notwithin permissible range
disabling kdump
Using x86 segment limits to approximate NX protection
```

3) /var/run/utmp는 현재 로그인 한 사용자 정보를 보여준다.

```
[root@localhost log]# last
root     pts/1        192.168.133.1    Fri Nov 14 14:42   still logged in
reboot   system boot  2.6.18-92.el5    Fri Nov 14 14:40          (00:12)
root     pts/1        192.168.133.1    Fri Nov 14 03:07 - down   (00:00)
```

4) /var/log/lastlog는 마지막으로 로그인 한 정보를 제공한다.

```
[root@localhost log]# lastlog
사용자명         포트     ~로부터           최근정보
root           pts/1    192.168.133.1    금 11월 14 14:42:43 +0900 2008
bin                                      **한번도 로그인한 적이 없습니다**
daemon                                   **한번도 로그인한 적이 없습니다**
adm                                      **한번도 로그인한 적이 없습니다**
lp                                       **한번도 로그인한 적이 없습니다**
sync                                     **한번도 로그인한 적이 없습니다**
```

> 해설
> 3번은 wtmp 로그로 로그인, 로그아웃, 재부팅 정보를 제공하며, last 명령어로 그 내용을 확인할 수 있다. 그리고 utmp는 현재 시스템에 로그인 한 사용자의 상태 정보를 출력하며 w, who, users, finger 명령을 통해서 확인한다.

36 OpenSSL 취약점과 관련 없는 취약점은 무엇인가?

1) ShellShock
2) HeartBleed
3) Logjam
4) POODLE

> 해설
> 셸 쇼크(ShellShock)는 유닉스 계열 운영체제에서 Shell Script를 실행하는 배시(Bash)에서 발생한 취약점으로 배시버그(Bash Bug)라고도 한다. 이 취약점을 이용하여 백도어(Backdoor)를 생성할 수 있어서 악성코드를 자동으로 실행할 수 있다.
>
> • 셸 쇼크 영향
>
> | | |
> |---|---|
> | – 시스템과 서버에서 악성 스크립트를 실행 | – DDos 공격을 실행 |
> | – 웹서버의 내용 수정 | – 악성코드를 확산 |
> | – 스팸 및 피싱 메일 발송 | – 민감한 정보 접근 및 이용 |
> | – 웹사이트 손상 | |

정답 35. 3) 36. 1)

ISMS 시험 응시자 후기

실제 시험에 응시한 응시자의 후기를 참고하여 정보보호 관리체계 인증심사원 1차 시험을 준비한다.

1 응시자 후기

본 장은 ISMS 인증심사원 시험 이후에 여러 명의 응시자가 저에게 보내 준 시험 후기를 발췌한 것이다. 현실감각이 있는 후기를 읽어보면 방향성을 잡는데 많은 도움이 될 것이다.

1) A군 시험후기

ISMS 인증시험 후기 남깁니다. 무료강의가 많은 도움이 되었고 배포해 주신 책도 잘 보았습니다. 저의 시험 후기입니다. 시간이 모자라 아쉬움이 많이 남네요.

아침에 시험장에 도작해서 깜짝 놀랐습니다. 그 이유는 생각했던 것보다 시험을 보는 교실이 너무 많아서 입니다. 총 23개 교실이었고 제가 본 교실을 기준으로 30명의 자리배치가 되어 있었으니 정확히 690명이 시험접수를 하였습니다. 또한 한 교실당 1명~2명 정도 결시생이 있다고 가정하면 총 50명 정도 결시생이 발생하여 최종 응시자수는 약 6백40명 정도 응시한 것으로 추측해 볼 수 있습니다.

입실할 때는 입구에서 신분증을 일일이 검사했구요. 아시다시피 시험은 14:00부터 실시되어 16:00시까지 진행되었습니다. 특이한 것은 답안지에 필적 검사와 서명을 하더군요. 또한 주의사항으로는 해당 문제내용을 온라인으로 홍보하는 경우 응시제한과 더불어 합격을 해도 불이익을 준다는 내용이 있었습니다. 당연히 문제지는 회수했구요

문제지를 받는 순간 엄청 놀랐습니다. 문제지가 책인줄 알았어요. 엄청 두꺼웠습니다. 문제지를 넘겨보니 맨 앞장에 보호대책이 인쇄되어 있더군요. KISA에서 보내온 응시자 메일에 적혀있던 내용이 바로 이 부분이었습니다. 하지만 문제를 풀면서 보호대책을 확인하면 당연히 시간이 엄청 모자랄겁니다. 아마 30문제도 못풀듯... 당연히 저는 보호대책을 보지않고 문제를 풀었습니다. 한 25문제 정도 풀었는데 1시간이 훌쩍 넘어 버렸습니다. 마음이 조급해 졌습니다. 부랴부랴 최대한 빨리 풀었는데도 마지막 30분 정도 남았을 때 20문제가 더 남아 있었습니다. 마킹하는데 약 10분 정도 소요된다고 치면 20분 정도 밖에 시간이 남지 않았습니다. 마지막 20문제는 다행히도 보안기사 실기시험 유형으로 출제 되었더군요.

예를 들면, 취약점 캡처 화면을 보여주고 어떤 공격이냐? 또는 무엇을 하는 행위이냐 등등. 이 부분은 보안기사 공부를 했기 때문에 그래도 답을 어느 정도 맞출 수 있었습니다.

정리를 해보면 ISMS심사 시험은

20문제(1번~20번 문제)
- 법률문제, ISMS제도 문제가 나옵니다(개인정보보호법과 망법을 비교한 문제가 나왔습니다).

40문제(21번~60번 문제)
- 본 항목에서는 딱 2가지 분류로 90% 이상 출제되었습니다.
- 첫째, 결함부분을 찾는 문제입니다(심사원과 신청기관 담당자의 대화내용을 주고 어느 통제항목에 포함되는 결함인지 찾는 문제가 출제되었습니다).
- 둘째, 지문을 주고 지문에서 결함이라고 판단된 항목은 어느 통제항목에 속하는지 찾는 문제가 나왔습니다.
- 지문 내용이 엄청 깁니다.

20문제(61번~80번 문제)
- 정보보안기사 실기 형태로 출제되었습니다.
- 캡처한 화면을 주고 무엇에 대한 공격인지 등을 찾는 문제였습니다.
- OWASP의 인젝션, XSS 등이 출제되었고, 방화벽 및 룰 설정에 대한 문제도 출제되었습니다.
- 비교적 지문이 길지 않았다고 생각합니다.

다음 회차 수검전략(제 개인생각임)

1. 문제지가 주어지면 먼저 61번~80번 문제부터 풉니다. 왜냐하면 비교적 지문이 적고, 난해하게 나오지 않는 것 같습니다. 보안기사 실기공부를 했다면 스피드하게 풀 수 있다고 생각됩니다

2. 11번~60번 문제는 대부분 지문이 상당히 긴데, 그 중에서도 지문을 전부다 읽지 않고 풀 수 있는 문제가 있습니다. 무슨 말이냐면 문제와 설명이 있다면 굳이 설명을 읽지 않고도 풀 수 있는 문제입니다. 저는 이 부분을 시험시간 후반부에 깨달았습니다. 향후에는 이런 문제부터 스피드하게 풀 것입니다.

3. 나머지 문제 1번~20번 문제

   이 부분의 문제는 짧은데 보기 1번~5번 보기 내용이 엄청 길게 나옵니다. 문제 내용 중 틀린 것은 또는 맞는 것을 고르시오만 보고 보기를 무조건 읽어 문제를 풀어야 합니다. 법률 및 인증제도에 대한 내용을 가지고 말장난하는 보기가 많았습니다. 보기 내용만 정확히 판단한다면 굳이 문제를 정확히 읽을 필요가 없다고 생각되었습니다.

결국 이 시험은 KISA에서 작정을 한 시험이라고 볼 수 있습니다. 위에서도 말씀드렸지만 보기 내용과 설명 및 지문이 너무 많아 시간이 모자랐던 시험입니다. 꼭 수능문제 또는 감리사 시험에서 지문을 엄청 길게 낸 것처럼 말입니다. 제가 보기에는 평균 75점 정도 되어야 합격이 될 것 같네요.

좋은 하루 되세요^^

2) B군 시험후기

안녕하세요 9월 6일 ISMS 2차 교육에 참석했던 ○○○이라고 합니다.

우선 좋은 강의와 교재 제공 감사드립니다. 덕분에 무사히 시험을 치를 수 있었던 것 같습니다. 시험 후기를 보내 달라고 하셨던 게 생각나서 메일 드립니다.

처음에는 법 관련 문제들이 좀 나왔습니다. 관련 법조항을 다 읽고 가지 않아서 그런지 쉽지 않았습니다. 특히 정보통신망법과 개인정보보호법에서 양쪽 공통 규정과 한쪽 법에만 있는 규정을 구분할 수 있어야 하는 문제는 좀 많이 고민하게 만들었습니다.

인증제도에 대한 문제는 그리 어렵지 않았습니다. 범위가 넓지 않고 출제 대상도 정해져 있다보니 무난하게 넘어가는 문제들이어서 크게 기억나는 게 없네요.

제일 큰 비중을 차지한 건 인증 기준 관련 문제였습니다. 단답형으로 통제사항의 의미를 묻는 문제는 거의 없었습니다. 대부분의 문제 형태가 "심사원이 어떤 기업에서 아래와 같은 사항을 찾아냈다. 결함인가? 아닌가? 만약 결함이라면 어떤 통제사항에 해당하는 것인가?"라는 문제를 주고 심사원이 찾아낸 사항들 5개~6개를 나열해 놨습니다. 그 중에는 결함인 것도 있고 아닌 것도 있습니다. 그리고 1번부터 5번까지 통제사항 번호와 이름을 나열하고, 그 중 하나 혹은 복수 개를 고르는 방식입니다. 문제 지문이 길고 심지어 한 페이지 반인 경우도 있었기 때문에, 읽는 게 느리신 분은 시간 압박을 좀 받으셨을 겁니다. 그리고, 104개 통제사항 모두 문제지 맨 앞에 정리되어 있어서 암기할 필요가 없었습니다.

기술 도메인은 서버관리 실무자급 지식이나 경험이 없으면 많이 어려웠을 것 같습니다. xferlog 파일의 용도나 linux 서버의 /var/log/ 에 생성되는 messages, wtmp, utmp 외에 로그, 윈도우 서버의 net user, net account, tracert 명령어 등 서버관리 지식이 필요했습니다. SSL과 관계 없는 것(heartbleed, logjam, POODLE 등), iptables 룰셋 해석, hosts.allow/deny, tcpwrapper나 snort 등 보안 설정에 대한 문제도 있었고, DDoS 공격 종류에 대한 문제도 나왔습니다. RAID 종류에 대해 묻는 문제도 있었습니다. 강의 때 언급하셨던 것처럼 범위나 깊이를 가지고 마음껏 난이도를 조정할 수 있어서 준비가 쉽지 않아 보입니다. 개인적으로는 감리사시험의 시스템구조 도메인 같은 느낌이었습니다.

법 관련 부분은 좀 더 정리를 해야겠단 생각이 들었습니다. 워낙 양이 많다보니 대충 읽어만 보고 가는 경우가 많은데, 각 법별로 핵심사항을 정리하고, 시험대비로 차이점(다른 법에는 존재하지 않거나 내용이 상이한)을 별도로 정리해야 할 것 같습니다.

인증제도 부분은, 현재 교재 수준이면 충분할 거 같습니다.

인증 기준 부분은, 각 인증 기준에 대한 이해는 그냥 기본일 뿐이고, 시험 문제와 마찬가지로 상황을 만들어서 이런 유형의 문제에 익숙하도록 연습해야 할 것 같습니다.

기술 부분은, 보안기사 수준의 정리와 학습이 필요할 것 같습니다. 감리사시험의 시스템구조나 보안 도메인 학습수준은 크게 도움이 되지 않을 것 같습니다.

다시 한 번 감사드리고 앞으로도 계속 좋은 자료와 강의 부탁드립니다.

그럼 수고하세요.

PART 7 부록

Chapter 01 점검 방법 및 대장
Chapter 02 개인정보 통제항목

Information Security Managemant System

인증심사원

ISMS

부록편은 정보보호 관리체계를 학습하기 위한 통제항목 리스트와 관련 자료를 암기장으로 활용하여 학습한다.

CHAPTER 1 점검 방법 및 대장

본 장은 실제 정보보호 관리체계 인증심사 시에 사용할 수 있는 고객센터 점검, 대장, 개인정보 인증심사의 통제항목을 제공한다.

1 고객센터 점검 방법

● 고객센터 점검사항

구분	내용
1	고객센터의 개인정보보호관리를 위한 정보보호 정책, 관련 지침, 공식화된 절차가 있는가?
2	고객센터에 개인정보 관리를 위한 조직이 구성되어 있고, 조직에 책임과 역할이 부여되어 있는가?
3	개인정보취급 자산에 대해서는 보안등급이 부여되어 있고 개인정보 취급 절차가 정의되어 있는가? [예시적] - 녹취서버의 자산식별과 보안등급 부여 - 각 서버의 계정부여 및 접근권한 관리, 퇴사자 등 발생 시에 계정변경 여부 - 녹취서버에서 보유하고 있는 녹취 파일에 대한 임의적 다운로드 제한과 다운로드 시에 로그 기록 여부 - 녹취서버에 대한 백업 이행과 백업 본 보관방법 - 녹취서버의 위치
4	개인정보취급자가 식별되고 개인정보취급자에 대해서 연 2회 이상 교육 이행 여부 - 고객센터 직원에 대한 교육계획 수립 여부 - 개인정보취급자 및 임직원에 대한 교육 내용의 적정성 - 교육 참석자 확인 및 교육평가 여부
5	고객센터 개인정보취급자(상담원) 명단을 관리하고 있는가?
6	고객센터 개인정보취급자(상담원) 퇴사 및 휴직 시에 출입카드 및 계정 반납이 즉시 이루어지고 있는가?
7	고객센터 임직원에 대해서 보안 서약서를 받고 있는가?
8	보안 침해사고 발생 시에 공식화된 절차가 수립되어 있는가?
9	고객센터 상담관리시스템에 대해서 적절한 접근권한 관리가 이루어지고 있는가?

10	고객정보취급자(상담원) PC에 대한 통제절차가 적용되어 있는가? – 백신 프로그램 설치, 패치 여부 – 화면보호기 실행, 패스워드 관리 – USB 차단, 공유 폴더 제한 등
11	침입차단 시스템 정책관리가 이루어지고 있는가? – 룰 생성, 변경, 삭제 절차 – 룰 설정의 적절성
12	고객센터의 물리적 접근 통제 절차가 마련되어 있는가? – 출입카드 사용, 출입내역 로그 기록 – 외부 출입자 관리 여부
13	고객센터에서 개인정보가 위탁관리되면 위탁되는 개인정보에 대한 관리정책과 절차가 존재하는가?
14	고객센터 내에서 출력물을 관리하는 절차가 존재하고 있는가? – 개인정보 출력 및 영업 정보 출력 등
15	고객센터 전산실에 대해서 물리적보호구역(통제구역)이 설정되어 있는가?

2 외주직원 보안점검 리스트

구분	내용
1	용역업체 사용 전산망과 기관 전산망의 분리 여부(VLAN 분리 포함)
2	용역업체 직원 PC의 내부 정보시스템 접근 통제 여부
3	P2P, 웹하드, 메신저 등 불필요한 인터넷 접속 차단 여부
4	용역업체 직원에 주요 계정 비밀번호 제공 여부
5	용역업체 직원에 비밀번호 부여 시 관련사항 별도 기록 여부
6	용역업체 직원에 시스템 관리자 계정 단독 접근 여부
7	노트북 PC 등 휴대형 정보시스템을 시스템 관리용 PC로 활용 여부
8	용역업체 직원 등에 의한 기관 외부에서의 원격 접속·작업 여부
9	용역업체 정보시스템 접근 시 작업이력 로깅 기능 사용 여부
10	용역업체 PC 및 휴대형 저장매체에 정보시스템 '계정명/비밀번호' 저장 여부
11	용역업체 PC에 설치된 운영체제 및 응용프로그램 최신상태 유지 여부
12	용역업체 PC 백신 프로그램 자동 업데이트 및 실시간 감시기능 사용 여부
13	용역업체 PC USB, CD-RW, 무선랜 등 매체 통제 여부
14	용역업체 PC 비밀번호 및 화면보호기 설정 여부
15	용역업체 직원의 비인가 정보통신장비(노트북 등) 휴대·반입 여부
16	누출금지 대상정보 제공 및 회수 여부

3. 정보시스템 관리 대장

사번	취급자 (성명)	관리 번호	종류 (서버 · PC 등)	IP	보안 S/W	등록 일자	해제 일자

4 보안 서약서

보안 서약서

본인은 0000년 00월 00일부로 관련 용역사업(업무)을 수행함에 있어 다음사항을 준수할 것을 엄숙히 서약합니다.

1. 본인은 00000사업과 관련하여 업무 중 알게 될 일체의 내용이 직무상 기밀 사항임을 인정한다.

2. 본인은 이 기밀을 누설함이 임베스트에 위해가 될 수 있음을 인식하여 업무수행 중 지득한 제반 기밀사항을 일체 누설하거나 공개하지 아니한다.

3. 본인이 이 기밀을 누설하거나 관계 규정을 위반한 때에는 관련 법령 및 계약에 따라 어떠한 처벌 및 불이익도 감수한다.

4. 본인은 사업 수행 시 본사 및 하도급업체로 인해 발생하는 위반사항에 대하여 모든 책임을 부담한다.

0000 년 00 월 00 일
서 약 자 업 체 명 :
(업체 대표) 직 위 :
성 명 : (서명)
생 년 월 일 :

서약집행자 소 속 :
(담당자) 직 위 :
성 명 : (서명)
생 년 월 일 :

5　정보시스템 계정 관리 대장

사번	소속	성명	접근 시스템	계정	비밀번호	접근권한 (읽기/쓰기/삭제 등)	비고

6 사용자 네트워크 허용 리스트

○ 소 속:

○ 성 명:

No	업무망	기간	사번	인터넷망	기간

Information Security Managemant System

CHAPTER 2 정보보호 관리체계 통제항목

다음의 통제항목은 반복적으로 읽어서 암기해야 한다.

▣ 정보보호 관리체계 인증 관리과정 요구사항

1. 정보보호정책 수립 및 범위설정

1.1 정보보호정책의 수립 조직이 수행하는 모든 정보보호 활동의 근거를 포함할 수 있도록 정보보호정책을 수립하고 동 정책은 국가나 관련 산업에서 정하는 정보보호 관련 법, 규제를 만족하여야 한다.

1.2 범위설정 조직에 미치는 영향을 고려하여 중요한 업무, 서비스, 조직, 자산 등을 포함할 수 있도록 정보보호 관리체계 범위를 설정하고 범위 내 모든 자산을 식별하여 문서화하여야 한다.

2. 경영진 책임 및 조직구성

2.1 경영진 참여 정보보호 관리체계 수립 및 운영 등 조직이 수행하는 정보보호 활동 전반에 경영진의 참여가 이루어질 수 있도록 보고 및 의사결정 체계를 수립하여야 한다.

2.2 정보보호 조직구성 및 자원할당 최고경영자는 조직의 규모, 업무 중요도 분석을 통해 정보보호 관리체계의 지속적인 운영이 가능하도록 정보보호 최고책임자, 실무조직 등 정보보호 조직을 구성하고 정보보호 관리체계 운영 활동을 수행하는데 필요한 자원(예산 및 인력)을 확보하여야 한다.

3. 위험관리

3.1 위험관리 방법 및 계획수립 관리적, 기술적, 물리적, 법적 분야 등 조직의 정보보호 전 영역에 대한 위험식별 및 평가가 가능하도록 위험관리 방법을 선정하고 위험관리의 전문성을 보장할 수 있도록 수행인원, 기간, 대상, 방법 등을 구체적으로 포함한 위험관리계획을 사전에 수립하여야 한다.

3.2 위험식별 및 평가 위험관리 방법 및 계획에 따라 정보보호 전 영역에 대한 위험 식별 및 평가를 연 1회 이상 수행하고 그 결과에 따라 조직에서 수용 가능한 위험수준을 설정하여 관리하여야 한다.

3.3 정보보호대책 선정 및 이행계획수립 위험을 수용 가능한 수준으로 감소시키기 위해 정보보호대책을 선정하고 그 보호대책의 구현 우선순위, 일정, 담당부서 및 담당자 지정, 예산 등을 포함한 이행계획을 수립하여 경영진의 승인을 받아야 한다.

4. 정보보호대책 구현

4.1 정보보호대책의 효과적 구현 정보보호대책 이행계획에 따라 보호대책을 구현하고 경영진은 이행결과의 정확성 및 효과성 여부를 확인하여야 한다.

4.2 내부공유 및 교육 구현된 정보보호대책을 실제 운영 또는 시행할 부서 및 담당자를 파악하여 관련 내용을 공유하고 교육하여야 한다.

5. 사후관리

5.1 법적요구사항 준수검토 조직이 준수해야 할 정보보호 관련 법적요구사항을 지속적으로 파악하여 최신성을 유지하고 준수여부를 지속적으로 검토하여야 한다.

5.2 정보보호 관리체계 운영현황 관리 정보보호 관리체계 범위 내에서 주기적 또는 상시적으로 수행해야 하는 활동을 문서화하고 그 운영현황을 지속적으로 관리하여야 한다.

5.5 내부감사 조직은 정보보호 관리체계가 정해진 정책 및 법적 요구사항에 따라 효과적으로 운영되고 있는 지를 점검하기 위하여 연 1회 이상 내부감사를 수행하여야 한다. 이를 위해 감사 기준, 범위, 주기, 방법 등을 구체적으로 정하고 내부감사를 통해 발견된 문제점은 보완조치를 완료하여 경영진 및 관련 책임자에게 보고하여야 한다. 또한 감사의 독립성 및 전문성을 확보할 수 있도록 감사인력에 대한 자격요건을 정의하여야 한다.

▣ 정보보호 관리체계 인증 정보보호대책 통제사항

1. 정보보호정책

1.1 정책의 승인 및 공표

1.1.1 정책의 승인 정보보호정책은 이해관련자의 검토와 최고경영자의 승인을 받아야 한다.

1.1.2 정책의 공표 정보보호정책 문서는 모든 임직원 및 관련자에게 이해하기 쉬운 형태로 전달하여야 한다.

1.2 정책의 체계

1.2.1 상위정책과의 연계성 정보보호정책은 상위조직 및 관련 기관의 정책과 연계성을 유지하여야 한다.

1.2.2 정책시행 문서수립 정보보호정책의 구체적인 시행을 위한 정보보호지침, 절차를 수립하고 관련 문서간의 일관성을 유지하여야 한다.

1.3 정책의 유지관리

1.3.1 정책의 검토 정기적으로 정보보호정책 및 정책 시행문서의 타당성을 검토하고, 중대한 보안사고 발생, 새로운 위협 또는 취약성의 발견, 정보보호 환경에 중대한 변화 등이 정보보호정책에 미치는 영향을 분석하여 필요한 경우 제·개정하여야 한다.

1.3.2 정책문서 관리 정보보호정책 및 정책 시행문서의 이력관리를 위해 제정, 개정, 배포, 폐기 등의 관리절차를 수립하고 문서는 최신본으로 유지하여야 한다. 또한 정책문서 시행에 따른 운영기록을 생성하여 유지하여야 한다.

2. 정보보호 조직

2.1 조직체계

2.1.1 정보보호 최고책임자 지정 최고경영자는 임원급의 정보보호 최고책임자를 지정하고 정보보호 최고책임자는 정보보호정책 수립, 정보보호 조직 구성, 위험관리, 정보보호위원회 운영 등의 정보보호에 관한 업무를 총괄 관리하여야 한다.

2.1.2 실무조직 구성 최고경영자는 정보보호 최고책임자의 역할을 지원하고 조직의 정보보호활동을 체계적으로 이행하기 위해 실무조직을 구성하고 조직 구성원의 정보보호 전문성을 고려하여 구성한다.

2.1.3 정보보호위원회 최고경영자는 정보보호 최고책임자의 역할을 지원하고 조직의 정보보호활동을 체계적으로 이행하기 위해 실무조직을 구성하고 조직 구성원의 정보보호 전문성을 고려하여 구성한다.

2.2 역할 및 책임

2.2.1 역할 및 책임 정보보호 최고책임자와 정보보호 관련 담당자에 대한 역할 및 책임을 정의하고 그 활동을 평가할 수 있는 체계를 마련하여야 한다.

3. 외부자 보안

3.1 보안 요구사항 정의

3.1.1 외부자 계약 시 보안 요구사항 조직의 정보처리 업무를 외부자에게 위탁하거나 정보자산에 대한 접근을 허용할 경우, 또는 업무를 위해 클라우드 서비스 등 외부 서비스를 이용하는 경우에는 보안요구사항을 식별하고 관련 내용을 계약서 및 협정서 등에 명시하여야 한다.

3.2 외부자 보안이행

3.2.1 외부부자 보안이행 관리 외부자가 계약서 및 협정서에 명시된 보안요구사항의 이행여부를 관리 감독하고 주기적인 점검 또는 감사를 수행하여야 한다.

3.2.2 외부자 계약만료 시 보안 외부자와의 계약만료, 업무종료, 담당자변경 시 조직이 외부자에게 제공한 정보자산의 반납, 정보시스템 접근계정 삭제, 중요정보 파기, 업무 수행 시 알게 된 정보의 비밀유지확약서 등의 내용을 확인하여야 한다.

4. 정보자산 분류

4.1 정보자산 식별 및 책임

4.1.1 정보자산 식별 조직의 업무특성에 따라 정보자산 분류기준을 수립하고 정보보호 관리체계 범위 내 모든 정보자산을 식별하여야 한다. 또한 식별된 정보자산을 목록으로 관리하여야 한다.

4.1.2 정보자산별 책임할당 식별된 정보자산에 대한 책임자 및 관리자를 지정하여 책임소재를 명확히 하여야 한다.

4.2 정보자산의 분류 취급

4.2.1 보안등급과 취급 기밀성, 무결성, 가용성, 법적요구사항 등을 고려하여 정보자산이 조직에 미치는 중요도를 평가하고 그 중요도에 따라 보안등급을 부여하여야 한다. 또한 보안등급을 표시하고 등급 부여에 따른 취급절차를 정의하여 이행하여야 한다.

5. 정보보호 교육

5.1 교육 프로그램 수립

5.1.1 교육계획 교육의 시기, 기간, 대상, 내용, 방법 등의 내용이 포함된 연간 정보보호교육 계획을 수립하여야 한다.

5.1.2 교육대상 교육 대상에는 정보보호 관리체계 범위 내 임직원 및 외부자를 모두 포함하여야 한다.

5.1.3 교육내용 및 방법 교육에는 정보보호 및 정보보호 관리체계 개요, 보안사고 사례, 내부 규정 및 절차, 법적 책임 등의 내용을 포함하고 일반 임직원, 책임자, IT 및 정보보호 담당자 등 각 직무별 전문성 제고에 적합한 교육내용 및 방법을 정하여야 한다.

5.2 교육시행 및 평가

5.2.1 교육시행 및 평가 정보보호 관리체계 범위 내 임직원 및 외부자를 대상으로 연 1회 이상 교육을 시행하고 정보보호 정책 및 절차의 중대한 변경, 조직 내·외부 보안사고 발생, 관련

법규 변경 등의 사유가 발생할 경우 추가 교육을 수행하여야 한다. 또한 교육 시행에 대한 기록을 남기고 평가하여야 한다.

6. 인적 보안

6.1 정보보호 책임

6.1.1 주요 직무자 지정 및 감독 인사정보, 영업비밀, 산업기밀, 개인정보 등 중요정보를 대량으로 취급하는 임직원의 경우 주요직무자로 지정하고 주요직무자 지정을 최소화 하는 등 관리할 수 있는 보호대책을 수립하여야 한다.

6.1.2 직무분리 권한 오남용 등 고의적인 행위로 인해 발생할 수 있는 잠재적인 피해를 줄이기 위하여 직무 분리 기준을 수립하고 적용하여야 한다. 다만 인적자원 부족 등 불가피하게 직무분리가 어려운 경우 별도의 보완통제를 마련하여야 한다.

6.1.3 비밀유지서약서 임직원으로부터 비밀유지 서약서를 받아야 하고 임시직원이나 외부자에게 정보시스템에 대한 접근권한을 부여할 경우에도 비밀유지서약서를 받아야 한다.

6.2 인사규정

6.2.1 퇴직 및 직무변경 관리 퇴직 및 직무변경 시 인사부서와 정보보호 및 시스템 운영 부서 등 관련 부서에서 이행해야 할 자산반납, 접근권한 회수·조정, 결과 확인 등의 절차를 수립하여야 한다.

6.2.2 상벌규정 인사규정에 직원이 정보보호 책임과 의무를 충실히 이행했는지 여부 등 정보보호 활동 수행에 따른 상벌 규정을 포함하여야 한다.

7. 물리적 보안

7.1 물리적 보호구역

7.1.1 보호구역 지정 비인가자의 물리적 접근 및 각종 물리적, 환경적 재난으로부터 주요 설비 및 시스템을 보호하기 위하여 통제구역, 제한구역, 접견구역 등 물리적 보호구역을 지정하고 각 구역별 보호대책을 수립·이행하여야 한다.

7.1.2 보호설비 각 보호구역의 중요도 및 특성에 따라 화재, 전력이상 등 인·재해에 대비하여 온습도 조절, 화재감지, 소화설비, 누수감지, UPS, 비상발전기, 이중전원선 등의 설비를 충분히 갖추고 운영절차를 수립하여 운영하여야 한다. 또한 주요 시스템을 외부 집적정보통신시설에 위탁운영하는 경우 관련 요구사항을 계약서에 반영하고 주기적으로 검토를 수행하여야 한다.

7.1.3 보호구역 내 작업 유지보수 등 주요 설비 및 시스템이 위치한 보호구역 내에서의 작업 절차를 수립하고 작업에 대한 기록을 주기적으로 검토하여야 한다.

7.1.4 출입통제 보호구역 및 보호구역 내 주요 설비 및 시스템은 인가된 사람만이 접근할 수 있도록 출입을 통제하고 책임추적성을 확보할 수 있도록 출입 및 접근 이력을 주기적으로 검토하여야 한다.

7.1.5 모바일 기기 반출입 노트북 등 모바일 기기 미승인 반출입을 통한 중요정보 유출, 내부망 악성코드 감염 등의 보안사고 예방을 위하여 보호구역 내 임직원 및 외부자 모바일 기기 반출입 통제절차를 수립하고 기록·관리하여야 한다.

7.2 시스템 보호

7.2.1 케이블 보안 데이터를 송수신하는 통신케이블이나 전력을 공급하는 전력 케이블은 손상을 입지 않도록 보호하여야 한다.

7.2.2 시스템 배치 및 관리 시스템은 그 특성에 따라 분리하여 배치하고 장애 또는 보안사고 발생 시 주요 시스템의 위치를 즉시 확인할 수 있는 체계를 수립하여야 한다.

7.3 사무실 보안

7.3.1 개인업무 환경보안 일정시간 동안 자리를 비울 경우에는 책상 위에 중요한 문서나 저장매체를 남겨놓지 않고 컴퓨터 화면에 중요정보가 노출되지 않도록 화면보호기 설정, 패스워드 노출 금지 등 보호대책을 수립하여야 한다.

7.3.2 공용업무 환경보안 사무실에서 공용으로 사용하는 사무처리 기기, 문서고, 공용 PC, 파일서버 등을 통해 중요정보 유출이 발생하지 않도록 보호대책을 마련하여야 한다.

8. 시스템 개발보안

8.1 분석 및 설계 보안관리

8.1.1 보안 요구사항 정의 신규 정보시스템 개발 및 기존 시스템 변경 시 정보보호 관련 법적 요구사항, 최신 보안취약점, 정보보호 기본요소(기밀성, 무결성, 가용성) 등을 고려하여 보안요구사항을 명확히 정의하고 이를 적용하여야 한다.

8.1.2 인증 및 암호화 기능 정보시스템 설계 시 사용자 인증에 관한 보안요구사항을 반드시 고려하여야 하며, 중요정보의 입·출력 및 송수신 과정에서 무결성, 기밀성이 요구될 경우 법적 요구사항을 고려하여야 한다.

8.1.3 보안로그 기능 정보시스템 설계 시 사용자의 인증, 권한 변경, 중요정보 이용 및 유출 등에 대한 감사증적을 확보할 수 있도록 하여야 한다.

8.1.4 접근권한 기능 정보시스템 설계 시 업무의 목적 및 중요도에 따라 접근권한을 부여할 수 있도록 하여야 한다.

8.2 구현 및 이관보안

8.2.1 구현 및 이관시험 안전한 코딩방법에 따라 정보시스템을 구현하고, 분석 및 설계 과정에서 도출한 보안요구사항이 정보시스템에 적용되었는지 확인하기 위하여 시험을 수행하여야 한다. 또한 알려진 기술적 보안 취약성에 대한 노출여부를 점검하고 이에 대한 보안대책을 수립하여야 한다.

8.2.2 개발과 운영환경 분리 개발 및 시험 시스템은 운영시스템에 대한 비인가 접근 및 변경의 위험을 감소하기 위해 원칙적으로 분리하여야 한다.

8.2.3 운영환경 이관 운영환경으로의 이관은 통제된 절차에 따라 이루어져야 하고 실행코드는 시험과 사용자 인수 후 실행하여야 한다.

8.2.4 시험 데이터 보안 시스템 시험 과정에서 운영데이터 유출을 예방하기 위해 시험데이터 생성, 이용 및 관리, 파기, 기술적 보호조치에 관한 절차를 수립하여 이행하여야 한다.

8.2.5 소스 프로그램 보안 소스 프로그램에 대한 변경관리를 수행하고 인가된 사용자만이 소스 프로그램에 접근할 수 있도록 통제절차를 수립하여 이행하여야 한다. 또한 소스 프로그램은 운영환경에 보관하지 않는 것을 원칙으로 한다.

8.3 외주 개발보안

8.3.1 외주 개발보안 정보시스템 개발을 외주 위탁하는 경우 분석 및 설계단계에서 구현 및 이관까지의 준수해야 할 보안요구사항을 계약서에 명시하고 이행여부를 관리·감독하여야 한다.

9. 암호통제

9.1 암호정책

9.1.1 암호정책 수립 조직의 중요정보 보호를 위하여 암호화 대상, 암호 강도(복잡도), 키관리, 암호사용에 대한 정책을 수립하고 이행하여야 한다. 또한 정책에는 개인정보 저장 및 전송 시 암호화 적용 등 암호화 관련 법적 요구사항을 반드시 반영하여야 한다.

9.2 암호키 관리

9.2.1 암호키 생성 및 이용 암호키 생성, 이용, 보관, 배포, 파기에 관한 안전한 절차를 수립하고 필요 시 복구방안을 마련하여야 한다.

10. 접근통제

10.1 접근통제 정책

10.1.1 접근통제 정책 수립 비인가자의 접근을 통제할 수 있도록 접근통제 영역 및 범위, 접근통제 규칙, 방법 등을 포함하여 접근통제 정책을 수립하여야 한다.

10.2 접근권한 관리

10.2.1 사용자 등록 및 권한부여 정보시스템 및 중요정보에 대한 접근을 통제하기 위하여 공식적인 사용자 등록 및 해지 절차를 수립하고 업무 필요성에 따라 사용자 접근권한을 최소한으로 부여하여야 한다.

10.2.2 관리자 및 특수권한 관리 정보시스템 및 중요정보 관리 및 특수 목적을 위해 부여한 계정 및 권한을 식별하고 별도 통제하여야 한다.

10.2.3 접근권한 검토 정보시스템 및 중요정보에 대한 접근을 관리하기 위하여 접근권한 부여, 이용(장기간 미사용), 변경(퇴직 및 휴직, 직무변경, 부서변경)의 적정성 여부를 정기적으로 점검하여야 한다.

10.3 사용자 인증 및 식별

10.3.1 사용자 인증 정보시스템에 대한 접근은 사용자 인증, 로그인 횟수 제한, 불법 로그인 시도 경고 등 안전한 사용자 인증 절차에 의해 통제되어야 하고, 필요한 경우 법적요구사항 등을 고려하여 중요 정보시스템 접근 시 강화된 인증방식을 적용하여야 한다.

10.3.2 사용자 식별 정보시스템에서 사용자를 유일하게 구분할 수 있는 식별자를 할당하고 추측 가능한 식별자 사용을 제한하여야 한다. 동일한 식별자를 공유하여 사용하는 경우 그 사유와 타당성을 검토하고 책임자의 승인을 받아야 한다.

10.3.3 사용자 패스워드 관리 법적요구사항, 외부 위협요인 등을 고려하여 패스워드 복잡도 기준, 초기 패스워드 변경, 변경주기 등 사용자 패스워드 관리절차를 수립·이행하고 패스워드 관리 책임이 사용자에게 있음을 주지시켜야 한다. 특히 관리자 패스워드는 별도 보호대책을 수립하여 관리하여야 한다.

10.3.4 이용자 패스워드 관리 고객, 회원 등 외부 이용자가 접근하는 정보시스템 또는 웹서비스의 안전한 이용을 위하여 계정 및 패스워드 등의 관리절차를 마련하고 관련 내용을 공지하여야 한다.

10.4 접근통제 영역

10.4.1 네트워크 접근 네트워크에 대한 비인가 접근을 통제하기 위해 필요한 네트워크 접근통제리스트, 네트워크 식별자 등에 대한 관리절차를 수립하고 서비스, 사용자 그룹, 정보자산의 중요도에 따라 내·외부 네트워크를 분리하여야 한다.

10.4.2 서버접근 서버별로 접근이 허용되는 사용자, 접근제한 방식, 안전한 접근수단 등을 정의하여 적용하여야 한다.

10.4.3 응용프로그램 접근 사용자의 업무 또는 직무에 따라 응용프로그램 접근권한을 제한하고 불필요한 중요정보 노출을 최소화해야 한다.

10.4.4 데이터베이스 접근 데이터베이스 접근을 허용하는 응용프로그램 및 사용자 직무를 명확하게 정의하고 응용프로그램 및 직무별 접근통제 정책을 수립하여야 한다. 또한

중요정보를 저장하고 있는 데이터베이스의 경우 사용자 접근내역을 기록하고 접근의 타당성을 정기적으로 검토하여야 한다.

10.4.5 모바일 기기 접근 모바일기기를 업무 목적으로 내·외부 네트워크에 연결하여 활용하는 경우 중요정보 유출 및 침해사고 예방을 위해 기기 인증 및 승인, 접근 범위, 기기 보안설정, 오남용 모니터링 등의 접근통제 대책을 수립하여야 한다.

10.4.6 인터넷 접속 인사정보, 영업비밀, 산업기밀, 개인정보 등 중요정보를 대량으로 취급·운영하는 주요직무자의 경우 인터넷 접속 또는 서비스(P2P, 웹메일, 웹하드, 메신저 등)를 제한하고 인터넷 접속은 침입차단시스템을 통해 통제하여야 한다. 필요시 침입탐지시스템 등을 통해 인터넷 접속내역을 모니터링하여야 한다.

11. 운영보안

11.1 운영절차 및 변경관리

11.1.1 운영절차 수립 정보시스템 동작, 문제 발생 시 재동작 및 복구, 오류 및 예외사항 처리 등 시스템 운영을 위한 절차를 수립하여야 한다.

11.1.2 변경관리 정보시스템 관련 자산의 모든 변경내역을 관리할 수 있도록 절차를 수립하고 변경 전 시스템의 전반적인 성능 및 보안에 미치는 영향을 분석하여야 한다

11.2 시스템 및 서비스 운영보안

11.2.1 정보시스템 인수 새로운 정보시스템 도입 또는 개선 시 필수 보안요구사항을 포함한 인수 기준을 수립하고 인수 전 기준 적합성을 검토하여야 한다.

11.2.2 보안 시스템 운영 보안시스템 유형별로 관리자 지정, 최신 정책 업데이트, 룰셋 변경, 이벤트 모니터링 등의 운영절차를 수립하고 보안시스템별 정책적용 현황을 관리하여야 한다.

11.2.3 성능 및 용량관리 정보시스템 및 서비스 가용성 보장을 위해 성능 및 용량 요구사항을 정의하고 현황을 지속적으로 모니터링할 수 있는 방법 및 절차를 수립하여야 한다.

11.2.4 장애관리 정보시스템 장애 발생 시 효과적으로 대응하기 위한 탐지, 기록, 분석, 복구, 보고 등의 절차를 수립하여야 한다.

11.2.5 원격 운영관리 내부 네트워크를 통하여 정보시스템을 관리하는 경우 특정 단말에서만 접근을 할 수 있도록 제한하고, 원격지에서 인터넷 등 외부 네트워크를 통하여 정보시스템을 관리하는 것은 원칙적으로 금지하고 부득이한 사유로 인해 허용하는 경우에는 책임자 승인, 접속 단말 및 사용자 인증, 구간 암호화, 접속단말 보안(백신, 패치 등) 등의 보호대책을 수립하여야 한다.

11.2.6 스마트워크 보안 재택근무, 원격협업 등과 같은 원격 업무 수행 시 이에 대한 관리적·기술적 보호대책을 수립하고 이행하여야 한다.

11.2.7 무선 네트워크 보안 무선랜 등을 통해 무선인터넷을 사용하는 경우 무선 네트워크 구간에 대한 보안을 강화하기 위해 사용자 인증, 송수신 데이터 암호화 등의 보호대책을 수립하여야 한다.

11.2.8 공개서버 보안 웹사이트 등에 정보를 공개하는 경우 정보 수집, 저장, 공개에 따른 허가 및 게시절차를 수립하고 공개서버에 대한 물리적, 기술적 보호대책을 수립하여야 한다.

11.2.9 백업관리 데이터의 무결성 및 정보시스템의 가용성을 유지하기 위해 백업 대상, 주기, 방법 등의 절차를 수립하고 사고 발생 시 적시에 복구할 수 있도록 관리하여야 한다.

11.2.10 취약점 점검 정보시스템이 알려진 취약점에 노출되어 있는 지 여부를 확인하기 위하여 정기적으로 기술적 취약점 점검을 수행하고 발견된 취약점들은 조치하여야 한다.

11.3 전자거래 및 정보전송 보안

11.3.1 전자거래 보안 전자거래 서비스 제공 시 정보유출, 데이터 조작, 사기 등의 침해사고를 예방하기 위해 사용자 인증, 암호화, 부인방지 등의 보호대책을 수립하고 결제시스템 등 외부 시스템과의 연계가 필요한 경우 연계 안전성을 점검하여야 한다.

11.3.2 정보전송 정책수립 및 협약체결 타 조직에 중요정보를 전송할 경우 안전한 전송을 위한 정책을 수립하고 조직 간 정보전송 합의를 통해 관리 책임, 전송 기술 표준, 중요정보의 보호를 위한 기술적 보호조치 등을 포함한 협약서를 작성하여야 한다.

11.4 매체보안

11.4.1 정보시스템 저장매체 관리 정보시스템 폐기 또는 재사용 시 중요정보를 담고 있는 하드디스크, 스토리지, 테잎 등의 저장매체 폐기 및 재사용 절차를 수립하고 매체에 기록된 중요정보는 복구 불가능하도록 완전히 삭제하여야 한다.

11.4.2 휴대용 저장매체 관리 조직의 중요정보 유출을 예방하기 위해 외장하드, USB, CD 등 휴대용 저장매체 취급, 보관, 폐기, 재사용에 대한 절차를 수립하여야 한다. 또한 매체를 통한 악성코드 감염 방지 대책을 마련하여야 한다.

11.5 악성코드 관리

11.5.1 악성코드 통제 바이러스, 웜, 트로이목마 등의 악성코드로부터 정보시스템을 보호하기 위해 악성코드 예방, 탐지, 대응 등의 보호대책을 수립하여야 한다.

11.5.2 패치관리 소프트웨어, 운영체제, 보안시스템 등의 취약점으로 인해 발생할 수 있는 침해사고를 예방하기 위해 최신 패치를 정기적으로 적용하고 필요한 경우 시스템에 미치는 영향을 분석하여야 한다.

11.6 로그관리 및 모니터링

11.6.1 시각 동기화 로그기록의 정확성을 보장하고 법적인 자료로서 효력을 지니기 위해 정보시스템 시각을 공식 표준시각으로 정확하게 동기화 하여야 한다.

11.6.2 로그기록 및 보존 정보시스템, 응용프로그램, 보안시스템, 네트워크 장비 등 기록해야 할 로그유형을 정의하여 일정기간 보존하고 주기적으로 검토하여야 한다. 보존기간 및 검토주기는 법적요구사항을 고려하여야 한다.

11.6.3 접근 및 사용 모니터링 중요정보, 정보시스템, 응용프로그램, 네트워크 장비에 대한 사용자 접근이 업무상 허용된 범위에 있는 지 주기적으로 확인하여야 한다.

11.6.4 침해시도 모니터링 외부로부터의 침해시도를 모니터링 하기 위한 체계 및 절차를 수립하여야 한다.

12. 침해사고 관리

12.1 절차 및 체계

12.1.1 침해사고 대응체계 수립 DDoS 등 침해사고 유형별 중요도 분류, 유형별 보고·대응·복구 절차, 비상연락체계, 훈련 시나리오 등을 포함한 침해사고 대응 절차를 수립하여야 한다.

12.1.2 침해사고 대응체계 구축 침해사고 대응이 신속하게 이루어질 수 있도록 중앙 집중적인 대응체계를 구축하고 외부기관 및 전문가들과의 협조체계를 수립하여야 한다.

12.2 대응 및 복구

12.2.1 침해사고 훈련 침해사고 대응 절차를 임직원들이 숙지할 수 있도록 시나리오에 따른 모의훈련을 실시하여야 한다.

12.2.2 침해사고 보고 침해사고 징후 또는 사고 발생을 인지한 때에는 침해사고 유형별 보고절차에 따라 신속히 보고하고 법적 통지 및 신고 의무를 준수하여야 한다.

12.2.3 침해사고 처리 및 복구 침해사고 대응절차에 따라 처리와 복구를 신속하게 수행하여야 한다.

12.3 사후관리

12.3.1 침해사고 분석 및 공유 침해사고가 처리되고 종결된 후 이에 대한 분석을 수행하고 그 결과를 보고하여야 한다. 또한 사고에 대한 정보와 발견된 취약점들을 관련 조직 및 임직원들과 공유하여야 한다.

12.3.2 재발방지 침해사고로부터 얻은 정보를 활용하여, 유사 사고가 반복되지 않도록 재발방지 대책을 수립하고 이를 위해 필요한 경우 정책, 절차, 조직 등의 대응체계를 변경하여야 한다.

13. IT재해복구

13.1 체계구축

13.1.1 IT재해복구 체계구축 자연재앙, 해킹, 통신장애, 전력중단 등의 요인으로 인해 IT 시스템 중단 또는 파손 등 피해가 발생할 경우를 대비하여 비상 시 복구조직, 비상연락체계, 복구절차 등 IT 재해복구 체계를 구축하여야 한다.

13.2 대책구현

13.2.1 영향분석에 따른 복구대책 수립 조직의 핵심 서비스 연속성을 위협할 수 있는 IT 재해유형을 식별하고 유형별 예상 피해규모 및 영향을 분석하여야 한다. 또한 IT 서비스 및 시스템 복구목표시간, 복구시점을 정의하고 적절한 복구전략 및 대책을 수립·이행하여야 한다.

13.2.2 시험 및 유지관리 IT 서비스 복구전략 및 대책에 따라 효과적인 복구가 가능한 지 시험을 실시하고 시험계획에는 시나리오, 일정, 방법, 절차 등을 포함하여야 한다. 또한 시험결과, IT 환경변화, 법규 등에 따른 변화를 반영하여 복구전략 및 대책을 보완하여야 한다.

ISMS 인증심사원

2016. 1. 25. 초   판 1쇄 발행
2018. 1. 5. 개정증보 1판 1쇄 발행

지은이 | 김종철
펴낸이 | 이종춘
펴낸곳 | BM 주식회사 성안당

주소 | 04032 서울시 마포구 양화로 127 첨단빌딩 5층(출판기획 R&D 센터)
     | 10881 경기도 파주시 문발로 112 출판문화정보산업단지(제작 및 물류)
전화 | 02) 3142-0036
     | 031) 950-6300
팩스 | 031) 955-0510
등록 | 1973. 2. 1. 제406-2005-000046호
출판사 홈페이지 | www.cyber.co.kr
ISBN | 978-89-315-5504-2 (13000)
정가 | 34,000원

저자와의
협의하에
검인생략

이 책을 만든 사람들

기획 | 최옥현
진행 | 최창동
교정·교열 | 인투
전산편집 | 인투
표지 디자인 | 박현정
홍보 | 박연주
국제부 | 이선민, 조혜란, 김해영
마케팅 | 구본철, 차정욱, 나진호, 이동후, 강호묵
제작 | 김유석

이 책의 어느 부분도 저작권자나 BM 주식회사 성안당 발행인의 승인 문서 없이 일부 또는 전부를 사진 복사나 디스크 복사 및 기타 정보 재생 시스템을 비롯하여 현재 알려지거나 향후 발명될 어떤 전기적, 기계적 또는 다른 수단을 통해 복사하거나 재생하거나 이용할 수 없음.

※ 잘못된 책은 바꾸어 드립니다.